DUMONT

Reise-Taschenbuch

marken
italienische adria

ette Krus-Bonazza

Senkrechtstarter

Die Farben der Marken – sattes Grün, strahlendes Gelb und keckes Pink hinzugetupft: Dieses schöne alte Landhaus in Anconas vornehmem Küstenquartier Portonovo gefällt nicht nur aus der Vogelperspektive. Wer zudem Blau in allen Schattierungen seiner Marken-Farbpalette hinzufügen möchte, hat es von hier gar nicht weit bis zur Adria, die im Parco Regionale del Conero zudem von malerischen weißen Kreidefelsen gesäumt ist.

Überflieger

Echt oder aus Pappmaschee?
San Marino

Piccola Bayreuth – dank Rossini
Pesaro

Verlorenes Land
San Leo

Auf eine Fischsuppe mit den alten Römern
Fano

Im Schwefel schwitzen
Macerata Feltria

Cartoceto
Öl & Wein

Eine Nase fürs Gute, Wahre, Schöne
Urbino

Gold!
Pergola

Kühle Naturschönheit

Am Rande der Welt
Eremo di Fonte Avellana

Riesen-schildkröte
Sassocorvaro

Grotte di Frasassi

(Papier-) Schöpferisches Talent
Fabriano

Schwer verwundet
Camerino

Lago di Fiastra
Stille Wasser sind tief

Visso/ Monti Sibillini

Ungetrübte Wanderfreuden in den Sibillinischen Bergen

Die Marken — mal eben drüberfliegen, über Wälder, Wiesen und Weinberge, weitläufige Sandstrände und malerische Buchten, Museen und Musentempel, Kirchen, Klöster und Kastelle!

Kulinarischer Sternenhimmel überm Samtstrand

• Senigallia

So blau

Hafenluft schnuppern

• Morro d'Alba

• Ancona

Hi, Mai!

• Riviera del Conero

Traumstrände am Steilküstensaum

• Loreto

Wie wohnt eine Gottesmutter?

• Macerata

Operngenuss à la Verona

Tolentino •

Wunder über Wunder

• Sant'Elpidio a Mare

Schicke Schuhe

Weinberge mit Meerblick

• Offida

Mondäner Jugendstil

• Grottammare

• San Benedetto del Tronto

Sand & Strand

Trüffeln schnüffeln • Amandola

• Gola dell'Infernaccio

Ab durch die Hölle!

• Ascoli Piceno

Blank flaniertes Pflaster

Querfeldein

Italien en miniature — Die Marken liegen nicht nur mitten im Belpaese, sondern vereinen in Sachen Landschaft, Lebenslust, Kunst, Kultur und Küche so gut wie alles, was uns Mitteleuropäer an Italien fasziniert.

Sanfte Hügel, hohe Berge, blaues Meer

Die wein- und olivengrüne Hügellandschaft der Marken schwingt sich gen Westen zu dicht bewaldetem Mittelgebirge oder alpinen Höhen auf und läuft im Osten meist sanft zur Adria aus. Am Monte San Bartolo im Norden der Region fällt sie recht steil und an der Riviera del Conero südlich der Haupt- und Hafenstadt Ancona sogar mit scharfen Kreidefelsenkanten ins Meer ab. Hier locken weitläufige feinsandige Strände, dort kleine Buchten, die man nur per pedes oder mit dem Boot erreicht.

Der Promifaktor

Raffael wurde in Urbino, Rossini in Pesaro, Friedrich II. in Jesi, Maria Montessori in Chiaravalle geboren. Sie alle sind bekanntlich weltberühmt geworden und ihren Heimatstädten spannende Museen und prächtige Musentempel wert. Obendrein stammen fünf Päpste aus den Marken.

Tolle alte Städte

Urbino gilt als besterhaltenes städtebauliches Ensemble der italienischen Renaissance und nicht nur in Fano grüßen die alten Römer. In Ancona, Osimo und Fermo imponieren künstlerisch hochkarätige Kathedralen, in Sassocorvaro Auditore und Mondavio machtstrotzende Kastelle, und im Marienwallfahrtsort Loreto treffen sich Pilger aus aller Welt. Viele Städte sind fest mittelalterlich ummauert und selbst die allerkleinsten schmücken sich mit entzückenden historischen Theatern.

Marken-Mode: In und um Sant'Elpidio a Mare werden schicke Schuhe, in Matelica Kleider für Giorgio Armani und in Montappone Hüte gemacht, die sogar die Queen geordert haben soll. In zahlreichen Outletstores gibt's das alles zum Schnäppchenpreis.

Gourmands und Gourmets

Die Land- und Meeresküche der Marken – etwa die regionsweit servierte Pasta mit Entensoße, die Fischsuppen der Küstenstädte oder Trüffeln aus Acqualagna – ist eine kulinarische Wucht. Sie mundet sowohl im einfachen Original als auch in den raffinierten Neuinterpretationen eleganter Gourmettempel, darunter mit dem Uliassi in Senigallia eines von dreizehn italienischen Drei-Sterne-Restaurants.

Letzter Schrei

Die Marken zeigen nicht nur ›alte Schinken‹, sondern auch zeitgenössische Kunst, z. B. die berühmte Sfera Grande in Pesaro.

Weinselig
Frischer Bianchello aus dem Metaurotal, spritziger Verdicchio von den Castelli di Jesi, Rosso Conero und Rosso Piceno gehören zu den besten Tropfen Italiens, sodass in den Marken alle nach ihrer Façon weinselig werden können.

Piazzaperle: Die Piazza del Popolo in Ascoli Piceno rangiert ganz oben auf der Liste der schönsten Stadtplätze von ganz Italien.

Musikalisch

Pesaro und Macerata laden zu Opernfestivals mit internationaler Strahlkraft ein. In Castelfidardo baut und bespielt man virtuos weltweit nachgefragte Akkordeons. Beim Cantamaggio in Morro d'Alba wird zu traditionell intonierten wie zeitgemäß interpretierten volksmusikalischen Rhythmen ausgelassen gesungen und getanzt. Die Summer Jamboree in Senigallia heizt mit Sounds der 1940er- und 1950er-Jahre ein.

Morgens geht es im Kreuzgang der Chiesa San Francesco auf dem Mercato delle Erbe in Ascoli Piceno um ganz weltliche Dinge: das nächste Mittagessen zum Beispiel – Seite 225.

Inhalt

Vor Ort

Montefeltro und oberes Metaurotal 14

Nordküste und Via Flaminia 58

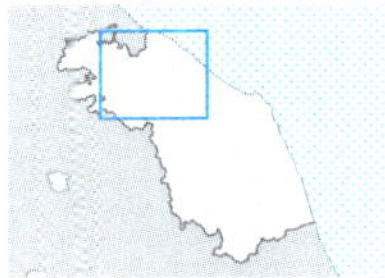

Castelli di Jesi und Grotte di Frasassi 104

Weitblick bei Sirolo – Seite 154

Ancona und Riviera del Conero 136

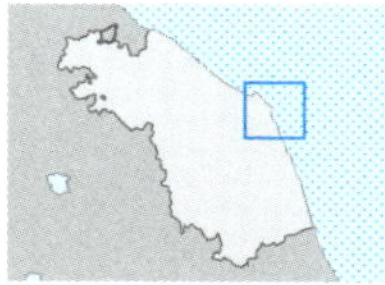

Chientital und Marca Fermana 170

Palmenriviera und Monti Sibillini 202

Das Kleingedruckte

Das Magazin

Vor

Ort

Es liegt wohl auch an der jahrhundertelangen Zugehörigkeit zum Kirchenstaat, dass sich die Marken bis heute durch eine gewisse Spiritualität auszeichnen.

Montefeltro und oberes Metaurotal

Hügelig — sind Wälder und Wiesen, deftig der Schinken und fein die Trüffeln. Für Kultur steht die Renaissanceperle Urbino.

Seite 22

Monte Carpegna

Viele erklimmen den Monte Carpegna in den Reifenspuren von Radsportlegende Marco Pantani. Die meisten tun's aber nicht auf dem Rennrad, sondern in Wanderschuhen!

Seite 17, 18

Grenzen überschreiten

Vom Montefeltro, der Regionen- und Landesgrenzen überwindet, empfehlen sich Abstecher in den Zwergstaat San Marino, immerhin die älteste Republik der Welt, und ins romagnolische Bilderbuchstädtchen San Leo.

Prost! Im Montefeltro wird wenig Wein gekeltert, dafür aber sehr gutes Bier gebraut.

Eintauchen

Seite 34

Urbino ✪

In Urbino pulsiert viel junges urbanes Leben, weil im besterhaltenen städtebaulichen Ensemble der italienischen Renaissance Studierende aus aller Welt unterwegs sind.

Seite 54

Mercatello sul Metauro

Der kleine Ort am Fluss kommt in Sachen Malerei ganz groß heraus. Er hat sowohl ›alte Schinken‹ in petto als auch ein Herz für zeitgenössische Kunst und zeigt bemerkenswerte sakrale und profane Architektur.

Seite 48

Urbania

Urbania hat einen prächtigen Palazzo Ducale, lange Kunstkeramiktradition und ein zauberhaftes Stadttheater und bleibt mit 18 mumifizierten Leichen in Erinnerung.

Seite 51

Sant'Angelo in Vado

Die Stadt am Metauro punktet mit spektakulärer antiker Auslegeware und Trüffeln von allerbester Qualität.

Seite 28

Borgo Storico Cisterna

In diesem Agriturismo im grünen Hügelmeer bei Macerata Feltria wohnt man in originalgetreu restaurierter mittelalterlicher Gebäudehülle, wird gut gebettet, gesund und schmackhaft bekocht.

&

Seite 24

Pietrarubbia ✪

Ein starker Wind und viel mystisches Flair umwehen die scheinbar weltabgeschiedenen mittelalterlichen Gemäuer, denen Künstler, Köche und Musiker neues kulturelles Leben einhauchen.

Jedes Jahr wächst die Bevölkerung Frontinos nach dem Festival Internazionale degli Spaventapasseri um ein paar originelle ›Bewohner‹ (s. S. 33).

Federico da Montefeltro holte sich im Kampf eine blutige und krumme Nase, weshalb ein Buch über den Renaissancefürsten aus Urbino den Titel »Die Nase Italiens« trägt.

erleben

Wälder, Wiesen und Weltkultur

D

Der Montefeltro zeigt sich als hügelige Wald- und Wiesenlandschaft, die gebietsweise auf über 1000 Höhenmeter ansteigt und von schroffen Gesteinsformationen überragt wird. Er reicht vom romagnolischen San Leo und der Republik San Marino auf zwei benachbarten Felsenspornen über das obere Marecchiatal und den Naturpark Sasso Simone e Simoncello bis zum oberen Metaurotal, eine ebenfalls grün-gebirgige Gegend mit hohem Naturerlebniswert.

Montefeltro, lateinisch Mons Feretri, meinte ursprünglich nur den Felsen, auf dem in römischen Tagen ein Jupiter-Feretrius-Tempel stand und im Mittelalter das Städtchen San Leo gegründet wurde und bald auch das Land drum herum. Das unterstand seit dem 12. Jh. den Grafen von Carpegna, die fortan sich selbst und ihren knapp ein Jahrhundert später um das Herzogtum Urbino erweiterten Herrschaftsbereich ebenfalls Montefeltro nannten.

Die Menschen in Montefeltro und oberem Metaurotal leben von Land- und Viehwirtschaft und Tourismus, zumal ihre Heimat mit der Universitätsstadt Urbino das besterhaltene architektonische Ensemble der italienischen Renaissance ihr Eigen nennt. Aber auch viele kleinere Orte begeistern mit bemerkenswerten alten Gemäuern, hochkarätig behängten Kunstmuseen und hübschen historischen Theatern. Stadt und Land wurden mit monumentalen Festungen gesichert und mit vielen Kirchen und Klöstern gesegnet, die bis heute genauso beeindrucken und spirituell berühren wie so manches malerisch verfallene oder kreativ revitalisierte mittelalterliche Dorf.

Es gibt passabel markierte Wanderwegenetze, kurvenreiche Bergetappen für passionierte Radfahrer, vielerorts nachhaltig produzierte Fleisch- und Wurstwaren und edle Trüffeln, weshalb die nordwestlichen Marken nicht zuletzt eine kulinarische Reise wert sind.

O

ORIENTIERUNG

Der nächste, aus deutschsprachigen Landen freilich nur unzuverlässig angesteuerte, Flughafen und größere Bahnhof befinden sich in Rimini, von wo Busse in den Montefeltro fahren. Auch Urbino ist relativ gut per Bus zu erreichen. Wer die ganze Gegend und nicht nur die größeren Orte erkunden will, braucht ein Auto oder – vorbehaltlich viel Zeit und Kondition – ein Rad.

San Marino C1

Wer von Rimini aus gen Montefeltro fährt, passiert bald die Staatsgrenze zur Minirepublik San Marino, in deren gleichnamiger Kapitale auf dem 756 m hohen **Monte Titano** sich jährlich fast 2 Mio. Touristen drängen. Die meisten bleiben nur ein paar Stunden und verbinden Sightseeing mit Schnäppchenjagd, weil man hier in Dutzenden von Läden und Lokalen und einem schicken Designeroutlet vor den Toren der Hauptstadt (Strada degli Angariari 41, Falciano, www.sanmarinooutlet.com) mehrwertsteuerfrei shoppen und snacken kann.

Man braucht Puste für den Aufstieg zum Palazzo Pubblico – aber für den Blick von oben tut man das doch gern.

Älteste Republik der Welt

Wohl auch wegen dieses regen kommerziellen Treibens wirkt die angeblich älteste Republik der Welt auf den ersten Blick wie eine Kulisse aus Pappmaschee. Dabei ist das tatsächlich vorwiegend mittelalterliche architektonische Ensemble seit 2008 als UNESCO-Weltkulturerbe gelistet. Auch der Blick, der von San Marinos ›Hauptstadtgipfel‹ weit über die grünen Höhen des Montefeltro bis zur Adriaküste schweift, ist nicht zu verachten.

Der Zwergstaat misst 61 km², zählt knapp 34000 Einwohner und spricht Italienisch. Er ist seit 1992 vollwertiges Mitglied der Vereinten Nationen, gehört zwar nicht zur EU, aber zur europäischen Währungsunion und atmet den Geist der mittelalterlichen italienischen Stadtrepubliken, der ihr der Legende nach schon vom heiligen Marinus eingehaucht worden war. Der gottesfürchtige Steinmetz stammte ursprünglich vom Balkan und hatte sich ums Jahr 300 vor der Christenverfolgung Diokletians ans andere Ufer der Adria und zum stillen Gebet auf den Monte Titano zurückgezogen. Auf dem Sterbebett soll er seine Getreuen ermahnt haben, stets frei und unabhängig »von den beiden Menschen«, sprich Kaiser und Papst, zu leben. Obwohl der fromme Marin erst 366 das Zeitliche segnete, gilt der 3. September 301 als Geburtstag der auf diese Worte gegründeten Republik, die faktisch erst 1295 eine Art republikanische Verfassung bekam.

Wahrzeichen und Wappenbilder

… von Stadt und Staat sind die drei **Festungstürme,** die sich über die seit dem 10 Jh. gezogene Stadtmauer erheben. Sie heißen Rocca Guaita (1. Turm), Rocca Cesta (2. Turm) und Montale (3. Turm), wurden zwischen dem 11. und 13. Jh. erbaut, sind über die Salita alla Rocca zu erreichen durch einen landschaftlich aussichtsträchtigen Fußweg miteinander verbunden.

Meistbegehrtes Objekt der touristischen Besichtigungsbegierde ist der bilderbuchreife **Palazzo Pubblico,** Baujahr 1894. In dem stilistisch neogotischen Staatspalast tagt in der üppig ornament-

TOUR
Verlorenes Land

Abstecher in die Emilia-Romagna

Die Einheimischen wollten es so: Im Sommer 2009 verloren die Marken per Einwohnerreferendum 328 km^2, sieben Gemeinden, 15 000 Einwohner und einige schöne Stadt- und Landschaftsbilder an die Emilia-Romagna. Das Gebiet liegt im oberen **Marecchiatal,** betört kulinarisch mit dem *formaggio di fossa* (Höhlenkäse) von **Talamello** und der Trüffelhochburg **Sant'Agata Feltria** und begeistert mit den Städtchen San Leo und Pennabilli.

Bilderbuchpiazza

San Leo ist gleichsam die territoriale Keimzelle der Natur- und Kulturlandschaft des **Montefeltro,** weil der Felsen, der es trägt, mit antikem Namen Mons Feretri heißt. Auf den flüchtete im 3. Jh. der wegen seines christlichen Glaubens verfolgte Namenspatron der kleinen Stadt, deren Zentralpiazza man wegen einer Stippvisite desselben (1306) **Piazza Dante** taufte. Der bezaubernde Platz ist umrahmt von historischen Adelspalazzi, einem Museum mit sakraler Kunst und attraktiven Lokalen wie dem Hotelrestaurant Il Castello (s. rechts) oder der lecker bekochten Osteria La Corte di Berengario II (Via Michele Rosa 74, T 05 41 91 61 45, www.osteria lacorte.it). Direkt neben dem hübschen und herzlich geführten Hotelchen entzücken eine orientalisch anmutende frühromanische **Kirche** aus dem 9. Jh. und gleich dahinter der nicht minder imposante Dom aus dem 12. Jh., der Gebäudeteile aus dem 6.–8. Jh. integriert.

Nach Casteldelci, Maiolo, Novafeltria, Pennabilli, Sant'Agata Feltria, San Leo und Talamello wechselten 2021 auch Sassofeltrio und Montecopiolo (s. S. 29) aus der Provinz Pesaro-Urbino unters Dach der Provinz Rimini in der Emilia-Romagna.

Noble Säle, dunkle Kerker

Vis-à-vis der Altstadt imponiert am anderen Ende des Felsplateaus mit dem **Castello** (Öffnungszeiten siehe www.san-leo.it, 9 €) eine der unkaputtbaren Festungen des berühmten Renaissance-

Ein echtes Multitalent: Tonino Guerra (1920–2012)

Architekten Francesco di Giorgio Martini. Der scharf an die Felskante angepasste mächtige Gebäudeklotz mit seinen wuchtigen runden Türmen birgt sowohl repräsentative Gemächer als auch düstere Zellen und Folterkeller, die von den Päpsten seit 1631 als Hochsicherheitstrakt für unliebsame Zeitgenossen genutzt wurden. Einer davon war der berühmt-berüchtigte Giuseppe Balsamo alias Alessandro Conte di Cagliostro, der die vornehme Gesellschaft des 17. Jh. polarisierte, für die einen ein Wunderheiler und Wahrsager, für die anderen ein Giftmischer und Gotteslästerer war.

Infos

B/C 1/2

Planung:
mit dem Auto ca. ein Tag; mit viel Zeit und Kondition geht's auch mit dem Rad oder in Wanderschuhen; Spaziergänge durch San Leo und Pennabilli: je eine gute Stunde Gehzeit. In San Leo fährt ein Shuttlebus vom Zentrum zum Kastell.

Basisquartier:
Hotel Il Castello, Piazza Dante, San Leo, T 389 543 57 55 (Rezeptions-) Standort des San Leo Albergo Diffuso mit zwei weiteren Häusern vor Ort (https://sanleoalbergodiffuso.it, €).

Seelenorte

In **Pennabilli** lebte von 1989 bis zu seinem Tod 2012 das künstlerische Multitalent Tonino Guerra, das den Stoff lieferte, aus dem Federico Fellinis, Michelangelo Antonionis oder Francesco Rosis Filmträume waren, Poetisches schrieb, malte und modellierte. Mit befreundeten Künstlern gründete Guerra hier die **»Luoghi dell'Anima«**, die zur Erinnerung und Entschleunigung animieren sollen. Der historisch erste ›Seelenort‹ ist der **»L'Orto dei Frutti Dimenticati«** an der Piazza Vittorio Emanuele II mitten im Centro storico, in dem Bäume und Sträucher mit seltenen Früchten die Kulisse für allerlei Kunstobjekte abgeben. In diesem ›Garten der vergessenen Früchte‹ spannt sich z. B. ein orientalischer ›Märchenbogen‹ über eine Wiese, auf der eine bronzene Schnecke kriecht. Man entdeckt ein Häuschen aus Fragmenten alter Kirchen, auf dem Keramikschnecken ›schleimen‹, und eine Steinplatte, auf die die Metallprofile von Federico Fellini und Giulietta Masina ihre Schatten werfen. Noch mehr originelle Sonnenuhren flankieren die steile **»Strada delle Meridiane«** (Straße der Sonnenuhren), die von weiteren anrührenden Seelenorten gesäumt wird, und das Kulturzentrum **»Il Mondo di Tonino Guerra«** entführt einmal mehr in dessen zauberhafte Welt (Via dei Fossi 4, zuletzt tgl. 11–12, 16–18 Uhr, www.toninoguerra.org).

B

BERGBAHN

San Marino und Rimini waren von 1932 bis 1944 mittels einer in den Berg getriebenen Eisenbahntrasse miteinander verbunden. Einer der historischen Züge, die nach einem anglo-amerikanischen Bombenangriff im Juni 1944 ihren Betrieb einstellten, steht nun als Sehenswürdigkeit vor dem Eingang des 2012 auf einer Strecke von 800 m wiedereröffneten Tunnels namens **Galleria Montale** (Piazzale della Stazione). Hier versteckten sich am Ende des Zweiten Weltkriegs italienische Flüchtlinge vor den deutschen Besatzern. An den Wochenenden um Ostern und Weihnachten lädt der »Treno Bianco Azzurro« zu kleinen Tunneltouren ein (5 €, max. 10 Pers.).

verzierten Sala del Consiglio Grande e Generale unter einem monumentalen Wandgemälde des heiligen Marinus das Parlament. Davor gibt man von Juni bis September halbstündlich (tgl. 14.30–17.30 Uhr) das fotogene Schauspiel der Wachablösung. Dabei patrouillieren die rot-grün livrierten Herren der 1754 eingeführten Festungsgarde auf der ›Balkonpiazza‹ Libertà. Sie marschieren und salutieren hinter dem steinernen Denkmalrücken des legendären Republikgründers, dessen Gebeine in einer goldenen Urne in der **Basilica di San Marino** (Piazzale Domus Plebis) ruhen. Die im 19. Jh. auf romanischen Fundamenten erbaute Kirche verbirgt hinter ihrer tempelartigen Vorhalle und schlichten klassizistischen Fassade einen sakralkünstlerisch opulent dekorierten Innenraum. Die **Chiesetta di San Pietro** gleich nebenan datiert ebenfalls aus dem 19. Jh. und gründet auf den Resten einer antiken Kultstätte. Darin tun sich zwei Felshöhlen auf, die angeblich die ›Schlafzimmer‹ von Marinus und seinem frommen Freund Leo vom Nachbarfelsen (s. S. 18) waren.

Blühende Museumslandschaft

Die Waffenkollektion des **Museo delle Antiche Armi** im zweiten Festungsturm, die prächtigen Säle im **Palazzo Pubblico** und die mit sakraler Kunst ›gespickte‹ **Pinacoteca San Francesco** (Via Basilicius 33) im gleichnamigen Kloster sind staatliche Museen. Desgleichen das **Museo di Stato** (Piazzetta del Titano 1) mit Archäologischem, Kunst- und Kultobjekten aus San Marino, das **Museo del Francobollo e della Moneta** (Briefmarken und Münzen, Piazzetta Garibaldi 5) und die **Galleria Nazionale** (Giardino dei Liburni) mit hochkarätiger zeitgenössischer italienischer Kunst von Guttuso, Chia, Cucchi & Co.

Die Museumslandschaft treibt obendrein viele private Blüten wie Vampir- und Foltermuseum, Kuriositäten- oder Wachsfigurenkabinett. Abgesehen vom migrationshistorischen **Museo dell'Emigrante** im Monastero Santa Chiara haben ›die Privaten‹ eher Kirmesbudenniveau und tragen wie die vielen Läden und Lokale mit Schmuck oder Sonnenbrillen, Pizza, Pasta und Piadina zum Disneyland-Image des geschichtsträchtigen Ortes bei.

Staatliche Museen: www.museidistato.sm, Juni–Sept. 9.30–18.30, Juli/Aug. einige bis 23, sonst 9–17 Uhr, zwei Museen und Monumente 8 €, alle 10 €; **Museo dell'Emigrante:** Contrada Omerelli 24, www.museoemigrante.sm, Nov.–März auf Anfrage, Eintritt frei

Infos

- **Ufficio Informazioni Turistiche:**, Piazzetta Garibaldi 5, T 0378 0549 88 29 14, www.visitsanmarino.com
- **Verkehr:** Seilbahn vom Parkplatz Borgo Maggiore (1,50 €/Std.) auf den Altstadtfelsen (3 € einfach, 5 € hin und zurück)

Carpegna

B2

Carpegna profitiert von der Lage am Fuße des gleichnamigen Berges und profiliert sich kulinarisch mit exquisitem Schinken. Es hat als genealogische Wiege der mächtigen Herrscherdynastien derer von Montefeltro und Etappe von Marco Pantanis Trainingsstrecke Geschichte geschrieben.

Viel Natur

Rund um den Ort legt sich ein dichtes Netz rot-weiß markierter (Rad-)Wanderwege, darunter einer auf den 1415 m hohen Monte Carpegna (s. S. 22), der mit Monte Simoncello (1221 m) und Sasso Simone (1204 m) den üppig bewaldeten **Parco del Sasso Simone e Simoncello** überragt. Die Verwaltung des Naturparks, von dem die Marken 2009 knapp die Hälfte (5063 ha) an die Emilia-Romagna abtreten mussten, residiert in Carpegna, dessen gleichnamiger Hausberg an den Hängen der Nachbargemeinde Montecopiolo bescheiden skitouristisch erschlossen ist.

Wenig (Bau-)Kultur

Architektonischer Blickfang des ansonsten baulich unspektakulären Ortes ist der monumentale **Palazzo dei Principi** (1675), dessen prächtige Säle auf Anfrage bei der Pro Loco (s. S. 24) in Führungen zu besichtigen sind (Sa/So 10 u. 15.30 Uhr, 8 €). In einem Flügel wohnen bis heute Nachfahren der im 5. Jh. erstmals erwähnten Grafen von Carpegna, historische Vorfahren der in dieser Gegend einst tonangebenden Fürsten von Montefeltro. An Carpegnas Peripherie glänzt an der Straße nach Frontino ein sakrales Kleinod, die **Chiesa San Giovanni Battista** aus dem 10. Jh. Darin versammelt sich regelmäßig eine Benediktinergemeinschaft zum Gebet, die in einem Nebengebäude wohnt (Via Pieve 2, nicht zuverlässig geöffnet).

Schlafen

Komfort im Zentrum

Hotel Ulisse: In dem zweckmäßig modern möblierten Drei-Sterne-Haus mit Restaurant, Garten, Pool und Radverleih können sich (Rad-)Wanderer von den körperlichen Strapazen erholen.

Via Nicola Amaducci 16, T 0722 771 19, www.hotelulisse.it, €

Alles auf Grün

Camping Paradiso: Der kleine Camping- und Bungalowplatz mit Bar, Restaurant, Spielplatz und Pool liegt mitten im Grünen und doch nur 300 m vom Ortszentrum entfernt.

Via Paradiso 36, T 0722 04 34 63, www.campeggioparadisocarpegna.com, Zeltstellplatz 9–16, Pers. 6–9 €, Auto gratis

Essen

Wald- und Wiesenküche

Vecchio Montefeltro: Hier kocht man seit 1890 solide Hausmannskost, z. B. Pasta mit Wild oder Pilzen, würzt mit Wald- und Wiesenkräutern und hat auch Pizza im Repertoire.

Via Roma 52, T 0722 771 36, https://ristorantevecchiomontefeltro.com, 9–15, 18–23 Uhr, €€

Gut und gemütlich

Silvana: Leckere Pasta und Fleischgerichte, abends allseits hochgelobte Pizza, freundliche Atmosphäre, faire Preise.

Via G.O. Falconieri 7, T 0722 776 21, Di–So 9–22.30 Uhr, €€

Einkaufen

Luftgetrocknete Leckereien

Macelleria del Corso: Verkaufsschlager der besten Metzgerei am Platz ist

TOUR
Il Carpegna mi basta!

Auf Marco Pantanis Reifenspuren auf den Monte Carpegna

1415 m internationale Radsportgeschichte. Und zwar immer schön bergauf. Der Monte Carpegna war mehrfach Etappe des Giro d'Italia, 1973 Austragungsort für das legendäre Duell zwischen Eddy Merckx und José Manuel Fuente und bevorzugtes ›Trainingslager‹ von Marco Pantani (1970–2004). Der Ausnahmesportler trug 14-mal das rosa und 6-mal das gelbe Trikot und 1998 den Gesamtsieg von Giro d'Italia und Tour de France davon.

Der Pilgerweg

Die Straße von Carpegna zum Gipfel des Berges ist gleichsam gepflastert mit Erinnerungen an den ›Pirata‹, wie die Radsportlegende aus dem romagnolischen Cesena wegen seines meist bunt betuchten Kahlkopfes genannt wurde. »Il Carpegna mi basta« (Der Carpegna reicht mir), sagte Pantani über seine Trainingsstrecke, die auf 1350 Höhenmeter ansteigt. Da sie zu zwei Dritteln auch motorisiert befahren werden kann, ist die Tour wahlweise auf vier oder zwei Rädern zu unternehmen, wobei es für den Aufstieg mit dem Drahtesel gute Kondition und/oder Elektroantrieb braucht.

Passionierte Mountainbiker können übrigens am seit 2006 veranstalteten Mountainbike-Marathon Granfondo MTB im Mai teilnehmen (Infos unter www.ilcarpegnamibasta.it, www.montefeltrobike.it).

Die **Via Cippo** zweigt von der **Via Giuseppe Mazzini** im Ortszentrum ab und windet sich mit einer mittleren Steigung von zehn und stellenweise sogar 12,5 Prozent den Berg hinauf. Die erste Etappe des baumbeschatteten und mit besagtem Zitat besprühten Pilgerweges führt in vier kurvigen Straßenkilometern zum Pantani-Denkmal auf gut 1000 m Höhe. Diejenigen, die die Tour mit dem Auto unternehmen, spüren die Aura des tragischen Helden trotzdem, zumal sie fast zu jeder Jahreszeit windschnittig gekleidete Rennradler mit angestrengter

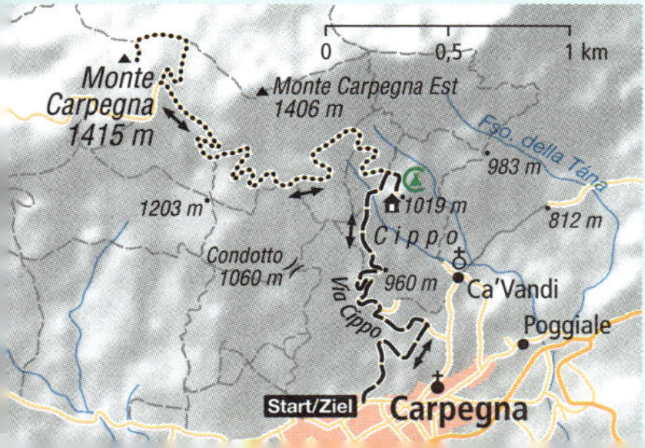

Da strampelt er bis in alle Ewigkeit: Am Cippo erinnert ein Denkmal an Marco Pantani.

Miene überholen. Wer sich den schweißtreibenden und muskelzerrenden Aufstieg per Rad zutraut, wird deshalb meist eskortiert von mehr oder weniger, mehrheitlich männlichen Leidensgenossen, die auf einer mit Kiosk, Camping- und Picknickplatz besiedelten Waldlichtung namens **Cippo** die erste Verschnaufpause einlegen. Sie huldigen dort einer aus Stahldraht gebogenen **Pantani-Skulptur,** die vor der Kulisse eines stilisierten ›Piratenprofils‹ in die Pedale tritt und das Ziel bzw. Mekka der Autopilger ist, weil der Rest der legendären Rennstrecke für die motorisierte Weiterfahrt gesperrt ist.

Der Himmel des Piraten

Mit dem Rad geht es hinter einer rot-weißen **Schranke** noch knapp 3 km weiter bergan. Flankiert von weiteren fotografischen Ehrerbietungen an Pantani und seinen ›Vorfahrer‹ Eddy Merckx erklimmt man – vorausgesetzt man wuppt auf dem letzten Kilometer eine maximale Steigung von 15 Prozent – den **Cippo Pantani,** wo ein mit der italienischen Flagge dekoriertes großformatiges Foto von Pantani im rosa Trikot leuchtet. Pantani-Fans nennen diesen Ort wenige Höhenmeter unterhalb des Berggipfels den ›Himmel des Piraten‹ (Cielo del Pirata), in den man über markierte Wanderwege (101, 102, 104, ca. 3 Std.) auch zu Fuß aufsteigen kann.

Pantanis Geschichte endete indes tragisch: Er geriet 1999 unter Dopingverdacht, feierte 2000 sein Comeback und starb vier Jahre später der Drogensucht und Depression verfallen nach einer Überdosis Kokain in einem Hotelzimmer in Rimini.

Infos

B 2

Länge: ca. 8 km

Rad oder Auto?
Die hier beschriebene Tour ist auf dem Rad nur von Durchtrainierten zu bewältigen, sodass allen anderen das Auto oder gegebenenfalls ein E-Bike empfohlen sei.

Proviant:
Weil der Kiosk am Cippo nicht immer geöffnet ist, sollten diejenigen, die bis zum ›Himmel des Piraten‹ vordringen wollen, an Proviant denken.

S

SCHWEINEREI

Weil die eichenwaldreiche Umgebung für die Aufzucht und Ernährung von Schweinen geradezu prädestiniert ist, wird in Carpegna nachweislich seit dem 15. Jh. Schinken produziert. Der mindestens 13 Monate luftgetrocknete, lachsrosafarbene, im Geschmack zartwürzige, mit dem D.O.P.-Siegel qualitätsgeschützte **Prosciutto di Carpegna** darf ausschließlich hier und nur aus den Hinterkeulen in den Marken, der Emilia-Romagna und der Lombardei mindestens zehn Monate alt und 160 kg fett gewordener Schweine gemacht werden.

luftgetrockneter Prosciutto di Carpegna, aber auch in Sachen Wurst hat es Inhaber Rodolfo di Merlini raus.
Via Roma 26, Mo–Fr 9–13, 16–18 Uhr

Infos

- **Pro Loco Carpegna:** Piazza Conti, T 0722 773 26, www.carpegnaturismo.it
- **Ente Parco Sasso Simone e Simoncello:** Via Rio Maggio, T 0722 77 00 73, www.parcosimone.it, Mo–Sa 7.30–13.30 Uhr. Die Naturparkverwaltung in Carpegna informiert persönlich, in Print und online, mit Broschüren, Flyern und Karten über Flora und Fauna, Kultur und Kulinarik und gerade aktuelle Events in der regionsübergreifenden Natur- und Kulturlandschaft. Die hiesigen (Rad-) Wanderwege sind auf der Carta Escursionistica del Parco del Sasso Simone e Simoncello bestens kartografiert und hinsichtlich Länge, Steigungs- und Schwierigkeitsgrad kommentiert.
- **Verkehr:** www.adriabus.eu, Busse nach Pesaro über Macerata Feltria

Pietrarubbia ✪ C2

600 Seelen verlieren sich hier in kleinen Siedlungskernen inmitten von Wäldern, Wiesen und Weizenfeldern. Die sympathisch verschlafene Streugemeinde, die bis aufs 10. Jh. zurückgeht, überrascht mit ihrem kulturell und gastronomisch revitalisierten mittelalterlichen Ortsteil **Pietrarubbia Castello,** wo sich zeitgenössische Kunst, ein historisches Gemäuerensemble und die Hügel- und Felsenwelt des Montefeltro zu einem geradezu magischen Setting vereinen.

Wachgeküsst

Es war kein Geringerer als der Künstler Arnaldo Pomodoro, der dem damals dem Verfall preisgegebenen Weiler in den 1970er-Jahren neues Leben einhauchte. Der 1926 im Montefeltro (Morciano di Romagna) geborene, später international und heute in Mailand tätige Bildhauer gründete 1990 das **TAM** (Trattamento Artistico di Metallo), ein bis 1998 von ihm geleitetes Labor für künstlerische Metallverarbeitung, in dem junge Talente mit Eisen, Stahl, Blei, Kupfer, Messing, Gold, Silber und Bronze experimentierten. Die Workshops des TAM wurden später von nicht minder namhaften Künstlern wie Eliseo Mattiacci (1940–2019) oder Nunzio di Stefano (geb. 1954) betreut und verwandelten das weltabgeschiedene Dörfchen in ein mystisch anmutendes Mekka für zeitgenössische Kunst.

Kleinere Metallobjekte, darunter zahlreiche Originale vom Meister selbst und die hier gegossenen, geschweißten und geschraubten Werke seiner künstlerischen Kinder und Enkel, glänzten im Museo D'Arte Contemporanea im **Palazzo Gentilizio,** wo obendrein bei der Restaurierung der alten Gemäuer zutage geförderte Keramik- und Metallutensilien aus dem Mittelalter zu

TOUR
Gipfelstürmer

Aufstieg zum Sasso di Simone

Infos

B 2

Start/Ziel:
Die Tour folgt ab dem Passo di Cantoniera den im Gelände gut markierten Wanderwegen *(sentieri)* 118, 17 und 119.

Dauer:
ca. 4 recht entspannte Wanderstunden

Alternative:
Über den etwas anspruchsvolleren Sentiero 119 geht's in ca. 2 Std. vom Sasso Simone nach Carpegna (Camping Paradiso).

Mit dem Sasso di Simone erhebt sich die Toskana über die Marken, denn der imposante Felsblock gehört administrativ bereits zur Nachbarregion. Der Weg auf sein Gipfelplateau führt durch Wälder, Wiesen und Weiden und ist von allerlei botanischen Kleinodien gesäumt.

In voller Blüte

Vom **Passo di Cantoniera** (Parkplatz) auf gut 1000 Höhenmetern wenige Kilometer westlich von Carpegna geht es auf dem Sentiero 118 zunächst ein kurzes Stück durch den Wald, bevor der Wanderweg eine Hauptstraße quert. Danach gelangt man erneut in ein Waldgebiet mit Ahornbäumen, Eichen, Buchen und Eschen, in deren Unterholz dichtes Strauchwerk und je nach Jahreszeit (Alpen-)Veilchen, Lilien, Primeln und Pilze aller Art gedeihen. Vor der Kulisse des Sasso Simoncello mündet der Wanderweg in den Sentiero 17, auf dem Sie dann zwischen den beiden hoch und steil über das grüne Hügelland erhabenen Felsformationen die **Grenze zur Toskana** überschreiten.

Weite Sicht

Am **Sasso di Simone** angekommen, lassen wir den gigantischen Fels zunächst von unten auf uns wirken, bevor wir auf den Sentiero 119 (der von Carpegna hierherführt) wechseln, auf dem Sie nahe einer naturmonumentalen Buche namens **Faggio Solitario** zum Aufstieg auf das Felsplateau ansetzen. Oben auf dem steil abfallenden ›Felsentisch‹ werden die von wilder Vegetation überwucherten Reste der Festungsstadt **Città del Sole** (Stadt der Sonne) aus dem 16. Jh. und herrliche Nah- und Fernsichten auf Sasso Simoncello und Monte Carpegna serviert. Danach ist die Entscheidung zu treffen, ob man auf demselben Wege zum Ausgangspunkt zurückkehrt oder über den 119 nach Carpegna wandert.

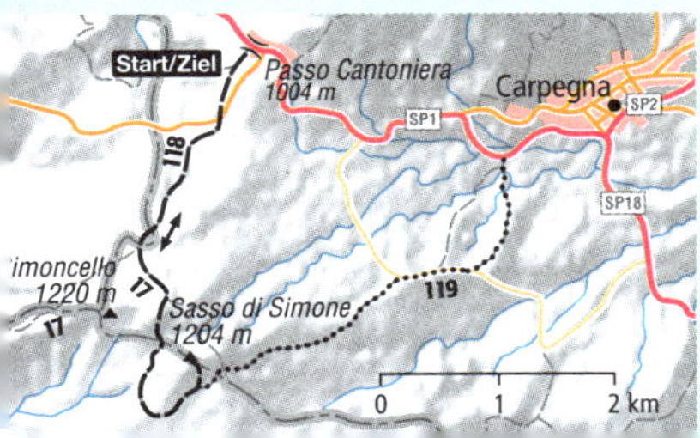

sehen waren. Größere Werke wurden in der wald- und wiesengrünen Umgebung verteilt. Nachdem die künstlerische Produktion des TAM im Laufe der Jahre abtransportiert worden war, um anderswo exponiert zu werden, orientierte sich das heutige **Museo di Pietrarubbia** neu. Es zeigt seit 2016 im Erdgeschoss Werke von Arnaldo Pomodoro und in der Etage darüber temporäre Ausstellungen zeitgenössischer Kunst. Nach lähmender Pandemiezeit planen die Gemeinde Pietrarubbia und ein Dozent an der Kunstakademie von Urbino namens Paolo Soro quasi eine Wiederbelebung des TAM. Dazu sollen künftig alljährlich Künstlerinnen und Künstler sowohl eine Ausstellung im Museum präsentieren als auch ein (bleibendes) Objekt für die Landschaft drum herum kreieren.

Über dem Altar des Kirchleins **San Silvestro** strahlt übrigens seit der Reanimation des Dorfes Pomodoros Bronzesonne und vielleicht fügen sich bald wieder wie bei meinen ersten Besuchen hier und da gegenwartskünstlerische Statements irritierend und doch harmonisch in die gefällige naturlandschaftliche Kulisse des magischen Ortes ein.

Museo di Pietrarubbia: www.museodipietrarubbia.it, Juli/Aug. tgl., sonst Sa/So 15–18.30 Uhr oder auf Anfrage unter T 0722 751 10, comune.pietrarubbia@provincia.pu.it

Neues Leben in alten Mauern

Wechselnde Betreiber bewirtschaften den Palazzo Vicariato gleich nebenan mit einem kleinen Hotelrestaurant namens **Locanda delle Storie.** Dort logiert und diniert man meist in kontemplativer Ruhe und in alter kulinarischer Tradition (Via Castello 10, bezüglich der aktuellen Betreiber und Bedingungen bitte Google konsultieren). Lebhafter wird's hier nur zwischen Juli und September und an den Wochenenden, wenn Kulturevents jeglicher Genres an dieses ›Ende der Welt‹ locken, das freilich auch in vor- und nachsaisonaler Einsamkeit begeistert. Zumal gleich um die Ecke ein naturmonumentaler Felssporn namens **Pietrafagnana** aus der hügeligen Wald- und Wiesenlandschaft des Montefeltro emporragt. Auffälligstes Detail des Naturmonuments ist ein hoch erhobener Felsenfinger, der im Volksmund ›Il Dito del Diavolo‹ (Teufelsfinger) genannt wird.

Schlafen

Landhaus mit Exkursionsservice

B&B Casa Bracci: Die Casa Bracci steht für gepflegte Zimmer in einem infrastrukturell modernisierten alten Landhaus im Grünen, ein tolles Frühstück mit besten Produkten aus dem Montefeltro und freundliche Gastgeber, die gern bei der Organisation von Mountainbiketouren, (Pilz-)Wanderungen etc. behilflich sind.

Via Ca' Boso 7, T 0722 32 88 76, 331 357 32 98, www.casabracci.com, €

Essen

Pasta, Pizza, Pilze

La Rupe: Das Lokal in Pietrarubbias Ortsteil Ponte Cappuccini ist raumatmosphärisch nicht gerade der Hit, in Sachen rustikale Lokalküche aber eine Institution. Alternativ zu selbiger, z. B. Pilz- und Fleischgerichte mit Zutaten aus dem Montefeltro, gibt's Pizza, die sich ebenso großer Beliebtheit erfreut.

Via Montefeltresca 163, T 0722 751 33, Mi–So 12.30–15, 18.30–22.30 Uhr, €€

Infos

- **Centro Visite del Parco Interregionale del Sasso Simone e Simoncello:** Loc. Ponte Cappuccini, Via Montefeltresca 157, www.parcosimone.it. Zweigstelle des Nationalparks (s. S. 24).

Macerata Feltria

C2

Das atmosphärisch und architektonisch kaum bemerkenswerte Städtchen hat sich als Kurort einen Namen gemacht. Es besticht wie alle Orte in dieser Gegend durch die (rad-)wanderfreundliche wald- und wiesengrüne Hügellandschaft drumherum, in der mit dem Borgo Storico Cisterna ein Juwel von Agriturismo glänzt.

Hier kurten schon die Römer

In den hiesigen Schwefelquellen aalten sich schon die alten Römer, die hier im 3. Jh. v. Chr. eine Siedlung gründeten. Pitinum Pisaurense wurde im 6. Jh. von den Goten zerstört und stand um 1000 als Macerata Feltria aus nahe der romanischen Kirche **San Cassiano** an der Straße nach Carpegna teilweise wieder freigelegten römischen Ruinen auf. Davon zeugt der mittelalterliche Ortskern Castello mit imposantem Palazzo del Podestà und aussichtsträchtigem Torre Civico. Darin dokumentiert das **Museo Civico Archeologico e Paleontologico** (Via Abstemio 2, T 0722 732 31, Fr–So 10–12, 16–19 Uhr, 3 €) mit allerlei archäologischen Preziosen die frühe Geschichte der Gemeinde, die sich seit dem 18. Jh. um die Borgo genannte Neustadt erweitert und dieselbe in den 1920er-Jahren für einen modernen Kurbetrieb erschlossen hat.

Schlafen, Essen

Schönes Haus, schöne Lage

B & B Ca' Riccio: Das liebevoll restaurierte alte Bauernhaus mit Pool und Garten entzückt auf halber Strecke zwischen Macerata Feltria und Monte Cerignone inmitten der grünen Hügel des Montefeltro. Man logiert gut, gepflegt und freundlich betreut in farbenfrohen Zimmern und freut sich am Morgen über ein herrliches Frühstück.

Macerata Feltria, Loc. San Teodoro, Ca' Riccio No 14, T 334 785 04 07, www.caricciodellafaggiola.it, €

Einkaufen

Fleisch und Wurst in Topqualität

Macelleria Penserini: Wie das gesamte Montefeltro ist auch Macerata Feltria mit Recht stolz auf seine Fleisch- und Wurstspezialitäten, besonders überzeugend sind die appetitlich präsentierten Produkte der Macelleria Penserini.

Via G. Antimi 24/26, www.macelleriapenserini.it, Mo–Sa 8–13, 16–19 Uhr

Monte Cerignone

C2

Zu den Einwohnern von Monte Cerignone gesellte sich früher in der Sommer- und Weihnachtszeit Umberto Eco (1932–2016). Der berühmte Sprachwissenschaftler und Schriftsteller erwarb und renovierte hier 1976 ein ehemaliges Jesuitenkonvent, das ihn zu seinem Weltbestseller »Der Name der Rose« inspiriert haben soll. Die Wahlheimat des Dichters zieht sich vom rechten Ufer des Conca den Hang des Monte Faggiola hinauf und gipfelt in einer Felsenburg aus dem 13. Jh., die im 15. Jh. von Federico da Montefeltro als Jagdschloss auserkoren und von dessen Lieblingsarchitekten Francesco di Giorgio Martini ausgebaut wurde. Monte Cerignone profiliert sich kulinarisch mit einer Süßspeise namens Bustreng (s. S. 29) und macht neuerdings als regionale ›Craftbeer-Hochburg‹ Furore (s. S. 57).

Lieblingsort

Der langen Rede wert

Das sensibel restaurierte und gastfreundlich bewirtschaftete **Agriturismo Borgo Storico Cisterna** ist ein Ensemble stimmungsvoller alter Gemäuer. Knapp 3 km von Macerata Feltria entfernt, lockt es mit absoluter Ruhe und weitem Millionärsblick in die grüne Hügellandschaft. Wie der Name sagt, hat das imposante Anwesen Geschichte, die vor Jahrhunderten Adel und Bauern und jüngst die ›Stadtflüchtlinge‹ Mario und Stefania Gallerani geschrieben haben. Der studierte Chemiker und Manager eines Pharmakonzerns und die Bankerin, Eltern von vier Kindern, hatten die viele Arbeit und Bolognas hektischen Alltag satt und beschlossen vor 18 Jahren, irgendwo auf dem Land neu anzufangen. Auf der Suche nach dem passenden Domizil verliebten sie sich auf den ersten Blick in das damals verlassene und verwahrloste hochmittelalterliche Landgut, das sie in mühevoller Kleinarbeit, mit Respekt vor dem historischen Original und Liebe zum baugeschichtlichen Detail in ein komfortables Gästehaus mit fünf geräumigen Zimmern, stimmungsvollen Speisesälen, mehreren Aussichtsterrassen und einem Pool mit fantastischem Landschaftspanorama verwandelt haben. Familie Gallerani ist mit ansteckender Begeisterung aufs Land- und Handwerkerleben umgestiegen. Mario hat beim Abreißen und Aufbauen so manches bis dahin verborgene architektonische und künstlerische Kleinod und Stefania ihre Leidenschaft fürs Kochen mit frischen saisonalen Zutaten entdeckt. Last but not least wurde die Kapernsorte, die exklusiv in ihrem kleinen ›Aussteigerreich‹ gedeiht, unter dem Namen Cappero Rupestre Borgo Cisterna offiziell als botanische Besonderheit anerkannt. Auch an illustren Gästen fehlt es nicht, unter denen übrigens 2016 das Filmteam eines holländischen Musikfilms mit Starbesetzung war, das einige Szenen von »De Zevende Hemel« (Der siebte Himmel) in dem kleinen Paradies in den Hügeln von Macerata Feltria gedreht hat (Macerata Feltria, Santa Lucia Cisterna 12, 📍C 2, am östlichen Ortsausgang ausgeschildert, T 335 833 59 76, www.borgocisterna.it, Übernachtung und Essen €€€).

Burgdorf mit Heiligenschein

Zu Füßen der kolossalen **Rocca** öffnet sich vor dem **Renaissancepalazzo Begni** die gleichnamige Piazza, von der man durch nostalgisch anmutende Gassen zur **Piazza Clementina** hinabsteigt. Auf dem Weg zu dem hübschen Platz zu Namensehren von Papst Clemens XIV., dessen Vorfahren aus dem Ort stammen, passiert man drei künstlerisch bemerkenswerte Kirchen: Die **Chiesa Santa Caterina** wurde im 15. Jh. auf Wunsch des Malteserordens errichtet, die **Chiesa Santa Maria del Soccorso** und die **Chiesa San Biagio** aus dem 17. Jh. hüten Gemälde des venezianischen Malers Bartolomeo Vivarini (ca. 1432–99). Monte Cerignones vierte sakrale Perle leuchtet am anderen Ufer des Flusses: Die **Chiesa Santa Maria in Recluso** wurde im 16. Jh. auf den Resten eines römischen Juno-Tempels erbaut und birgt seit 1677 die sterblichen Überreste von Domenico Spadafora (1450–1521). Der gründete hier im 15. Jh. von Sizilien kommend ein inzwischen verschwundenes ›kleines Kloster‹ (Conventino), wurde 1921 selig gesprochen und steht am zweiten Septembersonntag im Mittelpunkt der Festa del Beato Domenico Spadafora.

Essen

Schlemmen und schlürfen

Osteria Clementina: Schnörkellose und schmackhafte Lokalküche vom Antipasto bis zum Dessert (z. B. mit Wildschwein oder Steinpilzen), dazu süffiger Hauswein und danach ein Gläschen aus der reichen Spirituosenauswahl. Die nette Atmosphäre im rustikal-gemütlichen Lokal mit Terrasse an der hübschen Dorfpiazza steigert den Genuss, der manchmal noch von Livemusik versüßt wird.

Piazza Clementina 5, T 0541 97 86 89, Mi, Do 12–15, Fr–So 12–15, 19–24 Uhr, Di Ruhetag, €€

Land und lecker

BAAM: Die mit allerneuester Technik ausgestattete Brauerei kredenzt ihre süffigen Biere direkt im angeschlossenen zeitgenössisch gestylten Restaurant. Dieses überzeugt mit Fleisch- und Gemüsegerichten sowie verführerischen Desserts aus den guten und gesunden Zutaten der Gegend, die auch auf die knusprige Pizza des Hauses kommen. Letzteres steht übrigens mitten im Grünen, sodass ein herrlicher Montefeltro-Landschaftsblick inklusive ist!

Adresse: s. S. 57

Infos

- **Comune:** Piazza Clementina 10, T 0541 97 85 22, www.comune.montecerignone.pu.it
- **Sagra del Bustreng:** Mitte Aug. Kollektives Gelage zu Ehren des Bustreng, einer typisch romagnolischen Süßspeise, die hier aus dunklem und hellem Mehl, Eiern und Rosinen besteht.
- **Mons Cerignonis:** zweites Juli-Wochenende, http://monscerignonis.com. Mittelalter-Revival, bei dem die Einwohner von Monte Cerignone mit großem Kostüm- und Requisitenaufwand bei einem bunten Historienspektakel die Vergangenheit inszenieren. Inklusive Falken-Show und Palio hoch zu Ross.

Montecopiolo B/C2

Montecopiolo ›klebt‹ an den üppig grünen nördlichen Ausläufern des Monte Carpegna, hat allerhand Naturschönheiten, die Herrscherdynastie derer von Montefeltro aus der Taufe gehoben und bescheidenen Erfolg als Wintersportort, mit alpinen Skihochburgen freilich kaum etwas gemein. Es ist seit 2021 eine Gemeinde der

Provinz Rimini, weil die Mehrheit seiner Bürger 14 Jahre zuvor per Referendum für die Zugehörigkeit zur Emilia-Romagna votiert hatte. Obwohl es damit ebenso wie das ›verlorene Land‹ im oberen Marecchiatal (s. S. 18) eigentlich gar nicht mehr dazugehört, bleibt es wegen seiner historischen Verbundenheit mit den Marken vorerst in diesem Reisebuch.

Grün und geschichtsträchtig

Seine gut 1000 Einwohner leben in mehreren Siedlungskernen, von denen **Villagrande** der größte und **Montecopiolo Castello** der kleinste ist. Ersteres ist mit einem kleinen See vor der Tür gesegnet und auf Wanderer und Wintersportler eingestellt, Letzteres ein pittoreskes Schlossruinen-Ensemble auf 1030 Höhenmetern. Als die Burg noch ganz war, erbte sie 1140 ein Abkömmling der Grafen von Carpegna. Dieser Antonio di Carpegna erwarb auch noch San Leo (s. S. 18), nannte sich seit 1155 Conte di Montefeltro und begründete damit die heute weltberühmte Herrscherdynastie, die 1213 mit Urbino belehnt wurde und es im 15. Jh. zur *città ideale* (ideale Stadt) der italienischen Frührenaissance erblühen ließ.

In **Ponte Conca** rauschen die Wasserfälle Cascatelle Fiume Conca, mit denen der gleichnamige Fluss recht dekorativ eine Felswand hinunterfällt. Im wiesengrünen Ortsteil **Eremo Monte Carpegna** holt man sich den Segen der **Madonna del Faggio** ab und sausen Skifahrer vorbehaltlich ausreichenden Schneefalls auf wohl allenfalls für alpine Anfänger reizvollen Pisten den Berg hinab.

Schlafen, Essen

Wellness am Bergsee

Parco del Lago: Das Haus mit Garten am kleinen See offeriert Drei-Sterne-Komfort in See- und Bergblickzimmern mit romantischem Interieur. Zu essen gibt's lokale Spezialitäten, komponiert zu fleischigen, fischigen oder vegetarischen Menüs. Man schwimmt wahl- und wetterweise im Außen- oder Innenpool und bekommt ein passables Wellnessangebot.
Villagrande, Via San Francesco 1, T 0722 782 47, www.parco-del-lago.com, €€

Infos

- **Comune Montecopiolo:** www.comune.montecopiolo.rn.it
- **Wintersportinfos:** www.eremomontecarpegna.it, www.dovesciare.it

Frontino ⚲ C2

Frontino wuchert mit wald- und wiesengrüner Landschaft, in der ein nostalgisch anmutender Ortskern, zwei kunstgeschichtsträchtige Klöster, eine museal revitalisierte alte Mühle sowie historische Villen und Landgüter gefällige architektonische Akzente setzen. Weil viele alte Gemäuer zu stimmungsvollen Feriendomizilen oder Museen umgewidmet wurden und hier viel Gutes und Gesundes aus eigenem Stall und Garten auf den Tisch kommt, gesellen sich zu den 300 Bewohnern saisonal naturverbundene und kulturaffine Besucher in freilich recht übersichtlicher Zahl. Die meisten Gäste kommen im Hochsommer, um sich beim internationalen Vogelscheuchenfestival (s. S. 33) zu amüsieren oder bei der Sagra del Tartufo Nero (1. Aug.-Wochenende) oder del Fagiolo (1. Sept.-Wochenende) an schwarzen Trüffeln und leckeren Bohnengerichten zu delektieren.

Moderne Kunst

Der Turiner Künstler Franco Assetto (1911–91) hatte ein Faible für das Centro storico von Frontino, das sich dekorativ auf einem Felsen über das üppig grüne Mutinotal erhebt. Assetto verjüngte das fest ummauerte und liebevoll gepflegte mittelalterliche Dorf 1973 mit dem modernen Brunnen **Scultura d'Acqua.** Er schenkte der Gemeinde obendrein in Erinnerung an die römische Vergangenheit von Castrum Frontini ein Amphitheater namens **Teatro Titano** und viele seiner Werke, die im **Museo Franco Assetto** exponiert sind. Die Gemälde und Skulpturen belegen drei Etagen eines alten Palazzo, sind farbenfroh und stilistisch vielfältig, von Surrealismus, Pop-Art und Informel geprägt.

Direkt neben Assettos Scultura d'Acqua erhebt sich der einst zu Verteidigungszwecken errichtete **Torrione.** Von dessen oberster Etage genießt man eine schöne Aussicht auf den alten Dorfkern und seine üppig grüne Umgebung mit dem bemerkenswerten Sakralbau des Convento di Montefiorentino.

Corso Giovanni XXIII 16, museoassetto@visitfrontino.it, Mo–Fr 9–12.30 Uhr auf Anfrage, 2 €

Heilige Hallen

Das Franziskanerkloster **Convento di Montefiorentino,** dessen Baugeschichte im 13. Jh. beginnt, ist eingebettet in einen kleinen Park und wurde im Laufe der Jahrhunderte mehrfach erweitert. Der kunsthistorisch spektakulärste Ausbau seiner auch ansonsten mit zahlreichen sakralkünstlerischen Details veredelten Kirche ist die 1484 auf Geheiß des Grafen Carlo Oliva addierte Cappella dei Conti Oliva, in der in zwei Sarkophagen die Eltern des Grafen mit Familiensitz im Nachbarort Piandimeleto ruhen. Ihren auffälligen Majolikafußboden schuf der seinerzeit angesagte toskanische ›Designer‹ Francesco di Simone Ferrucci. Die beiden Gebetsstühle wurden 1493 mit Intarsien von Maestro Zocchino, der auch bei der Innenausstattung des Palazzo Ducale von Urbino (s. S. 36) kreativ Hand anlegte, verziert und das Altarbild einer Madonna mit Kind nebst einiger prominenter Heiliger steuerte 1489 kein Geringerer als Raffaels Vater Giovanni Santi bei. Früher einmal gehörte zum wertvollen Inventar auch noch ein Polyptychon (»Klappgemälde«) des venezianischen Künstlers Alvise Vivarini (1476), das nun in der Galleria Nazionale von Urbino hängt.

Hinsichtlich Lage und Atmosphäre genauso reizvoll ist das **Monastero di San Girolamo,** dessen Kirche mit einer prächtigen Orgel und einem Altarbild von Bernardino da Longiano (1560) in Erinnerung bleibt. Es datiert aus dem 16. Jh., liegt umgeben von uralten Eichen auf einem Hügel und ist inzwischen für profane Zwecke restauriert. In seinen Kreuzgängen wandelten dann Touristen, die ihre vom (Rad-)Wandern müden Knochen in ehemaligen Mönchszellen zur Ruhe legten und sich unter einem riesigen Wandfresko vom letzten Abendmahl im ehemaligen Refektorium zu Konzerten und Kulturveranstaltungen einfanden (bei Redaktionsschluss nicht in Übernachtungs- und Restaurantbetrieb).

Convento di Montefiorentino: tgl. 8–12, 14–18 Uhr, wenn dennoch verschlossen, Fra Pierluigi unter T 338 688 33 61 oder 072 27 11 90 kontaktieren; **Monastero di Girolamo:** Via San Girolamo

Museumsreife Mühle

Ums tägliche Brot geht's im **Mulino di Pontevecchio.** In der seit 1658 urkundlich belegten, wahrscheinlich schon im 15. Jh. betriebenen, in kommunaler Regie restaurierten und in ein Museum umgewandelten Mühle demonstrieren noch funktionstüchtige alte Gerätschaften, Bilder und Texte, wie Korn zu Mehl und Mehl zu Brot wurde. Das von einem Wachturm überragte Gebäude mit dem Wasserreservoir der Gemeinde vor der Tür, diente einst nicht nur seinem originären Zweck, sondern im Notfall auch als Zuflucht für die Bewohner und ist mit unterirdischen Gängen mit dem Dorfkern verbunden. Einige Räume werden von der Gemeinde für gastronomische Zwecke verpachtet (s. Mulino DiVino, s. S. 33).

Loc. Mulino di Pontevecchio, nach Voranmeldung bei der Gemeinde, T 0722 711 31, So und im Hochsommer meistens auf, Eintritt frei

Schlafen, Essen

Alles unter einem Dach

Frontinos landschaftlich gut situierte und/oder architektonisch bemerkenswerte Gasthäuser bieten mehrheitlich sowohl Tisch als auch Bett. Das kulinarische Profil ist ähnlich, d. h. auf die landwirtschaftlichen Produkte des Montefeltro kapriziert. Ganz oben auf der Speisekarte stehen leckere hausgemachte Pasta, Wurst, Schinken und Käse, aromatische Fleisch- und variationsreich zubereitete Pilze der Saison, z. B. mit Kräutern aromatisiertes Kaninchen, Steinpilze und schwarze Trüffeln. Eine Liste von Unterkünften, Restaurants und Einkaufsmöglichkeiten findet sich auf der auch ins Deutsche übersetzten Website www.visitfrontino.it.

Für Leib und Seele

La Spiga d'Oro: Die freundlichen Frauen der Familie Giampiero-Domenici laden inmitten von Wiesen und Wäldern in adrette Zimmer und zu leckerem Essen mit Produkten von der eigenen Scholle ein. Von ihrem modernen Landhaus mit Pool sieht

Der guten alten Vogelscheuche widmet sich das skurrile Festival Internazionale degli Spaventapasseri in Frontino. Die Pappmascheefiguren gehen sogar auf Tournee.

man nur grün, gleich nebenan das bilderbuchreife Kloster San Girolamo und in der Ferne Frontinos Centro Storico.

Loc. San Girolamo, T 328 327 27 93, www.laspigadoro.eu, Restaurant nur auf Anfrage und in Vor- und Nachsaison nicht in Betrieb, €€

Mutter und Sohn

Mulino DiVino: Nettes Lokal, in dem man drinnen und draußen die von der Mutter zubereiteten Pastaspezialitäten und vom Sohn gut ausgewählten Weine der Marken genießen kann.

Via del Mutino 43, T 348 518 64 82, www.mulinodivino.it, €€, Mo–Sa 9–15.30, 17.30–24, So 9–22 Uhr

Rustikal und lecker

Il Biancospino: Die freundliche Wirtsfamilie des Agriturismo nahe dem altehrwürdigen Convento di Montefiorentino macht sowohl Fleischesser als auch Vegetarier und Veganer satt und zufrieden. Es gibt Wurst und Schinken, knuspriges Fleisch vom Grill, hausgemachte Pasta, z. B. mit Pilzen der Saison, und als Alternative Pizza.

Via Frigino 134, T 0722 713 65, T 331 715 02 75, Mo, Mi 19–23, Fr–So 12–23 Uhr, im Winter Mo nur auf Vorbestellung, Di Ruhetag, €€

Infos

- **Comune:** Corso Giovanni XXIII 4, T 0722 711 31, www.visitfrontino.it
- **Festival Internazionale degli Spaventapasseri:** Juli/Aug. Das Fest rekurriert auf die Zeiten, in denen nahezu jedes Dorf lokaltypische Vogelscheuchen aufs Feld stellte. Die Motive und Materialien für die bunte Schar der fantasievoll gestalteten Pappmascheekameraden können frei ausgewählt werden. Frontino wächst so jedes Jahr um ein paar ziemlich originelle Bewohner.

Piandimeleto ⚲ C2

Ganz auf Pilze eingestellt

In dem Dorf am südöstlichen Rand des wald- und wiesengrünen **Parco Regionale del Sasso Simone e Simoncello** werden Pilze nicht nur gern gegessen, sondern sowohl im frischen Original anlässlich der Mostra Micologica (Sept./Okt.) als auch in Gestalt von Gipsmodellen im **Museo del Fungo** stolz gezeigt. Im Pilzmuseum tagen regelmäßig Experten und lernen Laien, genießbare und giftige Exemplare der im Montefeltro in großer Artenvielfalt gedeihenden Spezies auseinanderzuhalten (Piazza della Libertà, geöffnet während des Pilzfestes und auf Anfrage, www.comune.piandimeleto.pu.it, T 0722 72 11 21).

Architektonische Hingucker von Piandimeleto sind das vorbildlich restaurierte **Castello dei Conti Oliva** an der gleichnamigen Piazza (April–Okt. Mo, Do 8–13.30, 15–18, Di, Mi, Fr 8–13.30 Uhr, 4 €) und der freilich eine gute Gehstunde vom Zentrum entfernte mittelalterliche Ortskern **Cavoleto,** wo man übrigens in einem zauberhaften B & B mit herrlichem Landschaftspanorama logieren kann.

Schlafen

Haus mit Seele

Locanda di Cavoleto: Das behutsam restaurierte und im Detail liebevoll möblierte alte Dorfhaus mit rural-romantischem Flair schafft Wohlfühlatmosphäre. Es überzeugt mit einer herrlichen Terrasse mit Aussicht, einem wunderbaren Frühstück und polyglotter Gastfreundschaft.

Via Cavoleto 8, T 331 452 41 36, www.lalocandadicavoleto.it, DZ 80–85 €, mit italienischem süßem bzw. kontinentalem Frühstück

Sassocorvaro Auditore

C2

Sassocorvaro, im Januar 2019 mit dem Dörfchen Auditore zur Doppelgemeinde fusioniert, schaut von oben auf den Stausee **Lago di Mercatale,** der vom Fluss Foglia gespeist wird und von beschaulichen Uferwegen gesäumt ist. Es ist wegen seiner machtstrotzenden Festung eine quasi obligatorische kulturtouristische Destination und setzt in Auditore mit einem erschütternden (Anti-)Kriegsmuseum ein Zeichen für den Frieden.

Außen dicht, innen licht

Mit der **Rocca Ubaldinesca** hat Stararchitekt Francesco di Giorgio Martini gleichsam sein Gesellenstück in Sachen Militärarchitektur abgeliefert. Er baute die gigantische Verteidigungsanlage 1475 im Auftrag von Federico da Montefeltro, damit dessen lokaler Vasall Ottaviano Ubaldini fortan vor Angriffen der im Spätmittelalter entwickelten Wunderwaffe Bombarde gefeit war. Der Gebäudekomplex mit den abgerundeten Konturen ist im Grundriss der Körperform einer Schildkröte nachempfunden. Er wirkt von außen düster und hermetisch abgeschlossen und überrascht im Innern mit einem luftigen Innenhof im Stil der Renaissance. Um den gruppieren sich die zur Pinakothek umgewidmeten hochherrschaftlichen Gemächer und das entzückende **Teatro della Rocca,** das 1860 mitsamt der gesamten Festung in kommunalen Besitz überging. 1895 von einem lokalen Künstler mit blau grundierten Blumengirlanden, Putten und kleinen Landschaftsbildern ausgemalt, wird es bis heute mit Kulturveranstaltungen aller Art bespielt.

Piazza Angelo Battelli, www.roccaubadilnesca.it, April–Sept. tgl. 10–13, 15–18, sonst Sa/So 10–13, 15–18 Uhr, 5 €

Nie wieder Krieg!

Während sein Anblick erfreut und erheitert, beschwert und belastet das **Museo Storico della Linea Gotica** in Auditore-Casinina v. a. deutsche Reisende, die hier einmal mehr mit den Verbrechen ihrer Vorfahren konfrontiert werden. Das Museum auf einem ehemaligen Minenfeld erinnert seit 1992 mit Dokumenten, Waffen und Uniformen, Fotos und Filmen, Bildern und Tönen an das blutige Geschehen an der sogenannten Gotenlinie zwischen Massa Marittima im Westen und Rimini und Pesaro im Osten, die im Herbst 1943 von Nazi-Truppen besetzt und von Partisanen verteidigt wurde. Die Deutschen ermordeten hier mehrere Tausend antifaschistische Freiheitskämpfer und unbeteiligte Zivilisten, zu denen bis zur Befreiung des Gebiets durch britische und polnische Truppen im Herbst 1944 Zehntausende von Toten und Verwundete unter Aggressoren und Alliierten kamen. Vor einigen Jahren wurde das Museum um eine Abteilung zum Ersten Weltkrieg erweitert.

Via Fosso Ca' Guerra 20, Loc. Auditore-Casinina, www.museolineagotica.it, T 0722 36 21 70, 333 496 11 25, nach Voranmeldung tgl. 9–19 Uhr, an einzelnen Terminen ohne Anmeldung, s. Website, 8 €

Essen

Brauerei und Brasserie

La Cotta: s. S. 57

Urbino

D2

Nicht erst seit der Heimatort des berühmten Malers Raffael 1998 zum Weltkulturerbe der UNESCO erhoben wurde, wandeln Besucher aus nah und fern in Urbino auf den Spuren der italienischen

Renaissance, die hier über den alles beherrschenden Palazzo Ducale hinaus das gesamte architektonische Ensemble geprägt hat. Die kunsthistorisch bedeutende Vergangenheit befruchtet nachhaltig die Kultur- und Wissenschaftslandschaft der modernen Universitäts- und Provinzhauptstadt (zusammen mit Pesaro). Wohnungen und Werkstätten, Behörden und Bildungsinstitute, Geschäfte und Gaststätten fügen sich harmonisch in das von knapp 14 000 ständigen Bewohnern, ebenso vielen Studenten und Tausenden von Touristen stets quirlig belebte Gesamtkunstwerk ein.

Indigene und Invasoren

Obwohl die Renaissance den städtebaulichen Ton angibt, beginnt Urbinos historische Biografie natürlich nicht erst im 15. Jh. Die strategische Lage auf zwei Hügeln über den Flusstälern von Foglia und Metauro wussten schon Gallier und Picener zu schätzen. Urbino wurde im 3. Jh. v. Chr. von Römern kolonisiert und im Mittelalter von germanischen Stämmen, Kirchenstaat und Adelsgeschlechtern dominiert. Anfang des 13. Jh. sahen und siegten die Grafen von Montefeltro, deren berühmter Vertreter Federico 1422 das Licht der von ihm in Sachen Kunst und Wissenschaft bis heute erleuchteten Welt erblickte. Der Prototyp des Renaissancefürsten amtierte seit 1444 als Herzog von Urbino, verdiente sein Geld mit Krieg und investierte es in Kunst. Er gelangte als bestdotierter zeitgenössischer Söldnerführer zu Ruhm und Reichtum, war klassisch gebildet, hochgradig bibliophil und ein großzügiger Mäzen, sodass sein architektonisch innovativer Palazzo Ducale zum geistig-künstlerischen Zentrum der Frührenaissance erblühte. Als Federico da Montefeltro 1482 starb, trat sein Sohn Guidobaldo in seine Fußstapfen. Auch er versammelte am Hof von Urbino berühmte Baumeister, Wissenschaftler und Künstler, darunter den Maler Giovanni Santi, der nur ein paar Straßen weiter wohnte und sich 1483 über die Geburt seines Sohnes Raffael freute.

D

DOPPELBILD MIT DAME

Das berühmteste Porträt von Federico da Montefeltro hängt in den Uffizien von Florenz. Das Doppelbildnis von Piero della Francesca (1472/73) präsentiert ihn im Profil und mit roter Feldherrnkappe und daneben blass und zart seine Ehefrau Battista Sforza.

Ruin und Rettung

Weil Guidobaldo die Geburt eines Sohnes nicht vergönnt war, adoptierte er seinen Neffen Francesco Maria della Rovere und vererbte ihm anno 1508 Urbino, wo unterdessen (1506) eine bis heute renommierte Universität gegründet worden war. Zwei Generationen später fiel das Herzogtum Urbino nach dem Tod von Francesco della Rovere II., dessen Erbe Federico Ubaldo früh verstorben war, im Jahre 1631 an den Kirchenstaat zurück. Es folgte eine Periode geistiger Intoleranz, ökonomischer Krise und städtebaulichen Verfalls. Der Palazzo Ducale wurde regelrecht geplündert und ein großer Teil seines wertvollen Inventars nach Rom verschleppt. Erst Papst Clemens XI., 1649 als Giovanni Francesco Albani in Urbino geboren und seit 1700 auf dem Heiligen Stuhl in Rom, gebot dem wirtschaftlichen und kulturellen Ruin seiner Heimat Einhalt. Er veranlasste den Um- und Ausbau von Kirchen und die Sanierung geschundener Bausubstanz, die auch den seit 1860 unter italienischer Flagge segelnden weltlichen Stadtherren am Herzen liegt, sodass Urbino bis heute wie kaum eine andere italienische Stadt im Glanz der Renaissance erstrahlt.

Palazzo Ducale

Gleichsam als Leuchtturm dieser weltweit nachwirkenden kunsthistorischen Epoche gilt Urbinos **Palazzo Ducale** ❶ inklusive der illuster behängten **Galleria Nazionale delle Marche** (s. S. 43), an dem auch für diejenigen, die sich gemeinhin nicht für alte Gemäuer und Gemälde interessieren, kein (Besichtigungs-)Weg vorbeiführt. Weil das Gros der Besucher am Auto- und Busparkplatz am Borgo Mercatale ankommt, steuern ihn die meisten via **Rampa Elicoidale** an. Man verlässt den fantastisch-düsteren ›Wendelgang‹, den Renaissancearchitekt Francesco di Giorgio Martini einst für den berittenen Einzug der Fürstenfamilie in die Stadt konzipiert hatte, nahe dem Teatro Sanzio, von dem das erste Objekt der Besichtigungsbegierde in wenigen Minuten erreicht ist.

Piazza Duca Federico 3/Piazza Rinascimento 13, T 0722 27 60, 0722 35 00 77, www.gndm.it, Di–So 8.30–19.15 Uhr (Kasse bis 18.15 Uhr), 10 €, Kombiticket mit Gradara (s. S. 80) 13 €, Kinder u. Jugendliche unter 18 Jahren gratis, freier Eintritt an jedem 1. So im Monat

Modell für die ideale Stadt

Das Monument der Renaissance entwickelte sich im Verlauf des 15. und 16. Jh. aus einem bescheidenen Stadtschloss zu einem wahrhaft grandiosen Palast, dessen architektonisches Profil wegen der langen Bauzeit stilistisch zwischen Gotik, Renaissance und Manierismus changiert. Gleichwohl erhielt der Palazzo Ducale seine charakteristischen Züge, etwa seine schlanken Zwillingstürme namens **Torricini** (1465, Nordturm, Juli–Sept. Sa im Rahmen der Palastbesichtigung zu besteigen), während der Herrschaft von Federico da Montefeltro. Der Herzog von Urbino betraute die damaligen Stararchitekten Luciano Laurana (1420–79), Francesco di Giorgio Martini (1439–1501), Leon Battista Alberti (1404–72) und den späteren Baumeister des Petersdoms Donato Bramante (1444–1514) mit der Verwirklichung ihres gemeinsamen Traums von der *città ideale* (ideale Stadt), für die sein eigenes ›Haus‹ gleichsam Modell stand.

Hereinspaziert!

Man betritt die ideale Renaissancestadt en miniature durch den rechteckigen und lichtdurchfluteten **Cortile dell'Onore** (Ehrenhof), der von symmetrisch angeordneten Rundbogenarkaden mit korinthischen Säulen eingerahmt ist. Eine große Treppe führt hinab in die **Sotterranei** (Kellergeschoss) mit Pferdeställen und Wirtschaftsräumen, die mit einem ausgeklügelten Kanalisationssystem erschlossen waren. Dazu gehören Vorratskammern, Waschküche und *neviera,* quasi ein ›schneebetriebener‹ Großraumkühlschrank, mit dem alles energiesparend frisch blieb.

Im Erdgeschoss imponieren das **Museo Archeologico Lapidario** mit einem gut bestückten Lapidarium mit Grabinschriften, Sarkophagen und Skulpturen vornehmlich römischer Provenienz und die **Biblioteca del Duca,** wo eine virtuelle an die im 17. Jh. vom Vatikan einverleibte reale Bücherkollektion des Herzogs erinnert. An der Decke der Bibliothek leuchtet eine Sonne aus vergoldetem Stuck, in deren Mitte als Symbol des Hauses Montefeltro ein Adler flattert.

Vom Ehrenhof gelangt man ferner in die beiden Privatkapellen des Herzogs. Die reich mit Marmor und Stuck dekorierte **Cappellina del Perdono** (Vergebungskapelle) trägt die künstlerische Handschrift von Bramante und war ursprünglich als Reliquienschrein der Herzogsfamilie gedacht. Der **Tempietto delle Muse** huldigt auf seinen Wandgemälden dem römischen Gott Apollo und den antiken Musen der Wissenschaften und Künste.

Wohnkultur

Über eine monumentale Ehrentreppe **(Scalone d'Onore)** geht's hinauf ins **Piano Nobile** mit den privaten Gemächern von Federico da Montefeltro nebst Anhang sowie prächtigen Sälen, wo der berühmte Renaissancefürst und seine Nachfolger Hof hielten. Dort imponiert seit 1912 die aufs Stockwerk darüber ausgedehnte **Galleria Nazionale delle Marche** (s. S. 43) mit Kunstwerken aller Sparten aus dem 13.–17. Jh. Anlässlich des 600. Geburtstagsjahres von Federico da Montefeltro wurde das Secondo Piano des illuster bestückten Kunstmuseums 2022 um mehrere Ausstellungsräume und zahlreiche Exponate bereichert. Seit Sommer 2023 wird auch die erste Etage konzeptionell und lichttechnisch generalüberholt, um planmäßig im April 2025 mit punktuell veränderter Hängung der Publikumsmagneten in neuem LED-Glanz zu erstrahlen.

Im **Appartamento della Jole** wohnten Federico und seine zweite Gattin Battista Sforza (seine erste Frau Gentile Brancaleoni starb 1457), bis sie ins Appartamento del Duca und Appartamento della Duchessa umzogen. Unter den innenarchitektonischen Details ihrer vorläufigen Bleibe stechen das **Portale della Guerra** (Kriegstür) und ein von Giovanni da Fiesole (1418–58) plastisch bebilderter Kamin mit Motiven der griechischen Sage von Herkules und Jole besonders hervor. Geradezu entzückend sind die **Alkoven des Herzogs** (Alcova del Duca), eine mit goldenen Leisten, Girlanden und Ornamenten reich verzierte sowie mit Bäumen und Vögeln bunte bemalte hölzerne ›Bettlandschaft‹.

In den sieben ›Zimmern‹ überwältigen zahllose Gemälde und Skulpturen, gemalt und gemeißelt von namhaften Künstlern des 14.–16. Jh. Highlights der hochkarätigen ›Deko‹ sind Fresken aus der Kirche San Domenico (s. S. 41) und eine Werkschau berühmter Venezianer wie Giovanni Bellini (1432–1516) und Alvise Vivarini (1445–1505). Angedockt an die erste Wohnung der Hausherren sind **Appartamento degli Ospiti** und **Appartamento dei Melanranci,** wo Gäste von Rang und Namen logierten und für den König von England sogar ein eigenes ›Zimmer‹ reserviert war. Nach Abschluss der Umgestaltung sollen dort Piero della Francescas (1417–92) Meisterwerke »Geißelung Christi« (»Flagellazione di Cristo«) und »Madonna von Senigallia« sowie Tizians »Letztes Abendmahl« und »Auferstehung« imponieren, die bis dahin in Federicos Audienzzimmer in der ›neuen Herzogswohnung‹ bzw. dem Schlafzimmer der Herzogin zu bestaunen waren bzw. sind.

Schön eingerahmt: Kunst am Bau sowie Kunst im Bau bietet der weltberühmte Palazzo Ducale.

Weltkunst

Im **Appartamento del Duca** dringt man in die privaten Gemächer des großen Renaissancefürsten vor, wo allerlei ge-

Urbino

Ansehen

1. Palazzo Ducale/Galleria Nazionale delle Marche
2. Cattedrale Metropolitana di Santa Maria Assunta
3. Ägyptischer Obelisk
4. Chiesa San Domenico
5. Collegio Raffaello
6. Chiesa di San Francesco

Urbino Fortsetzung von Seite 38

7 Palazzo Albani
8 Monumento a Raffaello
9 Fortezza Albornoz
10 Accademia di Belle Arti
11 Oratorio di San Giuseppe
12 Oratorio di San Giovanni
13 Ghetto Ebraico
14 Chiesa di San Bernardino
15 Ex Convento Santa Chiara
16 Museo Diocesano Albani
17 Gabinetto di Fisica
18 Museo dei Gessi
19 Casa Natale di Raffaello

Schlafen

1 San Domenico
2 Raffaello
3 Albergo Italia
4 B & B Albornoz
5 Bonconte
6 Aura Relais

Essen

1 Caffè Basili
2 Vecchia Urbino
3 Osteria L'Angolo Divino
4 Taverna degli Artisti
5 La Balestra
6 Trattoria del Leone
7 Antica Osteria da la Stella
8 Ristorante Amici Miei
9 Portanova
10 I Dolci di Battista
11 Ponente

Einkaufen

1 Raffaello Degusteria

Bewegen

1 Montefeltro Adventure Bike & Walk

Ausgehen

1 Teatro Sanzio
2 The Bosom Pub
3 Art Café Urbino
4 Fuoritema

stalterische Finessen und Gemälde Geschmack und Gemütslage des schöngeistigen Machtmenschen demonstrieren.

Das **Studiolo del Duca** (Arbeitszimmer) wurde vermutlich nach Entwürfen von Sandro Botticcelli (1445–1510) mit Intarsien ›tapeziert‹. Die Motive der dreidimensional anmutenden Holzbilder sind z. B. Bücher, Musikinstrumente und Waffen. Sie verweisen ebenso auf Federicos Selbstverständnis als gelehrter Feldherr wie die dazwischen aufgehängten Ölporträts von 28 von ihm verehrten großen Männern, darunter Seneca, Petrarca oder Thomas von Aquin. In seinem Schlafzimmer **(Camera da Letto)** hängt eines der bekanntesten Bildnisse des Fürsten, der sich übrigens ausschließlich im Profil malen ließ, um sich und anderen den Frontalanblick seiner im Kampf verunstalteten Nase zu ersparen. Es stammt aus dem Pinsel des Spaniers Pedro Berruguete (ca. 1450–1504) und zeigt ihn zusammen mit seinem Sohn Guidobaldo.

Während Piero della Francescas weltbekannte Gemälde von der **Sala delle Udienze** ins Appartamento dei Melaranci transferiert werden bzw. wurden, soll die »Città Ideale« an ihrem angestammten Platz in der Sala degli Angeli (Engelssaal) bleiben. Das Gemälde ist gleichsam das ›Logo‹ der Renaissance, gleicht einer Architekturskizze und stammt wohl nicht – wie früher angenommen – vom Maler Piero della Francesca. Es entstand um 1480/90, wurde zwischenzeitlich dem Baumeister Luciano Laurana und dann einem unbekannten mittelitalienischen Maler zugeschrieben.

Neben dem Engelssaal öffnet sich der **Salone del Trono** (Thronsaal), unter dessen goldstuckgetupftem Deckengewölbe zu Federicos Zeiten gesungen, getanzt und (Theater) gespielt wurde, von 1631 bis 1861 der päpstliche Thron (Seggio Pontificio) stand und heute Gobelins aus dem 17. Jh. mit Motiven der Apostelgeschichte drapiert sind.

›Bildersturm‹ der Spätgotik: Das malende Brüdergespann Jacopo und Lorenzo Salimbeni sorgte für die farbgewaltigen Fresken an den Wänden des Oratorio di San Giovanni.

Raffael und Tizian

Im **Appartamento della Duchessa,** an dem sich tatsächlich nicht die vor Fertigstellung verstorbene Battista Sforza, sondern erst ihre Schwiegertochter Elisabetta Gonzaga erfreute, soll auch nach der Umgestaltung Urbinos ›Allerheiligstes‹ faszinieren. Die Rede ist von Raffaels »Ritratto di Gentildonna« (»Porträt einer Edeldame«), besser bekannt unter »La Muta« (Die Stumme). Beim Anblick des einzigen in seiner Heimatstadt verbliebenen Werkes des weltweit geschätzten Malers kommt einem unwillkürlich Leonardo da Vincis Mona Lisa in den Sinn.

Auch der zweite Stock des Piano Nobile wurde erst nach Federico da Montefeltros Zeiten für hochherrschaftliche Wohnzwecke erschlossen. In dem eigentlich für Haushalts- und Dienstbotenräume vorgesehenen **Secondo Piano** richtete sich später Guidobaldo II. della Rovere häuslich ein, weshalb es auch Appartamento Roveresco genannt wird. Es wurde 2022 renoviert, um sechs neue Ausstellungssäle und zahlreiche neue Exponate erweitert. Zu bewundern gibt's 115 Gemälde aus dem späten 16. und aufziehenden 17. Jh., darunter Originale von Barocci, Gentileschi und Guerrieri, und eine wertvolle Keramikkollektion.

Stadtbesichtigung

Gemäuer und Gemälde

Wer nach Verlassen des Palazzo Ducale noch aufnahmefähig ist, kann gleich nebenan einen Blick in die **Cattedrale Metropolitana di Santa Maria Assunta** ❷ werfen (Piazza Duca Federico/Via Puccinotti 29, tgl. 8.30–20 Uhr, Eintritt frei). Der vom Erdbeben 2016 (s. S. 258) beschädigte Duomo wurde unter Federico da Montefeltro von Francesco di Giorgio Martini errichtet, 1789 schon einmal in seinen Festen erschüttert und von Giuseppe Valadier (1762–1839) im neoklassizistischen Stil neu aufgebaut. Highlights im dreischiffigen Innern sind Meisterwerke des lokalen Malers Federico Barocci (1526–1612), die stilistisch den Übergang vom Manierismus zum Barock markieren.

Weitere Domschätze wanderten ins benachbarte **Museo Diocesano Albani (16)**, wo außerdem Preziosen aus anderen Urbinater Kirchen gehütet werden. Zu bestaunen gibt's z. B. künstlerisch Kostbares aus einem ursprünglich gotischen Gotteshaus schräg vis-à-vis an der von einem **ägyptischen Obelisken (3)** überragten Piazza Rinascimento. Die mit einem Kreuz on top christianisierte Hommage an den heidnischen Sonnengott ist ein Geschenk von Papst Clemens XI. an seine Heimatstadt. Sie erhebt sich seit Beginn seines Pontifikats (1700) vor der **Chiesa San Domenico (4)**, die ein Paradebeispiel für die Umgestaltung älterer Sakralbauten im Stil der Renaissance ist (tgl. 9.30–20 Uhr, Eintritt frei).

Ab durch die Stadtmitte

Der Weg von der Piazza Rinascimento zu Raffaels Geburtshaus ist von netten Läden und Lokalen, dem **Collegio Raffaello (5)** und der **Chiesa di San Francesco (6)** aus dem 14. Jh. gesäumt und an sonnigen Wochenenden von Touristenströmen geflutet. Während die Kirche (Via Raffaello/Piazza San Francesco, tgl. 7.30–19 Uhr, Eintritt frei) im 18. Jh. ein barockes Facelifting bekam, wuchs gleich nebenan der Neubau des Collegio Raffaello, in dem Papst Clemens XI. ein klösterlich geführtes Jungeninternat gründete, das bis in die 1970er-Jahre in Betrieb war. Seit der Jahrtausendwende residieren in dem historischen Palazzo der Stadtrat, Büros der Polizei und Abteilungen der Universität, darunter ein Museum von Spezialinteresse namens **Gabinetto di Fisica (17)**.

> **T**
>
> ### TATORT URBINO
>
> Urbino ist literarischer Schauplatz von Uli T. Swidlers Krimis »Der Poliziotto« (2011) und »Der Poliziotto tappt im Dunkeln« (2012), die als Minireihe »Der Urbino-Krimi« unter den Titeln »Die Tote im Palazzo« und »Mord im Olivenhain« (2016) von der ARD verfilmt wurden.

Etwas abseits vom Getriebe von Urbinos meistfrequentierter Flaniermeile erhebt sich an der Via T. Viti der heute ebenfalls universitär genutzte **Palazzo Albani (7)**. An dem prangt das Papstwappen von Clemens XI., der hier 1649 als Giovanni Francesco Albani das Licht der Welt erblickte. Vor dem Geburtshaus von Urbinos frommem Gönner plätschert ein barocker Brunnen, innen sind im **Museo dei Gessi (18)** aus Gips gefertigte Nachbildungen antiker Skulpturen effektvoll inszeniert.

Wieder zurück im Menschenstrom ›schwimmt‹ man zur **Casa Natale di Raffaello (19)** (s. S. 43), ebenso wie der Palazzo Ducale eine quasi obligatorische Sightseeing-Destination.

Von der Wiege des alten Meisters geht's steil bergauf zum Piazzale Roma, wo 1897 das **Monumento a Raffaello (8)** enthüllt wurde. Das Denkmal, um das sich im Halbkreis die Köpfe weiterer verdienter Persönlichkeiten aus der Zeit der Renaissance gruppieren, zeigt Urbinos Lichtgestalt stehend, mit Pinsel und Malerpalette in der Hand.

Instagrammable

In Urbinos oberste Etage aufgestiegen, erfrischt eine Pause im **Parco della Resistenza** vor der Kulisse der düsteren **Fortezza Albornoz (9)**. Die Festung wurde im 14. Jh. auf Geheiß des vom Papst gesandten gleichnamigen spanischen Kardinals erbaut. Während die

Feuerwaffen aus der Ära von Federico da Montefeltro hinter ihren dicken Ziegelmauern (Besichtigung auf Anfrage, info@vieniaurbino.it, 1,50 €) wohl nur wenige tangieren, begeistert das luftige Grün davor als herrlicher **Punto Panoramico.** Von hier oben blickt man auf den Palazzo Ducale und die ganze ›ideale Stadt‹, für die einen ›instagrammable‹, für die anderen einfach fotogen!

Wo heute Touristen ihre Smartphones und Kameras zücken und Studenten in der Sonne dösen, wurde früher großflächig Gemüse angebaut. Der Park mit Aussicht war einmal der Klostergarten des Convento dei Carmelitani Scalzi, in das 1967 die damals neu gegründete und in Sachen Bildende Kunst inzwischen international renommierte **Accademia di Belle Arti** ❿ einzog.

Anfang und Ende

Auf dem Weg von der Akademie der schönen Künste zurück zum Borgo Mercatale kommt man an der Via F. Barocci an den Gebetskapellen zweier Laienbruderschaften vorbei, die sich im Namen von Heiligen um das Seelenheil von Armen, Kranken und moralisch Gestrauchelten bemühten. Das **Oratorio di San Giuseppe** ⓫ aus dem 16. Jh. beherbergt eine Krippe aus Alabaster vom Urbinater Bildhauer Federico Brandani und beeindruckt mit hübsch bemalten Wänden, die freilich nicht mit denen des **Oratorio di San Giovanni** ⓬ konkurrieren können. Dieses sakrale Kleinod aus dem 14. Jh. ist rundherum koloriert mit Fresken von Jacopo und Lorenzo Salimbeni, Malerbrüder aus San Severino Marche und Stars in Sachen spätgotische Kunst (Via F. Barocci 42 und 31, tgl. 10–13, 15–18 Uhr, 3 €, beide 5 €). Auf den letzten Metern zum Parkplatz passiert man das ehemalige **Ghetto Ebraico** ⓭ (Jüdisches Ghetto) rund um die Via Stretta, das erst nach der Reintegration in den Kirchenstaat im Jahre 1631 abgesteckt wurde. Bis dahin genoss die von Federico da Montefeltro persönlich protegierte jüdische Community, übrigens eine der ältesten Italiens, hohes gesellschaftliches Ansehen. Die jüdische Gemeinde von Urbino, darunter viele Ärzte, Wissenschaftler, Juristen und Bankiers, hatte sich im 14. Jh. rund um die Via Veterani etabliert, wo an der Hausnummer 12 bis heute der Eingang der mittelalterlichen **Synagoge** (L'androne dei giudei) zu sehen ist. Nach ihrer Verbannung ins Ghetto eröffnete 1633 die im 19. Jh. grundrenovierte neue Synagoge an der Via Stretta, die nur auf Anfrage von innen zu sehen (mindestens eine Woche vorher, T 071 20 26 38, comeban@gmail.com) ist.

Das gilt auch für das **Teatro Sanzio** ✹1 (www.teatrosanzio.it) an bzw. über der Rampa Elicoidale, wo die hier angeregte Stadtbesichtigung Anfang und Ende hat. Das Stadttheater, Urbinos großem Malersohn gewidmet und in erster

R

LETZTE RUHE

Federico da Montefeltro ruht in der **Chiesa di San Bernardino ⓮,** die erst Donato Bramante, dann Francesco di Giorgio Martini zugeschrieben wurde. In der Kirche neben dem Friedhof von Urbino liegen die Renaissancefürsten Federico und Sohn Guidobaldo da Montefeltro vis-à-vis voneinander in Barocksarkophagen vom Beginn des 17. Jh. (Loc. San Donato, Via Ca' Corona, tgl. 8–18 Uhr). Ihre Nachfolger aus dem Geschlecht der della Rovere suchten sich den von Francesco di Giorgio Martini in idealtypischer Renaissancemanier gestalteten **Ex Convento Santa Chiara ⓯,** heute eine Kunstgewerbeschule, als letzte Bleibe aus (Via Santa Chiara 36, Mo–Fr 8–18 Uhr, Eintritt auf Anfrage im Schulsekretariat).

Linie auf Musik und Tanz abonniert, wurde Mitte des 19. Jh. errichtet und 1982 aufwendig restauriert. Es wird innen von vier Logenreihen hufeisenförmig umrundet, ist üppig dekoriert und dominant in Rot getaucht. Zum prächtigen Inventar gehört der im Original erhaltene Vorhang und darauf das Gemälde »La Gloria d'Urbino« mit Palazzo Ducale, Dom, Obelisk und natürlich Raffael, der in Urbino genauso wie Federico da Montefeltro unsterblich und jüngeren Künstlergenerationen bis heute Inspiration ist.

Museen

Teil des großen Ganzen

❶ **Galleria Nazionale delle Marche:** Urbinos spektakulärstes Museum ist integraler Bestandteil des Palazzo Ducale, weshalb ihre Exponate im Kontext mit dessen Bau(herrn)geschichte präsentiert werden.

www.gallerianazionalemarche.it, https://gndm.it, Infos wie Palazzo Ducale s. S. 36

Mit Zugang zum Domkeller

⓰ **Museo Diocesano Albani:** In dem Museum, von dem man in die **Grotte del Duomo** (Oratorio della Grotta) hinabsteigen und dort u. a. eine Pietà aus Marmor besichtigen kann, haben Kunstwerke aus dem Dom und anderen Urbinater Kirchen ein neues Domizil gefunden, z. B. Fresken von Antonio Alberto da Ferrara (1400–49), die zuvor die Kirche San Domenico schräg vis-à-vis geschmückt hatten.

Piazza Pascoli 1, www.museodiocesanourbino.com, Oratorio della Grotta Sa/So, Fei 9.30–13.30, Museo 14–18 Uhr, 5 €

Für Spezialisten

⓱ **Gabinetto di Fisica:** Das im ehemaligen Colleggio Raffaelo verortete Wissenschafts- und Technikmuseum (Museo della Scienza e Tecnica) gefällt denjenigen, die sich für Technikgeschichte und Physik begeistern. Es zeigt in der Sala Alessandro Serpieri allerlei historisches Instrumentarium zum Studium der Physik und widmet sich in der Sala Federico da Montefeltro – u. a. mit multimedialen Inszenierungen – ganz speziell den Gerätschaften, die auf den grandiosen dreidimensionalen Intarsien im Arbeitszimmer (Studiolo) des Renaissancefürsten abgebildet sind.

Piazza della Repubblica 13, www.uniurb.it, Mi 9.30–13, 16–19 Uhr, Eintritt frei

Fake

⓲ **Museo dei Gessi:** In der Gipsothek im Geburtshaus von Papst Clemens XI. sieht man Gipsabgüsse berühmter Skulpturen aus dem 5. Jh. v. Chr.–3. Jh. n. Chr., deren Originale auf die großen Museen der Welt verteilt sind. Der hier effektvoll drapierte Fake – neben Kopien von antiken auch Nachbildungen jüngerer Bildhauerkunst – dient(e) nicht kommerziellen oder gar kriminellen Zwecken, sondern als Anschauungsmaterial für archäologische und kunsthistorische Studien.

Via Timoteo Viti 10, www.uniurb.it, Mo–Fr 9.30–18.30, Sa 9.30–12.30 Uhr, Eintritt frei

Wallfahrtsort

⓳ **Casa Natale di Raffaello:** Die meisten Besucher der Stadt pilgern nach dem Besuch des Palazzo Ducale *direttamente* zum Geburtshaus von Raffael. Sein Vater Giovanni Santi (1435–94), Hofmaler bei Federico da Montefeltro, hatte das Haus 1460 zu Wohn- und Arbeitszwecken gekauft. 1483 erblickte hier sein weitaus berühmterer Sohn das Licht der Welt. Heute ist es ein Museum, in dem Originalwerke des Vaters und Kopien von Gemälden des Sohnes zu bewundern sind. Ob das Fresko »Madonna mit Kind« in Raffaels Geburtszimmer ebenfalls von Santi stammt oder ein Frühwerk des kleinen Raffaello ist, ist nicht eindeutig geklärt. Jedenfalls begann Raffaello Santi, der sich selbst Sanzio nannte und kunsthistorisch als Raffaello weltbekannt ist, seine Laufbahn unter den Fittichen des Vaters. Vielleicht inspirierte ihn auch dessen Kollege Piero della Francesca (1416/17–92), der seinerzeit am Hof von Urbino kreativ war. Sein weiterer beruflicher Weg führte ihn in die Werkstatt von Pietro Perugino, nach Florenz und nach Rom, wo er im Dunstkreis von Michelangelo und Leonardo da Vinci arbeitete und 1520 starb.

Via Raffaello 57, T 0722 32 01 05, www.casaraffaello.com, Mo–Sa 9–13, 15–19, So/Fei 10–13, 15–18 Uhr, 4 €

Schlafen

Mit Parkplatz und Patina

1 **San Domenico:** Gepflegte Gastlichkeit und Viersternekomfort im behutsam renovierten Gemäuer des alten Klosters San Domenico. Nostalgisches Flair, Toplage (vis-à-vis vom Palazzo Ducale) und nicht zuletzt die in Urbino seltene Möglichkeit, am Hotel zu parken, lassen über punktuellen Sanierungsbedarf hinwegsehen.

Piazza Rinascimento 3, T 0722 26 26, www.viphotels.it, €€–€€€

Aussichtsreicher Klassiker

2 **Raffaello:** Das freundliche kleine Hotel auf mehreren Etagen eines historischen Palazzo in einer engen und steilen Altstadtgasse bietet passablen Dreisternekomfort und von einigen Zimmern eine herrliche Aussicht über die Stadtlandschaft.

Via S. Margherita 38/40, T 0722 47 84, www.albergoraffaello.com, €–€€

Tipptopp und mittendrin

3 **Albergo Italia:** Das rundum erfreuliche Drei-Sterne-Hotel bietet modern möblierte, teilweise mit Balkonen garnierte Zimmer in einem gepflegten historischen Palazzo mit Terrassengarten mitten im Centro storico.

Corso G. Garibaldi 32, T 0722 27 01, www.albergo-italia-urbino.it, €€

Hübsche kleine Wohnung

4 **B & B Albornoz:** Geräumige, zeitgemäß komfortable Zimmer mit Kochecke und Bad am nordöstlichen Altstadtrand. Das Frühstück gibt's gegen Gutschein in der Bar nebenan. Um die Ecke (Via Buozzi) ist ein öffentlicher Parkplatz, der nur am Samstagmorgen marktbedingt tabu ist.

Via dei Maceri 23, T 347 298 78 97, www.bbalbornoz.com, €–€€

Villa mit Garten

5 **Bonconte:** Die Villa aus dem 19. Jh. ist schon etwas in die Jahre gekommen, gefällt aber nach wie vor mit ihrer Lage am grünen Hügelsaum und in fußläufiger Nähe zu den wichtigsten Sehenswürdigkeiten. Ihr großes Plus ist der lauschige Garten.

Via delle Mura 28, T 0722 24 63, www.viphotels.it, €€

Luxus im Grünen

6 **Aura Relais:** Das nachhaltig renovierte und bewirtschaftete Hotelchen in den grünen Hügeln zwischen Urbino und Urbania überzeugt mit zeitgemäßem Übernachtungskomfort in historischen Gemäuern. Frühstück gibt's im Restaurant Ponente im Erdgeschoss (s. S. 45).

Via Fontespino 11, T 0722 324 633, 34 02 55 38 10, www.aurarelais.it, €€€

Essen

Im Volksmund Caffè Centrale

1 **Caffè Basili:** Bei Morgenkaffee, Aperitif oder Schlummertrunk sehen und gesehen werden, im Schatten von Arkaden und mitten im Piazzatreiben.

Piazza della Repubblica 1, T 0722 24 48, 6.30–2 Uhr

Hohes (Preis-)Niveau

2 **Vecchia Urbino:** Das Restaurant setzt auf raffinierte saisonale Küche mit Tradition. Zu den Spezialitäten des Hauses gehören z. B. Tagliolini mit weißen Trüffeln, die wie alles hier ihren Preis haben.

Via Vasari 5, T 0722 44 47, www.vecchiaurbino.it, Mi–Mo 12–15, 19–1 Uhr, €€€

Kulinarische Fantasie

3 **Osteria L'Angolo Divino:** Tiziano Rossetti hat sein Handwerk von internationalen Starköchen gelernt und setzt in Urbino auf eine kreativ abgewandelte Traditionsküche mit hochwertigen Zutaten. Es gibt sowohl Fleisch als auch Fisch, gelungene Fusionen von Land- und Meeresküche, die Käse- und Wurstspezialitäten der Gegend und eine passable Weinkarte.
Via S. Andrea 14, T 0722 32 75 59, www.tizianorossetti.com, Di, Mi, Do 19–22, Fr–Mo 12.30–14.30, 19–22 Uhr, €€€

Pasta, Pizza, Panorama

4 **Taverna degli Artisti:** Kellerlokal mit nostalgischem Flair und Speiseterrasse mit herrlicher Aussicht auf die Stadt. Es wird lecker lokaltypisch gekocht und abends auch Pizza gebacken.
Via D. Bramante 52, T 0722 26 76, Di–So 12.30–14.30, 19.30–23 Uhr, €€

Wildbret und Trüffeln

5 **La Balestra:** In dem Lokal mit gepflegtem Osteria-Ambiente sind Wildbret und Trüffeln besonders gefragt. Kulinarisches Profil ist eine traditionelle Lokalküche auf der Basis von Bioprodukten. Es gibt auch allerhand Vegetarisches und Pizza.
Via Lorenzo Valerio 16, T 0722 29 42, www.ristorantelabalestra.it, tgl. 10.30–15.30, 18–24 Uhr, €€–€€

Gut geht günstig

6 **Trattoria del Leone:** Leckere lokal- und regionaltypische Küche zu fairen Preisen in gemütlicher Atmosphäre. Es gibt Kaninchen, Spanferkel, Hase und Wildschweinbraten, Vegetarisches und Veganes und verführerische Desserts.
Via Cesare Battisti 5, T 0722 32 98 94, www.latrattoriadelleone.it, Mo–Sa 18.30–22.30, So 12.30–14.30, 18.30–22.30 Uhr, €€

Mit Gusto und Geschichte

7 **Antica Osteria da la Stella:** Das Restaurant residiert in einem Palazzo aus dem 15. Jh., in dem schon zu Federico da Montefeltros Zeiten eine Osteria aufgetischt haben soll. Es gefällt mit saisonaler Traditionsküche und der Legende, dass hier schon berühmte Renaissancekünstler ein und aus gingen.
Via S. Margherita 1, T 0722 32 02 28, www.anticaosteriadalastella.com, Di–So 12.30–14.30, 19.30–22.30 Uhr, €€€

Angesagt!

8 **Ristorante Amici Miei:** Das gläserne Restaurant an Urbinos Peripherie, innen ganz in Weiß gehalten und von stylishen nackten Glühbirnen illuminiert, setzt auf Saisonales und beste regionale Produkte, hat ein Herz für Vegetarier und Veganer und auch leckere Pizza im Programm.
Via Urbinate 92, T 0722 21 06, www.amicimieiristorantepizzeria.it, Di–So 12–14.30, 19–23 Uhr, €€

Tradition und Innovation

9 **Portanova:** Inhaber und Küchenchef Giuseppe Portanova beweist, dass alte Häuser mit zeitgenössischem Interieur und regionale Zutaten mit innovativer Zubereitung bestens harmonieren.
Via Cesare Battisti 67, T 0722 04 07 26, Mo, Di, Do, Fr 19.30–21, Sa, So 12.30–14, 19.30–21 Uhr, Mi Ruhetag, €€€

Süß oder salzig

10 **I Dolci di Battista:** Die alteingesessene Konditorei besticht mit herrlichen Süßigkeiten und Pralinen, aber auch herzhaften Snacks wie lecker belegter Crescia und Piadina, die man auf der Terrasse vis-à-vis genießen kann.
Via Raffaello 19, T 0722 44 09, www.idolcidibattista.it, tgl. 7–21 Uhr, €

Fine Dining

11 **Ponente:** Saisonale Regionalküche auf hohem kulinarischem Niveau im grünen Hügelmeer zwischen Urbino und Urbania, angedockt ans schöne Hotel Aura Relais (s. S. 44).

G

GESCHMACKSSACHEN

Urbino hypt einen Käse namens *casciotta d'Urbino* und die *crescia sfogliata,* die dort fast an jeder Ecke den kleinen Hunger stillt. Das herzhafte Gebäck ist von der *piadina* aus der benachbarten Emilia-Romagna inspiriert und mit Gemüse, Schinken oder Käse belegt. Den Unterschied zur Schwester aus dem Norden macht der Teig, der wesentlich gehaltvoller und nicht nur mit Schweineschmalz, sondern obendrein mit Eiern und Milch geschmeidig gemacht wird.

Via Fontespino 11, T 0722 36 90 68, www.ponenteristorante.it, Di–Sa nur abends, So nur mittags, €€€

Einkaufen

Ins Auge springen – neben Läden, die mit Raffael-Devotionalien locken (wollen) –, relativ viele Buchhandlungen und Antiquariate. Eine Spezialität zum Mitnehmen ist die *casciotta d'Urbino* (s. Kasten).

Lukullisch

1 **Raffaello Degusteria:** Alles, was das kulinarische Herz begehrt! Wurst, Käse, Wein, Dolci …

Via Bramante 8, T 0722 32 95 46, www.raffaellodegusteria.it, Mo–Sa 9–13, 16–20, So 9–20 Uhr

Bewegen

Erste Adresse für Radler

1 **Montefeltro Adventure Bike & Walk:** Direkt an Urbinos Verkehrsknotenpunkt Borgo Mercatale gibt es eine Servicestation für Radfahrer. Man kann sich dort Räder und E-Bikes ausleihen, bei Rad- und Wandertouren durch Stadt und Umgebung beraten und begleiten lassen.

Via Borgo Mercatale 37, www.montefeltroadventure.it

Ausgehen

Schönes Haus, buntes Programm

1 **Teatro Sanzio:** Das 1853 mit Verdi-Opern eröffnete Theater ist schon allein raumatmosphärisch ein Erlebnis, hat heute ein gemischtes (Gastspiel-)Repertoire aus klassischem und zeitgenössischem Schauspiel, Musicals und Tanz.

Via G. Matteotti/Corso Garibaldi, www.teatrosanzio.it, www.amatmarche.net

Mucke und Mixdrinks

2 **The Bosom Pub:** Das laut beschallte Lokal ist seit seiner Eröffnung im Jahre 1986 einer der Hotspots der Urbinater jungen (Studierenden-)Szene und ist für seine süffigen Cocktails bekannt.

Via Budassi 24, Di–Sa 12.30–2 Uhr

Am Puls der Zeit

3 **Art Café Urbino:** Partylocation und Ausstellungsforum für zeitgenössische Kunst und Fotografie.

Via Lorenzo Valerio 18, www.artcafeurbino.it, Di–Sa 18–3 Uhr

Bier und Livemusik

4 **Fuoritema:** Studentenkneipe, die mehrere europäische Biere und regelmäßig Livekonzerte in petto hat.

Via Posta Vecchia 7, 18–3 Uhr

Feiern

- **Festival Internazionale di Musica Antica:** www.urbinomusicaantica.com. Renaissancemusik im Hof des Herzogspalastes am letzten Juli-Wochenende.
- **Festa del Duca:** www.urbinofestadelduca.it. Am 3. Aug.-Wochenende erinnert

sich Urbino mit Pauken und Trompeten und allerlei historischen Inszenierungen wie (Reiter-)Turnieren an die Renaissance. Eine kleinere Version des Spektakels findet auch in der Vorweihnachtszeit statt.

- **Festa dell'Aquilone:** www.festaquilone.it. Die Einführung des Drachenfestivals 1955 rekurriert auf Giovanni Pascolis (1855–1912) Gedicht »L'Aquilone«, das der berühmte Dichter in Erinnerung an seine Schülerzeit in Urbino geschrieben hat. Seither basteln die Urbinati alljährlich fantasievolle Drachen, die sie am ersten Septembersonntag auf den grünen Hügeln des Stadtteils Cesane steigen lassen. Der Drache, der am höchsten fliegt, gewinnt.

Infos

- **I.A.T. Urbino:** Via Puccinotti 35/Piazza Rinascimento 1, T 0722 26 13, https://letsmarche.it, tgl. 10–16 Uhr
- **Infopoint:** Borgo Mercatale/Rampa, T 0722 37 82 05. Hier gibt's u. a. Stadtpläne sowie Bescheinigungen für die temporäre Durchfahrt durchs Centro storico, etwa zur Gepäckanlieferung beim Hotel. Der Infopoint vertritt die Gemeinde Urbino (www.vieniaurbino.it).
- **Verkehr:** Verkehrsknotenpunkt ist der Borgo Mercatale/Porta Valbona, wo sich der Busbahnhof befindet, Taxis stehen und gebührenpflichtige Parkplätze vorhanden sind. Von dort geht's per Aufzug (1 €) oder Rampe zu Fuß ins Stadtzentrum.
- **Italienisch lernen:** Die Università degli Studi Urbino Carlo Bo bietet Sommerkurse an (www.linguaideale.it).

Fermignano

D3

Fermignano bleibt durch ein Wand an Wand erbautes Ensemble von römischer Metauro-Brücke, mittelalterlichem

Klipp-klapp: Früher ließ der Metauro hier in Fermignano eine Papiermühle klappern.

Verteidigungsturm und historischer Papierfabrik in Erinnerung. Es feiert sich als Geburtsort von Donato Bramante und Schauplatz der Schlacht am Metauro, in der die Römer anno 207 v. Chr. die Truppen von Hannibals Bruder Hasdrubal besiegten, und macht durch ein skurriles Volksfest namens Palio della Rana – Froschrennen – von sich reden.

Industrie und Landwirtschaft

Als der Stararchitekt der Renaissance 1444 hier geboren wurde, klapperte die lokale Papiermühle bereits. Die frühe Fabrik legte den Grundstein für die Industrialisierung des Ortes. Nachdem die Papierproduktion Ende des 19. Jh. eingestellt worden war, verlegte man sich auf Pasta und Pullover, Metall, Mechanik und Möbel, sodass die Stadt trotz

S

SPASS ODER TIERQUÄLEREI?

Seit 1966 messen sich die Bewohner von Fermignanos Stadtteilen am Sonntag nach Ostern beim **Palio della Rana** darin, wandlose Schubkarren, auf denen ein Frosch sitzt, möglichst schnell und ohne Verlust desselben ans Ziel zu bringen. Mit diesem ›Froschrennen‹ feierten die *fermignanesi* 1607 die Einführung ihrer eigenen Ratsversammlung. Das von Tierschützern kritisierte Spektakel wird jüngst streng reglementiert und überwacht.

Schließung der großen Betriebe bis heute (nach Pesaro und Fano) als drittgrößter Industriestandort der nördlichen Marken gilt. Auf den grünen Hügeln drum herum florieren Ackerbau und Viehzucht und verwöhnt der Agriturismo Ca' Maddalena, der sich als Basislager für die Erkundung von Montefeltro und oberem Metaurotal empfiehlt.

Schlafen, Essen

Tierisch gut

Agriturismo Ca' Maddalena: Ein richtiger Bauernhof im grünen Umland von Fermignano. Er erfreut gestresste Großstädter mit Reitstall, biologischer Schweine- und Rinderzucht, gepflegten Zimmern und hervorragendem Restaurant, das aus dem eigenen Stall und Garten beliefert wird. Ein Pool sorgt für Erfrischung und die reizende Hausherrin Soraia, die übrigens sehr gut Deutsch spricht, tischt lukullisch auf.

Loc. Ca' Maddalena, Straße Richtung Sagrata, T 0722 33 10 25, www.camaddalena.com, Übernachten/Essen: €–€€, Juni–Aug. Halbpensionspflicht

Urbania

C3

Keramik und Jeans – das fällt vielen im Belpaese zu der kleinen Stadt am Fluss als Erstes ein. Urbania hat in Sachen künstlerisch ambitioniertes ›Töpfern‹ seit dem 16. Jh. Erfahrung und stieg in den 1950er-Jahren in die Produktion und Verarbeitung von Denim ein. Während das Keramikhandwerk um die Jahrtausendwende erfolgreich revitalisiert wurde, geriet die Hochburg der italienischen Jeansproduktion in die Krise. Allerdings stellten einige Betriebe in jenen Jahren hinsichtlich Materialien und Produktionsprozesse erfolgreich aufs nachhaltige Wirtschaften um (International Promo Studio, kurz IPS, Moda Italia und Ideal Blue), sodass das Metaurotal in der Branche heute nicht mehr Jeans Valley, sondern Green Valley genannt wird.

Sommerfrische am Fluss

So manch italophile Seele wird Urbania vielleicht von einem Sprachkurs kennen, weil hier schon seit 40 Jahren Italienisch für Ausländer unterrichtet wird. Die beiden Schulen am Platz werben natürlich auch mit den touristischen Attraktionen der Stadt, die sie nicht zuletzt ihrer Vergangenheit als Sommerfrische der Herzöge von Urbino verdankt.

Die 7000-Seelen-Gemeinde hieß bis zur Zerstörung durch Urbinater Ghibellinen (Kaisertreue) anno 1277 Castel delle Ripe, wurde nach dem Wiederaufbau (1284) auf den päpstlichen Legaten Guillaume Durant Casteldurante und 1636 auf Papst Urban VIII., der sie zur Stadt erhob, Urbania getauft. Bis zur Reintegration in den Kirchenstaat gehörte sie zum Herzogtum Urbino, das mit Francesco Maria II. della Rovere 1631 just hier das Zeitliche segnete. Der letzte Herzog starb im örtlichen **Palazzo Ducale,** der im 14. Jh. von der Adelsfamilie Brancaleoni direkt am Ufer des Metauro errichtet worden war. Nachdem sich die Bewohner von Casteldurante der Brancaleoni entledigt und sich dem Herzogtum Urbino unterstellt hatten, diente er als Sommerresidenz derer von Montefeltro und della Rovere, die ihn von ihren Hausarchitekten Francesco di Giorgio Martini und Girolamo Genga vergrößern und verschönern ließen.

Der Palast inklusive hochherrschaftlichem Nachlass ist heute **Museo Civico** und birgt Abertausende kostbarer Bücher, z. B. ein Exemplar von Dantes »Divina commedia« aus dem Jahre 1491, Gemälde und Keramikpreziosen sowie eine Sammlung historischer Stadtansichten, die von zwei Globen des berühmten Kartografen Gerhard Kremmer alias Mercator (1512–94) getoppt wird. Im Keller dokumentiert das **Museo di Storia dell'Agricoltura e dell'Artigianato** den bäuerlichen Alltag im präindustriellen Urbania.

Corso Vittorio Emanuele II 23, T 0722 31 31 51, www.visiturbania.it, Di–So 10–12.30, 15–18 Uhr, 4 €

Musen und Mumien

Ein weiterer Hin- und Hineingucker von Urbania ist das entzückende **Teatro Bramante,** das wie fast alle Stadttheater der Marken mit einem spartenübergreifenden Gastspielprogramm bespielt wird. Der außen streng neoklassizistische, innen goldglänzende Musentempel, in dem sich 1864 zum ersten Mal der schön bemalte Vorhang hob, ist einer der größten und prächtigsten der Region. Die Brüstungen seiner 44 vornehmen und in Hufeisenform angeordneten Logen sind mit goldumkränzten Rundgemälden von Renaissancearchitekt und Namenspatron Bramante sowie Verdi, Rossini und Raffael dekoriert.

Etwas gruselig wird's in der **Chiesa dei Morti,** die 1567 von der Confraternità della Buona Morte (Laienbruderschaft des guten Todes) gegründet wurde und von 18 mumifizierten Leichen ›bewohnt‹ wird. Die Verblichenen waren auf einem Friedhof mitten in der Stadt begraben und wurden exhumiert, nachdem 1804 die Bestattung außerhalb der Stadttore Pflicht geworden war. Ein Schimmelpilz hat sie mit Haut und Haaren erhalten, sie werden gleichsam wieder lebendig, wenn man im Rahmen einer Führung über Lebensdaten und Todesursachen der in hübschen Wandschränken aufgereihten Mumien informiert wird. Das Eintrittsticket für die Mumienkirche inkludiert den Besuch des **Museo Diocesano Leonardi,** in dem Keramik, Silber und Gemälde zu bestaunen sind.

Kirche: Via F. Ugolini 26, neben Chiesa S. Francesco, Führungen auf Anfrage beim Touristenbüro, s. S. 51, oder T 349 819 54 69, Di–Fr 10.30–12, 15.30–17, Sa, So 10.30–12.30, 15.30–17.30 Uhr, 5 €; Museum: Via Urbano VIII 16, Di–Fr 10.30–12, Sa, So 11–13, 16–18 Uhr

Feuer und Asche

Schließlich lohnt sich ein Abstecher zum **Barco Ducale** etwa 1 km außerhalb von Urbania, das die Herzöge von Urbino dereinst mit dem Boot ansteuerten, in das sie direkt am Palazzo Ducale einstiegen. Das prächtige Jagdschloss stammt ebenfalls vom Zeichentisch von Francesco di Giorgio Martini und gibt heute eine gefällige Kulisse für Keramikworkshops ab. Mit denen kultivieren Urbanias junge Kreative, die auch mit mehreren Ateliers und Läden im Stadtzentrum präsent sind, einmal mehr das traditionelle Kunsthandwerk. Da sie Tradition nicht als Konservierung der Asche, sondern als Weitergabe des Feuers begreifen, kopieren sie keineswegs nur alte Teller und Tassen, sondern experimentieren, inspiriert von den historischen Vorfahren, mit neuen Farben und Formen, die sich harmonisch ins zeitgemäße Wohnambiente einfügen.

s. Associazione Amici della Ceramica, S. 51. Da das Gebäude teilweise restauriert wird, war es bei Redaktionsschluss nicht zu besichtigen.

Das Küchenteam der Trattoria del Buongustaio da Doddo hat gut lachen – kein Wunder, wenn man so gut kochen kann.

Schlafen

In und um Urbania gibt's mehrere B&B und vor allem Agriturismi, die auf www.visiturbania.it gelistet sind, z. B.:

Gute Nachbarschaft

Country House Parco Ducale: Das Gutshaus aus dem 19. Jh. nebst umgebautem Tabaktrockenraum direkt neben dem herzöglichen Jagdschloss punktet obendrein mit Pool und fußläufiger Nähe zu Urbania (gut 1 km).

Loc. Parco Ducale, T 0722 31 28 72, T 340 622 76 88, www.ilparcoducale.it, €–€€

Essen

Institution in Hausmannskost

Trattoria del Buongustaio da Doddo: In der urigen Osteria werden saisonal variierende Fleisch-, Gemüse- und Pastagerichte serviert. Seele des Hauses ist besagter Doddo.

Vicolo della Cereria 4, T 0722 31 94 11, Mo–Sa 12–22, So 12–15 Uhr, €€

Gesund und geschmackvoll

Casa Tintoria: Im mit Sorgfalt restaurierten, möblierten und dekorierten Bauernhaus samt Garten beweist die selbstbewusste, sympathische Hausherrin und Köchin Donatella ihr gestalterisches und kulinarisches Talent. Sie serviert raffinierte saisonale Regionalküche auf der Basis nachhaltig produzierter Zutaten und hat auch ein Herz für Veganes und Vegetarisches. Das hübsche zweistöckige Haus am Fluss führt Donatella zusammen mit ihrem Mann Giorgio und lädt hier bisweilen zu Kunstausstellungen ein.

Via Porta del Mulino 4, T 0722 31 74 12, www.casatintoria.com, Di 19.30–21, Mi–So 12.30–14.30, 19–21 Uhr, €€

Erste Pizzaadresse

La Loggia: Hier wird recht passabel lokaltypisch gekocht und eine sehr leckere Pizza gebacken.

Via D. Bramante 5, T 0722 31 76 08, Fr–Di 19–23 Uhr, €€

Einkaufen

Natürlich Keramik!

In Urbania gibt's in mehreren Werkstätten und Läden mit historischen Motiven dekorierte und/oder in zeitgenössischem Design gefertigte Keramikobjekte aller Art. Die meisten befinden sich im Stadtzentrum, u.a. **Ceramica d'Arte L'Antica Casteldurante** (Piazza Cavour 4) oder **Nicoletta Braccioni** (Via N. Nardi 22). Erste Adresse in Sachen Keramik ist die Non-Profit-Organisation **Associazione Amici della Ceramica,** die regelmäßig Workshops anbietet (Piazza del Mercato 6–7, T 340 325 92 09, www.amicidellaceramica.it).

Bewegen

(Rad-)Wandern

Die Stadt ist Startpunkt für **Mountainbiketouren** und markierte **Wanderungen** in der Umgebung und der Massa Trabaria. Infos und Karten beim Touristenbüro.

Ausgehen

In goldglänzendem Ambiente

Teatro Bramante: Piazza S. Cristofero 1, T 0722 31 79 29, Programminformationen: www.amatmarche.net

Im Bilde

Bar Centrale: Hier genießt man von frühmorgens bis spätabends Kaffee, Wein, Bier und Cocktails und eine gute Aussicht auf die zentrale Piazza San Cristofero.

Largo F.M. II Della Rovere 3, tgl. 5.30–24 Uhr

Feiern

- **Festa Nazionale della Befana:** 4.–6. Jan., www.festadellabefana.com. Urbania mit einer Megaparty für Kleine und Große die Hexe Befana (Befania), die nach traditionellem Volksglauben in der Nacht vom 5. auf den 6. Januar auf dem Besen von Haus zu Haus fliegt und Geschenke bringt.

Infos

- **Ufficio Turismo Urbania:** Corso Vittorio Emanuele II 21, T 0722 31 31 40, www.visiturbania.it, tgl. 10–12, Sa/So auch 16–18 Uhr
- **Italienischkurse:** Centro Studi Italiani, Via Boscarini 1, T 0722 31 89 50, www.centrostuditaliani.org; Scuola Italia, Via Guido Rossa 1, T 0722 31 79 82, www.scuola-italia.com

Sant'Angelo in Vado

C3

Die Trüffelhochburg ist von Wäldern und Wiesen umgeben und schmiegt sich ans Ufer des Metauro. Sie ist von sieben Kirchen beseelt, mit respektablen Kommunalpalästen bebaut und wuchert mit ihrer römischen Vergangenheit, die ihr mit dem Domus del Mito das spektakulärste Erbe hinterlassen hat. Die hier noch mittelalterliche und dort von der Renaissance geprägte Altstadt versprüht viel nostalgisches Flair und ist insbesondere im Herbst, wenn der edle weiße Trüffel reif ist, eine Reise wert.

Stadthistorisches Telegramm

Sant'Angelo in Vado wuchs auf den Ruinen von Tifernum Mataurense, war jahrhundertelang unter der Obhut des Kirchenstaates und administratives Zentrum seines Forstdistriktes Massa Trabaria, bevor es seit Mitte des 14. Jh. von den noblen Familien Brancaleoni, da Montefeltro und della Rovere dominiert wurde. Als Letztere 1631 im wahrsten Sinne des Wortes ausstarb, wurde das Herzogtum Urbino und mit ihm auch Sant'Angelo in Vado dem Kirchenstaat einverleibt. Der Ort, wo inzwischen die später in Rom als Maler erfolgreichen Brüder Federico Zuccari (ca. 1540–1609) und Taddeo Zuccari (1529–66) das Licht der Welt erblickt hatten, bekam 1636 die Stadtrechte. Man freute sich 1769 darüber, dass ein Adelsspross aus Sant'Angelo in Vado als Papst Clemens XIV. den Heiligen Stuhl bestieg und setzte ihm deshalb auf der Piazza Umberto I. ein Denkmal.

G

VON DEN GÖTTERN GESEGNET

Der Legende nach ist der **Domus del Mito** ein Geschenk der Götter an den reichen Römer Mennenio und die arme keltische Sklavin Nicia, die in damals gesellschaftlich geächteter Liebe füreinander entflammt waren. Das Haus soll in nur einer Nacht entstanden sein, um den mediterran dunkelhäutigen Liebhaber und seine nordisch blasse Angebetete zu erfreuen. Als Hommage an das ungleiche, aber unzertrennliche Liebespaar bereicherten die Himmelsmächte die Erde rund um Tifernum Mataurense obendrein mit schwarzen und weißen Trüffeln, weshalb sich Sant'Angelo in Vado gern *La terra benedetta dagli dei,* also ›von den Göttern gesegnete Erde‹ nennt.

Piazza-Hopping

Der steinerne Papst sitzt segnend vor dem **Palazzo Fagnani** aus dem 18. Jh., der seit 1838 als Rathaus fungiert und sich drinnen mit Gemälden der Zuccari-Brüder schmückt. Das damals ›ausrangierte‹, seit 1580 turmgekrönte alte Rathaus aus dem 14. Jh. firmiert unter **Palazzo della Ragione** und erhebt sich an der benachbarten Piazza Pio XII. Direkt vis-à-vis steht die ursprünglich mittelalterliche, im 16. und 17. Jh. zeitgemäß aufgefrischte **Cattedrale** mit wertvollen Gemälden, von denen einige Gentile da Fabriano zugeschrieben werden. Zwischen den beiden Plätzen lohnt sich ein Blick auf das fantastische Kuppelfresko in der **Chiesa San Filippo.**

Mythen und Legenden

Der größte Stolz von Sant'Angelo in Vado, dessen Hauptverkehrsader **Corso Garibaldi** ebenfalls mit imposanten sakralen und profanen Bauwerken bebaut und seit dem 19. Jh. von der triumphbogenartigen **Porta Albani** überspannt ist, imponiert direkt vor seinen südlichen Altstadttoren. Dort wurden Ende der 1990er-Jahre auf dem bis heute beackerten archäologischen Ausgrabungsfeld **Campo della Pieve** die Fundamente eines römischen Hauses aus dem 1. Jh. n. Chr. freigelegt. Man erkennt die einzelnen Räume der antiken Villa, die sich zu 1000 m² Wohnfläche summieren und etwa zur Hälfte von einem gut erhaltenen Mosaikfußboden bedeckt sind. Weil man auf dem fantastischen bunten Bilderteppich die römische Mythologie studieren und beispielsweise Neptun nebst Gattin auf einem von Seepferdchen gezogenen Triumphwagen identifizieren kann, wird das als archäologische Sensation gehandelte römische Adelsdomizil **Domus del Mito** genannt.

Kleinere Objekte aus dem ›Haus der Mythen‹ und anderswo gehobene antike Schätze bestücken das **Museo**

Archeologico Tifernum Mataurense am anderen (nördlichen) Altstadtende. Das Museum jenseits des Metauro lädt im ehemaligen Kloster **Santa Maria Extra Muros** gleich neben der unterdessen barockisierten gleichnamigen Kirche aus dem 14. Jh. in eine Archäologie- und Kunstabteilung ein. Die Erste exponiert Mauerreste, Inschriften, Skulpturenfragmente, Gebrauchskeramik, Münzen, Bronze- und Glasobjekte, die aus der Zeit von der Prähistorie bis ins hohe Mittelalter datieren. Die Zweite kapriziert sich auf gemalte und gemeißelte sakrale Preziosen.

Domus del Mito: Via Ghibelline, www.domusdelmito.it, Di–So 10.30–12.30, 15.30–18 Uhr, nach Anmeldung bei der IAT (s. S. 54), 5 €; **Museo Archeologico Tifernum Mataurense:** Via Pratello Santa Maria (nördliches Altstadtende), Di–So 10–12.30, 15–18.30 Uhr, nach Anmeldung bei der IAT (s. S. 54), 3 €

Bodenschätze und Wasserspiele

Zu einem Besuch in Sant'Angelo in Vado gehört nicht zuletzt ein gutes Essen. Die Restaurants des Ortes zelebrieren während der **Mostra Nazionale del Tartufo** im Oktober die edlen weißen Trüffeln, servieren ansonsten schwarze Trüffeln (s. S. 282) und kredenzen gern ein Gläschen Vin Santo, zumal die Stadt auch in Sachen Süßwein ein gewisses Renommee hat.

Last but not least beeindruckt Sant'Angelo in Vado mit dem Naturschauspiel der **Cascata del Sasso,** mit denen sich der Metauro dramatische 15 m tief einen Felsen hinabstürzt, wobei die Aussicht auf den spektakulären Wasserfall leider durch ein Industriegebiet direkt nebenan getrübt ist.

Schlafen

Umsichtige Gastfreundschaft

B & B Palazzo Santinelli: Die freundlich und farbenfroh gestalteten Zimmer sind wohnlich und blitzsauber. Sie bieten allen Komfort, werden vom nostalgischen Flair des historischen Palazzo Santinelli aus dem 16. Jh. umweht und – ebenso wie die Gäste – von sympathischen Gastgebern gepflegt.

Corso Garibaldi 20, T 348 951 11 16, www.palazzosantinelli.it, €

Ordentliches Familienhotel

Santa Chiara: Angenehmes Drei-Sterne-Hotel hinter alten Klostermauern, dessen Restaurant sich auf Lokalküche und Pizza versteht. Einige Zimmer haben Flussblick.

Corso Garibaldi 26, T 0722 81 88 74, €

Essen

Maritim

Trattoria Lo Squalo: Auch wenn das Meer recht weit entfernt ist, sollen Fische und Meeresfrüchte hier frisch und schmackhaft sein.

Via Mangano 8, T 0722 81 87 52, Mo–Sa 12–15, 18.30–23 Uhr, €€

Leckere Lokalküche

La Trattoria da Christian: Das atmosphärisch freundliche Lokal in schöner Altstadtlage serviert wunderbare Pastagerichte, beispielsweise mit der in den Marken allseits beliebten Entensoße *(sugo d'anatra),* und aromatisches Fleisch vom Grill.

Piazza Papa Pio XII. 11, T 334 230 64 42, Do–So 12–14.30, 19–22 Uhr, €€

Einkaufen

Trüffeln

Fabiano Martelli: Frische Trüffeln bzw. mit diesen aromatisierte Produkte.

Via Ca' Maspino 2, T 0722 880 30, www.martellifabianotartufi.it, Mo–Fr 8.30–12.30, 14–18 Uhr, Okt.–Dez. tgl.

Infos

- **IAT:** Piazza Umberto I 1, T 0722 884 55, T 339 411 03 48, www.comune.santangeloinvado.pu.it, www.visitsantangeloinvado.it. Anmeldung, Tickets und Begleitung für den Besuch des Domus del Mito und des Museums.
- **Mostra Nazionale del Tartufo:** www.mostratartufo.it. Die Oktoberwochenenden sind in Sant'Angelo in Vado seit mehr als 60 Jahren fürs Vermarkten und Verspeisen von weißen Trüffeln reserviert.

Mercatello sul Metauro

B3

Der kleine Ort (1326 Einwohner) im üppig bewaldeten marchigianisch-toskanischen Grenzgebiet beeindruckt mit viel historischer Bausubstanz. Er besitzt noch eine romanische Brücke über den Metauro und einen Palazzo Ducale von Francesco di Giorgio Martini aus dem 15. Jh., hochkarätig dekorierte alte Kirchen und Klöster, aber auch ein Herz für zeitgenössische Kunst.

Junge Wilde

Die **Raccolta d'Arte Contemporanea** versteckt sich in den Katakomben des **Palazzo Gasparini** (17. Jh.) an der zentralen Piazza G. Garibaldi und versammelt 158 Gemälde, Skulpturen und Installationen. Kurator der an diesem Ort überraschenden Dauerausstellung italienischer und internationaler Künstler ist Pasquale Martini (geb. 1942), der aus den Abruzzen stammt und mit seinen Skulpturen aus Marmor, Holz und Eisen öffentliche Räume und Museen im In- und Ausland bereicherte, bevor er sich zum Wohnen und Arbeiten im beschaulich-verschlafenen Mercatello einrichtete (www.pasmart.it). Die räumlich stimmungsvoll inszenierte Kunstschau ist ebenso wie alles andere Sehenswerte in Mercatello nur nach Anmeldung und in Begleitung lokaler Guides zu sehen.

Alte Meister

Das freundlich um jeden Besichtigungsgast bemühte Team der IAT (s. S. 55) sitzt ebenfalls an der Piazza Garibaldi, wo außer den jungen Wilden des 21. Jh. noch die uralte **Pieve Collegiata San Pietro d'Ico** zu begutachten ist, mit deren Bau im frühen 11. Jh. Mercatellos Dorfentwicklung begann. Trotz aller späteren Interventionen erahnt man das schlicht-romanische Gepräge der Kirche, die eine Marienikone aus dem 11. Jh. und allerlei andere sakrale Preziosen in petto hat.

Mit einem hochkarätigen Innenleben wuchert auch die **Chiesa e Museo di San Francesco,** womit ein sensibel restaurierter Kirchen- und Klosterkomplex aus dem 13. Jh. gemeint ist. Schon äußerlich eine schlicht-schöne Augenweide, fasziniert drinnen eine Anthologie der mittelitalienischen Malerei des 14. bis 17. Jh., die mit Werken von Giovanni da Rimini (14. Jh.), Claudio Ridolfi oder Gian Giacomo Pandolfi (15. und 16. Jh.) glänzt.

Schlafen, Essen

Tisch und Bett in alten Gemäuern

Castello della Pieve: Das von einer kulturell ambitionierten Familie als Hotelrestaurant mit Viersternekomfort revitalisierte mittelalterliche Dorf mit Wehrturm und Kirchlein auf einem Hügel über der Straße von Mercatello nach Borgo Pace ist für alle, die Ruhe und Abgeschiedenheit mögen, ein Paradies. Gäste logieren in gelungen restaurierten und geschmackvoll möblierten alten Gemäuern und können sich mit leckerem Essen verwöhnen lassen. Für Erfrischung sorgt ein kleiner Pool.

Ihr Alter sieht man ihr auf den ersten Blick gar nicht an: Schon seit dem Mittelalter führt diese Brücke in Mercatello sul Metauro über den Fluss. Im Ort wartet weitere historische Bausubstanz.

Località Castello della Pieve, T 328 151 26 54, T 328 729 91 59, https://castellodellapieve.it, Übernachten/Menü €€

Bewegende Geschichte

Ca' Montioni: Herrenhaus und Landarbeiterhäuser entstanden vom 16. bis 18. Jh., wurden im Zweiten Weltkrieg als deutsches Truppenquartier okkupiert, in den 1970er-Jahren verlassen und schließlich restauriert und in einen attraktiven Agriturismo mit bequemen Zimmern, allseits geschätztem Restaurant und Pool verwandelt.

Via Guinza 23, T 0722 897 06, T 347 940 54 01, www.camontioni.it, Übernachten €, Menü €€

Infos

- **IAT:** Piazza Garibaldi 5, T 0722 891 14, 346 514 84 44, www.comune.mercatellosulmetauro.pu.it, Mo–Do 10–12, 16–18, Fr 9–12, 16–18, Sa 9–12, So 9.30–12 Uhr

Borgo Pace, Lamoli

B3

Borgo Pace entwickelte sich im Dunstkreis der Benediktinerabtei **San Michele Arcangelo di Lamoli** (11./12. Jh.) und hat außer derselben viel Wald, Wiesen und Weltabgeschiedenheit zu bieten. Nahe dem 500-Seelen-Dorf im Dreiländereck Marken, Toskana, Umbrien vereinen sich das Wasser und die Namen der Flüsschen Meta und Auro zum Metauro.

Meditation

Dass die westlichste Gemeinde der Marken nur wenig alte Bausubstanz zu zeigen hat, haben übrigens nazifaschistische Truppen zu verantworten. Die deutschen Invasoren machten die historische Holzarbeiter-, Köhler- und Färbersiedlung im August 1944 dem Erdboden gleich, um das Vorrücken der Alliierten zu verhindern.

An den Widerstand gegen die Deutschen erinnert das **Monumento alla Resistenza** im Ortsteil Parchiule, und das **Museo del Carbonaio** in einer ehemaligen Gerberei in der Gemeindefraktion Conce führt mit Fotos und Filmen ins hier traditionelle Köhlerhandwerk ein (zu besichtigen auf Anfrage bei der IAT, s. unten). Besagte Abtei mitten im ehemaligen päpstlichen Holzdistrikt hatte im hohen Mittelalter großen ökonomischen und geistigen Einfluss und wurde jahrelang von der Kooperative Forestalp als **Oasi San Benedetto** bewirtschaftet. Ihre außen wie innen ergreifend schlichte Kirche wurde vermutlich schon um 1000 erbaut und entfaltet seit der jüngsten Restaurierung wieder ihre spartanisch-spirituelle Aura.

Animation

Während man dort auf sich selbst oder Gott zurückgeworfen ist, ging es in den Klostergebäuden bisweilen recht laut und lebendig zu. Bis zu ihrer Liquidation (2022) beherbergte und bespaßte die naturverbundene Kooperative vornehmlich Kinder- und Jugendgruppen und betreute gleich nebenan das **Museo dei Colori Naturali.** Das inzwischen offenbar nur noch sporadisch der Öffentlichkeit zugängliche Museum informiert über Anbau und Verarbeitung einer gelb florierenden und blau färbenden Pflanze namens Guado. Dabei geht es nicht nur um theoretisches Wissen, sondern auch um das Know-how des lokalen Färberhandwerks und natürlich bunte Textilien, z. B. gefärbt mit der aus den Schoten der Guado-Pflanze gewonnenen blauen Farbe, mit der einst Wolle und Stoffe, aber auch die Werke großer Maler koloriert wurden.

Via Abbazia 7

Schlafen, Essen

Nostalgie

Antica Locanda La Diligenza: Das alteingesessene Hotelrestaurant nebst schlicht möblierten Apartments und Wellnesspark in der Nachbarschaft bietet Zimmer und Restaurant mit nostalgisch-schnörkeligem Interieur an der Dorfpiazza von Borgo Pace. Man übernachtet recht luxuriös und isst dem Vernehmen nach meistens lecker, wobei auf der saisonalen Speisekarte im Spätherbst der weiße Trüffel Trumpf ist.

Piazza del Pino 9, T 0722 891 24, 335 832 70 08, www.anticalocandaladiligenza.it, €€

Hausmannskost

Osteria del Boscaiolo: Das Lokal im Ortsteil Parchiule dient seit mehr als 60 Jahren mit allseits hoch gelobter Hausmannskost, die am Wochenende in Gestalt deftiger Menüs im Restaurant und unter der Woche in Form herzhafter Snacks zum Verzehr vor Ort in der Osteria serviert wird.

Via Lame 16, T 0722 81 60 16, www.osteriadelboscaiolo.it, Restaurant Fr abends, Sa, So mittags u. abends. Osteria Mo, Mi, Do 9–12, Sa, So 8–19, Juni–Aug. auch Do 16–18 Uhr, €–€€

Bewegen, Infos

(Rad-)Wandern

Informationen und Kartenmaterial zum (Rad-)Wandern in der Massa Trabaria und den Alpe della Luna gibt es beim **Touristenbüro** in Urbania (s. S. 51), bei der **IAT** in Borgo Pace an der Piazza del Pino 17, T 0722 81 60 48 und online unter der Adresse www.borgoturismo.it.

Zugabe

Angesagt: Craftbeer

Biobauernbier aus dem Montefeltro

Ein hippes Etikett ist bei Craftbeer natürlich Ehrensache.

Biertrinker freuen sich in Sassocorvaro Auditore über ›Bauernbiere‹ der Marke »La Cotta«, die Luigi Rengucci und Francesco Tontini seit 2004 mit selbst angebauter Gerste und reinem Quellwasser des Montefeltro brauen und erfolgreich auf dem internationalen Markt der *birre artigianali* (Kunsthandwerkerbiere) positioniert haben. Das ›gesunde‹ Gesöff ist in mehreren Geschmacksrichtungen erhältlich und in einem Brasserie getauften Landgasthof im luftigen Grünen hoch über dem Lago di Mercatale auf der ›Unterlage‹ von Bruschette am Meter und Spezialitäten aus der lokalen Saisonküche direkt vor (Produktions-) Ort zu schlürfen.

Brauerei und Brasserie standen gleichsam Modell für das Birrificio Agricolo Alto Montefeltro, kurz BAAM, in Monte Cerignone, das seine ebenfalls naturbelassenen, fast ausschließlich mit Produkten von der eigenen Scholle gebrauten Gerstensäfte ebenfalls in einem landschaftlich schönen und lecker bekochten Lokal ausschenkt. Man experimentiere damit, sogar den Hopfen demnächst vor der eigenen Haustür anzubauen, erzählte man mir in dem sympathischen Start-up von Braumeister Luca Marini, der erst seit 2018 in Sachen Craftbeer unterwegs ist. Beide Brauereien residieren in innen kontemporär gestylten alten Gemäuern, kommen auch im Design der Flaschenetiketten zeitgeistig rüber und sind im gastronomisch eher traditionellen Montefeltro insbesondere für junge Leute ein absoluter *place to be.* ■

›Gesundes Gesöff‹ aus eigenem Anbau

Infos

La Cotta: Mercatale di Sassocorvaro, Loc. Ca' Corsuccio, Via Vecellio, T 333 486 94 26, www.lacotta.it, Do–Sa 18–24, So 12–15.30, 18–24 Uhr, im Aug. tgl., Menü €€

BAAM: Loc. Poggio Rosso, Strada Provinciale 2, T 331 789 72 90, www.baam.beer, Do–So 19–24, So 12–24 Uhr, €€

Nordküste und Via Flaminia

Sand, Strand und viel Kultur — bieten Pesaro und Fano, Wein und Oliven sowie Klöster und Kastelle das Hinterland.

Seite 61

Pesaro ✪

Hier spielt die Musik! Und nicht nur die vom großen Rossini. Die Adriastadt hat ein feines Ohr für neue Töne, ein Faible für zeitgenössische (Film-)Kunst und rollt auf modernem Radwegenetz in die mobile Zukunft.

Seite 92

Gola del Furlo

Durch die Felsenschlucht fließen der Candigliano und der Verkehr der Römerpiste Via Flaminia. In den Wäldern drum herum duften Trüffeln, für die in dieser Gegend sowohl Hund als auch Mensch ein Näschen haben.

La Dolce Vita am Strand in einem Wort? Lido!

Eintauchen

Seite 73

Parco Naturale Monte San Bartolo ✪

Der Naturpark gefällt mit Wäldern, Wiesen, noblen Villen und idyllischen Dörfern und animiert zum Radeln und Wandern mit herrlichen Aussichten auf die Adria.

Seite 80

Gradara

Liebeskrimi: Auf der Bilderbuchburg liebten sich angeblich Paolo Malatesta und Francesca da Polenta, die dort anno 1284 von Francescas eifersüchtigem Gatten erdolcht wurden.

Seite 81

Fano

Hier grüßen die alten Römer und Renaissancefürst Malatesta, gibt's herrliche Sandstrände und Fisch vom Feinsten.

Seite 96

Eremo di Fonte Avellana

In dem Kloster in den stillen Wäldern am Fuße des Monte Catria dichtete schon Dante weit weg vom Rest der Welt an seiner »Göttlichen Komödie«.

Seite 88

Cartoceto

Rund um Cartoceto malen sanfte grüne Hügel und die Fernsicht aufs blaue Meer das Landschaftsbild, presst man Olivenöl und keltert Wein, reifen Schafskäse in Erdhöhlen und Würste in der Adriabrise, scheinen Natur, Kultur und Küche eins.

&

Seite 101

Corinaldo

Mittelalterliche Mauern, Tore, Türme, malerische Treppengassen – Corinaldo wirkt als städtebauliches Gesamtkunstwerk.

Gioachino Rossini weinte nach eigenem Bekunden nur drei Mal im Leben: Als man seine erste Oper auspfiff, er Paganini spielen hörte und ihm bei einer Bootspartie ein mit Trüffeln gefüllter Truthahn ins Wasser fiel.

Abtanzen mit Meeresblick: Die Megadisco Baia Imperiale (s. S. 78) direkt über dem Meer gilt als eine der schönsten der Welt.

erleben

Dolce Vita und alte Geschichte

D

Die Strände zwischen Gabicce Mare und Fano sind von mehrstöckigen Bettenburgen gesäumt und im Hochsommer nahezu flächendeckend von Sonnenschirmen überdacht. Man mietet das Strandmobiliar in einem der *lidi* (Strandbäder), die Restaurants und Cocktaillounges betreiben und am Abend mit Live- oder Discomusik locken, sodass das Partyvolk bis tief in die Sommernacht über die im Frühjahr und Herbst hingegen nahezu verwaisten Strandpromenaden flaniert. Das alles ist freilich nur eine Seite der Adriamedaille, die auf der anderen mit architektonisch attraktiven und alltagscharmanten Altstädten mit anregender Kultur- und Gastroszene und ein paar Kilometer landeinwärts mit idyllischen Dörfern, geschichtsträchtigen Kastellen und Klöstern glänzt.

In Pesaro kann man in wenigen Gehminuten die Welten wechseln und vorm Badetrubel ins historische Stadtzentrum entfliehen. Gleich hinter seiner nördlichen Stadtgrenze grünt und blüht hoch über der Adria der Parco Naturale Monte San Bartolo mit schattigen Rad- und Wanderwegen und quasi naturbelassenen Badebuchten, die fast so aussehen wie vor der massentouristischen Invasion.

O

ORIENTIERUNG

Flughäfen: in Ancona und Rimini; gute **Zugverbindungen** entlang der Küste und (rare) **Busverbindungen** ins Hinterland, sodass man zum Befahren der Via Flaminia schon ›eigene Reifen‹ braucht.

Auch in Fano sind anmutiges Centro storico und dicht belegte Strände nur durch eine schnell überquerte Eisenbahntrasse voneinander getrennt. Am Rande der Stadt mit dem antiken Triumphbogen geht's auf die mittlerweile asphaltierte Via Flaminia, die die Adriaküste seit der Antike mit Rom verbindet. Unterwegs auf der Römerpiste ins Landesinnere lohnen sich Abstecher zum stimmungsvollen Kloster Eremo di Monte Giove und ins Oliven- und Weindorado Cartoceto. Wieder auf römischen Wagenspuren erreicht man die wilde Felsenschlucht Gola del Furlo und die Trüffelhochburg Acqualagna. Interessant ist ein kulturell erbaulicher Halt in Cagli und unbedingt angeraten ein Umweg zum weltabgeschiedenen Eremo di Fonte Avellana. Den Weg zurück an die Küste durchs Tal des Cesano ›pflastern‹ die Bronzen von Pergola, Römisches in Castelleone di Suasa, das mittelalterlich ummauerte Corinaldo und die Renaissancefestung von Mondavio.

Pesaro

★ 📍E1

Die auf Anhieb sympathische Küsten- und Provinzhauptstadt darf sich seit 2015 wegen ihres vorbildlichen Radwegenetzes Città della Bicicletta (Fahrradstadt) nennen, bekam 2017 das Prädikat Città UNESCO della Musica verliehen und brilliert(e) 2024 als Capitale italiana della cultura. Die zur Stärkung lokaler Kultur- und Kreativwirtschaften ausgelobte Auszeichnung der Vereinten Nationen kam damals gerade recht, weil die Möbelindustrie, auf der Pesaros Wohlstand basiert(e), infolge der internationalen Finanzkrise kriselte, und bestätigte den linksliberalen Bürgermeister Matteo Ricci (PD) darin, ökonomische Alternativen zum gewerblichen Sektor zu pushen und sich um eine nachhaltige Stadtentwicklung zu bemühen.

Jung und dynamisch

Er kapriziert(e) sich nicht nur auf den hochsommerlichen Badebetrieb, sondern fördert(e) explizit einen saisonunabhängigen Natur- und Kulturtourismus, der hier aus dem reichen Erbe von Römern, Renaissancefürsten und Rossini schöpfen kann. Diese historischen Herrschaften prägten das architektonische Ensemble des gefälligen Centro storico, bestücken die Museen, bereichern das Repertoire der Theater und beflügeln die Kreativität der Nachgeborenen. Die zweitgrößte Stadt der Region (95 000 Einwohner) wuchert mit alten Gemäuern und Gemälden, dem Nachlass von Weltkomponist Rossini und bald auch dem von Literaturnobelpreisträger Dario Fo und Franca Rame und ist obendrein als Standort für ein Nationalmuseum für Motorräder auserkoren. Sie begeistert mit zeitgenössischer (Film-)Kunst und Musik und lädt zum Shoppen, Schlemmen und Schlürfen ein.

Pesaro fährt gerne Rad. Und das sogar offiziell: Seit 2015 trägt die Provinzhauptstadt das Prädikat ›Città della Bicicletta‹.

Pesaro

Ansehen

1 Sfera Grande
2 Villa Ruggeri
3 Cattedrale
4 Ghetto Ebraico
5 Synagoge
6 Casa Rossini
7 Palazzo Gradari/Museo della Bicicletta
8 Santuario Madonna delle Grazie
9 Rocca Costanza
10 Chiesa Sant'Agostino
11 Centro Arti Visive Pescheria
12 Palazzo Comunale
13 Palazzo della Posta
14 Palazzo Ducale
15 Conservatorio Rossini
16 Museo della Marineria Pesarese Washington Patrignani
17 Museo Diocesano
18 Domus Romana
19 Musei Civici/Sonosfera
20 Museo Archeologico Oliveriano/Biblioteca Oliveriana
21 Museo Nazionale Rossini
22 Palazzo Ciacchi
23 Museo Officine Benelli

Schlafen

1 Grand Hotel Vittoria
2 Villa Cattani Stuart
3 Metropol
4 Alexander Museum Palace Hotel
5 Hotel Mediterraneo

Essen

1 La Baita
2 Osteria La Guercia
3 Nostrano
4 C'era una volta
5 Lo Scudiero
6 Piadificio
7 Il Gelato di Juri
8 Osteria Pasqualon

Einkaufen

1 Tipico.tips

Bewegen

1 Pesaro Bici

Ausgehen

1 Teatro Sperimentale
2 Teatro Rossini
3 Grà non solo cibo da cortile

Römer und Renaissancefürsten

Pesaro gibt sich jung und dynamisch, besinnt sich aber auch auf seine lange Geschichte, die im fernen 8. bis 6. Jh. v. Chr. mit den Picenern begann. Schon diese ›Ureinwohner‹ besiedelten die später schlossgekrönten Anhöhen von Novilara und Candelara, gleichsam die historischen Keimzellen der Stadt am Meer. Sie vermischten sich später mit den Bewohnern der 184 v. Chr. gegründeten römischen Kolonie Pisaurum. Pesaro wurde von Byzantinern, Goten, Langobarden und der Kirche beherrscht, eman-

zipierte sich im 12. Jh. als freie Kommune und geriet dann unter die feudale Knute derer von Malatesta, die sie an die Familie Sforza verkauften, die sie wiederum mangels eines Erben im 16. Jh. an die Herzöge von Urbino weiterreichten. Francesco Maria I. della Rovere gefiel es am Meer so gut, dass er seinen Hof 1525 von Urbino nach Pesaro verlegte, das architektonisch und künstlerisch enorm davon profitierte, bis es nach Aussterben der Adelssippe und Rückkehr in den Kirchenstaat (1631) wieder an wirtschaftlicher und kultureller Dynamik einbüßte.

Touristen und Möbelbauer

Mit dem Anschluss an den italienischen Nationalstaat im Jahr 1860 und dem Bau der Küsteneisenbahn in den 1870er-Jahren begann Pesaros exklusive badetouristische Entwicklung, die durch mondäne Villen vom Beginn des 20. Jh. städtebaulich dokumentiert ist. Während seit den 1960er-Jahren betongraue Bettenburgen in den Himmel wuchsen, nahm das traditionelle Möbelhandwerk industrielle Züge an, sodass in Pesaro u. a. Berloni und Scavolini Designerküchen *made in Italy* produzieren. Seit 2008 von der Finanzkrise geschüttelt und seit 2019 – v. a. in Sachen Tourismus – wieder im Aufwind, dämpften Corona und Ukrainekrieg den Optimismus.

Sightseeing auf antikem Weg

Im italienischen Kulturhauptstadtjahr 2024 keimt(e) neue Hoffnung und logier(t)en viele Urlauber am **Viale Trieste,** der die insgesamt 4 km langen Hausstrände säumt. Die moderne Hotelmeile öffnet sich mit dem **Piazzale della Libertà** unmittelbar zum Meer, vor dem hier Arnaldo Pomodoros **Sfera Grande** ❶ ›schwebt‹ und die zartgrüne Jugendstilvilla **Ruggeri** ❷ einen nostalgischen Akzent setzt. Die bronzene Weltkugel markiert den Anfang bzw. das Ende einer Achse, die bereits seit römischen Tagen das gesamte Stadtzentrum durchmisst und Hauptschlagader des urbanen Lebens geblieben ist. Sie wechselt auf dem Weg vom Meer landeinwärts mehrfach ihren Namen und führt mitten durchs Herz der Stadt, das wie eh und je an der **Piazza del Popolo** schlägt, wo schon das römische Forum verortet war.

Das erste Stück heißt Viale della Repubblica, ist ebenfalls von Hotels flankiert und quert ein vornehmes Villenviertel mit Sommerresidenzen aus dem frühen 20. Jh. In einer von ihnen zeigt das **Museo della Marineria Pesarese Washington Patrignani** ⓰ die maritime Seite der Stadt.

Der Viale della Repubblica verlängert sich zur Via Rossini, die von schicken Läden und Lokalen, **Cattedrale** ❸ und **Museo Diocesano** ⓱ gesäumt wird. Die Kathedrale wurde im 13. Jh. erbaut, mehrfach modifiziert und bekam im 19. Jh. wieder ihre ursprüngliche romanische Fassade. Bei Restauration und Rückbau legte man innen das Mosaik einer Vorgängerkirche aus dem 6. Jh. und an der letzten Jahrtausendwende gut 1 m darunter ein noch älteres buntes Bodenbild (4./5. Jh.) mit byzantinischen Motiven frei (Via Rossini 62, 7.30–12, 16–19.15 Uhr).

Auch mal rechts und links gucken

Noch ältere ›Auslegeware‹ imponiert im **Domus Romana** ⓲ in der rechts abzweigenden Via dell'Abbondanza. Von den Resten eines römischen Hauses empfiehlt sich ein Schlenker zu den **Musei Civici** ⓳**,** die sich den Palazzo Mosca (16. Jh.) mit einem sensationell bespielten Indoor-Amphitheater namens **Sonosfera** teilen und einige Exponate in den **Palazzo Ciacchi** ㉒ ausgelagert haben. Auf dem Platz davor beeindruckt die »Scultura della Memoria« des Wahlpesareser Bildhauers Giuliano Vangi (geb. 1931), mit deren Figurenensemble der lokale Maschinenfabrikant Giancarlo Selci (Biesse) seiner kulturaffinen verstorbenen Ehefrau ein Denkmal setzen ließ. Ans ehemalige jüdische **Ghetto** ❹ gleich nebenan erinnert allein die **Synagoge** ❺ (Sinagoga) aus dem 17. Jh. Die bereits im 13. Jh. hier angesiedelte jüdische Community wuchs qua Zuwanderung aus dem In- und Ausland im Verlauf des 14. und 15. Jh. stetig an. Sie entfaltete sich unter den Herzögen von Urbino zu voller wirtschaftlicher, wissenschaftlicher und kultureller Blüte und wurde mit Anschluss Pesaros an den Kirchenstaat ins Stadtviertel zwischen Corso XI Settembre, Via Castelfidardo, Via Battaglia und Via T. Bertozzini verbannt.

Die Synagoge an der Via delle Scuole 25 gilt u. a. wegen ihres prächtigen Stuck-

Lieblingsort

The Place to Be

An der **Sfera Grande** ❶ trifft man sich rund ums Jahr zum Strand- oder Stadtspaziergang, wird in der Schönwettersaison Musik gemacht, Theater gespielt, gesungen und getanzt. Mal rockt es und mal erklingen Walzer und Polka, zu denen sich Paare meist fortgeschrittenen Alters mit ansteckender Freude um ihre eigene Achse drehen. Im Glanz der bronzenen Weltkugel buhlen politische Parteien um die Gunst der Wähler und laden die strahlenden Sieger zu feucht-fröhlichen Wahlpartys ein. Drum herum warten Bars und Restaurants und das Touristenbüro auf internationale Gäste, von denen manch einer noch eine Weile auf einer der Bänke an der markanten Skulptur sitzen bleibt und von dort aufs meist schöne blaue Meer schaut … Kurzum: Arnaldo Pomodoros zeitgenössisches Kunstwerk sieht nicht nur gut aus, sondern entfaltet auch kommunikationsfördernde Wirkung, was den Bewohnern und Besuchern von Pesaro und sicher auch dem inzwischen hochbetagten Mailänder Künstler gut gefällt.

dekors als eines der kunsthistorisch bedeutendsten jüdischen Gotteshäuser Italiens. Nachdem die jüdische Gemeinde schon 1890 auf 55 Seelen geschrumpft war, stellte sie ihren religiösen Betrieb 1931 ein. Sie wurde bis zu den 1980er-Jahren als Lagerraum genutzt, in den 1990er-Jahren restauriert und 1999 zur Besichtigung freigegeben (3. So im Monat 10–13 Uhr).

Alte Gemäuer und neue Kunst

Zurück auf der Hauptflaniermeile passiert man mit der **Casa Rossini** ❻ (s. Tour S. 69) das Geburtshaus von Pesaros großem Komponistensohn und den imposanten **Palazzo Gradari** ❼ aus dem 17. Jh., den sich Gemeindebüros, das Café-Restaurant **Grà** 3 und das **Museo della Bicicletta** (s. S. 67) teilen. Im **Cinema-Teatro Sperimentale** 1 gleich nebenan begeistert seit 1965 alljährlich die Mostra Internazionale del Nuovo Cinema, die damals u. a. die italienischen Starregisseure Pasolini und Bertolucci ins kulturelle Leben der Stadt riefen. Vom Schauplatz des »Festivals des neuen Films« geht's je nach Interesse linker Hand durch die Via San Francesco zum Piazzale Matteotti, direkt vis-à-vis auf den Corso XI Settembre oder direttamente zur Piazza del Popolo.

An der Via San Francesco beseelt die ursprünglich romanische, im 14. und 19. Jh. modifizierte Kirche **Santuario Madonna delle Grazie** ❽ mit einem Triptychon des venezianischen Malers Jacobello del Fiore (1370–1439) und wird gerade das ehemalige Gericht (Ex-Tribunale) generalsaniert, um darin bald das Museo Nazionale della Motocicletta, das Museo Sguanci zu Ehren des gleichnamigen Bildhauers (1931–2011) und das Museo della Bicicletta (s. o. und S. 67) unterzubringen. Am Piazzale Matteotti trotzt die **Rocca Costanza** ❾ dem Zahn der Zeit. Die von dicken Rundtürmen flankierte, wuchtige Festung wurde im 15. Jh. im Auftrag von Costanzo Sforza von Stararchitekt Luciano Laurana anstelle einer älteren Burg der Adelssippe Malatesta erbaut und wurde später von der Herzogsfamilie della Rovere modifiziert. Sie diente von 1864 bis 1989 als Gefängnis, gibt heute eine originelle Kulisse für Musik- und Theaterereignisse ab und soll ab 2025 ein Museum für den italienischen Literaturnobelpreisträger 1997 Dario Fo (1926–2016) und seine Ehefrau, die Schauspielerin Franca Rame (1929–2018), beherbergen.

Am Corso XI Settembre erhebt sich die altehrwürdige **Chiesa Sant'Agostino** ❿ aus dem 13. Jh. und ertönt im **Centro Arti Visive Pescheria** ⓫ ein paar Meter weiter der letzte künstlerische Schrei. Pesaros Zentrum für zeitgenössische und avantgardistische Kunst bespielt eine alte Fischmarkthalle (19. Jh.) nebst benachbarter Chiesa del Suffragio (18. Jh.) und stimuliert mit regelmäßigen Ausstellungen die lokale Kunstdebatte.

Corso XI Settembre 184, T 0721 38 75 41, www.centroartivisivepescheria.it, bei Ausstellungen Juli–Okt. Di–Fr 16–19, Sa, So, Fei 10–13, 16–19 Uhr, 7 €

Im Herzen der Stadt

Die Piazza del Popolo wird eingerahmt von **Palazzo Comunale** ⓬, **Palazzo della Posta** ⓭ und **Palazzo Ducale** ⓮, dessen Korpus ebenfalls aus der Zeit der Malatesta stammt (Ende des 14. Jh.). In der Ägide der Sforza und della Rovere wurde er um- und ausgebaut und um die charakteristischen Arkaden erweitert, wobei beim letzten Facelifting die damals berühmten Baumeister Girolamo und Bartolomeo Genga am Werk waren (Führungen auf Anfrage 1 Tag vorher, Di, Do 16 u. Sa 10.30 Uhr, Biglietto unico Pesaro Musei, palazzoducale@pesaromusei.it). Davor plätschert die 1684/85 barockisierte **Fontana Grande** aus dem 15. Jh. und rund um den Platz lädt das eine oder andere Lokal zu *caffè* und *aperitivo* ein.

Der weitläufige Salon der Stadt ist bevorzugte Location für Freiluftevents aller Art und verengt sich zur Via Branca, von der man rechter Hand das **Conservatorio Rossini** ⑮ (s. Tour S. 69) an der Piazza Olivieri erreicht.

Gleich an der nächsten Straßenecke steht der **Palazzo Almerici** (19. Jh.) mit dem archäologischen **Museo Oliveriano** und der **Biblioteca Oliveriana** ⑳. Von der nostalgisch schönen Bücherkathedrale geht's zurück auf die quirlige Hauptflaniermeile, an deren Ende Pesaros Opernhaus **Teatro Rossini** 2 einen gefälligen städtebaulichen Akzent setzt. Unweit des eleganten Musentempels widmet sich das **Museo Nazionale Rossini** ㉑ der Vita des weltberühmten Komponisten (s. S. 68). Denjenigen, die sich weniger für Musik denn Motoren erwärmen, sei schließlich noch das **Museo Officine Benelli** ㉓ empfohlen, das in deren alten Fabrikhallen Motorräder der gleichnamigen Firma exponiert.

Museen

Fahrradgeschichte(n)

⑦ **Museo della Bicicletta:** Das Fahrradmuseum im Keller des Palazzo Gradari beeindruckt mit Rennrädern von den 1930ern bis heute und stellt in- und ausländische Radsportlegenden des 20. Jh. vor.

Via Rossini 26, www.comune.pesaro.pu.it (> Aree Tematiche> Cultura > Musei), Juni–Sept. Sa, So, Fei 10–13, 16–19, Okt.–Mai 15.30–18.30 Uhr, 7 €

Pesaro maritim

⑯ **Museo della Marineria Pesarese Washington Patrignani:** Die ansehnliche Villa mit Park und Panoramaterrasse wurde 1924/25 für einen gewissen Giuseppe Molaroni erbaut und zu Beginn unseres Jahrtausends renoviert. Das darin untergebrachte Meeresmuseum erzählt mit Bootsmodellen, Arbeitsgeräten und -kleidung sowie Gemälden lokaler Künstler vom Pesareser Fischer- und Hafenleben.

Viale Pola 9, T 0721 355 88, www.museomarineriapesaro.it, Di–Do 9–12.30, Fr 15–19, 3. So im Monat 15–19 Uhr, Eintritt frei

Sakrales und Profanes

⑰ **Museo Diocesano:** Das Museum im Palazzo Lazzarini (18. Jh.) zeigt archäologische Fundstücke aus römischen Tagen und sakrale Preziosen, darunter Skulpturen und Silberobjekte aus der Kathedrale.

Via Rossini 53, T 0721 37 12 19, Sa/So 16–19 Uhr, 5 €

Schöne Auslegeware

⑱ **Domus Romana:** Die 2004 zufällig bei Bauarbeiten entdeckten Reste eines römischen Wohnhauses, das zwischen dem ersten vor- und dem ersten nachchristlichen Jahrhundert erbaut und bis zum 3. Jh. bewohnt wurde, sind inzwischen in einen Museumsneubau integriert. Sie werden dort anschaulich multimedial kommentiert und bleiben besonders wegen der herrlichen Mosaikböden der vornehmen antiken Villa in Erinnerung.

Via dell'Abbondanza 21, T 0721 38 75 41, Sa/So, Fei Juni–Sept. 10.30–12.30, 16.30–18.30, sonst 10.30–12.30, 15.30–17.30 Uhr, 7 €

Hochkarätig

⑲ **Musei Civici/Sonosfera:** Das Museum residiert im Palazzo Mosca (16. Jh.), der einst Domizil der gleichnamigen reichen Adelsfamilie aus Bergamo war. Es zeigt Gemälde und Keramikobjekte, unterhält eine Dependance im **Palazzo Ciacchi** ㉒ (Via Cattaneo 34, www.museopalazzociacchi.it) aus dem 18. Jh., der ansonsten von der Industrie- und Handelskammer genutzt wird, und teilt sich die ehemalige Kaufmannsvilla seit 2020 mit der sogenannten Sonosfera. Die Pinakothek präsentiert Malerei aus dem 15. bis 20. Jh. und ist besonders stolz auf die »Krönung der Jungfrau« von Giovanni Bellini, mit der der große Meister 1475 die Kirche San Francesco veredelt hatte. In der **Sonosfera,** einem aus 45 Lautsprechern beschallten und

TOUR
In memoriam Gioachino Rossini

Auf den Spuren des ›ersten Popstars der europäischen Musik‹

Infos

Cityplan: S. 62
Museo Nazionale Rossini 21: Via G. Passeri 72, www.museonazionalerossini.it, Juni–Sept. Di–So, Aug. tgl. 10–18, Okt.–Mai Di–Do 10–13, Fr–So auch 15–18 Uhr; **Casa Rossini** 6: Via Rossini 34, Juni–Sept. Di–So 10–13, 16–19, Okt.–Mai Di–Do 10–13, Fr–So auch 15.30–18.30 Uhr; **Conservatorio Rossini** 15: Piazza Olivieri 5, www.conservatoriorossini.it; **Teatro Rossini** 2: Piazza Lazzarini 1, www.teatrorossini.it

Das **Museo Nazionale Rossini** 21 ist die jüngste Hommage an Gioachino Rossini, dem man in seiner Heimatstadt ein Konservatorium, das Stadttheater, ein hochsommerliches Opernfestival und sogar eine Pizza gewidmet hat.

Das Leben ist eine Oper

Das im Juni 2019 eröffnete Museum inszeniert Rossinis Leben und Werk von der Wiege bis zur Bahre als Oper. Die Bühne verteilt sich auf zehn prächtige Säle im neoklassizistischen **Palazzo Montani Antaldi** und wird sowohl mit Instrumenten und Dokumenten als auch multimedial und interaktiv bespielt. Die Ouvertüre gibt's in der Sala degli Specchi (Spiegelsaal) mit Rossinis Pleyel-Piano, das spielbereit restauriert wurde. Der 1. Akt (Saal 2–5) handelt von der Kindheit und Jugend des Komponisten, der am 29. Februar 1792 als Sohn eines Hornisten und einer Sängerin in Pesaro geboren wurde, seit 1799 in Bologna lebte und dort komponieren, singen und diverse Instrumente spielen lernte. Er preist die ersten Erfolge, z. B. sein Operndebüt in Venedig, und lässt seine neapolitanischen Jahre Revue passieren.

Im Intermezzo (Saal 6) hört und sieht man hinein in die Opern von Rossini, der als Exponent des Belcanto und der *opera buffa* (Komische Oper) und nicht zuletzt als Feinschmecker galt. Es ertönen z. B. Arien aus »Der Barbier von Sevilla«, »Aschenputtel« und »Wilhelm Tell«. In Saal 7 bis 10 spielt der 2. Akt der Lebensoper, die Rossini nach Wien und London (1822–24), Paris (1825–30), zurück nach Italien (1830–50) und schließlich wiederum nach Paris (1855–68) führte, wo er am 13. November 1868 starb und begraben wurde, ehe seine sterblichen Überreste 1887 in die Kirche Santa Croce in Florenz überführt wurden.

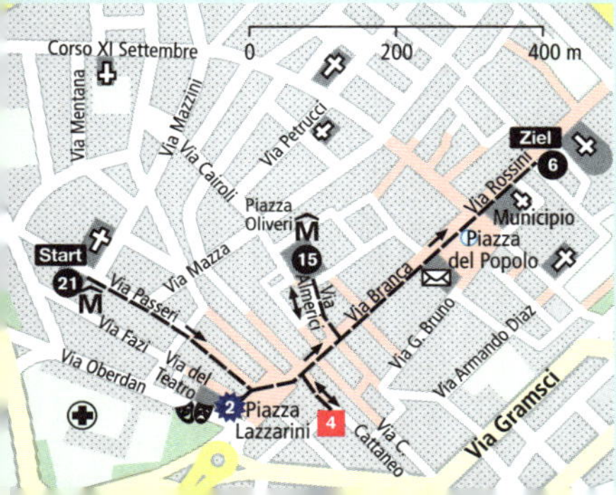

Zufrieden sieht er aus, der Meister. Wahrscheinlich hatte Rossini, allseits als Gourmet bekannt, gerade gut gespeist.

Bayreuth an der Adria

Nur einen Katzensprung entfernt beeindruckt das **Teatro Rossini** 2, das 1637 eröffnet, später in neoklassizistischer Manier umgebaut wurde und 1818 mit Rossinis »Die diebische Elster« als Teatro Nuovo in die erste Spielzeit ging. 1859 auf den großen Sohn getauft und 1930 und 1966 abermals renoviert, hat das opulent ausstaffierte Stadttheater heutzutage sowohl Opern als auch Sprechtheater und seit 1980 im Hochsommer das **Rossini Opera Festival** im Repertoire. Das international renommierte ROF bespielt noch weitere Locations, hat vornehmlich Rossini, aber auch andere Komponisten im Programm und Pesaro den Beinamen ›Piccola Bayreuth sull'Adriatico‹ beschert (www.rossinioperafestival.it).

Rossini für Mund und Ohren

Eventuell gestärkt von einer Pizza Rossini (s. S. 72) im Ristorante **C'era una Volta** 4 (s. S. 71) gleich um die Ecke geht's weiter zum **Conservatorio Rossini** 15 im **Palazzo Olivieri** (18. Jh.), wo seit 1882 gelehrt, geforscht und musiziert wird. Die auch für Jazz und elektronische Musik aufgeschlossene Talentschmiede huldigt im sogenannten **Tempietto Rossiniano** feierlich Rossinis Partituren und Manuskripten und ist nur bei avisierten Gruppenführungen von innen zu sehen. Den kurzen Weg wert ist aber schon allein der schöne Innenhof, wo man zusammen mit einer bronzenen Inkarnation des Maestro den Instrumental- und Gesangsübungen der Studierenden lauscht.

Wo alles begann

Letzte Station der Tour in memoriam Rossini ist sein Geburtshaus, das ebenfalls mit multimedial kommentierten biografischen Zeugnissen und einem Shop mit Rossini-Devotionalien gefüllt ist. In der **Casa Rossini** 6 hängen u. a. Porträts und Szenenfotos und amüsieren Karikaturen von dem wohlgenährten Genie, das sich selbst nur für einen drittklassigen Pianisten, im kulinarischen Metier aber für die Nummer 1 hielt.

Museo Nazionale Rossini 8 €, Casa Rossini 7 €, Ermäßigungen mit Card Pesaro Cult (3 €); Kombiticket Pesaro Capitale 12 € (s. S. 73)

mit 3D-Aufnahmen bebilderten Indoor-Amphitheater taucht man mit allen Sinnen in die vom Aussterben bedrohten globalen Ökosysteme oder alternativ in Raffaels Meisterwerk »Stanza della Segnatura« (Signaturraum) ein. Die sensationellen Bilder und Töne aus Amazonien, Südostasien und Afrika hat der Komponist, Ökoakustiker und Dozent am Rossini-Konservatorium David Monacchi (geb. 1970) registriert und unter dem Titel »Frammenti di Estinzione nell'Orologio Climatico« (Fragmente des Aussterbens in der Klimauhr) komponiert (www.davidmonacchi.it). Raffaels Originalfresko schmückt einen Saal im Vatikan, und eine Klimauhr (https://climateclock.net) tickt u. a. in New York, Seoul und Rom und seit 2021 auch an der Fassade des Palazzo Mosca in Pesaro.

Piazza Toschi Mosca 29, T 0721 38 75 41, Juni–Sept. Di–So 10–13, 16.30–19.30, Okt.–Mai Di–Do 10–13, Fr–So 10–13, 15.30–18.30 Uhr, 7 €; **Sonosfera:** Frammenti di Estinzione Juni–Sept. Di–Fr 11.30, Sa, So, Fei 10.30 u. 16.30, Raffaello 17.30, bzw. 11.30 u. 17.30, Okt.–Mai Di–Fr auf Anfrage, Sa, So, Fei 10.30 u. 16 bzw. 11.30 u. 17.30 Uhr, 7 €

Wertvolle Geschenke

⓴ Museo Archeologico Oliveriano und Biblioteca Oliveriana: Das jüngst konzeptionell generalüberholte Museum spannt den zeitlichen Bogen von den Picenern bis ins frühe Mittelalter. Die meisten Exponate, u. a. antike Bronzen, Steinskulpturen, Torsi und Charakterköpfe, Votivkeramiken, Sarkophage, Münzen, Schmuckobjekte, stammen aus der Sammlung von Annibale degli Abbati Olivieri (1708–89), die von einer im 19. Jh. in Novilara entdeckten Stele aus dem 7.–6. Jh. v. Chr. überstrahlt wird. Der großzügige Mäzen vermachte der Stadt auch seine spektakulär bestückte Bücher- und Handschriftensammlung, Grundstock für die Bestände der Biblioteca Oliveriana.

Via Mazza 97, T 0721 333 44, www.oliveriana.pu.it, Museum: Juni–Sept. Do–So 16–19, Okt.–Mai 15.30–18.30 Uhr, 7 €, Bibliothek: Mo, Do 14–18.30, Di, Mi 9–18.30, Fr 9–14 Uhr, Eintritt frei

Dependence der Musei Civici

㉒ Palazzo Ciacchi: s. S. 67

Motoren

㉓ Museo Officine Benelli: Pesaro profiliert(e) sich nicht nur mit Möbeln, sondern auch Motoren, genauer der Produktion von Motorrädern der Firma Benelli, die 1911 gegründet wurde und seit 2005 in chinesischer Hand ist. Das Museum befindet sich in deren historischer Fabrikhalle, zeigt Motorräder der Marke Benelli – von denen übrigens 2023 in Deutschland gut 8000 unterwegs waren – sowie Motobì, die ebenfalls in Pesaro zu Hause und von 1950 bis 1970 am Markt war.

Viale Mameli 22, T 0721 315 08, www.officinebenelli.it, Mo–Sa 9–13, 16–19 Uhr, 5 €, 3. So im Monat 16–19 Uhr, Eintritt frei

Schlafen

Meeresbrise in der Nase

1 Grand Hotel Vittoria: Das im wahrsten Sinne des Wortes erste Haus am Platz wurde 1908 eröffnet. Es überzeugt mit elegantem Ambiente, Pool, feinem Restaurant, der günstigen Lage zwischen Stadtzentrum und Meer und umgarnt mit nostalgischem Adriacharme.

Piazzale della Libertà 2, T 0721 343 43, www.grandhotelvittoriapesaro.it, €–€€

Noblesse im Grünen

2 Villa Cattani Stuart: Vornehm dekorierte und möblierte Villa aus dem 17. Jh. auf den grünen Hügeln über Stadt und Meer. Das stilvolle Domizil am Rande des kleinen Weilers Trebbiantico begeistert mit nostalgisch-eleganten Zimmern, einem herrlichen Park, erfrischt mit einem Pool und erfreut mit umsichtiger Gastfreundschaft.

Via Trebbiantico 67, T 0721 557 82, www.villacattani.it, €€€

Perfekt platziert

3 Metropol: Drei-Sterne-Hotel mit schlicht-komfortablen Balkonzimmern und passablem Frühstück. Es liegt zwar direkt an der Strandpromenade, hat aber – erfreulicherweise! – keinen Pool oder Badestrand direkt vor der Haustür, sodass der Blick aufs Meer nicht von Liegestühlen und Sonnenschirmen verstellt ist. Einen Katzensprung entfernt glänzt Pomodoros bronzene Weltkugel und zur schönen Altstadt ist es nicht weit. Es gibt ein paar Parkplätze in der Tiefgarage und direkt vor der Tür.

Via Cristoforo Colombo 3, T 0721 682 52, www.h-metropol.it, €

Kunst am Bau

4 Alexander Museum Palace Hotel: Hier erfüllte sich Conte Alessandro-Ferruccio Marcucci Pinoli di Valfesina einen Herzenswunsch. Der gut situierte Adelsspross, Nani genannt, kaufte 2004 eine mausgraue Bettenburg aus den 1960ern. Er ließ den alten Kasten komplett sanieren, expandieren und von knapp 100 seelenverwandten Künstlern in eine gelungene Fusion von Museum und Hotel verwandeln. In den 73 Zimmern und Suiten des Vier-Sterne-Hauses logiert man wahlweise im Stil von Concept Art, Arte Povera, Minimal Art, Afro Art, Etnic Art, Body Art, Pop Art, Drip Painting, Readymade oder Underground. Ihre Türen gleichen Gemälden, weil sie Stil, Motiv und Material der dahinter verborgenen ›Raumkunstwerke‹ antizipieren, und verwandeln jede Fluretage in eine Galerie. Viel zu staunen gibt's auch in Lobby, Restaurant und Konferenzräumen, auf Terrassen und sogar in der Tiefgarage, die ebenfalls als Ausstellungs- und Projektionsflächen für Kunst fungieren.

Viale Trieste 20, T 0721 344 41, www.alexandermuseum.it, €–€€

Rund ums Jahr

5 Hotel Mediterraneo: Freundlich geführtes Drei-Sterne-Haus in fußläufiger Nähe zu Meer und Altstadt, das frisch renovierte, komfortable (Balkon-) Zimmer – in den oberen Etagen mit Meerblick – und ein Restaurant hat.

Viale Trieste 199, T 0721 315 56, www.hmed.it, ganzj., €–€€

Essen

Fisch am Hafen

1 La Baita: Das Restaurant bietet zwar keine Haute Cuisine, aber schmackhafte lokale Fisch- und Schalentierklassiker in schlichtem Ambiente.

Strada Tra I Due Porti 49, T 0721 171 43 30, www.labaitapesaro.com, tgl. 12–15.30, 20–23 Uhr, €€–€€€

Rustikales Altstadtflair

2 Osteria La Guercia: Gemütliche Osteria, deren Wände schon seit 1946 mit Szenen aus der Weinlese freskiert sind. Auf den Tisch kommen – im Sommer auch draußen auf der Terrasse – typische lokale (Fleisch- und Gemüse-)Gerichte.

Via Baviera 33, T 0721 334 63, www.osterialaguercia.it, Mo–Sa 12.30–14.30, 19.30–23 Uhr, €€

Sternenglanz

3 Nostrano: Stefano Ciottis mit einem Michelin-Stern dekorierte Kreationen schmeicheln Gaumen und Auge. Man genießt sie in luftigem Ambiente an der Strandpromenade.

Piazzale della Libertà 7, T 0721 63 98 13, www.nostranoristorante.it, Sa–Mo 12.30–14, 19.30–22, Mi–Fr 19.30–22 Uhr, €€€

Pizza, Pasta, gute Laune

4 C'era una volta: Tolle Pizza in vielen Variationen, darunter die berühmte »Pizza Rossini« (s. Kasten S. 72), alternativ dazu leckere Lokalküche von der Pasta bis zum Dessert, süffiger Hauswein und zum Verdauen ein Likörchen aufs Haus … Das Lokal ist immer voll und verbreitet gute Stimmung, was nicht zuletzt dem

P

PIZZA ROSSINI

Anders als die **Maccheroni alla Rossini,** ein mit Trüffeln veredeltes und einer Käsekruste überbackenes Nudelgericht, dessen Rezept Rossini in einem Brief 1866 selbst aufgeschrieben haben soll, sind die zuerst in Paris servierten **Tournedos alla Rossini** (Rinderfilet mit gebratener Gänsestopfleber und Trüffeln) und Pesaros ›Nationalgericht‹, die **Pizza Rossini,** nur von den kalorienreichen kulinarischen Vorlieben des Komponisten inspiriert. Nachdem in den 1960er-Jahren eine lokale Pasticceria auf die Idee gekommen war, kleine Pizzastücke entsprechend zu belegen und zu benennen, blähte sich die Pizza Rossini vom Häppchen zum Aperitif zu einer großen Pizza Margherita mit gekochten Eiern und reichlich Mayonnaise auf.

fröhlich-freundlichen Hausherrn William Petroccione zu verdanken ist.

Via Cattaneo 26, T 0721 309 11, www.cera unavolta-ps.com, Di–So 12–14.30, 19–0.30 Uhr, €–€€

Schmeichelt Auge und Gaumen

5 Lo Scudiero: Hier überzeugen gekonnt zubereitete und gefällig präsentierte Fische und Meeresfrüchte, Fleisch, Gemüse und Süßes vom Feinsten und nicht zuletzt die Location, ein behutsam restauriertes Kellergewölbe in einem historischen Palazzo in stadtzentraler Lage.

Via Baldassini 2, T 0721 165 18 04, www.ristorantescudiero.it, Mi 19.30–23, Do–So 12.30–15, 19.30–23 Uhr, €€€

Snacken auf hohem Niveau

6 Piadificio: Hier schmecken knusprige und mit den allerbesten (Bio-)Zutaten belegte *piadine,* die Pizzavariante der benachbarten Romagna. Dazu gibt's knackige Salate und alternativ leckere Tagesgerichte.

Largo Aldo Moro 10, T 0721 186 54 64, www.piadificio.it, 12–15, 19–23 Uhr, €

Zum Dahinschmelzen

7 Il Gelato di Juri: Das Eis ist schlicht zum Dahinschmelzen. Das süße Vergnügen lockt dreimal in der Stadt.

Viale Trieste 323, Via Marsala 24/26 und Piazza del Popolo 21, www.ilgelatodijuri.it, 10–24 Uhr

Tolle Küche und Atmosphäre

8 Osteria Pasqualon: In der gemütlichen Osteria von Fabrizio Bezzicheri und Katia Andreani gibt's superleckere Klassiker der lokalen Fleisch- und Gemüseküche, feine Desserts und süffigen Wein.

Via G. Bruno 37, T 0721 170 67 73, www.osteriapasqualon.it, Mi–Fr, Mo 19–22, Sa, So 12.15–14, 19–22 Uhr, €€

Einkaufen

Entspannter Bummel

In der **Via Rossini,** am **Corso XI Settembre** und in der **Via Passeri** locken Designermode und nette kleine Läden mit Schmuck, Büchern und CDs.

Gemischtwarenladen

1 Tipico.tips: Edle (kulinarische) Souvenirs aus Stadt und Umgebung, z. B. Weine, Pasta und andere Schmankerl und immer etwas zur Degustation, Keramik aus dem Pesareser Hause Bucci, Bücher und (kostenlose) Broschüren sowie mündliche Informationen zur Erkundung der Gegend …

Via Rossini 41, tgl. 9.30–13, 16–20 Uhr

Bewegen

Baden und schwimmen

… kann man in Pesaro an mehreren Dutzend **Lidi** mit obligatorischem Strandmobiliarverleih sowie frei zugänglichen Strandabschnitten an der Baia Flaminia hinter dem Hafen und entlang der Straße nach Fano.

Radfahrerstadt

In der »Città della bicicletta« erfreut ein vor Ort markiertes und auf einem separaten Rad-Stadtplan kartografiertes Radwegenetz namens **Bicipolitana,** das Stadt und Umgebung erschließt und z. B. eine meeressäumende Piste in die Nachbarstadt Fano integriert (Karten in der Touristeninfo, s. S. 73). Ein Radverleih mit City-, Mountain- und E-Bikes ›im Stall‹ (City Bike z. B. 10 € pro Tag, bei längerer Ausleihe günstiger) ist **Pesaro Bici** 1 (Viale XXIV Maggio 52/54, T 0721 63 82 19, www.pesarobici.com, Mo–Sa 9–12.30, 15.30–19.30 Uhr).

Ausgehen

Am Puls der Zeit

1 **Teatro Sperimentale:** Der Schauplatz des Festivals des neuen Kinos ist rund ums Jahr mit seinem sporadischen Film-, Musik- und Theaterprogramm für Neues aufgeschlossen.

Via Rossini, www.teatridipesaro.it

Hochkultur

2 **Teatro Rossini:** s. S. 69

Guter Wein und nette Leute

3 **Grà non solo cibo da cortile:** In Pesaro kann man am Abend in vielen Bars etwas trinken gehen. Das gilt natürlich besonders für den Sommer, wenn auch an der Strandpromenade bis tief in die Nacht etwas los ist. In der Altstadt sitzt und trinkt man besonders nett und stimmungsvoll im Grà im Innenhof des Palazzo Gradari. Es gibt gute regionale Weine, Bier und Cocktails, Snacks und kleine Menüs, sporadisch Ausstellungen und regelmäßig Musik.

Via Rossini 24, T 0721 171 17 69, www.grapesaro.it, Mi–Mo 11–15, 18–1 Uhr

Infos

- **IAT:** Viale Trieste 164/Piazzale della Libertà 11, T 0721 693 41, www.letsmarche.it, Mo–Mi 9–12.30, Do–So auch 15–17.30 Uhr
- **Sammelticket:** Das Biglietto Unico Pesaro Musei – im Kulturhauptstadtjahr 2024 Card Pesaro Capitale genannt – für 12 € (inkl. Sonosfera 16 €) gilt für alle hier vorgestellten Attraktionen.
- **Verkehr:** Bahnhof an der Viale Risorgimento, von dort regelmäßige Verbindungen nach Rimini, Fano, Senigallia und Ancona. Gute Busverbindungen nach Urbino, ins Montefeltro, nach Gabicce, Rimini, Cagli, Fossombrone und Pergola, im Sommer Stadtbusse zu den Stränden. Haltestellen am Bahnhof und am Piazzale Matteotti, www.adriabus.eu; Taxis u. a. am Bahnhof, Piazzale Matteotti, Piazza del Popolo.
- **Rossini Opera Festival:** im Juli/Aug., s. S. 69
- **Mostra Internazionale del Nuovo Cinema:** Ende Juni/Juli und Okt., www.pesarofilmfest.it

Parco Naturale Monte San Bartolo ✪ D/E1

Zwischen Pesaro und Gabicce Monte überraschen die Marken mit einer der schönsten Küstenlandschaften der italienischen Adria, die hier nicht von brettflachen breiten Stränden, sondern steil abfallenden Hügeln und nahezu naturbelassenen Badebuchten gesäumt wird. Weil die einst intensiv landwirtschaftlich genutzten Küstenhügel seit der Renaturierung der meisten Ackerflächen von üppiger Macchia und seltenen Pflan-

TOUR
Auf der ›Pano‹

Mit dem Drahtesel von Pesaro nach Gradara

Infos

D/E 1

Planung:
Die Rundtour bringt etwa 50 km auf den Tacho und braucht sicher einen Tag Zeit. Sonntags zwischen 6.30 und 12 Uhr ist die ›Pano‹ für den motorisierten Verkehr gesperrt!

Karte:
Empfehlenswert ist eine detailliertere Karte, die man z. B. auf www.piste-ciclabili.com herunterladen kann.

Wer in Pesaro absteigt, gute Kondition oder ein E-Bike hat, kann auf dem Drahtesel über die **Strada Panoramica Adriatica** nach Gabicce Monte und von dort gleich weiter zur Bilderbuchburg Gradara reiten.

Die ›Pano‹, wie die *locals* eine Tour über die Straße mit den fantastischen Aussichten auf die Adria nennen, ist abgesehen von sonnigen Wochenenden oder im August, wenn hier viele Autos und Motorradfahrer unterwegs sind, trotz nicht eigens abgetrennter Radspur recht entspannt. Sie ist über weite Strecken von Bäumen beschattet und im Spätfrühling, wenn der blühende Ginster die Küstenhänge gelb färbt, besonders schön.

Von Pesaros **Piazzale della Libertà** geht's über markierte Radwege der Bicipolitana Richtung **Hafen** und hinter demselben – immer gut ausgeschildert – steil, muskelzerrend und schweißtreibend auf besagte Strada Panoramica. In **Santa Marina Alta** auf 160 Höhenmetern genießt man das erste tolle Küstenpanorama, gibt's Picknickplatz, Bar und Restaurant.

Erholt und satt schraube man sich weiter hinauf zu den hübschen Dörfern **Fiorenzuola di Focara** (177 m) und **Casteldimezzo** (197 m), dann hinab nach **Gabicce Monte** (144 m) und **Gabicce Mare.** Dort fährt man in Richtung Rimini, um nach etwa 1 km auf dieser Straße rechts abzubiegen und auf abermals anstrengendem Wege die legendenumrankte Burg **Gradara** auf 142 Höhenmetern zu erklimmen. Zurück nach Pesaro radelt man wieder bergab auf der Straße nach Tavullia, von der man nach gut 4 km nach **Babbucce-Treponti** abzweigt. Dort hält man sich Richtung Pesaro, überquert am Ortsschild die **Brücke über den Foglia** und gelangt via Bicipolitana ins Zentrum und zurück zum **Piazzale della Libertà**.

zen bewachsen und einer artenreichen Zug- und Raubvogelschar bewohnt sind, avancierten sie 1994 zum »Regionalen Naturpark« mit atemberaubenden Aussichten aufs blaue Meer.

Natur und Kultur

Der Parco Naturale Monte San Bartolo ist auf seinen höchsten Punkt Monte San Bartolo (198 m) getauft, mit der **Strada Panoramica Adriatica** für den (am Sonntag von 6.30 bis 12 Uhr verbotenen) motorisierten Verkehr und einem Netz markierter (Rad-)Wanderwege erschlossen. Er hat nicht nur viel Natur, sondern auch allerhand Kultur zu bieten, wuchert mit bilderbuchreifen mittelalterlichen Burgdörfern, noblen historischen Sommerresidenzen und römischen Ruinen, integriert einen alten jüdischen Friedhof und ist nicht zuletzt kulinarisch interessant.

Der **Cimitero Ebraico** ist für diejenigen, die von Pesaro auf zwei oder vier Rädern auf die auch bei motorisierten Bikern überaus beliebte Strada Panoramica auffahren, den ersten Abstecher von derselben wert. Belegt seit 1695, bedeckt er gut 6000 m^2 lange verwilderter und vernachlässigter Fläche, bis das von etwa 150 Steinen und Stelen aus dem 17. bis 19. Jh. ›besiedelte‹ jüdische Gräberfeld zu Beginn unseres Jahrtausends aus Mitteln der Kulturstiftung der Pesareser Küchenfirma Scavolini restauriert wurde (Strada Panoramica 161, war bei Redaktionsschluss erneut ›in restauro‹, ansonsten Juni–Sept. Do 17–19 Uhr).

Noble Villen

Auch für die **Villa Caprile** (📍 E 1), die sich 1640 die wohlhabende Pesareser Adelsfamilie Mosca als Sommerfrische vor den Toren der Stadt erbauen ließ, lohnt es, vom Wege der Panoramapiste abzukommen. Das in der Beletage vom lokalen Barockmaler Cesare Begni (1579–1659) mit Fresken dekorierte und von den Nachfahren des Bauherrn Mitte des 18. Jh. erweiterte ›Wochenendhaus‹ hat einen terrassierten Garten mit Blumenbeeten, Obstbäumen und Wasserspielen. Heute ist es Sitz eines agrartechnischen Instituts und im Sommer sporadisch Kulisse von Kulturevents (Via Caprile 1, Juni–Sept. tgl. 15–19 Uhr, 5 € inkl. Führung 7 €).

Nicht weit entfernt imponiert, umgeben von einem Park, die 100 Jahre ältere **Villa Imperiale** (📍 E 1), für die Auftraggeber Alessandro Sforza keinen Geringeren als Kaiser Friedrich III. den Grundstein legen ließ (daher der Name!). Der von einem schlanken Wachturm überragte Renaissancepalazzo ist innen ebenfalls opulent freskiert und wurde gut ein Jahrhundert später im Auftrag von Francesco Maria I. della Rovere von Stararchitekt Girolamo Genga modifiziert. Die Villa, in der sich einst die VIPs der zeitgenössischen Kulturszene verlustierten, ist bis heute gelegentlich Location für exklusive Festivitäten. Sie gehört seit 1877 der blaublütigen Familie Albani, ist von uralten Oliven umgeben

An der Adriaküste leuchten Grün- und Blautöne in allen Schattierungen.

Das Meer ist nicht nur zum Baden da: Auch Surfer finden gute Spots vor der Küste des Parco Naturale Monte San Bartolo.

und ebenfalls nur im Sommer zu sehen (Strada dei Cipressi, www.villaimperialepesaro.com, Juni–Sept. Führung Mi 15.30–18.30, Sa 10–13 Uhr, Informationen und Reservierung bei Isairon, T 338 262 93 72, www.isairon.it, 15 €).

Idyllische Dörfer

Nächste Highlights an der Strecke sind zwei kleine Dörfer, die dereinst rund um mittelalterliche Burgen wuchsen und sich heute als architektonisch pittoreske Meeresbalkone mit ein paar netten Gasthäusern für die Rast empfehlen. In **Fiorenzuola di Focara** (D 1) sind noch das Eingangstor der von Erdbeben zerstörten Burg, Reste der mittelalterlichen Stadtmauer sowie die Chiesa Sant'Andrea aus dem 13. Jh. erhalten. In **Casteldimezzo** (D 1), der ›Burg in der Mitte‹, beeindruckt neben der guten Aussicht die um 1000 errichtete Chiesa di Sant'Apollinare e San Cristoforo.

Wer noch ältere Zivilisationsspuren lesen möchte, schert von Casteldimezzo knapp 3 km landeinwärts aus, um die archäologischen Ausgrabungen von **Colombarone** mit Haus- und Kirchenresten aus spätantiken und hochmittelalterlichen Tagen zu begutachten und über schöne alte Mosaiken zu staunen.
Strada San Cristoforo 136, Juni–Sept. Sa/So, Fei 10–13, 16.30–19.30, Okt.–Mai Sa/So, Fei 10–13 Uhr, 7 € bzw. Sammelticket

Schöne Aussichten

Bleibt man auf der Panoramastraße, lockt wiederum knapp 3 km hinter Casteldimezzo ein Sprung aufs ›Dach der Welt‹ *(il tetto del mondo)*. So jedenfalls heißt im Volksmund das aussichtsträchtige Hochplateau **La Montagnola,** das im späten Frühling schon von Weitem ginstergelb leuchtet. Auf den letzten Kilometern der Strada Panoramica Adriatica lohnt sich die steile Abfahrt zum alten Römer- und heutigen Touristenhafen **Vallugola,** bevor die aussichts- und erlebnisreiche Landpartie im Parco Naturale Monte San Bartolo in **Gabicce Monte** (D 1) ein auch gastronomisch attraktives Ende hat. Der kleine feine Ferienort mit fantastischem Meeresblick aus 150 m Höhe wuchs einst wie die beiden anderen Burgdörfer um ein inzwischen verschwundenes Castello. Er ist gleichsam die historische Keimzelle des erst seit den 1940er-Jahren entwickelten **Gabicce Mare** (D 1). Das wird wiederum dem bekannten Adriaküstenbild von breiten und brettflachen Stränden gerecht und geht quasi nahtlos ins romagnolische Cattolica über, wo sich weiter nordwärts das Epizentrum des italienischen Badetourismus anschließt.

Schlafen

Erste Wahl bei Tisch und Bett

Hotel Posillipo: Hinsichtlich Lage, Komfort und Aussicht ist das Posillipo das nobelste (Vier-Sterne-)Hotel im Küstenpark. Sein Restaurant wird wegen der frischen, feinen Fischgerichte – besonders überzeugend die *crudi,* roh belassene Fisch-, Weich- und Schalentiere – und der schönen Panoramaterrasse hoch geschätzt.

Via Dell'Orizzonte 1, Gabicce Monte, T 0541 95 33 73, www.hotelposillipo.com, €€, www.ristoranteposillipo.com, €€€, tgl. mittags, abends, Nov.–Mitte März geschl.

Lässig

Hotel Everest: Riccardo Badioli hat dieses kleine Hotel mitten in Gabicce Monte von den Eltern geerbt und die schlicht möblierten und gepflegten (Balkon-)Zimmer liebevoll und farbenfroh mit Mitbringseln von seinen Reisen dekoriert. In der Hotelbar werden Bier, Wein und Cocktails zum Meerblick serviert und am Wochenende wird auf Vorbestellung recht passabel gekocht.

Via E. Filiberto 2, T 0541 95 34 34, www.hotel-everest.com, €, April–Sept.

Erholsamer Retrocharme

Camping Paradiso und Camping Panorama: Der Familien-Campingplatz Paradiso liegt im Schatten überm Meer, ist schlicht und einfach, hat den Charme früherer Tage und kommt garantiert ohne hochsommerliche Animation daher. Die wildromantischen Strände erreicht man in ca. 20 Min. auf etwas beschwerlichem Wege, wobei man sich auch im Pool erfrischen kann. Es gibt Restaurant, Bar, Minimarket und neben Stellplätzen für Zelt und Wohnwagen auch Holzbungalows und Mietzelte. Bushaltestellen mit Destination Pesaro oder Gabicce direkt vor dem Tor. Camping Panorama, seit 1962 und in dritter Generation familiengeführt, hat ein ähnliches Profil.

Paradiso: Via Rive del Faro 2, Casteldimezzo, von Pesaro aus 1 km hinter dem Ort, T 0721 20 85 79, www.campingparadiso.net, €, März–Sept.; **Panorama:** Strada Brisighella 7c, Fiorenzuola di Focara, T 0721 20 81 45, www.campingpanorama.it, April–Sept., €

Essen

Kult im Grünen

Osteria della Vigna: Die schlicht-rustikal möblierte Osteria ist seit Jahrzehnten Kult. Auch wenn Besitzer und Namen inzwischen gewechselt haben (früher Osteria della Miseria), blieb man alten Traditionen treu. Das Lokal, gut 1 km entfernt von Gabicce Monte und von der Strada Panoramica anzufahren, kocht nach wie vor saisonal mit Fisch, Fleisch und viel Gemüse. Dazu gibt es guten Wein und regelmäßig Livemusik von Jazz über Rock und Blues bis hin zu *cantautori* (Liedermacher).

Gabicce Mare, Via dei Mandorli 2, T 339 783 26 23, www.osteriadellavigna.com, Do–So 19.30–24 Uhr, €€

Erfolgsgeschichte

Dalla Gioconda: Seit Sommer 2021 kocht der langjährige Sous-Chef des Modeneser Dreisternerestaurants La Francescana in dem umweltbewusst renovierten ehemaligen Tanzlokal aus den 1950er-Jahren. Davide di Fabio überzeugt mit seinen (hochpreisigen) Interpretationen der klassischen italienischen Küche. Er verwendet allerbeste Zutaten u. a. aus dem eigenen Garten und dem Meer, bekam dafür jüngst einen Michelin-Stern fürs Kochen und einen zweiten grünen fürs nachhaltige Wirtschaften.

Gabicce Monte, Via dell'Orizzonte 2, T 0541 96 22 95, www.dallagioconda.it, Mo, Di, Sa 12.30–14, 19.30–22, Fr 19.30–22, So 12.30–14 Uhr, €€€

Fischromantik

La Canonica: Wie die schon mittags geöffnete Taverna del Pescatore (www.tavernadelpescatore.it, Jan./Feb. geschl., Di Ruhetag, €€–€€) in der Nachbarschaft, in Sachen Fisch und Meeresfrüchte überaus versiert. Im Sommer 2023 hat dessen ehemalige Köchin Nassiba Leslous das Restaurant übernommen. Die (Küchen-)Chefin mit algerischen Wurzeln serviert italienische Meeresküche, das eine oder andere Gericht mit nordafrikanischem Touch.

Casteldimezzo, Via Borgata 20, T 0721 179 04 39, www.lacanonicacasteldimezzo.it, Di–So mittags u. abends, €€–€€

Mach mal Pause

Osteria Focara: Das Bar-Restaurant mit Dorfkneipenflair liegt direkt an der Strada Panoramica, hat eine nette baumbeschattete Terrasse (ohne Meerblick), die Durchreisende auf zwei oder vier Rädern geradezu magisch anzieht, zumal es die Wirte und Wirtinnen in Sachen Fisch und Meeresfrüchte auch kulinarisch draufhaben.

Piazza Dante Alighieri 10, Fiorenzuola di Focara, T 0721 20 83 96, Mi–Mo 8-22, Okt.–März erst ab 17 Uhr, Jan./Feb. geschl., €€–€€€

Bewegen

Weinprobe im Sonnenuntergang

Die Küstenhügel werden hier und da von akkurat gepflanzten Rebenreihen gekrönt. Die von der Meeresbrise gekühlten Weinberge gehören großflächig zur 1861 gegründeten **Fattoria Mancini,** die hier v. a. Pinot Noir und Sangiovese-Trauben kultiviert. Die Mancinis laden im Sommer zur Degustation ihrer guten Tropfen zum Aperitivo al Tramonto in den Weinberg Vigna di Rive ein. Im Winter kann man südlich von Pesaro in der **Vineria con Cucina** (Strada dei Colli 35/Eingang Via del Gabbiano, T 366 380 90 80, Okt.–Mai Do–Sa 18–22 Uhr) speisen und die Weine goutieren.

Strada delle Rive, 1,3 km südl. von Fiorenzuola an der Strada Panoramica, www.fattoriamancini.com, T 0721 518 28, Juni–Mitte Sept. Di–So 18–22 Uhr

Baden

Wer schwimmen will, findet im Parco San Bartolo Strände unterhalb von Fiorenzuola (Sand) und Casteldimezzo (Kiesel) sowie am Touristenhafen von Vallugola (Sand) und alternativ die badetouristisch erschlossenen Lidi von Gabicce Mare und Pesaro.

Rad, Rat und Tat

Via Panoramica: Radfahrer und E-Biker werden in Gabicce Monte mit Rad und Tat versorgt. Das sympathische Team verkauft und verleiht Räder und E-Bikes, bietet geführte Exkursionen und Reparaturservice oder einfach nur ein Tässchen Kaffee an.

Via E. Filiberto 3, T 39 32 00 47 24 36, www.viapanoramica.com, Mi–So 9–12, 16–19 Uhr, Juni–Aug. tgl.

Ausgehen

Römisch-gigantisch

Baia Imperiale: Diese Diskothek soll eine der zehn schönsten der Welt sein, entspre-

TOUR
Wildromantisch und naturbelassen

Spaziergang zum Dorfstrand von Fiorenzuola di Focara

Infos

D 1

Dauer: hin und zurück ca. 1 Std.

Orientierung: Der Weg ist von der Naturparkverwaltung (s. S. 80) als Sentiero 155a gelistet und wie alle anderen (Rad-) Wanderungen auf der jüngst zum Download bereitgestellten App San Bartolo Experience markiert und (interaktiv) kartografiert (www.parcosanbartolo.it)

Der **Parco Naturale Monte San Bartolo** ist auf markierten Wanderwegen gut zu Fuß zu erkunden, wozu es in der Regel keiner besonderen Trittfestigkeit und Kondition bedarf. Auf den Geschmack kommen kann man bei einem Spaziergang von **Fiorenzuola di Focara** zum Meer hinunter.

Wandeln am Steilküstensaum

Der Weg ist steil und das Ziel der Hausstrand des kleinen Dörfchens, der sich noch recht wild und ungestüm gibt und mit dem Gros der badetouristisch dicht erschlossenen Adriagestade kaum etwas gemein hat. Er führt über die sogenannte **Strada del Mare** zunächst durch einen in den 1960er-Jahren aufgeforsteten **Tannen- und Pinienwald.** Vorbei an Obstbäumen und verwilderten Weinreben, die an die einst intensive landwirtschaftliche Nutzung der Gegend erinnern, und mit herrlichen Aussichten auf die Steilküstenkante(n) geht es tief hinab zum Meer. Nach etwa 20 Minuten erreicht man einen meist von Schwemmholz übersäten und allenfalls von provisorischen Badehütten in Hippiemanier zivilisierten **Strand.** Dort erfreut ein Blick von unten auf die charakteristische Steilküstenvegetation aus Schilf und Ginster, tiefrot blühendem Süßklee, verschiedenen Kräutern, Hagebutten und Orchideen. Unter den Füßen entdeckt man seltene Sandpflanzen wie die zartrosa Blütenkelche der Sandwinde sowie vom Meer modellierte Kieselsteine, für die der Strand von Fiorenzuola di Focara berühmt ist.

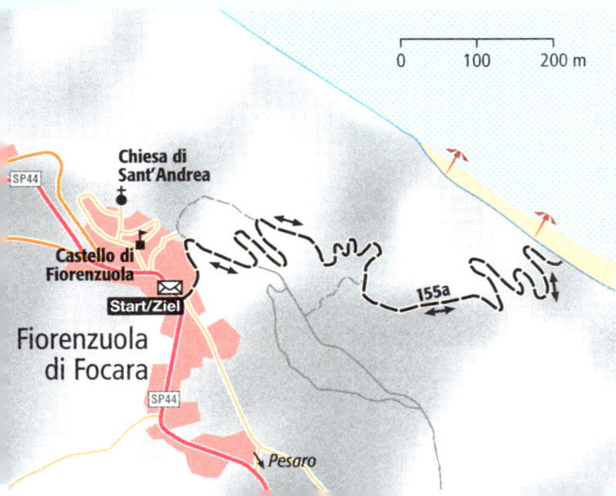

chend groß ist der Andrang der Tanzjünger. Ob die ganz im römischen Design gehaltene Partylocation einfach nur gigantisch oder monströs ist, sei der Einschätzung der Besucher überlassen. Innen gibt es mehrere Dancefloors, draußen Tanz- und Aussichtsterrassen und einen Pool.

Strada Panoramica 36, zw. Gabicce Mare und Gabicce Monte, T 320 491 69 73, www.baiaimperiale.net, im Sommer jedes Wochenende, sonst einmal im Monat, Silvester und Ostern, ab 22 Uhr, Eintritt ca. 50 €

Infos

- **Ente Parco Naturale Monte San Bartolo:** Viale Varsavia (an der südl. Parkgrenze am Strand Baia Flaminia in Pesaro), T 0721 26 84 26, www.parcosanbartolo.it. Die Parkverwaltung informiert in Print und online über (Rad-)Wanderwege, Kultur und Küche im Park und speist Aktualisierungen in ihre App San Bartolo Experience ein.
- **Verkehr:** www.adriabus.eu. Busverbindungen zwischen Pesaro und Gabicce, auch via die Strada Panoramica, Halt in den Dörfern und an den Campingplätzen.

Gradara

D1

Dekorativ auf einen Hügel drapiert, wirkt der Ort schon von Weitem wie eine Mittelalterkulisse aus Pappmaschee. Der Eindruck verfestigt sich, wenn man durch die Porta del Castello das fest ummauerte Dorf zu Füßen der Burg **Rocca di Gradara** betritt. Über die steile, von Bars und Souvenirshops flankierte Via Umberto I geht's geradewegs zum Objekt der massentouristischen Besichtigungsbegierde, das keineswegs aus noch von Pappe, sondern zwischen dem 12. bis 15. Jh. entstanden ist. Man staunt über hochherrschaftliche Gemächer und Folterkeller sowie die gigantischen Ausmaße der mit 17 zinnengekrönten Türmen und drei Zugbrücken gesicherten Burganlage, die angeblich ein Schauplatz schauriger Ereignisse war.

Rocca di Gradara: Piazza Alberta Porta Natale 1, T 0541 96 41 81, www.gradara.org, März–Sept. tgl. 9–19, Okt.–Feb. Mo 8.30–14, Di–So 9.30–18.30 Uhr, 8 €

Schaurig-schöne Geschichte(n)

In dem bilderbuchreifen Schloss soll sich im späten 13. Jh. die von Dante, Boccaccio und D'Annunzio literarisch erinnerte sowie von namhaften Malern illustrierte tragische Liebesgeschichte von Paolo Malatesta und Francesca da Polenta zugetragen haben. Der attraktive Blaublüter hatte in den 1270er-Jahren für seinen hüftlahmen Bruder Giovanni um die Hand besagter Francesca angehalten, worauf sich Schwager und Schwägerin in spe ineinander verliebten. Als sie auch nach der Eheschließung von Francesca und Giovanni nicht voneinander abließen und sie der gehörnte Gatte im Jahre 1284 bei ihrem Tête-à-Tête erwischte, brachte er die beiden um. Seit man in Gradara 1790 das nobel bekleidete Skelett einer weiblichen Leiche fand, wird kolportiert, dass der spektakuläre historische Eifersuchtsmord just hier verübt wurde. In dem Kastell, das von den Malatesta auf die Familie Sforza überging, wohnte in den 1490er-Jahren Giovanni Sforza nebst seiner berühmt-berüchtigten Gattin und Papsttochter Lucrezia Borgia, was sich als weiterer historischer Glücksfall für die touristische Vermarktung der Burg erweisen sollte.

Nachdem das Schloss, das bis zum 16. Jh. zum Herzogtum Urbino gehört hatte, lange verlassen und verwahrlost war, nahm sich 1920 der Mailänder Investor Umberto Zanvettori der halb verfallenen Gemäuer an. Er ließ sie nach seinem architektonischen Gutdünken in Schuss bringen und richtete sowohl Paolo und Francesca als auch Lucrezia Borgia postum ein eigenes Zimmer ein.

Fano

E2

Ass im Ärmel der drittgrößten Stadt der Marken (60 000 Einwohner) sind die aufgeräumten weißen Sandstrände vor den Toren eines ansehnlichen Centro storico, in dem sich der Geltungsdrang der alten Römer und späterer Stadtherrschaften manifestiert und geschäftig-geselliges Alltagsleben pulsiert. Sie gefällt mit dem unprätentiös sympathischen Kanalhafenquartier Porto Canale, sprüht vor hochsommerlicher Lebensfreude und ist eigentlich rund ums Jahr in Feierlaune. Dafür stehen Megaevents wie der Carnevale dell'Adriatico und das Historienspektakel Fano dei Cesari oder ein feuchtfröhliches Fischsuppenfestival zu Ehren des *brodetto.* Letzterer gilt als kulinarisches Highlight der kulturell ambitionierten Stadt, die auch ein Jazz- und Filmfestival auf dem jährlichen Festkalender hat.

Historische Kulissen

Fano dokumentiert sinnfälliger als jede andere Stadt der Marken die römische Vergangenheit der Region, die im **Museo della Via Flaminia** (s. S. 83) zu neuem virtuellem Leben erweckt wird. Das 49 v. Chr. erstmals erwähnte und wahrscheinlich schon lange zuvor gegründete Fanum Fortunae wurde in der Ägide von Kaiser Augustus im Jahre 9 n. Chr. mit einer Stadtmauer inklusive dem bis heute gut erhaltenen **Arco d'Augusto** bedacht. Der Triumphbogen war ursprünglich noch von einem Säulenaufbau gekrönt, der anno 1463 dem Ansturm der Truppen Federico da Montefeltros zum Opfer fiel.

Als sich der Herzog von Urbino der Stadt bemächtigte, hatte Fano schon ein aufregendes Mittelalter hinter sich. Es

Klar, dass es in der drittgrößten Stadt der Marken einiges zu sehen gibt. Am besten schnappt man sich ein Rad, damit kommt man nach der Sightseeingtour auch prima zum Baden an einen der tollen Strände.

> **NACKTE GÖTTIN**
>
> Die Frauenfigur auf Fanos **Fontana della Fortuna** wurde Anfang des 20. Jh. durch eine Kopie ersetzt. Das Original, das der Urbinater Bildhauer Donnino Ambrosi 1593 für einen 1576 errichteten achteckigen Brunnen im Stil der Renaissance geschaffen hatte, steht im Stadtmuseum. Weil die Statua della Fortuna wegen ihrer Nacktheit Anstoß erregte, verbannte man die römische Schicksalsgöttin zuerst in eine Mauernische des Palazzo del Podestà. Erst seit 1611 ziert sie ganz frank und frei (stehend) den alten und ab 1699 den neuen Brunnen in üppigem Barockdekor.

wurde anno 538 größtenteils von den Goten zerstört, von den Byzantinern revitalisiert und vom Kirchenstaat absorbiert, emanzipierte sich im 12. Jh. als freie Stadt und erlebte schon 1140 die erste Renovierung der **Cattedrale.** Die steht an der zentralen **Piazza XX Settembre,** die bis 1299 auch noch mit dem **Palazzo del Podestà** bebaut worden war. Nachdem die Stadt die Konkurrenzkämpfe der Familien Cassero und Corignano erlitten hatte, freute sich 1357 als dritte die berühmt-berüchtigte Sippe der Malatesta, die die römische Stadtmauer flicken und um die **Mura Malatestiana** erweitern ließ. Die feinen Herrschaften aus Rimini leisteten sich die **Rocca Malatestiana** (Piazzale Malatesta, Di–Fr 9–12, 15–24, Sa, So, Fei 18–24 Uhr, Eintritt frei) und den **Palazzo Malatestiano** nebst **Corte Malatestiana,** in dem heute das **Museo del Palazzo Malatestiano** (s. S. 83) residiert. Einige von ihnen ruhen in den **Tombe dei Malatesta** (Via San Francesco d'Assisi 76): Die drei Sarkophage stehen seit 1659 vor der inzwischen dachlosen Kirche San Francesco und enthalten die sterblichen Überreste von Pandolfo III Malatesta und dessen erster Ehefrau Paola Bianca sowie eines gewissen Bonetto da Castelfranco.

Jüngere Stadtentwicklung

Letzterer war der Leibarzt des Rimineser Renaissancefürsten Sigismondo Malatesta, der das Zepter wie eingangs schon angedeutet 1463 unfreiwillig an seinen Konkurrenten Federico da Montefeltro weitergab. Fortan teilte die Stadt Fano, wo seit dem ausgehenden 16. Jh. die **Fontana della Fortuna** die Piazza XX Settembre dekorierte und im 17. Jh. die Kirche **San Pietro in Valle** (Via Nolfi, bis auf Weiteres wegen Instandsetzung geschl.) und ein neuer Brunnen ihre üppig barocke Gestalt angenommen hatten, das Schicksal des Herzogtums Urbino.

Mit dessen Reintegration in den Kirchenstaat im Jahre 1631 ging auch in Fano eine städtebauliche Stagnation einher, bis am Vorabend der italienischen Nationalstaatsbildung im mittelalterlichen Rathaus das nagelneue **Teatro della Fortuna** (Piazza XX Settembre 1, www.teatrodellafortuna.it) die schon Jahrhunderte zuvor begründete Theatertradition des Ortes fortschrieb. In dem innen neoklassizistischen Musentempel erhebt sich seit 1863 der Vorhang und wird heutzutage ein spartenübergreifendes Bühnenprogramm präsentiert.

In ökonomischer Hinsicht profilierte sich Fano bis zu den 1960er-Jahren mit Landwirtschaft und Fischfang, um seit den 1970er-Jahren als Paradebeispiel für das sogenannte Marchigianische Modell zu brillieren, mit dem die späte und quasi aus dem Stand erfolgreiche Industrialisierung mittels zahlreicher Mittel- und Kleinbetriebe gemeint ist. In Fano florierte als wichtigste Branche der inzwischen ebenfalls krisengeschüttelte Schiffsbau und natürlich der Tourismus, der die mit etlichen Hotelriegeln, Campingplätzen und Schönwetterlokalen besiedelten und nur als solche erwähnenswerten Badevororte **Torrette** und **Marotta** hervorbrachte.

Museen

Zeitmaschine

Museo della Via Flaminia: Wer sich trotz des gut erhaltenen römischen Monuments nicht vorstellen kann, wie es drum herum einmal ausgesehen hat, kann einen Katzensprung vom Arco d'Augusto entfernt in der entweihten Kirche San Michele auf eine virtuelle Reise in die Antike gehen. Dank modernster Digitaltechnik fährt man mittels Touchscreen über die Via Flaminia, die Rom mit der Adria verband und in Fano auf die Küste traf. Die plastische Vorstellung vom Leben in römischen Tagen hilft dabei, die Vergangenheit in der Gegenwart (wieder-)zuerkennen und zeigt vielleicht auch Geschichtsbanausen, dass das durchaus (Entdecker-)Freude machen kann.

Via Arco d'Augusto, Ex Chiesa San Michele, Juni–Sept. Fr 17–20, Sa/So, Fei 10–12, 17–20, Okt.–Mai Fr 15.30–18.30, Sa/So, Fei 10–12, 15.30–18.30 Uhr, 4 €

Himmel und Erde

Museo del Palazzo Malatestiano: Das demnächst konzeptionell neu aufgestellte und räumlich erweiterte Stadtmuseum, das künftig auch ein Forum für zeitgenössische Kunst und Kultur sein will, widmet sich bis dato Archäologie und Malerei. Die archäologischen Exponate spannen den Bogen vom 8. vor- bis zum 5. nachchristlichen Jahrhundert. Dabei ist die römischen Epoche besonders (abwechslungs-)reich ›illustriert‹. Zu sehen sind Schmuck- und Gebrauchsgegenstände, Glas- und Keramikobjekte, Mauerfragmente, Münzen und Mosaiken wie das berühmte Panthermosaik, kleine Skulpturen und große Statuen, darunter etwa eine armlose von Kaiser Claudius. Die Pinakothek versammelt Kunst aus dem 15. bis 20. Jh., vornehmlich sakraler Provenienz. Sie zeigt hochkarätige Gemälde aus mehreren Faneser Kirchen, darunter Originale von Guerrieri, Viviani, Ceccarini und Magini.

Piazza XX Settembre 4, Juni–Sept. Di, Do 9–13, 17–20, Mi 9–13, Sa 9–13, 17–20, So 10.30–12.30, 17–20, Okt.–Mai genauso nur Sa 9–13, 15–19, So 10.30–12.30, 15–19 Uhr, 8 €

Galeriekirche

Pinacoteca San Domenico: Seit die reich freskierte, urprünglich gotische und später barockisierte Kirche aus Mitteln der Sparkassenstiftung renoviert wurde, fungiert sie als Gemäldegalerie für sakrale Kunst des 17. Jh. Das Juwel in der Kollektion aus etwa 40 Gemälden und Skulpturen ist ein Altarbild von Guercino (1641).

Via Arco d'Augusto, www.fondazionecarifano.it, Sa/So 16.30–19.30 Uhr, Eintritt frei

Schlafen

Fano und seine Badevororte Torrette und Marotta haben knapp 100 Hotels mit Ein- bis Vier-Sterne-Standard zu bieten, die fast alle am Meer liegen. Die Campingplätze (inklusive der Plätze in Torrette und Marotta ganze elf!) reihen sich südlich der Stadt auf.

Nett und nobel

Palazzo Rotati: Der Palazzo Rotati aus dem 17. Jh. mit schönem Innenhof und Garten bietet mitten in Fanos attraktivem Centro storico modernen Komfort mit historischem Flair. Den genießt man wahlweise in Suiten mit Frühstück (auf dem Zimmer) oder in Wohnungen zur Selbstversorgung.

Via Nolfi 49, T 0721 80 38 02, www.palazzorotati.com, €€–€€€

Komfort und gute Küche

Elisabeth Due: Das modern eingerichtete Vier-Sterne-Domizil beherbergt das auch von externen Gästen hoch geschätzte Restaurant **Il Galeone,** das in Sachen maritime Küche top ist (Di–Sa mittags u. abends, So nur mittags). Es liegt an der zentralen Strandpiazza vor der weißsandigen Spiaggia Lido und ist hochsaisonal laut.

Piazzale Amendola 2, T 0721 82 31 46, www.hotelelisabethdue.it, €€ bzw. €€–€€ (Rest.)

Alte Heimat

Augustus: Das im dezent antiken Stil möblierte Vier-Sterne-Haus versprüht locker-luxuriöses Flair. Das gilt sowohl für die Zimmer als auch für sein vornehmlich mit frischem Fisch bekochtes Restaurant namens **Casa Orazi** (Spezialität: *brodetto!),* das auf die Hoteliersfamilie getauft ist, die vor der Rückkehr in die alte Heimat ein Restaurant im Ruhrgebiet (Hattingen) hatte.

Via Puccini 2, T 0721 80 97 81, www.hotelaugustus.it, €–€€ bzw. €€–€€€ (Rest.)

Modern und mittendrin

Astoria: Solider Drei-Sterne-Komfort in Strandlage an der Spiaggia Lido und Nachbarschaft zum netten Kanalhafenviertel Porto Canale.

Viale Cairoli 86/Spiaggia Lido, T 0721 80 00 77, www.hotelastoriafano.it, April– Sept., €€

Freundlich und familiär

Angela: Das von der Familie Verni herzlich bewirtschaftete Hotel offeriert passable Zimmer und gute Küche am feinkieseligen Strandabschnitt Spiaggia Sassonia. Es ist das ›Mutterhaus‹ einer kleinen Familienkette, zu der auch zwei ebenfalls am Strand platzierte Drei-Sterne-Häuser gehören.

Viale Adriatico 13, T 0721 80 12 39, www.hotelangela.it, €–€€; Beaurivage: Viale Adriatico 124, www.hotelbeaurivagefano.it; Excelsior: Viale Simonetti 57, www.hotelexcelsiorfano.it

Essen

Psst, ›geheim‹!

La Quinta: Hinter einer unscheinbaren Haustür überrascht eine wegen ihrer recht guten und (preis-)günstigen Fischgerichte stets fröhlich belebte Trattoria mit freundlicher Gartenterrasse.

Viale Adriatico 42, T 0721 80 80 43, www.trattorialaquinta.it, Mo, Mi, So 12.30–14.30, Do–Sa auch 19.30–22 Uhr, €€

Frischer Wind

Ristorante al Mare: Der kontemporär gestylte und innen wie außen ganz in Weiß gehaltene Gourmettempel liegt nah am Meer, trägt die kulinarische Handschrift des in Deutschland aufgewachsenen sizilianischen Migrantensohnes Antonio Scarantino, der bei großen Chefs in Italien, Deutschland und Frankreich gelernt und in Sachen Meeresküche viel Köstlich-Kreatives in petto hat. Gleich nebenan kann man im La Tressa by AlMare preisgünstigere Kostproben aus seiner Küche bestellen.

Via Ruggero Ruggeri 2, T 0721 96 97 27, www.ristorantealmare.it, Di–Sa 12.30–14, 19.30–22, So 12.30–14 Uhr, €€€; La Tressa by AlMare: Via degli Schiavoni, T 0721 194 0085, www.latressa.it, Di–Sa 19.30–22, So 12.30–14 Uhr, €€

Erfolgsgeschichte

Al Pesce Azzurro: Das zeitgemäß gestylte Selfservice-Lokal wird von April bis Oktober tgl. und sonst an Wochenenden von einer Fischerkooperative passabel und preisgünstig bekocht. Es wurde in Fano gegründet und ist inzwischen mit mehreren Filialen an die marchigianische und romagnolische Adriaküste ausgeschwärmt.

Viale Adriatico 52, T 0721 80 31 65, www.pesceazzurro.com, Di–So 12–14, 19.30–22 Uhr, €

Erste Pizzaadresse

Bella Napoli: Das Lokal zwischen Altstadt und Meer ist in Sachen Pizza top.

Piazza Rosselli 7, T 0721 80 00 35, tgl. 12–14.30, 19–23 Uhr, €

Feiner Fisch

Il Galeone und Casa Orazi: s. links

Natürlicher Eisgenuss

Puro e Bio: Im Bootsdesign gestaltete Eisdiele der gleichnamigen Kette, in der (auch veganes) Eis aus natürlichen Zutaten in die Tüte bzw. den Becher kommt.

Via Nazzario Sauro 10, www.puroebio.it, 11–24 Uhr

Einkaufen

Shops und Märkte

Eine potenzielle Shoppingtour führt über die **Via Arco d'Augusto** oder den **Corso Giacomo Matteotti.** Einen netten Fisch- und Lebensmittelmarkt gibt's an der frisch herausgeputzten Piazza Andrea Costa (Mo–Sa 7–13 Uhr), einen Gemischtwarenmarkt an der Piazza XX Settembre/Corso Giacomo Matteotti (Mi/Sa).

Schmuck von Welt

Lunante: Paolo Gambarelli, geboren 1964 in Fano, eigentlich Architekt, folgte erst 2018 seinem inneren kreativen Ruf zum Schmuckdesigner. Seither entwirft er minimalistisch gehaltene, geometrisch geformte Ringe, Ketten und Armbänder aus Silber, Bronze, (vergoldetem) Messing, Platin und Palladium. Er zeigt und verkauft sie auf internationalen Messen und in seinem Laden in der Altstadt von Fano. Der heißt Lunante, zu deutsch extravangant, mondän, von Welt …

Via Garibaldi 18, www.lunante.it

Bewegen

Baden, Radeln und Wandern

Zum Baden geht man direkt an die badetouristisch voll erschlossenen Stadtstrände **Lido** (Sand) und **Sassonia** (Kiesel) oder die ›wilden‹ Strände **Lido Arzilla** und **Baia Metauro** nördlich bzw. südlich der o. g. Man kann gut am Meer entlang nach Pesaro radeln und weiter in den **Parco Monte San Bartolo** fahren, wo man auch gut wandern kann (s. S. 73).

Ausgehen

Dolce Vita

Während die Hochkultur mit dem **Teatro della Fortuna** (s. S. 71) im Hochsommer Pause macht, tobt das Nachtleben in den Bars und Cocktaillounges entlang der Strände. Das ganze Jahr über beliebte Ausgehadressen sind das hübsche **Caffè del Porto,** wo u. a. der Klassiker Moretta di Fano, ein Kaffee mit einem Schuss Brandy, Rum und Anis und einer Zitronenscheibe obenauf, serviert wird (Via Nazario Sauro 270, www.caffedelporto.it, tgl. 6–23 Uhr). Im **Green Pub** fühlen sich Biertrinker besonders wohl (Via Mura Malatestiana Do–Di 18–2 Uhr) und in den Lokalen rund um die Piazza XX Settembre, z. B. in der Cocktail- und Bierbar Bardàn (Nr. 28, tgl. außer Di ab 17 Uhr), geht's von der blauen Stunde bis in die Nacht hoch her.

Feiern

- **Carnevale dell'Adriatico:** Feb., www.carnevaledifano.com. Farbenprächtige Wagenparade.
- **Jazz by the Sea:** Juni/Juli, https://fanojazzbythesea.com. Jazzfestival.
- **Fanum Fortunae – Fano dei Cesari:** www.fanumfortunae.eu. (Römisches) Historienspektakel im Juli oder Aug., bei dem man mit großem Kostüm- und Requisitenaufwand die Vergangenheit inszeniert und ein kulturell ambitioniertes Begleitprogramm über Fanos große antike Tage informiert (3–8 € Eintritt).
- **Fano International Filmfestival:** Okt., www.fanofilmfestival.it. Autorenkino mit internationaler Beteiligung.
- **Festivale Internazionale del Brodetto e delle Zuppe di Pesce:** www.brodettofest.com. Im Mai/Juni und September er-

freuen Fischfressgelage am Lungomare. Im Mittelpunkt steht Fanos Spezialität *brodetto.*

Infos

- **IAT:** Viale Battisti 10, T 0721 88 76 17, https://visitfano.info
- **Verkehr:** Der Bahnhof, von dem regelmäßig Züge nach Rimini und Ancona fahren, liegt zentral zwischen den Stränden und der Altstadt. Busverbindungen gibt es nach Pesaro, Fabriano, Torrette und Marotta.

Eremo di Monte Giove

E2

Von Fano auf die Via Flaminia aufgefahren, ist das landschaftlich gut situierte und spirituell berührende Eremo di Monte Giove den ersten Abstecher von der alten Römerpiste wert.

Innere Einkehr

Dass die Kamaldulenserabtei, im ersten Drittel des 17. Jh. erbaut und 1743 um die aktuelle Kirche erweitert, auf einen heidnisch-römischen Gott getauft ist, verdankt sie ihrer Lage. Der Ort, wo anno Tobak einmal ein Tempel zu Ehren Jupiters gestanden haben soll, hat jedenfalls viel Ausstrahlung und animiert zu innerer Einkehr, in der man sich hier auch für mehrere Tage in Gemeinschaft mit den frommen Hausherren üben kann. Wer sich auf den von Gebeten strukturierten Tagesablauf der Mönche einlassen will, ist willkommen. In der **Farmacia Antica** (Do–Sa 10–12, 15–18, So 11–12, 15–18 Uhr) gibt es Informationen und Hochprozentiges aus eigener Produktion.

Loc. Rosciano 90, T 0721 86 40 90, www.eremomontegiove.it, Do–So 10–12, 15–18 Uhr

Cartoceto und Umgebung

E2

Die Oliven- und Weinhochburg Cartoceto liegt in einer lieblichen mediterranen Hügellandschaft, die mit Olivenhainen und Weinstöcken bepflanzt und kleinen mittelalterlichen Ortskernen und Landhäusern bebaut ist (s. Tour S. 88), darunter eine noble Villa aus dem 16. Jh. mit dem **Museo del Balì.** Das elegante Anwesen auf den Hügeln zwischen Saltara und Cartoceto gehörte einst der Adelsfamilie Negusanti, die hier bereits im 18. Jh. astronomische Studien betrieb. Dieser Tradition folgend lädt hier heute ein interaktives Wissenschaftsmuseum vornehmlich Kinder und Jugendliche zum Experimentieren mit physikalischen Phänomenen und ein Planetarium direkt nebenan zum Blick in die Sterne ein. Saltara ist übrigens seit 2017 nicht mehr selbstständig, sondern ging zusammen mit Serrungarina und Montemaggiore in einer neu gegründeten Gemeinde namens Colli al Metauro auf.

Via San Martino 10, T 0721 89 23 90, www.museodelbali.it, Öffnungszeiten s. Website, 12 €

Schlafen

Mittelalter reloaded

Casa Oliva: In Serrungarinas Ortsteil Bargni führt der kleine mittelalterliche Weiler ein neues Leben als Albergo Diffuso mit Zimmern, Apartments, Pool, Wellnesscenter und Restaurant.

Via Castello 19, Bargni di Serrungarina, T 0721 87 12 39, 349 622 90 09, www.casaoliva.it, €€

Mitten in Cartoceto

Villa Cartoceto: Klassisch elegant möblierte Zimmer in einem sensibel renovier-

ten historischen Palazzo mit einladender (Frühstücks-)Terrasse im Centro storico.
Via Umberto I 11, T 327 102 90 41, www.villacartoceto.eu, €€

Agriturismo mit Biosiegel

La Locanda del Gelso: Historisches Bauernhaus mit Pool in Cartocetos grünem Ortsteil Lucrezia mit rustikal möblierten Zimmern und gutem und gesundem Essen mit Zutaten von der eigenen, biologisch bewirtschafteten Scholle.
Cartoceto, Via Morola 12, T 0721 87 70 20, T 348 377 21 35, www.lalocandadelgelso.it, €

Essen

Ausgesuchte Tischnachbarn

Locanda 30 Posti: Das liebevoll restaurierte und möblierte Keller- bzw. Grottenlokal im Ortskern von Cartoceto hat – wie der Name sagt – nur 30 Plätze und einen hervorragenden kulinarischen Ruf.
Via G. Rossini 8, T 389 602 96 07, Do–So 19.30–23.30, So auch 12.30–14.30 Uhr, €€

Gutes Öl, gute Küche

Osteria Frantoio del Trionfo: In der Osteria in Cartocetos gleichnamiger Ölmühle wird auch sehr lecker gekocht.
Via San Martino 9, T 0721 89 30 50, www.frantoiodeltrionfo.it, Do/Sa 19.30–22, So 12.45–14.30, 19.30–22 Uhr, €€

Beliebt und gemütlich

Antica Osteria Da Gustin: Osteria vor den Toren der Casa Oliva (s. S. 86), in der man in freundlicher Atmosphäre auf traditionelle kulinarische Weise speisen und danach gleich vor Ort in gemütlichen Zimmern ins Bett sinken kann (€€).
Bargni di Serrungarina, Via Castello 27, T 0721 89 15 17, T 333 997 97 09, www.dagustin.it, €€

Unbedingt!

Gastronomia Beltrami: s. S. 89

W

WER SORGEN HAT, ...

.. hat auch Likör und tröstet sich in und um Cartoceto natürlich mit einem guten Tröpfchen aus Oliven. Es heißt **Liquor d'Ulivi,** schmeckt als Digestif, verfeinert Cocktails und Süßspeisen und wird von Giuliano Berloni aus Serrungarina destilliert (Loc. Tavernelle di Serrungarina, Via San Francesco 19, www.liquordulivi.it).

Frische Saisonküche

Osteria del Cardinale: In dem historischen Palazzo, in dem einst ein Kardinal logierte, verwandelt die gebürtige Österreicherin Eva-Maria Walch Fleisch, Fisch und Gemüse aus der Umgebung in kreative Neuinterpretationen der traditionellen Saisonküche. Im stimmungsvollen Tuffsteinkeller lagert bester Wein.

Eine feine Nase für gute Produkte beweisen die Betreiber der Gastronomia Beltrami.

TOUR
Mit allen Sinnen besichtigen

Entdeckungen im Oliven- und Weindorado Cartoceto

Infos

E 2

Dauer: mit Degustation und Spaziergang ein halber Tag

Essen/Einkaufen Gastronomia Beltrami: Cartoceto, Via Umberto I 21–23, Do–Sa 9.30–13, 16.30–19.30 Uhr; **Covo dei Briganti:** Via Morcia 1, Loc. Ripalta, beide: www.gastronomiabeltrami.it

Hier wird bestes Olivenöl gepresst, Wein von höchster Qualität gekeltert, werden Artischocken geerntet, reift Schafskäse in Erdhöhlen, verströmen die ›Engelsbirnen‹ von Serrungarina ihr himmlisches Aroma und blüht die Fantasie von Koch Lucio Pompili und der Künstlerin Gesine Arps.

Cartocetos Lebenselexier

Die ca. 8000 Einwohner von **Cartoceto** leben im architektonisch und atmosphärisch ansprechenden Centro storico und den bäuerlichen Siedlungen **Lucrezia** und **Ripalta.** Im alten Ortskern, in dem dichte Häuserreihen unterhalb der zentralen Piazza Garibaldi an einem Hang über lieblichen wein- und olivengrünen Hügeln kleben, erfährt man, dass Wohl und Wehe von Cartoceto schon seit dem 13. Jh. mit Oliven verbunden sind. Schon im 16. Jh. gab es hier sieben Ölmühlen, im Obergeschoss einer solchen an der Piazza Marconi seit dem frühen 18. Jh. sogar das hübsche kleine **Teatro del Trionfo,** das erst 1801 seine aktuelle Gestalt annahm. Nachdem es 1916 von einem Erdbeben beschädigt und 1919 repariert worden war, reüssierten hier namhafte Künstler wie z. B. die Operndiva Renata Tebaldi (1922–2004). Nach dem Zweiten Weltkrieg ›Mehrzweckhalle‹ und Kino und dann jahrelang verwahrlost, ist es nun restauriert und wird abwechslungsreich bespielt.

Cartocetos Lebenselexier ist von zartgrüner Farbe und im Geschmack fruchtig und wird unter dem Gütesiegel L'Olio Cartoceto DOP (Denominazione d'Origine Protteta) in Cartoceto selbst und den Dörfern drum herum kalt und *extra vergine* gepresst. Der prominenteste ›Ölbaron‹ der Gegenwart heißt Vittorio Beltrami und betreibt die Ölmühle **Frantoio della Rocca.** Doch er kennt sich nicht nur mit Öl, sondern auch mit dem in Erdhöhlen gereiften

Formaggio di Fossa bestens aus und bewirtschaftet mit seiner Familie die **Azienda Agricola Covo dei Briganti,** wo er Schafe und Ziegen züchtet und viele andere Käsesorten mit Wald- und Wiesenkräutern aromatisiert. Auf dem Hof wird zudem Wurst gemacht, Obst und Gemüse zu Marmelade eingekocht und in Öl oder Essig eingelegt. Man verkostet und kauft die Köstlichkeiten in der **Gastronomia Beltrami,** die von strengem Käsegeruch, gemischt mit frischen Kräuter- und Fruchtaromen, erfüllt ist. An ein paar Tischen im Vorgarten servieren Vittorios Ehefrau Elide und Tochter Cristiana kalte Platten und meist auch etwas Warmes und das charismatische Familienoberhaupt setzt sich gern zum Plaudern und Philosophieren zu den Gästen an den Tisch. Dazu gibt's natürlich ein Glas lokalen Wein, den man hier auch direkt beim Winzer probieren kann.

Von hier kommt das aromatische Lebenselexier: Olivenhain bei Cartoceto.

Winzer, Koch und Künstlerin

Unter den lokalen Herren der Reben tun sich Galiardi und Lucarelli durch besondere Qualität hervor. Sie keltern Weißweine aus der Bianchello- und Rotweine aus der Sangiovese-Traube, die unter Bianchello del Metauro bzw. Colli Pesaresi firmieren, haben obendrein Spumante, Prosecco und Grappa sowie Olivenöl im Sortiment. Giordano **Galiardi** setzt seit den 2000er-Jahren auf Bioweine. Roberto **Lucarelli** ist seit 1998 im inzwischen international erfolgreichen Geschäft und lädt zur Degustation auf sein **Weingut in Ripalta,** von wo der Blick über die wein- und olivengrünen Hügel bis zur Adria schweift.

Aromen, Geschmacksrichtungen, Zutaten – die Küche vom ehemaligen Sternekoch Lucio Pompili ist eine kulinarische Huldigung an die landwirtschaftlichen Erzeugnisse von Cartoceto. Sein Restaurant wird derzeit nur noch als Eventlocation bekocht (www.symposiumeventi.com), ansonsten inszeniert sich Pompili, der inzwischen auch in Wein, namentlich den Sangiovese Greppo di Sotto, macht, als ›Nomadenkoch‹. Ein visueller Sinnesgenuss sind die in ganz Europa exponierten Werke der deutschen Malerin Gesine Arps, die seit 1984 zeitweise in Cartoceto lebt und sich von den Früchten und Farben der Marken inspirieren lässt (www.gesinearps.com).

Wein, Sekt, Grappa und Öl
Giordano Galiardi: Colli al Metauro, Loc. Tagliata, Via Mombarroccese, www.galiardi.it;
Roberto Lucarelli: Via Piana 20, Loc. Ripalta, www.roberto-lucarelli.com, Mo–Sa 8–12.30, 15–19 Uhr

Olivenöl
Frantoio della Rocca: Via Cardinal Pandolfi 1, Cartoceto, www.gastronomiabeltrami.it;
Frantoio del Trionfo: s. S. 87
Olio Alessandri: Via Ripe 6, www.olioalessandri.it

Cartoceto, Via Umberto I 12, T 380 202 59 20, www.osteriadelcardinale.com, Öffnungszeiten s. Website, €€

Infos

- **Pro Loco Cartoceto:** Piazza Garibaldi 1, www.prolococartoceto.com, Di–Sa 9–13 Uhr

Fossombrone

D2

Das kleinstädtische Leben pulsiert auf dem Corso Garibaldi, der von imposanten *palazzi nobili* und zu beiden Seiten von Arkadengängen gesäumt ist, sodass man die Läden und Lokale darunter stets trockenen Fußes erreicht. Die Flaniermeile wird am Abend bisweilen effektvoll illuminiert und quert ein recht ansehnliches Centro storico inklusive einiger bemerkenswerter Monumente und Museen. Schade ist, dass Letztere nur nach Vorsprechen bzw. telefonischer oder schriftlicher Anmeldung beim Touristenbüro IAT und in Begleitung von deren Personal zu besichtigen sind (s. Infos, S. 92).

Sightseeing im Centro storico

An einem Ende des Corso Garibaldi erhebt sich an der Piazza Mazzini die **Cattedrale** (17. Jh.), am anderen die inzwischen für Konzerte und Ausstellungen genutzte, üppig barocke **Chiesa di San Filippo** (Corso Garibaldi 140, Öffnungszeiten s. S. 92). Beide Gotteshäuser hüten wertvolle Gemälde, z. B. Originale von Guerrieri (1589–1657), die in Nachbarschaft von Werken von Barocci (1528–1612) und Ceccarini (1703–83) auch in der **Pinacoteca A. Vernarecci** zu sehen sind. Die Gemäl-

›Riesentöpfe‹ – so die deutsche Übersetzung des italienischen Namens der Schlucht Marmitte dei Giganti. Durch das flaschengrüne Wasser kann man übrigens auch im Kajak paddeln.

degalerie residiert in einem Gebäude namens **Corte Alta** (Via del Verziere 4, Öffnungszeiten s. S. 92), womit ein unter Federico da Montefeltro im Stil der Renaissance umgebauter Herzogspalast aus der Ägide der Malatesta gemeint ist.

Im selben Haus ›lagern‹ im **Museo Civico** allerlei antike Schätze, Statuen und Mauerfragmente, Sarkophage und Grabbeigaben, Alltagsobjekte und Amphoren, die man mehrheitlich auf dem **Forum Sempronii** im Ortsteil San Martino del Piano zutage gefördert hat. Bevor es in den archäologischen Park am Stadtrand geht, noch der Hinweis auf die **Casa Museo – Quadreria Cesarini,** untergebracht in einem Palazzo aus dem 16. Jh. und im Stil der 1930er-Jahre möbliert. Im ehemaligen Domizil des edlen Spenders zeigt die Stadt eine stattliche Sammlung von Gemälden und Skulpturen, die sie von Giuseppe Cesarini (1896–1977) geschenkt bekam. Zur Kollektion gehören Werke des einheimischen Malers Anselmo Bucci (1887–1955) und anderer Künstler des 20. Jh., darunter Giorgio Morandi, Francesco Messina, Achille Funi und Marino Marini (Via Pergamino 24, Öffnungszeiten s. S. 92).

Attraktionen am Stadtrand

Im **Parco Archeologico di Forum Sempronii** (Loc. San Martino di Piano, Öffnungszeiten s. S. 92) am nordöstlichen Stadtrand, wo Straßenfragmente der authentischen Via Flaminia und ein mosaikengeschmücktes Thermalbad freigelegt wurden, begann zwischen 133 und 126 v. Chr. die Geschichte von Fossombrone.

Das Städtchen hat aber auch Naturmonumentales auf Lager: Die von Grotten unterhöhlte, 30 m tiefe Felsenschlucht namens **Marmitte dei Giganti** kann man von der Ponte dei Saltelli, die sich an der südlichen Peripherie (San Lazarro) über den Metauro spannt, ins Visier nehmen und auch auf Kajak oder Kanu bezwingen (www.marmittedeigigantiincanoa.it).

Schlafen

Al es bio, alles buono

Casal San Sergio: Das von Sonnen- und Windenergie versorgte und einem biologischen Restaurant bekochte historische Landhaus mit Gästezimmern und -apartments, Pool und kostenlosem Radverleih macht die meisten Gäste urlaubsglücklich.

Via San Sergio 11, T 340 879 31 30 (Zimmer), 0721 72 74 13 (Rest.), www.casalsansergio.it, €€

Essen

Aufgefrischte Traditionen

Osteria Zanchetti: Das mit geschickt ausgesuchten Materialien im Stil der 1920er-Jahre gestaltete Innere toppt der stimmungsvolle Innenhof noch. Das außergewöhnliche Lokal überzeugt aber v. a. durch seine mit Bioprodukten zubereiteten Gerichte. Die schmecken nach alten kulinarischen Traditionen und den frischen Ideen von Wirt Luca Zanchetti, der sein Handwerk bei den besten Köchen gelernt hat.

Via Cesare Battisti 1, T 0721 186 26 88, www.osteriazanchetti.it, Mo–Di, Do–So 12.15–13.30, 19.30–21.30 Uhr, €€–€€€

Pizza bis in die Nacht

La Grotta: In den gemütlichen Gewölben hinter den Arkaden der Hauptflaniermeile wird leckere Pizza gebacken.

Corso Garibaldi 73, T 0721 71 47 53, Do–Di 18.30–24 Uhr

Lecker und preisgünstig

Mancinelli: Passable Fleisch- und Gemüsegerichte, ebensolche Pizza – im Kreise von Einheimischen in unprätentiös sympathischem Ambiente drinnen oder draußen (€–€€). Einfach möblierte Zwei-Sterne-Zimmer (€) im Obergeschoss.

Piazza Petrucci 5/Corso Garibaldi, T 0721 71 65 50, Mi–Mo 7.30–23 Uhr

Infos

- **IAT/Pro Loco:** Piazza Dante 23, T 0721 72 32 63, www.comune.fossombrone.ps.it, Mo 10–13, Di–So 10–13, 15–18.30 Uhr, Sa/So in der Chiesa di San Filippo. Die im Text erwähnten Museen sind zu den Öffnungszeiten der IAT zu besichtigen und kosten jeweils 4 € Eintritt. Der Parco Archeologico öffnet nur für Gruppen von mindestens zehn Personen.

Gola del Furlo, Acqualagna D3

Durch die Gola del Furlo drängt der Fluss Candigliano zwischen den fast 1000 m hohen Felsmassiven Monte Pietralata und Monte Paganuccio seiner Vereinigung mit dem Metauro (bei Fossombrone) entgegen. Die Felsenschlucht gehört administrativ zur Trüffelhochburg **Acqualagna.** Sie ist von wilder Schönheit, wegen ihrer artenreichen Tier- und Pflanzenwelt als Naturreservat ausgewiesen, ein geschichtsträchtiges und kulinarisch attraktives Terrain.

Bunte Tier- und Pflanzenwelt

In dem Landschaftsschutzgebiet kreisen Falken und Königsadler, gedeihen Eichen, Ahorne und Buchen, Orchideen, Lilien, Glockenblumen und Erdbeerbäume, um nur einige wenige von fast 1000 Baum- und Pflanzenarten zu nennen. In dem Biotop leben Frösche, Kröten, Nattern, Vipern, Rehe, Hirsche, Füchse, Stachelschweine und Iltisse, rufen nächtens Eulen und heulen wieder Wölfe. All das erfährt man im Detail im **Museo del Territorio Gola del Furlo,** das neben dem Besucherzentrum des Schutzgebiets (s. S. 93, Via Flaminia 36, tgl. 9.30–12.30, 14.30–17 Uhr, Eintritt frei) Flora, Fauna und geologische Besonderheiten in dieser Gegend am ausgestopften Objekt und multimedial erklärt und anschaulich dokumentiert, wie sich der Mensch dieses unwirtliche Gelände untertan machte.

Schatten über der Schlucht

Von Fossombrone kommend fährt man durch einen römischen Tunnel, den Kaiser Vespasian anno 76 n. Chr. in das Felsmassiv schlagen ließ, in die **Gola del Furlo,** durch die nach den Römern Goten und Byzantiner von Rom nach Rimini ritten und rollten. Später machte Mussolini auf demselben Weg Station. Er logierte in einer Herberge namens Furlo, die 1829 zusammen mit einer Poststation erbaut und eröffnet worden war. Deshalb meißelten die Anhänger des Duce 1936 sein Konterfei in einen Felsen über der Schlucht. Während das Denkmal 1944 von antifaschistischen Partisanen gesprengt wurde, bietet besagte Herberge unter ihrem neuen Namen Antico Furlo noch immer Tisch und Bett (s. S. 93). Obwohl das Wirtspaar Alberto Melagrana und Roberta Roberti keinerlei Sympathien für Mussolini hegt, ist dessen Zimmer als historischer Ort im Originalzustand erhalten. Gäste, die just diesen Raum buchen wollen, haben sie allerdings nicht so gerne und vielmehr Verständnis für diejenigen, die auf gar keinen Fall in Mussolinis Bett wollen.

Trüffel ist Trumpf

Auf dem Weg von der Gola del Furlo nach Acqualagna passiert man die ergreifend schöne romanische Kirche **San Vincenzo al Furlo,** die zur inzwischen profanierten Benediktinerabtei gleich dahinter gehört. Das sakrale Kleinod aus dem 10. Jh. steht mitten auf einer grünen Wiese und gibt eine stimmungsvolle Kulisse für ein Picknick ab, zumal sich ganz in der Nähe ein römischer Viadukt romantisch-nostalgisch über den Candigliano spannt.

Die Trüffelhochburg **Acqualagna** ist während der spätherbstlichen Fiera Nazionale del Tartufo und wegen ihres **Museo del Tartufo di Acqualagna – Truffle Experience** interessant. Das große Trüffelfest ist nicht nur etwas für die feine Zunge, sondern auch für Auge und Ohr, weil es von einem bunten Kulturprogramm flankiert wird. Auch das ausstellungstechnisch innovative und ideenreich konzipierte Museum stimuliert alle Sinne. Es führt mit dem betörenden Duft des Edelpilzes ins Thema ein und erzählt mit Texten und Tönen, Filmen und Fotografien sowie kreativen multimedialen Installationen von der natürlichen, sozialen, kommerziellen, kulturellen und kulinarischen Bedeutung der Trüffeln für Acqualagna und den Rest der Welt.

Piazza Enrico Mattei 1, Acqualagna, T 342 368 93 86, www.museotartufoacqualagna.it, Sa 15.30–18.30, So 10–13, 15.30–18.30, während der Fiera del Tartufo tgl. 10–19 Uhr, 5 €

Bewegen

Gut zu Fuß und per Rad

Das Naturreservat ist mit markierten Wanderwegen erschlossen. Trainierten und Trittfesten sei der **Sentiero 449** empfohlen, der aus der Schlucht (180 m) auf die 670 m hohe Terrazza Alta am Hang des Monte Pietralata führt, von wo man die Schlucht von oben überblicken kann. Informationen, Karten und Exkursionsangebote gibt's im **Centro Visite der Riserva Naturale Stale Gola del Furlo.** Die relativ flache ›Schluchtquerung‹ von Furlo bis zum Abzweig nach Calmazzo und retour ist etwa 10 km lang und bringt auch Freizeitradler nicht aus der Puste. Konditionsstarke Radfahrer können von Furlo aus eine gut 70 km lange und maximal auf 588 m ansteigende Rundtour unternehmen, auf der es über Fossombrone nach Urbino und von dort via Fermignano und Acqualagna retour geht.

Via Flaminia 37, T 0721 70 00 41, www.riservagoladelfurlo.it, tgl. mind. 9.30–12.30, 14.30–16.30 Uhr

Schlafen, Essen

Wärmstens zu empfehlen

Antico Furlo: Die Zimmer sind liebevoll renoviert und im Stil der 1930er-Jahre möbliert. Dasselbe gilt für das schlicht-elegante Restaurant, in dem der international erfahrene Küchenchef Alberto Melagrana und seine Mitarbeiter rund ums Jahr edelste Trüffelgerichte und andere Spezialitäten kreieren und seine Ehefrau Roberta Roberti den passenden Tropfen aus dem gut sortierten Weinkeller des Hauses empfiehlt. Nicht nur das Gericht *Tuorlo d'uovo croccante* (Ei, Süßkartoffeln, krosser Brotchip, Trüffeln) ist eine kulinarische Wucht. Alberto und Roberta arrangieren auch Trüffelexkursionen.

Via Furlo 60, T 0721 70 00 96, www.anticofurlo.it, €€, Restaurant: Mo 12.30–15, Mi–So auch 19–23 Uhr, Juli/Aug. und Nov. tgl. mittags und abends, €€€

Ökoluxus

La Forestale: Vor einigen Jahren hat sich der gebürtige Franzose Eric Merlin in die Gola del Furlo verliebt und für sie seinem Topmanagerleben abgeschworen. Er baute dort ein altes Haus mit nachhaltigen Materialien und Methoden zu einem Luxus-B&B um und aus. Eric und sein Team bieten dort nicht nur stilvolle Zimmer und Suiten mit traumhaften Aussichtsterrassen, sondern auch Meditation, Massage und Yoga an.

Strada Monte Furlo 1, T 0721 162 60 00, www.laforestale.it, €€–€€€

Drinks und Snacks

Chiosco dell'Abbazia: Der Kiosk zwischen Kirche San Vincenzo al Furlo und Benediktinerkloster versorgt die Sommerfrischler seit Jahrzehnten mit kühlen Getränken und leckeren Häppchen, z. B. einer allseits geschätzten *crescia.* Der Inhaber vermietet auch Zimmer (DZ um 100 €) in der benachbarten Abtei.

Pianacce 45, T 334 814 49 97, https://lalocandadellabbazia.it, März–Sept. 10–22 Uhr

Einkaufen

Freundlicher Trüffelladen

Acqualagna Tartufi: Hier gibt's die Gaumenschmeichler frisch und konserviert.

Piazza Enrico Mattei 9, Mo, Di 10–13, Mi–So 10–13, 14.30–19 Uhr, Acqualagna, Mo–Fr 8.30–12.30, 14.30–17.30 Uhr

Cagli

D3

Die knapp 8000 Einwohner von Cagli suchen ihr Seelenheil in elf Kirchen, haben ein schönes Theater und ein frisch herausgeputztes archäologisches Museum. Sie sammeln in einem alten Festungsturm aus dem 15. Jh. zeitgenössische Skulpturen und finden sich gern zu *aperitivo, caffè* und *dolci* in den hübsch-nostalgischen Lokalen Caffè d'Italia (tgl. 4.30–2 Uhr) und Caffè del Commercio (Mo, Mi–So 7–2 Uhr) auf der für die Miniaturstadt grandiosen Piazza Matteotti ein.

Städtebauliche Avantgarde

Cagli, schon im 4. Jh. als ›Cale‹ in die römischen Annalen eingegangen und im 12. Jh. freie Stadt, lag ursprünglich einen Hügel höher. Es wurde 1287 niedergebrannt und seither am aktuellen Standort wieder aufgebaut. Man wählte einen rechteckigen Grundriss mit geraden und parallel verlaufenden Straßenachsen und antizipierte damit quasi das städtebauliche Ideal der Renaissance, deren berühmteste Architekten sich hier später austobten, sodass auf Schritt und Tritt ein imposanter Palazzo aus dieser nicht nur architektonisch zukunftsweisenden Periode entzückt.

Quasi obligatorisch ist der Besuch des **Palazzo Pubblico** an der Piazza Matteotti, der teilweise als Rathaus genutzt wird. Das monumentale Gebäude, Baujahr 1289, gehörte seit 1476 dem neuen Stadtherrn Federico da Montefeltro, der Francesco di Giorgio Martini mit dessen Umbau zum Herzogspalast betraute. Obwohl die Arbeiten nie zum Abschluss kamen, zeigt der Stadtpalast mit dem eindrucksvollen Innenhof deutlich das architektonische Gepräge der Renaissance.

Museen und Musentempel

Er imponiert nicht zuletzt mit dem unlängst ›multimedialisiert‹ wiedereröffneten **Museo Archeologico e della Via Flaminia,** dessen Exponate einen historischen Bogen von der Prähistorie bis ins Mittelalter spannen (So 9.30–12.30, 15–18 Uhr, 5 €, s. S. 96). Als innenarchitektonisches Kleinod empfiehlt sich das **Teatro Comunale** (Piazza Niccolò 4, www.teatrodicagli.it, Besichtigung auf Anfrage bei der IAT, s. S. 96, 5 € inkl. Torrione). Der stattliche Musentempel aus dem ausgehenden 19. Jh. präsentiert sich im zu jener Zeit beliebten Stilmix verschiedener Epochen. Von außen an die Bauweise des späten 16. Jh. angelehnt, finden sich innen klassizistische und barocke Elemente sowie Bühnenbilder von Verdis bevorzugtem Bühnenmaler Girolamo Magnani. Gerade wegen dieser ›bunten Mischung‹ aus Formen und Farben, Gemälden, Skulpturen und Ornamenten versprüht der mit drei prunkvollen Logenbalkonen ausgestattete, aktiv bespielte Musentempel viel nostalgisches Flair.

Ganz anders das künstlerische Inventar im **Torrione Martiniano** mit dem **Centro di Scultura Contemporanea.** Der wuchtige Festungsturm ist das einzige, was von Francesco di Giorgio Martinis Festungsbau aus den 1480er-Jahren übrig geblieben ist. Er dient seit 1997 als Ausstellungsfläche für zeitgenössische Skulpturen, was einer Initiative des im In- und Ausland berühmt gewordenen Caglieser Künstlers Eliseo Mattiacci (1940–2019) zu verdanken ist. Der deponierte die Exponate einer von ihm gemeinsam mit anderen namhaften Kollegen veranstalteten Ausstellung dauerhaft in dem runden Monumentalbau, der unten durch Düsternis und Enge und oben die Aussicht auf Stadt und Umgebung besticht.

Via del Torrione, auf Anfrage bei der IAT, s. S. 96, 5 € inkl. Theater

Kunst in Kirchen

Von den elf Kirchen seien schließlich die ursprünglich mittelalterliche, im 17. Jh. rundum modifizierte und im 18. Jh. von einem Erdbeben ihrer Kuppel beraubte **Cattedrale** (Via Fonte del Duomo/Piazza Matteotti) mit Gemälden des lokalen Malerstars Gaetano Lapis (1706–73) und die **Chiesa San Domenico** hervorgehoben. Letztere gehört zu den ersten Bauwerken der seit 1289 neu aufgebauten Stadt, wobei ihr Hauptportal 1483 seine aktuelle Gestalt annahm und Apsis und Turm erst aus der Mitte des 17. Jh. datieren. Die größte Attraktion der zum Museum umgewidmeten Kirche sind Fresken von Giovanni Santi. Es heißt, dass der Vater des weltberühmten Renaissancemalers Raffael auf seinem Hauptwerk in der Cappella Tiranni mit Johannes

Ein Hauch von Urbanität: Rund um die Piazza Matteotti trifft man sich in Cagli, um einen Aperitivo zu trinken. Und etwas zu erzählen gibt es auch immer (Caffè del Commercio).

dem Täufer zugleich sich selbst und in einem Engel neben der Madonna seinen kleinen Sohn porträtiert hat (Via Lapis, tgl. 9.30–12.30, 15–18 Uhr, Eintritt frei).

Schlafen, Essen, Einkaufen

Neu interpretiert

La Gioconda: Das schlicht-elegante Restaurant in den Gewölben eines historischen Weinkellers in der Altstadt serviert raffinierte Traditionsküche. In der jeweiligen Saison sind auch hier erlesene schwarze und weiße Trüffeln Trumpf. Küchenchef und Inhaber Gabriele Giacomuzzi ist regionsweit geschätzt und schenkt selbstverständlich auch die passenden Weine ein. Er vermietet neuerdings auch zwei stilvoll möblierte luxuriöse Zimmer mit Frühstück am grünen Ortsrand, die er Cielo e Nuvole, also Himmel und Wolken nennt.

Via Brancuti, T 0721 78 15 49, www.ristorantelagioconda.it, Di–Sa 12–14.30, 19–22, So 12–14.30 Uhr, €€€; Cielo e Nuvole: Via Pietro Gobetti 15, T 339 350 77 81, 339 385 15 03, 0721 78 15 49, www.cieloenuvole.it, €–€€

Gaumenschmeichler

Marchigiano Tipico: In dem einladenden Geschäft an Caglis schöner Zentralpiazza gibt's typische Lebensmittel und Weine aus den Marken.

Piazza G. Matteotti 21, Mo–Sa 9.30–12.30, 16–19, So 11–17 Uhr

Infos

- **Palio dell'Oca:** 2. So im Aug., www.paliodelloca.it. Mittelalterliche Spiele.
- **IAT:** Via Alessandri 4, T 0721 78 07 73, www.visitcagli.it, 9.30–12.30, 15.30–18 Uhr. Wanderinformationen und -karten; das Personal öffnet Museumstüren.
- **Verkehr:** Busverbindungen u. a. nach Acqualagna, Fossombrone, Fano, Pesaro, Frontone und Pergola.

Eremo di Fonte Avellana della Santa Croce

D 4

Die größte Abtei der Marken, in der derzeit ein Dutzend, meist weiß gewandeter Kamaldulenser betet und arbeitet, liegt in waldreicher Abgeschiedenheit und 700 m Höhe am Fuße des Monte Catria (1701 m) in Serra Sant'Abbondio. Der Ort bildet zusammen mit dem Nachbarberg Monte Acuto (1668 m) ein mit markierten Wegen, Ski- und Mountainbikepisten und sogar einer Seilbahn erschlossenes Wander- und Wintersportgebiet. Das Kloster ist architektonisch und ›lichttechnisch‹ interessant, spirituell bewegend und allemal einen Ausflug in die Einöde wert.

Serra Sant'Abbondio, T 0721 73 02 61, www.fonteavellana.it, Führungen: Mo–Fr 10, 11, 15, 16, 17, So/Fei und Juli/Aug. 10–12, 15–17.30 Uhr alle 30 Min., 2 €

Ora et labora

Der Grundstein für Fonte Avellana, was übersetzt ›Haselnussquelle‹ heißt, wurde um das Jahr 970 gelegt, als sich der heilige Romuald mit einigen Brüdern im Geiste zu Gebet und Askese in die Einsamkeit der kirchenstaatlichen Wälder zurückzog. Spirituelle Strahlkraft entfaltete das Kloster jedoch erst, als sich der strenge Kirchen- und Klosterreformator Petrus Damiani anno 1037 zu der Einsiedlergemeinde gesellte und 1043 ihre geistige Führung übernahm. 1325 avancierte das Kloster, in dem sich entsprechenden Versen in der »Divina Commedia« zufolge auch Dante zeitweise aufgehalten haben soll (1318), zur Abtei. Mit ihrem geistigen und wirtschaftlichen Einfluss wuchsen und wandelten sich zwischen dem 13.

und dem 15. Jh. auch die Klosterbauten, sodass aus Damianis Zeiten allein die Krypta erhalten ist. 1810 von Napoleon aufgelöst und auch unter dem italienischen Einheitsstaat profaniert geblieben, wurde das Kloster erst 1935 wieder von Mönchen bezogen.

Tolle Lichteffekte

Bei einer Klosterführung gelangt man ins **Scriptorium** aus dem 12. Jh., in dem sechs nach Osten, ein nach Süden und sieben nach Westen ausgerichtete einbogige Fenster als Sonnen- bzw. Kalenderuhr fungieren, was in seiner fantastischen raumatmosphärischen Wirkung kaum zu beschreiben und nur vor Ort zu bewundern ist. Davor befindet sich ein Laboratorium aus dem 11. Jh., das u. a. für das Binden von Manuskripten genutzt wurde. Während die **alte Bibliothek,** in der 25 000 wertvolle Bände gehütet werden, für Besucher inzwischen tabu ist, darf man in die neue schauen, die Dante gewidmet und mit 7000 Büchern theologischen Inhalts bestückt ist.

Der **Kreuzgang,** bestehend aus vier miteinander verbundenen Fluren, datiert in seinem ältesten Teil noch aus dem 11. Jh. und ist dort von einem romanischen Bogen überspannt. Die jüngeren Bögen sind, inspiriert von den Wallfahrten der historischen Mönche, im phönizischen Stil gestaltet. Der **Kapitelsaal** aus dem 12. Jh., in dem sich die Mönche die Heilige Schrift vorlesen, ist mit einem Tonnengewölbe versehen und beeindruckt mit guter Akustik und kluger ›Ostfensterbeleuchtung‹. Höhepunkte der geführten Klostertour sind zweifellos die romanische Kirche aus dem 12. Jh. und die direkt in den Felsen des Monte Catria gehauene **Krypta** aus dem 10. Jh., die noch mit dem Originalaltar ›möbliert‹ und ebenfalls mit zwei nach (Süd-)Osten gewandten Fenstern natürlich illuminiert ist.

Schlafen

Ferien auf dem Bauernhof

Zwischen Cagli, Fonte Avellana und Pergola verteilen sich mehrere Agriturismi in der schönen Landschaft, z. B. die **Alla Vecchia Quercia.** Behutsam restaurierte alte Bauernhäuser mit Zimmern und Apartments, die von einem Schweizer Ehepaar bewirtschaftet werden. Das bestellt auch Felder und hält allerlei Vieh. Man kann reiten, Räder leihen, Pool und Restaurant genießen.
Pergola, Via Montaiate 26, Loc. Valdarca, T 329 60 22 83 02, www.vecchiaquercia.it, €

Essen, Einkaufen

Kaffee, Kuchen, Klosterkram

Neben dem Kloster befindet sich eine Bar mit Picknickplatz, in der man sich mit Kaffee und Kuchen oder Herzhaftem stärken kann. Angedockt ist die **Antica Farmacia dei Monaci Camaldolesi** mit klösterlichen Souvenirs, u. a. Kräutermischungen und -likören, Marmeladen, Seife (9–18.30 Uhr).

Zünftig tafeln

Wenige Kilometer entfernt laden die zünftig bekochten Landgasthöfe **Le Cafanne** (Via Fonte Avellana 11, T 0721 73 07 06, Di–So mittags u. abends, €€) und **Agriturismo Il Paradiso** (Via Fonte Avellana 9, T 333 886 32 34, 10–24 Uhr, €€) zu Pasta- und Pilzspezialitäten sowie deftigen Fleischgerichten (u. a. Wildbret) ein.

Bewegen

Im Sattel und zu Fuß

(Rad-)Wanderungen auf und um die Berge Monte Catria, Monte Acuto und Monte Nerone erfordern Klettererfahrung und auch Kondition. Sie starten bei Fonte Avellana, Sant'Abbondio, Frontone und Caprile. Von dort fährt sommers wie winters eine Ka-

Seit über 2000 Jahren halten diese beiden Ehen schon: Bei den Bronzi Dorati, die man 1946 zufällig auf einem Feld ausgrub, handelt es sich um römische Statuen zweier Paare aus dem 1. Jh. v. Chr.

binenseilbahn *(cabinovia)* auf den Hang des Monte Acuto, wo Skipisten und eine Mountainbikestrecke gespurt sind.

www.valcesano.com, www.pesarotrekking.it, www.montecatria.com

Infos

- **Exerzitien:** In Fonte Avellana besteht (außer Nov., Jan./Feb.) die Möglichkeit zu einwöchigen Exerzitien, Kontakte für nähere Informationen bei der Abtei.
- **Verkehr:** Keine Busse!

Pergola

D3

Ganzer Stolz der 6000-Seelen-Gemeinde sind ihre *Bronzi Dorati*, denen der Ort, in dem auch ein gutes Dutzend alter Kirchen, der obligatorische **Palazzo Ducale** und ein Theater aus dem 18. Jh. zu bewundern sind, ein ganzes Museum gewidmet hat.

Spektakuläre Zufallsfunde

Das **Museo dei Bronzi Dorati da Cartoceto di Pergola** in einem ehemaligen Augustinerkloster aus dem 15. Jh. inszeniert feierlich die spektakulären Zufallsfunde in Pergolas Ortsteil Cartoceto, bei denen es sich um mehr oder minder vollständig vergoldete Bronzestatuen zweier (Ehe-)Paare der oberen römischen Gesellschaftsschicht handelt. Die 1946 bei der Feldarbeit ausgegrabenen Herrschaften, die Herren übrigens zu Pferd, datieren neueren Forschungen zufolge aus den Jahren 50 bis 30 v. Chr. Sie teilen sich das Museum mit weiteren antiken Preziosen, darunter ein spätrömisches Mosaik, einer Gemäldekollektion aus dem 15. bis 18. Jh., einer Münzsammlung und seit 2014 ein paar zeitgenössischen Kunstbücher, die der namhafte Druckgrafiker Walter Valentini, geb. 1928 in Pergola, 1998 anlässlich von Giacomo Leopardis 200. Geburtstag gestaltete.

Largo S. Giacomo 1, T 0721 73 40 90, www.bronzidorati.com, Juli–Aug. tgl. 10–12.30, 15.30–19, sonst Di–So 10–12.30, 15.30–18.30 Uhr, 7 €

San Lorenzo in Campo

E3

Das Dorf, das sich Ende des 10. Jh. um die gleichnamige Benediktinerabtei entwickelte, macht landwirtschaftlich und kulinarisch in Dinkel *(farro)*, der hier in ganzen Körnern, zu Mehl gemahlen, zu Nudeln geknetet und zu Bier gebraut zu kosten und zu kaufen ist.

Museumslandschaft

Kulturell profiliert es sich mit der vom Kloster übrig gebliebenen Kirche und dem **Palazzo della Rovere** (16. Jh.), in den im 19. Jh. das **Teatro Mario Tiberini** eingebaut und inzwischen das **Museo Archeologico del Territorio di Suasa** (Via Mazzini 2, Juni/Sept. Sa/So 15.30–18.30, Juli/Aug. 16–20 Uhr, 3 €, s. Touristenbüro, S. 100) integriert wurde. Letzteres hütet ›Kleinkram‹ aus der römischen Stadt Suasa, von der im nahen archäologischen Park gleich hinter der Provinzgrenze zu Ancona (s. Kasten) auch noch imposante Mauerreste stehen.

Ums historische Landleben der Gegend geht's im **Museo delle Terre Marchigiane** (Via Leopardi, www.museoterremarchigiane.it, Sa/So, Fei 10–12, 15–17 Uhr, 3 €), das mit Werkzeugen und Bildern den bäuerlichen Alltag an der vorletzten Jahrhundertwende in Szene setzt.

Schlafen, Essen

Gesamtpaket

Locanda San Martino: Hinter den alten Gemäuern eines mittelalterlichen Weilers wenige Kilometer nordwestlich von San Lorenzo in Campo kann man sich an den Klassikern der regionalen Küche laben, etwa Pasta mit Trüffeln und Entensoße, und Fleisch in allen leckeren Variationen bestellen. Zur Übernachtung stehen zwei gepflegte Apartments für max. vier Personen (€) bereit.

Piazza San Martino 9, Montalfoglio di San Lorenzo i. C., T 0721 77 55 13, www.locandasanmartino.it, Restaurant: Mi–Sa 19.30–2, So 11.30–14, 19.30–2 Uhr, €€

Alles Dinkel

Farroteca Monterosso: In dem schlicht möblierten Restaurant sowie in dessen

R

RÖMISCHE RESTE

Viele Steine der im 3. Jh. v. Chr. gegründeten, im ersten nachchristlichen Jahrhundert florierenden und im 5. Jh. von den Goten zerstörten antiken Stadt **Suasa** wurden vermutlich schon in der Abtei von San Lorenzo in Campo verbaut. Die übrigen imponieren im **Parco Archeologico di Castelleone di Suasa** (E3), wo respektable Reste des römischen Forums, eines Wohnhauses, Thermalbads und Amphitheaters und allerlei Alltags- und Dekorationsobjekte ausgegraben wurden, die nun in den archäologischen Museen beider Orte zu sehen sind (Parco: Via Pian Volpello, www.parcosuasa.it, Juli–Mitte Sept. Sa/So 16–19 Uhr, sonst nur auf Gruppenanfrage, 6 € inkl. Museo: Via Ospedale 7, Sa/So auf Anfrage).

schönem Garten gibt es attraktive Spezialitäten aus der marchigianischen Landküche, in der das gesunde Getreide eine zentrale Zutatenrolle spielt und z. B. in Gestalt von Dinkelsuppe, Dinkelpasta und sogar Dinkelbier auf den Tisch kommt. Das Getreide stammt von der Azienda Monterosso, deren Produkte auch zum Mitnehmen gekauft werden können.

Via Costantinopoli 9, T 0721 77 65 11, www.farromonterosso.it, Do–So 11.30–23 Uhr, €€

Infos

- **IAT:** Via San Demetrio 4, T 0721 77 60 96, www.comune.sanlorenzoincampo.pu.it, Di, So 9–12, Do 10–12, Sa 10–12, 16.30–19 Uhr. Hier muss man sich melden, um die o. g. Sehenswürdigkeiten zu besichtigen.

Mondavio

E3

Mondavio erhebt sich dekorativ über das grüne Hügelmeer im Küstenhinterland zwischen Fano und Senigallia. Es beeindruckt mit alter Stadtmauer und pittoreskem architektonischem Ensemble, ist von romantischen Gassen geädert und einer gigantischen Festung dominiert.

Unkaputtbar

Der raumgreifende Gebäudekoloss der **Rocca Roveresca** steht mitten in dem ansonsten nostalgisch beschaulichen 3000-Seelen-Ort, was seine monumentale Wirkung noch verstärkt. Er ist ein Paradebeispiel für die Militärarchitektur von Francesco di Giorgio Martini, der sie auf Geheiß von Giovanni della Rovere zwischen 1482 und 1492 erbaute. Die Festung ist von Feuersbrünsten und Bombardements verschont geblieben und trotz ihres hohen Alters unversehrt. Sie integriert ein historisches **Museum,** das u. a. mit Waffen, Rüstungen und Kostümen an die Zeit der Renaissance erinnert, und gibt eine authentische Kulisse für die (2023 aus Geldmangel abgesagte) hochsommerliche **Caccia al Cinghiale** (Wildschweinjagd) ab.

April–Sept. tgl. 9–12, 15–19, Okt.–März Di–So 9–12, 15–18 Uhr, 6 €

Buntes Historienspektakel

Wenn in Mondavio vom 12. bis 15. August zur **Wildschweinjagd** geblasen wird, ziehen die Menschen in historischen Kostümen und mit Fahnen und Fanfaren durch die am Abend effektvoll illuminierten Straßen. Sie spannen Pfeil und Bogen, tanzen und musizieren in Renaissancemanier und setzen sich als Edeldamen und -herren zum **Banchetto Rinascimentale** an den Tisch. Dass der hier auch in den übrigen Monaten reich gedeckt ist, ist eh klar, zumal hier rund ums Jahr Touristen und Schulklassen unterwegs sind.

Schlafen, Essen

Alles unter einem Dach

La Palomba: Der sympathische Familienbetrieb direkt vis-à-vis der Rocca tischt lokale Spezialitäten, z. B. herrliche Gnocchi all'anatra (Gnocchi mit Entensoße), sowie knusprige Pizza auf. Die netten Cerisolis haben ihr schönes Haus aufgepeppt, um einen Pool und einige Designerzimmer erweitert, wobei auch die 15 Standardzimmer top sind.

Via Gramsci 13, T 0721 971 05, www.lapalomba.it, Übernachten €, Essen €€

Infos

- **Mondavio Turismo:** T 0721 19 71 01, www.comune.mondavio.pu.it

Corinaldo

E3

Das sympathische kleine Städtchen (5000 Einwohner) verbirgt sich hinter dicken Mauern und nötigt so schon von außen betrachtet Respekt ab. Dahinter warten ein schönes Theater, ein paar Museen, nette Lokale für Mittag- und Abendessen, Aperitif und Absacker und durchaus Urlaubslebensqualität.

Gesamtkunstwerk

Die spätmittelalterliche **Stadtmauer** mit ihren bilderbuchreifen Toren und Türmen umringt ein von Treppengassen geädertes Centro storico vornehmlich barocker und neoklassizistischer Architektur. Man entdeckt freilich auch den einen oder anderen mittelalterlichen **Palazzo** und selbstverständlich diverse Kirchen, darunter die **Ex Chiesa Sant'Agostino,** das ehemalige Gotteshaus eines aufgelassenen Augustinerklosters, das unterdessen zum Wallfahrtsort für die Ortsheilige Santa Maria Gorretti avanciert ist (Via di Santa Maria Goretti 10).

Kunst und Kostüme

Corinaldos Musentempel heißt **Teatro Goldoni** (Via del Teatro 1), datiert aus den 1860er-Jahren und ist abgesehen von der hochsommerlichen Theaterpause regelmäßig in Betrieb. Die **Civica Raccolta d'Arte Claudio Ridolfi** ehrt den gleichnamigen Maler (1560–1644), der seinen Lebens- und Arbeitsmittelpunkt einst von Verona nach Corinaldo verlegte. Sie hütet neben dessen frühbarocken Werken noch andere Gemälde und Skulpturen aus dem 15. bis 17. Jh., die allesamt sakraler Provenienz sind, und setzt mit einer Werkauswahl der Pesareser Malerin Nori di Nobili (1902–68) den einzigen weltlichen Akzent (Largo XVII Settembre 1860 1/2, Juni–Anfang Sept. Mo–Sa 17–19, So 10–12, 17–19, Okt.–Mai Sa/So 10–12, 16–18 Uhr, 5 €, Sammelticket).

Direkt vis-à-vis präsentiert die **Sala del Costume e delle Tradizioni Popolari** eine Modenschau historischer Kostüme, die alljährlich am dritten Julisonntag angelegt werden. Bei einem Volksfest namens **Contesa del Pozzo della Polenta** (Maismehlbrunnen) gedenkt man dann der erfolgreichen Abwehr der Eroberungsversuche von Francesco Maria I della Rovere anno 1517, für die sich Papst Leo X. mit der Verleihung der Stadtrechte bedankte (Largo XVII Settembre 17, Öffnungszeiten wie Pinacoteca).

Zeitgenössisches erwartet die Besucher der **Raccolta di Ceramiche d'Arte Contemporanea G. C. Bojani** (Via del Corso 45, Öffnungszeiten wie Pinacoteca), die sich schon allein wegen ihres Domizils auf dem Dachboden des noblen Palazzo Brunori lohnt. Sie zeigt etwa 200 Keramikkunstobjekte, die Gian Carlo Bojani, lange Chef des Internationalen Keramikmuseums in Faenza, gesammelt und der Stadt geschenkt hat.

M

ME TOO

Maria Goretti (1890–1902) aus Corinaldo wird in der ganzen katholischen Welt verehrt. Sie starb an den Folgen eines erfolgreich abgewehrten Vergewaltigungsversuchs. Weil sie ihrem Peiniger auf dem Totenbett vergab, wurde sie 1950 im Beisein ihrer Mutter in Rom heiliggesprochen. Diese hatte den Täter später getroffen und ihm nach Marias letztem Willen ebenfalls verziehen. Die Mutter fand neben einem als Reliquie verehrten Unterarmknochen der Tochter und den sterblichen Überresten des Vergewaltigers in der Ex Chiesa di Sant'Agostino ihre letzte Ruhe.

B

IN DEN BRUNNEN GEFALLEN

Am unteren Ende der pittoresken Treppengasse La Piaggia steht der **Pozzo della Polenta,** um den sich eine Legende rankt: Vor langer Zeit machte ein Mann mit einem Sack Mais auf dem Rücken am Brunnen Rast. Er stellte den Sack auf den Brunnenrand. Der Sack fiel hinein und der Mann beim Versuch, ihn herauszufischen, hinterher. Die Leute sagten, dass er dort Polenta aß.

Schlafen, Essen

Schöne Altstadtdomizile

Corinaldo Albergo Diffuso: Zu den stilvollen Unterkünften des in der Altstadt ›verstreuten Hotels‹ gehört der Palazzo delle Meraviglie (18. Jh.), wo man in schönen Zimmern wohnen und eine herrliche Terrasse im obersten Stockwerk genießen kann.

Via del Corso 64, T 071 797 58 49, www.corinaldoalbergodiffuso.it, €€

Hinter Klostermauern

MA Hotel: Das von freundlichen jungen Frauen betreute minimalistisch-komfortable Hotel hinter historischen Klostermauern mitten in der Altstadt ist ein ideales Basisquartier für die Erkundung von Stadt und Umgebung.

Via del Corso 8, T 071 971 16 21, www.mahotelcorinaldo.it, €

Gastfreundschaft im Grünen

Casalantico: Die gepflegten Apartments mit Küche in einem sensibel renovierten Landhaus mit Pool auf halber Strecke zwischen Corinaldo und Fano-Marotta gefallen schon allein wegen ihrer tollen Lage und werden durch die umsichtige Gastfreundschaft ihrer Vermieter getoppt.

Via Conagrande 8, T 339 131 76 01, www.casalantico.it, Mai–Sept. mind. 1 Woche, sonst 3 Tage, €€

Frischer Wind

I Tigli: Die Brüder Danile, Luca und Andrea und ihr Team haben dem alteingesessenen Restaurant in einem ehemaligen Kloster neues Leben eingehaucht. Sie setzen auf zeitgemäßes Interieur und kulinarisch auf marchigianische Traditionen und den einen oder anderen internationalen Akzent. Es gibt Tagliatelle mit Steinpilzen oder Wildschweinsoße, aber auch Black Angus aus Irland oder Bison aus Kanada, alternativ knusprige Pizza.

Viale dietro le Monache 2, T 071 713 99 72, 334 321 20 28, www.ristoranteitigli.it, €€

Kosten und kaufen

Osteria de Scuretto: Hübsche kleine Weinbar, bei schönem Wetter einige Tische an der Straße. Es gibt kleine kalte und warme Gerichte sowie Ess- und Trinkbares zum Mitnehmen.

Via Cimarelli 2, T 347 263 13 54, Do–Sa 9–12.30, 16–24 Uhr, €€

Prominent platziert

Nova Taberna: Kleine Karte mit Klassikern der regionalen Küche, auch Vegetarier werden fündig. Das Lokal liegt direkt in Corinaldos schönster Treppengasse.

Via La Piaggia 6, T 327 097 97 81, Mo, Mi–So 12.30–15, 19–23 Uhr, €€

Infos

- **IAT:** Via del Corso 2, T 071 797 86 36, www.corinaldoturismo.it, April–Okt. Mo–Fr 10–12.30, 15.30–19, Sa/So 10–13, 15.30–19.30, 21.30–23, Nov.–März Mi 10–12.30, Do–So 10–12.30, 15.30–18 Uhr. Mit Spezialitätenshop.
- **Corinaldo Jazz:** Juli/Aug., www.corinaldojazz.com. Regionsweit geschätztes Jazzfest der Gemeinde.

Zugabe

Tausendsassa

Musikalischer Botschafter der Marken: Riccardo Marongiu

Nur eines von vielen Instrumenten, die Riccardo Marongiu beherrscht.

Der fröhliche Mann aus Pesaro, der mich beim Cantamaggio in Morro d'Alba (s. S. 294) sofort mit seiner ansteckenden Sangesfreude begeisterte, tanzt auf vielen musikalischen Hochzeiten. Wie er mir erzählte, lernte Riccardo Marongiu schon in früher Kindheit Klavierspielen und beherrscht inzwischen virtuos mehrere Instrumente, singt, komponiert, arrangiert und dirigiert Klassik, Jazz, Rock und Folk. Der jungenhafte Mittsechziger mit dem Lockenkopf kennt sich aus mit der Volksmusik der Marken und ist als Interpret von zeitgemäß aufgepeppten Versionen derselben überall in der Region bekannt.

Damit nicht genug: Er macht auch hin und wieder Theater und hat einen Fantasy-Roman geschrieben, unterrichtet an Schulen, veranstaltet internationale Workshops für Jugendliche und arbeitet als Musiktherapeut für Alzheimerkranke. Der Brückenbauer zwischen den musikalischen Welten ist Direktor des Pesaro Urbino Orchestra (PUO), Schlagzeuger der Pesareser Free Jazz-Combo »LOG2« und Gitarrist der Band »Rari Ramarri Rurali«, die mit ihren fetzigen Oden aufs Landleben seit vielen Jahren Theaterbühnen und Stadtfeste rockt. Sie preist in ihrem Lied »I Landini« die gleichnamigen Traktoren als ›Bauernporsche‹ und präsentiert mit ihrem Song »Provincia Bella« gleichsam einen gesungenen Reiseführer über die Provinz Pesaro-Urbino.

Brückenbauer zwischen musikalischen Welten

Vielleicht treffen Sie Riccardo unterwegs oder besuchen eine seiner Veranstaltungen – schauen Sie vorab doch schon einmal in seine Website rein. Denn es sind nicht nur spektakuläre Landschaftsbilder, Monumente und Musentempel, sondern auch Begegnungen mit Menschen wie ihm, die einen Urlaub in den Marken zum unvergesslichen Erlebnis machen. ■

www.riccardomarongiu.com

Castelli di Jesi und Grotte di Frasassi

Un po' di tutto — pittoreske Städtchen, samtsandige Adriastrände, Weinberge, Wälder und ein Tropfsteinlabyrinth.

Seite 107

Senigallia ★

Genug durchs hübsche Centro storico gebummelt? Ausgiebig an den herrlichen Stränden gebadet? Dann wird es Zeit, den vielen Weingütern im Landrücken der Adriastadt einen Besuch abzustatten.

Seite 135

Sternenhimmel

Dass in Senigallia gleich fünf und über dem Restaurant Uliassi sogar drei Michelin-Sterne leuchten, ist eine kleine Sensation. Darüber freuen sich nicht nur die Küchenchefs Mauro Uliassi und Moreno Cedroni, sondern die ganze Stadt.

Raus hier! Und zwar zum Wandern im Parco della Gola della Rossa e di Frasassi.

Eintauchen

Seite 115

Jesi

Stauferkaiser Friedrich II. erblickte in Jesi das Licht der Welt, die ihn später fürchten und feiern sollte. Ein multimediales Museum lässt sein Leben und Wirken Revue passieren und selbst Kulturbanausen nicht kalt.

Seite 132

Fabriano

Im Museo della Carta e della Filigrana von Fabriano kann man die Erfolgsgeschichte der lokalen Papierindustrie und weltweit genutzter Wasserzeichen kennenlernen und selbst papierschöpferisch werden.

Seite 128

Grotte di Frasassi

In den wilden Schluchten des Naturparks Gola della Rossa e di Frasassi wirkt ein wahres Tropfsteinwunder.

Seite 121

Morro d'Alba

Hier fließen viele Tränen: Das kleine Bauerndorf ist berühmt für seinen Wein Lacrima di Morro d'Alba (›Träne von Morro d'Alba‹) und das feuchtfröhliche Folk-Musikfest Cantamaggio.

Seite 130

Sassoferrato

Geschichtsunterricht zum Anfassen in Ausgrabungen und Ausstellungen: In Sassoferrato begann im 3. Jh. v. Chr. die römische Kolonisierung der Marken und siedelte sich Jahrhunderte später die größte Schwefelmine Europas an.

&

Seite 127

Arcevia

Die ›Perle der Berge‹ nennt sich Arcevia gerne. Bescheiden klingt das nicht gerade. Ist aber auch gar nicht nötig bei der schönen Altstadt auf gut 600 Höhenmetern und diesem Millionärsblick auf die Weinherrlichkeit der Castelli di Jesi.

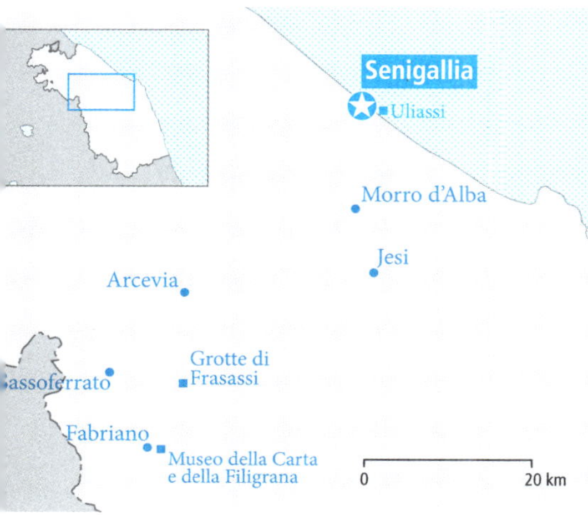

Wer in seinem Adria-Urlaub, nicht über eine Strandpromenade flaniert ist, war nicht an der Adria!

Idealer Reisetermin: Geradezu perfekt für die Erkundung der Castelli di Jesi ist das letzte Maiwochenende, wenn mehrere Winzer der Gegend zur Weinprobe bitten.

erleben

Weinseligkeit und Naturwunder

D

Das landschaftlich liebliche und wirtschaftlich wichtigste Weinanbaugebiet der Marken heißt nach einst 16 übers Land verstreuten Burgen unter der historischen Obhut von Jesi »Castelli di Jesi«. Es öffnet sich zwischen dem einst mondänen Badeort Senigallia und der Flughafen- und Industriestadt Falconara Marittima zum Meer, wird von Misa und Esino bewässert und den Felswänden der Gola della Rossa e di Frasassi begrenzt.

Das Weinmekka steigt selten über 200 Höhenmeter an, sodass die mild-frische Meeresbrise ungehindert über scheinbar endlose Wein- und Weizenkulturen hinwegstreicht, wovon das Bouquet des weißen Verdicchio dei Castelli di Jesi und des roten Lacrima di Morro d'Alba profitieren. Zwischen den Rebenreihen leuchten Sonnenblumenfelder, glänzen silbrig Olivenhaine und markieren Eichen- oder Pappelreihen die Grundstücksgrenzen. Einzelne Güter und Gehöfte und kleine Landstädtchen auf den Hügelkuppen betonen das durchweg agrarisch geprägte Bild, in dem Jesi den einzigen urbanen Akzent setzt. Im mittelgebirgigen Parco Naturale Regionale della Gola della Rossa e di Frasassi grünen dichte Wälder und klaffen tiefe Schluchten und fasziniert das naturwunderbare Tropfsteinhöhlenlabyrinth Grotte di Frasassi.

Der Park integriert die Gemeinde Genga, wo Papst Leo XII. (1823–29) geboren wurde, die romanische Kirche San Vittore und das architektonisch bemerkenswerte Bergnest Serra San Quirico. Drumrum exponiert das Städtchen Arcevia sich selbst und ein herrliches Weinlandpanorama, zeigt Sassoferrato seine antike und industrielle Vergangenheit und beweist Fabriano mit seinem spannenden Papier- und Wasserzeichenmuseum, dass es den von der UNESCO verliehenen Titel Creative City verdient hat.

O

ORIENTIERUNG

Für eine Weinreise durch die Castelli di Jesi braucht's zwei bis vier Räder, weil die Weingüter oft mitten in den Reben liegen und Bushaltestellen und der nächste Ort für Fußgänger zu weit sind. Das gilt auch für den Urlaub in einem Agriturismo, wohingegen Jesi, Fabriano und die Grotten von Frasassi und natürlich erst recht die Küstenstadt Senigallia mit Bus und Bahn gut zu erreichen sind. Önologisches Know-how bietet die Website www.imtdoc.it, die Fakten über Weine und Weingüter der Region bündelt.

Senigallia

F2

Senigallia ist eine der badetouristischen Hochburgen der Marken und doch unprätentiös sympathisch geblieben. Seine schon um die vorletzte Jahrhundertwende von der feinen Gesellschaft geschätzte Spiaggia di Velluto begeistert nach wie vor. Der Samtstrand ist inzwischen nicht nur von mondänen Villen, sondern auch mehrstöckigen Hotels gesäumt und durch Bahnlinie und Schnellstraße vom Centro storico getrennt. Mitten durch die Altstadt fließt der Misa, an dessen Meeresmündung sich ein Hafen für Fischer und Freizeitkapitäne ausbreitet. Das quirlige küstenstädtische Leben kulminiert am rechten Flussufer, wo sich auch die bemerkenswerten Monumente und Museen konzentrieren. Mit 44 000 Einwohnern ist Senigallia für regionale Verhältnisse eine relativ große Stadt und nimmt mit ihrem mediterranen Alltagscharme auf Anhieb für sich ein.

Römer und Renaissancefürsten

Senigallia war die erste römische Kolonie der Marken (285 v. Chr.), die zuvor freilich schon von Galliern (4. Jh. v. Chr.) besiedelt und vielleicht sogar noch früher von Etruskern und Picenern bewohnt war. Von römischen Tagen zeugen die zur **Area Archeologica e Museo La Fenice** musealisierten Hausmauerreste, die 1989 beim Bau des neuen **Teatro La Fenice** entdeckt wurden. Das 1996 eröffnete Theater ersetzt einen Musentempel aus dem 19. Jh., der seinerseits eine schon im frühen 18. Jh. begründete Theatertradition fortsetzte (Via Cesare Battisti 19/Viale G. Leopardi 1, Sa/So 15–20 Uhr, Eintritt frei).

Den Römern folgten Goten, Langobarden und Byzantiner, kirchenstaatliche Enge und kommunale Emanzipation. Im

Bin ich hier noch in Italien? Beim Summer Jamboree dreht sich in Senigallia alles um die Musik und den Lifestyle der 1940er- und 1950er-Jahre in den USA.

13. Jh. kamen die Malatesta aus Rimini und triumphierte erneut die Kirche, bis die Herzöge von Urbino bzw. die noble Familie della Rovere (16. Jh.) das Stadtzepter übernahm. Nach deren Aussterben ging's abermals unters Dach der Kirche (1631) – und für die 1000 Juden der Stadt ins Ghetto rund um die heutige Via dei Commercianti, wo an Hausnummer 20 auf Anfrage bei der jüdischen Gemeinde von Ancona (comeban@gmail.com) die jüngst restaurierte **Synagoge** besichtigt werden kann.

Von den Malatesta blieb eine rudimentär noch vorhandene Stadtmauer und die kolossale **Rocca Roveresca** (Piazza del Duca 2, www.roccasenigallia.it, tgl. 8.30–19.30 Uhr, 5 €). Die machtstrotzende Festung ging über in den Besitz der Familie della Rovere, die sich im 16. Jh. direkt vis-à-vis im **Palazzo del Duca** (Mi–So 15–20 Uhr, Eintritt frei) häuslich einrichtete. Letzterer ist designiertes neues Domizil des **Museo Comunale d'Arte Moderna**

Diese Festung rockt: Auch die Rocca Roveresca wird zur Kulisse, wenn Senigallia tanzt.

dell'Informazione e della Fotografia (Musinf) und präsentiert schon jetzt die Civica Raccolta Mario Giacomelli. Die Werkschau des weltberühmten Fotografen (1925–2000) gehört zu den Beständen des am alten Standort (Via Pisacane 84) bereits geschlossenen Musinf, das dort seit 1981 neben Grafiken, Plakaten und Skulpturen eine große Fotosammlung der Scuola Fotografica Misa zeigte, die in den 1950er-Jahren von Giuseppe Cavalli in Senigallia gegründet wurde und noch mehr international erfolgreiche Fotografen hervorbrachte (www.musinf.it). Neben dem innen opulent ausgestatteten Palazzo del Duca vom Zeichentisch des zeitgenössischen Stararchitekten Girolamo Genga stand schon vor dessen Bau der **Palazetto Baviera** für den gleichnamigen Statthalter von Giovanni della Rovere (1457–1501) und davor plätschert seit 1602 die **Fontana delle Anatre,** die stadthistorische Symbolkraft hat. Mit dem ›Entenbrunnen‹ wollte ihr Bauherr Francesco Maria II della Rovere (1549–1631) an die Trockenlegung der im hohen Mittelalter wirtschaftlich einträglichen, später aber malariaverseuchten Salinen von Senigallia erinnern, an deren historischem Standort (Strada delle Saline) sich heute mehrere Sportanlagen ausdehnen.

Handel und Wandel

Dass sich in Senigallia eine relativ große jüdische Community ansiedelte, lag nicht zuletzt an der wahrscheinlich schon im 14. Jh. eingeführten Fiera Franca, die später unter **Fiera Maddalena** firmierte, zwei Wochen dauerte und alljährlich Ende Juli Kaufleute aus aller Welt anlockte. Der Freimarkt, der die Adriastadt als bedeutenden internationalen Handelsplatz qualifizierte und im 17. und 18. Jh. enorm expandierte, hatte nachhaltigen Einfluss auf das architektonische Profil der Küstenstadt.

Um wettergeschützte Verkaufsflächen vorzuhalten, baute man im 18. Jh. die **Por-**

tici Ercolani und in den 1830er-Jahren zum selben Zweck das **Foro Annonario.** Die mit 126 Bögen geöffneten Arkaden am rechten Ufer des Misa und der von einer neoklassizistischen Verkaufshalle umrahmte Platz gleich dahinter gehören zu den auffälligsten und atmosphärisch lebendigsten Baudenkmälern der Stadt. Inzwischen sind hier kleine Läden und Lokale eingezogen und finden heute außerdem Märkte und Feste statt. Als die Warenmesse in den späten 1830er-Jahren anfing zu kriseln und 1869 ganz eingestellt wurde, entdeckte die unterdessen italienische Stadt den touristischen Marktwert ihrer samtsandigen Gestade.

Sakrales und Profanes

Einer der größten Söhne der Stadt, Papst Pius IX. (1846–78), bedachte sie mit einem neuen **Duomo,** der einen älteren Vorgängerbau ersetzte. Die Kathedrale huldigt mit Gemälden und Skulpturen u. a. dem Bauherrn, der 1792 im heutigen **Museo Pio IX** (Via Mastai 14, Juni–Aug. Mo–Sa 9–12, 16–18, Sept.–Mai 8.30–13.30 Uhr, Eintritt frei) als Giovanni Mastai-Ferretti geboren wurde. Zu seinem 200. Geburtstag eröffnete man gleich neben dem Dom die **Pinacoteca Diocesana di Arte,** die in den heiligen Hallen des Palazzo Vescovile sakrale Kunst von 1500 bis 1800 ausstellt (Piazza Garibaldi 3, Juni–Aug. Di–So 21–24, sonst Sa, So, Fei 9–12, 16–19 Uhr, Jan.–März geschl., Eintritt frei).

Um den schnöden Mammon geht's dagegen in Senigallias bestsortierter Ladenzeile namens **Corso II Giugno.** Sie wird flankiert von der **Piazza Roma** mit dem **Palazzo Comunale** aus dem 18. Jh. und der vor Ort heißgeliebten **Fontana Nettuno,** die im Volksmund wegen des hier armlosen Meeresgottes ›Monc' in Piazza‹ (Krüppel auf der Piazza) heißt. Die Flaniermeile verbindet die Piazza Doria – fast am Fluss – und die Piazza Saffi, wo Zweisternekoch Moreno Cedroni im kleinen Kioskrestaurant Anikò erschwingliche Kostproben seines kulinarischen Talents verkostet und verkauft (s. S. 112).

Bauern im Kloster

Schließlich sei noch ein Ausflug zum **Museo di Storia Della Mezzadria Sergio Anselmi** vor den grünen Toren der Stadt empfohlen. Das Museum imponiert schon allein durch seine Location im ehemaligen Kloster **Santa Maria delle Grazie** (17. Jh.), in dessen Kirche einst Piero della Francescas »Madonna di Senigallia« hing, bevor sie weltkriegsbedingt nach Urbino übersiedelte, um dort zum Publikumsmagneten der Nationalgalerie zu avancieren. Es widmet sich den Lebensbedingungen unter dem bis in die 1960er-Jahre vorherrschenden Halbpachtsystem namens *mezzadria,* bei dem kleine Bauern auf den Ländereien eines Großgrundbesitzers wohnten und arbeiteten und dafür die Hälfte ihrer Erträge an den Padrone abliefern mussten. Exponiert werden alle erdenklichen Gerätschaften, Gefäße und Gefährte und in ihrer Funktion für Anbau, Ernte und Verarbeitung von Oliven, Wein und Weizen erklärt. Es geht um die Aufzucht von Vieh, ums Schlachten und Wursten, Tischlern, Kochen und Nähen und natürlich um Fron und Freude der Menschen, die auf großformatigen Fotografien vom Beginn des 20. Jh. eindrucksvoll dokumentiert sind.

Strada Comunale delle Grazie 2, Mitte Juni–Mitte Sept. Mi, Do 9–12, Fr–So 9–12, 16–19, sonst Mi, Do 9–12, Fr–So 9–12, 15–17 Uhr, Eintritt frei

Schlafen

Rundum attraktiv

Terrazza Marconi: Das Hotel mit Dachterrasse und Spa offeriert Vier-Sterne-Komfort vis-à-vis der Rotonda a Mare.

Lungomare Marconi 37, T 071 792 79 88, www.terrazzamarconi.it, €€–€€€

TOUR
Immer am Meer entlang

Spaziergang über die Strandpromenade von Senigallia

Infos

F2

Planung:
Senigallias insgesamt 13 km lange Strandpromenade wechselt mehrfach den Namen, ist von Radweg, Sport- und Spielplätzen, Hotels und Restaurants gesäumt, reicht vom Ortsteil Cesano im Norden bis Marzocca im Süden.

Wer in seinem Adria-Urlaub, nicht über eine der Strandpromenaden flaniert ist, war nicht an der Adria! Die von Senigallia zeigt sich vor den Toren der Altstadt von ihrer Schokoladenseite, heißt dort **Lungomare G. Marconi** und verbindet Hafen und Piazzale della Libertà.

Wallfahrtsorte für Liebespaare und Gourmets
Immer am Ufer der Misa entlang geht's vom Centro storico die Bahngleise und Schnellstraße überquerend bis zum Hafen. Dort empfiehlt sich zunächst ein Gang bis zum Ende des **Molo (Banchino) Levante,** wo eine nackte Frauenskulptur dekorativ auf einem Felsen sitzt. Die ist ein Geschenk des lokalen Künstlers Gianni Guerra an seine Stadt. Obwohl sie dort erst seit 2004 sehnsuchtsvoll aufs blaue Meer schaut, ist die auf Odysseus treue Gattin **Penelope** getaufte Figur schon jetzt ein Wahrzeichen von Senigallia und zugleich Wallfahrtsort für junge Paare, die hier als Zeichen ihrer Verbundenheit gern ein Liebesschloss hinterlassen.

Zurück in Richtung Strandpromenade passiert man am Landende der Hafenmole das auf dem Hinweg vielleicht

schon registrierte **Restaurant Uliassi,** das sich seit 2019 mit dem dritten Michelin-Stern schmücken darf. Der Gourmettempel von Mauro Uliassi und seiner malenden Schwester Catia verspricht ein unvergessliches Geschmackserlebnis, das sich freilich nicht jeder leisten kann und will (s. S. 135).

Hier tummelten sich einst die Reichen und Schönen – heute dürfen alle die schöne Rotonda a Mare genießen.

Weiter auf dem Lungomare G. Marconi reiht sich ein Lokal ans andere und kann man sich hier oder da bei einem *caffè* oder *aperitivo* am Meeressaum die frische Adriabrise um die Nase wehen lassen. Wer dem widersteht, erreicht schon nach gut zehn weiteren Flanierminuten den **Piazzale della Libertà,** vor dem mit der Rotonda a Mare ein historisches Monument schneeweiß ins blaue Meer ragt.

Dolce Vita mit mondänem Flair

Die **Rotonda a Mare** ist eine über eine Seebrücke erreichbare Plattform mit einem muschelförmigen Gebäude obenauf. Sie eröffnet eine herrliche Aussicht auf die ganze samtsandige Strandherrlichkeit und die Küste bis Ancona. Nachdem in Senigallia bereits 1853 das erste Strandbad und 1910 ein Vorläufer der Rotonda eröffnet worden waren, leisteten sich gut situierte Badeurlauber hier die ersten mondänen Sommerresidenzen. Als die Seebrücke 1930 von einem Erdbeben zerstört wurde, baute man sie bis 1933 sofort am aktuellen Standort größer und schöner wieder auf.

In Kriegszeiten zum Militärmagazin mutiert, war sie in den 1950er- und 1960er-Jahren erneut *the place to be,* an dem die Stars der italienischen Schlagerszene trällerten. In den 1970er-Jahren verblasste der mondäne Glanz und in den 1980er-Jahren sperrte man zu, bis die Rotonda im Sommer 2006 wie ein schneeweißer Phönix aus der Asche ihrer illustren Geschichte emporstieg und seither wieder mit sommerlichen Kultur- und Tanzveranstaltungen bespielt wird.

An der Rotonda a Mare spürt man bis heute den Atem ihrer Geschichte und kann sich gut vorstellen, dass der elegante Rundbau aus den 1930er-Jahren einst eine In-Location der High Society war.

Zeitgeist hinter alten Mauern

B&B Al Foro Annonario: Das B&B profiliert sich mit zeitgemäß designten Zimmern hinter den historischen Mauern des alten Handelsplatzes, bietet raumweise Misa-Kanalblick, überzeugt mit zentraler Lage zwischen Altstadt und Strand und netten Gastgeberinnen.

Via M. Perilli 14, T 071 969 50 30, T 333 792 09 53, www.alforoannonario.it, €€

Essen

Sterneküche

Das **Madonnina del Pescatore** und **Uliassi,** mit zwei bzw. drei Michelin-Sternen dekoriert, eröffnen besondere Geschmackserlebnisse (s. S. 135), wobei Sternstunden in Senigallia natürlich ihren Preis haben.

Cedronis Edelimbiss

Anikò: Anikò heißt etwa ›ein bisschen von allem‹ und schien Sternekoch Moreno Cedroni (s. S. 135) ein passender Name für sein architektonisch zeitgemäßes Kiosklokal an der Piazza Saffi im historischen Herzen von Senigallia. Dort gibt's kleine feine Gerichte in lässigem Ambiente und edle Fischkonserven und Pastasoßen aus Cedronis Werkstatt bzw. ›Fischmetzgerei‹ *(salumeria ittica).*

Piazza Saffi 10, T 375 531 08 72, www.morenocedroni.it, April–Okt. tgl. 19.30–23, Do–So auch 12.30–14.30 Uhr, €€

Maurerportionen

Verde Mare: Lachend meinte Guido Ralf, ein Marchigiano mit deutscher Mutter und Inhaber des lebhaft-freundlichen Lokals in den grünen Hügeln über Senigallia: »Es sind eben Maurerportionen«, als ich die schmackhafte regionale Hausmannskost mit Fleisch und Gemüse lobte und dennoch etwas auf dem Teller liegen ließ.

Scapezzano di Senigallia, Strada delle Vigne 273, T 340 141 21 89, www.verdemarecountryhouse.it, Mo–Mi 12–14, 19.30–22 Uhr, €€

Hier kommt Fisch auf den Tisch

Da Carlo: Fisch und Meeresfrüchte von hervorragender Qualität, dazu süffige Weine, professioneller Service, freundliche Atmosphäre und Meerblick.

Lungomare Alighieri 17, T 071 652 57, www.ristorantedacarlosenigallia.it, April–Sept. tgl. 12.30–14.30, 19.30–23 Uhr, €€–€€€

Gemütlich, gastfreundlich, gut

Vino e Cibo: Kleine Altstadttrattoria, in der man feine Tagesgerichte vor allem frischfischiger Natur, guten Wein, freundlichen Service und nette Atmosphäre genießt.

Via G. Fagnani 16, T 071 632 06, Di–So 12.45–14.30, 19.30–22.30, €€

Klein, aber fein

Ramé: Das kleine Restaurant mit Blick auf die Piazza Garibaldi gehört zu den vor Ort angesagten Adressen fürs geschmack- und stilvolle Fischessen.

Via Felice Cavallotti 14, T 071 605 17, Di–Do 19–23, Fr–So 12–23 Uhr, €€–€€€

Cafés für jede Tageszeit

In Senigallia laden viele nette Cafés und Bars zu *colazione* oder *aperitivo* ein. Das **Caffè Ghinelli** kredenzt Kaffee, Wein, Bier und Cocktails unter historischen Arkaden mitten im Marktgeschehen (Foro Annonario 2, Di–So 7–3 Uhr), zeitgenössisch urban das **Caffè Saffi** (Piazza Saffi 18, Mo–Fr 6.30–23, Sa/So 7–24 bzw. 23 Uhr). Die **Gelateria Brunelli** am linken Kanalufer macht tolles Eis (Via G. Carducci 7, Mi–Fr, Mo 14–20, Sa/So 11–20 Uhr), das **Out Of** (Via Solferino 8, 18–2 Uhr) ebensolche Cocktails und im **Zabumba** finden sich gern Biertrinker ein (Via Marchetti 7, Mo–Do 18–24, Fr/Sa 8–2 Uhr).

Einkaufen

Designed in Senigallia

Monc' in Piazza: Sergio Casagrande führt den gut eingeführten Optikerladen

Lieblingsort

Wohlfühlort

Nein, ich werde nicht fürs Schwärmen bezahlt und übernachte auch nicht umsonst im **Hotel Bel Sit.** Ich fühle mich wirklich pudelwohl in dem alten Kloster in den Hügeln über dem Meer von Senigallia (📍 F 2), das man von dessen Terrasse von oben ins Visier nimmt. Die goldgelb leuchtenden Strände, die man von hier überblickt, sind rund vier Kilometer entfernt. Im Pool des Hotels schwimmt es sich aber auch nicht schlecht und nach einer Runde Entspannen im Wellnessbereich vertritt man sich die Beine im angeschlossenen Park. Bleibt noch zu erwähnen, dass im ›Landrücken des Hotels‹ viele schöne Weingüter locken – ein weiterer Standortvorteil des von Marco und Massimo Manfredi und ihrem Team mit Herz und professionellem Verstand geführten Familienhotels (Scapezzano di Senigallia, Via Cappuccini 15, T 071 66 00 32, www.belsit.net, April–Okt., €€, Juli/Aug. nur HP).

seiner Familie und hat im Jahre 2000 sein eigenes Brillenlabel namens Monc' in Piazza kreiert. Die von ihm designten (Sonnen-) Brillen (ich habe inzwischen schon zwei davon!) haben das gewisse Etwas und ein originelles Logo, für das die armlose (Brunnen-)Skulptur auf der Piazza Modell stand.
Corso II Giugno 111, www.monc-inpiazza.it, Di–Sa 9–12.30, 16.30–20, So/Mo 16.30–20 Uhr

Märkte

Im Foro Annonario findet werktags ein **Obst- und Gemüsemarkt** (7–13 Uhr) statt, donnerstags (7–13.30 Uhr) verwandelt sich quasi die ganze Altstadt in einen großen **Gemischtwarenmarkt** (Piazza Garibaldi, Portici Ercolani, Piazza Simoncelli). An Spezialitäten zu empfehlen sind die in Gläsern konservierten Soßen von Sternekoch Moreno Cedroni, zu kaufen in seinem Edelimbiss **Anikò** (s. S. 112).

Ausgehen

Immer was los

In der Sommersaison gibt's viele Kulturevents, z. B. in der **Rotonda a Mare,** im Frühjahr und Herbst kann man ins **Teatro La Fenice** (Programminfos www.feelsenigallia.it). Im Hochsommer geht's sowohl an den Strandpromenaden als auch in den Bars der Altstadt bis tief in die Nacht hoch her, extrasaisonal sucht man sich das Lokal für den späten Drink eher im Stadtzentrum.

Infos

- **IAT:** Via Manni 7, T 071 792 27 25, www.feelsenigallia.it, Mo 9–13, Di–Fr 9–13, 15.30–22.30, Sa/So 9–12.30, 18–22.30 Uhr
- **Verkehr:** Bahnhof zwischen Altstadt und Strand (Ponte Garibaldi) mit regelmäßigen Verbindungen zu den Küstenorten, alternativ Busse, auch ins Landesinnere
- **Summer Jamboree:** Anfang Aug., www.summerjamboree.com. Die Summer Jamboree lockt mit amerikanischer Musik der 1940er- und 1950er-Jahre ein Publikum aus nah und fern in die Küstenstadt. Das vornehmlich von amerikanischen Bands und Solisten gerockte Festival wird von Oldtimershows und Ausstellungen zum Thema flankiert. Weil's so schön ist, gibt's auch eine **Winter Jamboree,** womit monatliche Konzertveranstaltungen in der Rotonda von Oktober bis Mai gemeint sind.

Chiaravalle F3

Chiaravalle vor den Toren der Industriestadt Falconara Marittima ist wegen des hier im 12. Jh. erbauten Zisterzienserklosters Chiaravalle und als Geburtsort von Maria Montessori (1870–1952) der reisejournalistischen Rede wert. Das Kloster und die drum herum gewachsene Stadt sind nach dem französischen Ordensgründer Bernhard von Clairvaux, italienisch Chiaravalle, benannt. Der bei seiner Gründung aufs freie Feld gesetzte und inzwischen profanierte Gebäudekomplex, der auch unter **Abbazia Santa Maria in Castagnola** firmiert, ist heute vom geschäftigen Alltag der kleinen Stadt umtost.

Die **Casa Montessori Chiaravalle** dokumentiert im Geburtshaus der weltberühmten Pädagogin deren Leben und Werk, das Zuwendung und Zuneigung als Erziehungsmethode propagierte. Weil Maria Montessori, jüngst Protagonistin des gleichnamigen Kinofilms (2024), von guten und weniger guten Genen ausging, in höhere und niedere Rassen unterschied und temporär gute Kontakte zur faschistischen Elite pflegte, ist sie umstritten.
Piazza Mazzini 10, www.casamontessorichiaravalle.it, Öffnungszeiten s. Website, über die wegen begrenzter Kapazitäten ein Timeslot fürs (Gratis-)Ticket gebucht werden muss.

Schlafen, Bewegen

Luxus auf dem (Wein-)Land

Poggio Antico: Unweit von Chiaravalle thront im Dörfchen San Vito ein repräsentatives historisches Anwesen in wein- und olivengrüner Landschaft. Es hat sich dank des guten Geschmacks der Südtiroler Hoteliersfamilie Ganthaler in ein bezauberndes Feriendomizil verwandelt. Die Villa wuchert mit Panorama-Aussicht auf die Weinlandschaft und Meerblick, herrlichen Gartenanlagen und Infinity-Pool, stilvollen Gästezimmern und Apartments unter der Regie der charmanten Seniorchefin Franziska Waldner-Ganthaler, die seit 2018 obendrein das Weingut **Tenuta di Fra'** betreibt (s. S. 121).

Via Malviano b/4, Monte San Vito, T 335 839 99 61, www.poggio-antico.com, April–Okt., €€€

STADT DER SEIDE

S

Jesi war einst eine Hochburg der italienischen Seidenindustrie und wurde deshalb sogar ›Manchester der Marken‹ genannt. Nachdem hier 1837 die erste Seidenspinnerei eröffnet hatte, arbeiteten am Ende des Jahrhunderts 2000 Menschen in der Seidenindustrie. Die meisten waren Frauen, die unter gesundheitsschädlichen Bedingungen und für wenig Lohn zwölf Stunden am Tag schufteten, weshalb sie sich gewerkschaftlich organisierten und anno 1919 den Achtstundentag erkämpften. Aufgrund der japanischen Konkurrenz und des Aufkommens von Kunstseide ging das lokale Seidengewerbe Ende der 1930er-Jahre ein.

Jesi

F3

Alltag und Kultur pulsieren innerhalb mittelalterlicher Stadtmauern, die sich mit pittoresken turmgekrönten Toren zu den neueren Stadtquartieren öffnen. Der robuste Mauerring kommt auf 1,5 km und umspannt Baudenkmäler aus mehreren Jahrhunderten. Die interessantesten flankieren eine Reihe repräsentativer Plätze, die Stationen eines kulturell ambitionierten Stadtbummels markieren.

Da staunt(e) die Welt

Erste Etappe und Highlight ist die **Piazza Federico II,** wo am 26. Dezember 1194 kein Geringerer als Friedrich II. das Licht der Welt erblickte. Ob dessen damals 40-jährige Mutter dem späteren Stauferkaiser tatsächlich in aller Öffentlichkeit in einem Zelt das Leben schenkte, um Zweifler von ihrer späten Gebärfähigkeit zu überzeugen, ist eine eher unwahrscheinliche, in Jesi freilich gern erzählte und an einer Hauswand (Nr. 8) niedergeschriebene Geschichte.

Touristenmagnet am Schauplatz des legendären Geschehens ist das **Museo Federico II – Stupor Mundi** im Palazzo Ghislieri, das den Sohn von Kaiser Heinrich VI. und Enkel Friedrich I. (Barbarossa), multimedial in Szene setzt. Das Museum lässt Leben und Wirken des wissenschaftlich und kulturell hochgebildeten deutschen Königs und römischen Kaisers in 16 Sälen mit allem museumstechnischen Schnick und Schnack Revue passieren. Es illustriert mit Architekturmodellen und historischen Kostümen, dreidimensionalen Animationen und interaktiven Installationen seine Konflikte, Kriege und Kreuzzüge. Man erfährt alles über sein Hobby der Falkenjagd und das berühmte Buch, das er darüber geschrieben hat, und all die Schlösser und Burgen, die

Stadtplatz und Kreißsaal in einem: Auf der Piazza Federico II brachte am 26. Dezember 1194 angeblich Konstanze von Sizilien öffentlich ihren Sohn Friedrich II. zur Welt.

der schon zu Lebzeiten als Stupor Mundi (Staunen der Welt) gefeierte ›Deutsche‹ den (Süd-)Italienern hinterlassen hat.

Am Platz mit der welthistorischen Aura, wo schon das **Forum** von Jesis anno 247 v. Chr. gegründeter römischer Vorgängerstadt **Aesis** verortet war, stehen zudem der Klosterkomplex **San Floriano,** heute Domizil eines Studienzentrums zu Ehren der lokalen Theaterschauspielerin Valeria Moriconi (1931–2005), und der ursprünglich romanische, inzwischen neoklassizistisch ›eingekleidete‹ **Dom.** Gleich nebenan residiert das **Museo Diocesano** im Palazzo Ripanti Nuovo aus dem 19. Jh. (bei Redaktionsschluss zwecks Renovierung geschl.). Vis-à-vis tragen vier stattliche Männer die Balkone des barocken **Palazzo Balleani** auf Händen.

Museo Federico II: Piazza Federico II 3, T 0731 08 44 70, www.federicosecondostupormundi.it, Juni–Sept. Di–So, Aug. tgl. 10–20, Okt.–Mai Fr, Sa 15–20, Sa/So 10–20 Uhr, 7 €

Architekturperle der Renaissance

Als der große Staufer den ersten Schrei tat, war Jesi, das seit dem 8. Jh. dem Kirchenstaat assoziiert gewesen war, eine freie Stadt. Später von verschiedenen Adelsgeschlechtern dominiert und im 15. Jh. zurück im Schoß der Kirche, verteidigte Jesi gleichwohl seine kommunale Autonomie, sodass die Wende vom Mittelalter zur Neuzeit von reger städtebaulicher Aktivität gezeichnet war. Strahlendes Beispiel dafür ist der **Palazzo della Signoria** an der **Piazza Colocci,** die man von ›Friedrichs Kreißsaal‹ nach Überqueren der **Piazza Ghislieri** erreicht. Der Renaissancepalast (1486–98) ist schlicht elegant gehalten, seine helle Backsteinfassade mit vornehm weißen Fenster- und Portalrahmungen aufgelockert. Über dem Portal brüllt, auf einem Bein stehend, ein Löwe, das hier als Relief gestaltete Wappentier der Stadt. Durch seinen imposanten Innenhof erreicht man die **Biblioteca Planettiana,** die seit 1859 den kostbaren Büchernachlass des Marchese Angelo Ghislieri und die Sammlungen diverser religiöser Bibliotheken hütet. An dem schönen Platz ist obendrein noch von der Sparkassenstiftung spendierte antike, moderne und zeitgenössische Kunst in den **Sale Museali di Bisaccioni** (www.fondazionecrj.it, tgl. 9–13, 15.30–19.30 Uhr, Eintritt frei) zu bewundern und in der **Casa Museo Colocci-Vespucci** über die erlesene Wohnkultur der Markgrafen Colocci-Vespucci zu staunen (Führungen 1. Do und 3. Wochenende im Monat, 6 €).

Piazza Colocci 1, www.bibliotecaplanettiana.it, Sept.–Juni Di–Fr 9–13, 15–19, Mo, Sa 9–13, Juli/Aug. Mi, Do, Sa 9–13, Di, Fr 9–13, 15–19 Uhr, 3 €

Am Puls der Stadt

Durch das alte Stadttor **Arco del Magistrato** schreitet man zur **Piazza della Repubblica,** wo alle kulturellen und kommerziellen Fäden zusammenlaufen und das **Teatro Pergolesi** (s. S. 119) die städtebauliche Szene dominiert. Der elegante Musentempel, ein Gemeinschaftswerk des Faneser Architekten Francesco Maria Ciaroffini und des päpstlichen Baumeisters Cosimo Morelli, wurde 1798 ironischerweise nicht im Beisein der adeligen Theater- und Bauherrengesellschaft, sondern napoleonischer Generäle als Teatro della Concordia eröffnet. Äußerlich im eher schlichten Stil der Neorenaissance gehalten, ist er innen opulent ausstaffiert und prächtig bemalt. 1883 widmete man das Theater, auf dessen Vorhang übrigens die sagenhafte Geburt von Friedrich II. gepinselt ist, Giovanni Battista Pergolesi, der 1710 in Jesi geboren wurde, 1736 bei Neapel starb und als ein Pionier der *opera buffa* (komische Oper) in die internationale Musikgeschichte einging.

In der Galerie des Theaters erzählt eine Ausstellung mit Dokumenten und Gemälden die ruhmreiche Vita des großen Komponistensohns, während im Foyer mit Bildern, Büsten und biografischen Zeugnissen Gaspare Spontini (1774–1851) gewürdigt wird. Dieser startete ebenfalls in Jesi seine europaweit beachtete Karriere und wurde für seine Adaption der dramatischen Opernsprache C. W. Glucks bekannt. Das Teatro Pergolesi ist ein Spielort des **Pergolesi Spontini Festivals,** mit dem sich Jesi neben Pesaro und Macerata ins Dreigestirn der regionalen Opernhochburgen einreiht (Aug./Sept.).

Die Zentralpiazza verzweigt sich in die Hauptgeschäftsstraße Corso G. Matteotti und die Via XV Settembre, wo Jesi mit den **Musei Civici** inklusive **Museo Archeologico, Pinacoteca e Galleria D'Arte Contemporanea** vornehmlich in Sachen Kunst glänzt. Die Museen residieren im pompös-barocken **Palazzo Pianetti** aus dem 18. Jh. und sind besonders stolz auf eine Werkschau von Lorenzo Lotto (1480–1557), der in Jesi zwischen 1512 und 1535 u. a. in den Kirchen San Francesco al Monte und San Floriano kreativ war. Juwel der Sammlung ist die Pala Santa Lucia, auf der der in Venedig geborene Maler das Martyrium der Heiligen visualisiert. Im Glanze Lottos sonnen sich Gemälde von Carlo Cignani und Cristoforo Unterperger. Außer diesen hochkarätigen ›alten Schinken‹ zeigt die Gemäldegalerie in einer anderen Abteilung zeitgenössische Malerei, Zeichnung und Druckgrafik und das Museo Archeologico Keramiken und Skulpturen aus prähistorischer bis römisch-antiker Zeit.

Teatro Pergolesi: Piazza della Repubblica 9, www.fondazionepergolesispontini.com, Besichtigung nach Vereinbarung im Touristenbüro nebenan Mo–Fr, 2 €; **Musei Civici:** Via XV Settembre 10, Sept.–Juni Di–So 10–13, 16–19, Juli/Aug. Mo 10–13, Di–So 10–19 Uhr, 5 €

Naheliegende Köstlichkeiten

Jesi ist gastronomisch recht gut sortiert und bietet auch noch am späten Abend einen netten Platz an Tisch und Theke. Das

liegt natürlich auch daran, dass die Stadt, in der außerdem in großem Stil Traktoren der amerikanischen Marke New Holland produziert werden, ihr Geld vornehmlich mit dem Handel mit landwirtschaftlichen Erzeugnissen macht. Unter denen rangiert der Wein von den grünen Hügeln der Umgebung natürlich ganz oben. Er wird vom **Istituto Marchigiano di Tutela Vini** (www.imtdoc.it) und vom **Istituto Marchigiano Enogastronomia** im Palazzo Balleani Vecchio promotet. Dort lädt obendrein das 2022 im internationalen Verbund mehrerer Adriaanrainer eröffnete **Centro di Interpretazione del Paesaggio di Jesi e della Vallesina** zur digitalen Reise ein, u. a. einer virtuellen Radtour durch Stadt und Umgebung.
Via F. Conti 5, T 0731 53 84 20, https://adriaticlandscapes.com/, Do–Sa 10–13 Uhr, 3 €

Schlafen

Historisches Flair

Dimora Storica Lo Svevo: Die Unterkunft namens ›Der Staufer‹ gefällt mit gepflegten Zimmern (inkl. Frühstück) im renovierten palazzo storico mitten in Jesi und hält für Gäste Parkplätze in der Nähe vor.
Piazza Ghislieri 3, T 0731 28 81 05, www.losvevo.it, €€

Vegan in den Tag starten

B & B Le Conce: Liebevoll eingerichtete Zimmer, gutes (auch veganes) Frühstück in Altstadtpalazzo mit schöner Terrasse.
Via delle Conce 9, T 328 639 31 05, www.bebleconce.it, €

Essen

Fischlein, deck dich!

Mare-Mare Cucina di Pesce: Hier serviert man drinnen und draußen saisonal wechselnde Fisch- und Meeresfrüchtemenüs vom Frischesten und Feinsten.
Corso G. Matteotti 88, T 328 161 06 11, www.mare-mare.it, Di–Sa 9.45–23, So 12.30–15 Uhr, €€€

Kunstsinnig

Hostaria Dietro Le Quinte: Schlicht-elegantes Lokal, dessen Wände mit Werken zeitgenössischer Künstler aus Stadt und Umgebung dekoriert sind. Der exquisiten Fleisch- und Fischküche und des aussichtsreichen (Winter-)Gartens wegen eine der ersten kulinarischen Adressen.
Piazza della Repubblica 5b, T 0731 20 08 07, www.hostariadietrolequinte.it, Mo–Mi, Fr 19.30–23.30, Sa/So auch 12.30–15 Uhr, €€€

Feine Hausmannskost

Trattoria della Fortuna: Auch der neue (Küchen-)Chef Antonio Zannotti pflegt die hier bereits 1925 begründete kulinarische Tradition und serviert ehrliche Regionalküche mit Pfiff in angenehmer Atmosphäre und zentraler Lage.
Arco del Soccorso 1, T 0731 599 03, Mi–So 12.30–14, 19.30–22.30 Uhr, €€

Einkaufen

Flüssige und feste Schmankerl

Brunori: Seit 1956 werden hier die guten Tropfen vom eigenen Weingut und inzwischen ein breites Sortiment an Weinen, Schnäpsen, Likören, Olivenöl, Pasta und Süßigkeiten verkauft.
Viale della Vittoria 103, T 0731 20 72 13, www.brunori.it, Mo–Sa 9–13, 16.30–20 Uhr

Kulinarikkathedrale

Mercato Coperto: Die historische Markthalle aus dem 19. Jh. gibt eine fast sakral anmutende Kulisse für den Verkauf frischer Lebensmittel und bisweilen auch für Kultur- und Verkaufsveranstaltungen ab. Allerdings ist man sich vor Ort einig, dass sie inzwischen zu viel Patina und eine Auffrischung dringend nötig hat, sodass

man auf private Spenden für die Restaurierung der Kulinarikkathedrale hofft.
Via N. Sauro/Via Mercatini, Mo–Sa 6–12 Uhr

Ausgehen

Hochkultur

Teatro Pergolesi: Das Stadttheater ist Okt.–Dez. auf Oper (Stagione Lirica), von Okt.–April (auch) auf Sprechtheater (Stagione Teatrale) und von Dez.–Mai auch auf Konzerte (Stagione Sinfonica) eingestellt.
Piazza della Repubblica, Programm: T 0731 20 29 44, www.fondazionepergolesispontini.com

Wein und mehr (Alkohol)

La Picca: Die Altstadtbar hat eine gut sortierte Weinkarte, aber auch mehrere Craft-Biere und Cocktails im Ausschank und als Unterlage Pizza und andere herzhafte Häppchen.
Piazza G. Spontini 20, www.lapicca.club, Mo–Do, So 18.30–24, Fr 18.30–3 Uhr

Bunte Mixgetränke

Rambaldus Cocktail Bar: Gekonnt Gemixtes an Jesis Vorzeigepiazza, gelegentlich auch Livemusik.
Piazza Federico II 2, www.rambaldus.com, Mo, Mi, Do, So 11–23, Fr 11–1, Sa 11–2 Uhr

(Trink-)Kultur

Hemingway: In diesem sympathischen Altstadtlokal gibt's nicht nur Bier, Wein und Cocktails, sondern auch Ausstellungen, Livemusik und Lesungen (Poetry Slam).
Piazza G. Spontini 4, Di–So 18–2 Uhr

Infos

- **IAT:** Piazza della Repubblica, T 0731 53 84 20, www.turismojesi.it, Di–Sa 10–13, 15–18 Uhr
- **Verkehr:** Parkplätze außerhalb der Stadtmauer; Bahnhof (Viale Trieste 1) an der Strecke Ancona–Fabriano–Rom; zentraler Busbahnhof an der Porta Valle, Tickets in Tabakläden oder Kiosken, Verbindungen innerhalb der Stadt und nach Ancona

Ostra, Ostra Vetere, Barbara E/F3

Die drei (Nachbar-)Orte sind wegen ihrer gefälligen Altstädte, den leider etwas leblos präsentierten römischen Ausgrabungsresten und eines wunderbaren Weinguts zumindest eine Stippvisite wert.

Schönes Altstadtbild

Der höchste und schönste Platz der seit dem 15. Jh. fest ummauerten kleinen Weinstadt **Ostra** (F 3) ist die Piazza dei Martiri, deren städtebauliches Ensemble im Hochsommer eine bilderbuchreife Bühne für Konzerte und Kulturveranstaltungen abgibt. Ansonsten dümpelt hier beschauliches Kleinstadtleben, das man bei einem Tässchen Kaffee oder Gläschen Wein unter den Arkaden des Caffè del Teatro (Piazza dei Martiri 7, 6.30–2 Uhr) auf sich wirken lassen kann. Man hat dabei die hoch aufragende **Torre Civica** (17. Jh.) und den **Palazzo Comunale,** den noblen **Palazzo Gherardi-Benigni-Censi** und die **Chiesa di San Francesco** im Blick sowie im Rücken das entzückende **Teatro La Vittoria** (19. Jh.), das man auf Anfrage beim Touristenbüro (Corso G. Mazzini 4, T 071 214 27 38, www.comune.ostra.an.it, Di–Fr 10–13, Sa/So 10–13, 16.30–19 Uhr) auch von innen bewundern kann.

Römische Wurzeln

Ostra hieß einst Montalboddo und nahm erst 1881 seinen aktuellen Namen an, um seiner römischen Vergangenheit, steinern dokumentiert mit den 9 km entfernten Ausgrabungen von **Ostra Antica** (E 3), Tribut zu zollen. Die hinsichtlich ihrer

touristischen Präsentation etwas vernachlässigten archäologischen Preziosen liegen auf dem Boden der kleinen Nachbargemeinde **Ostra Vetere** (Loc. Le Muracce). Die wird von einer Stadtmauer mit ansehnlichen Toren umringt und firmierte unter Montenovo, bevor auch sie 1882 im Bewusstsein ihrer antiken Wurzeln den römischen Namen annahm.
www.comune.ostravetere.an.it

Süffiger Wein

Ein paar Kilometer weiter kommt das an sich kaum erwähnenswerte kleine Dorf **Barbara** (📍E 3) mit dem Wein der **Azienda Santa Barbara** ganz groß heraus. Das Weingut gehört dem ehemaligen Banker Stefano Antonucci, dessen önologische Produkte mehrfach prämiert und international erfolgreich sind. Seine herrlichen Weiß- und Rotweine werden vornehmlich aus Verdicchio- und Montepulciano-, aber auch Passerina- und Pecorino-Trauben gemacht. Antonucci, zu dessen Produktpalette auch ein paar süffige Bioweißweine (Antonucci Bio) zählen, kultiviert Rebenfelder rund um Barbara, Serra de Conti, Montecarotto und Arcevia, keltert in einem alten Kloster und lädt zur Degustation der guten Tropfen in dessen stimmungsvolles Kellergewölbe ein.
Borgo Mazzini 35, T 071 967 42 49, www.santabarbara.it, Mo–Fr 8–12, 14–18, Sa 8–12 Uhr, Weinproben nur Mo–Fr nach Reservierung

Bewegen

Weinreisebegleitung

Marcos Way: Weil ich weiß, dass der herzlich-sympathische Marco Candi, den ich auf meiner Recherchetour in den Marken gleich mehrfach traf, in Ostra wohnt, sei meine Empfehlung, mit ihm auf Wein- und Ölreise zu gehen, an dieser Stelle platziert. Der studierte Önologe, der länger in Australien gelebt hat und gut Englisch spricht, organisiert Besichtigungen

Gut Wein will Weile haben: In den Kellern der Azienda Santa Barbara in Barbara lagern Schätzchen, die immer wieder Preise abräumen.

inklusive Degustationen auf Weingütern und in Ölmühlen, geht auf Trüffelsuche und macht mit seinen Kunden, die er mit dem Kleinbus an ihrer Unterkunft abholt, eine Bootspartie. Die Tagesausflüge sind meist mit gemeinsamen Mittagessen in zünftigen Landgasthöfen verbunden.

Via delle Casacce 7, T 328 764 42 53, www.marcosway.it, Gruppen von 2–8 Pers., 125–170 € pro Nase

Morro d'Alba

F3

Das kleine Dorf ist Namenspatron des exklusiven, weil nur auf einem winzigen Anbaugebiet kultivierten, Rotweins Lacrima di Morro d'Alba und Schauplatz eines tollen Volksfestes namens Cantamaggio, bei dem Jung und Alt am dritten Maisonntag mit viel Musik und feuchtfröhlichen Gelagen einem archaischen Ritual ordentlich Leben einhauchen (s. S. 294).

Wo man singt …

Der dritte Maisonntag ist deshalb der ideale Termin für den Besuch von Morro d'Alba, das seit dem 14. Jh. von einem begehbaren und mit kleinen Läden und Lokalen besiedelten Mauerring umgeben ist. Der charakteristische Mauergürtel heißt **La Scarpa** und ist ein dekorativer Rahmen für ein sympathisch nostalgisches architektonisches Ensemble, das von freundlichen Plätzen aufgelockert wird. Die kleine Gemeinde ist von Kopf bis Fuß auf Wein- und Landwirtschaft eingestellt, sodass das einzige Museum am Platz mit Werkzeugen und Weinfässern aus dem historischen Arbeits- und Alltagsleben der Vorfahren erzählt. Der mit Fotografien aus dem Landleben angereicherte ›Maschinenpark‹ heißt **Utensilia** und führt ins Kellergewölbe der Scarpa.

Piazza Romagnoli 6, Sa/So 10–12, 16–19 Uhr, 2 €

W

WEINGUT RELOADED

Nachdem sich die Südtiroler Gastronomin Franziska Waldner-Ganthaler schon Jahre zuvor in die Marken verliebt und dort ein kleines feines Landhotel eröffnet hatte (s. S. 115), ließ sie obendrein ein altes Weingut, die heutige **Tenuta di Frà**, in zeitgenössischem Architekturstil renovieren und von Mitarbeitern ihres Vertrauens herrliche Rote und Weiße der Rebsorten Lacrima Morro d'Alba und Verdicchio kreieren. Wer mag, kann sich nach der Degustation der edlen Tropfen mit seiner oder seinem Liebsten in einem Himmelbett in den Reben zur Ruhe legen (450 € inklusive Snacks und Wein).
Morro d'Alba, Via Marciano 10 B, T 339 722 98 46 (Gianluca Bartolucci, Verwalter), www.tenutadifra.com

Schlafen, Essen

Komfortabel mittendrin

Le Civette: Schicke und komfortable Selbstversorger-Apartments in kontemporärem Design im hübschen Centro storico.

Via Morganti 60, T 329 592 06 23, www.casavacanzalecivette.it, €€, mind. 2 Nächte, bei längerem Aufenthalt günstiger

Wild und Wein

Dal Mago: Das renommierte Lokal an bzw. vis-à-vis der Stadtmauerstraße serviert Wildspezialitäten, die mit Lacrima di Morro d'Alba befeuchtet werden. Die seit Generationen kulinarisch versierte Familie Romiti setzt auf frisches Saisongemüse und allerbestes Fleisch und hat obendrein das moderne Landhotel **Shanti House**

mit Pool in den grünen Hügeln, in dem man wahlweise Zimmer mit Frühstück oder ganze Apartments beziehen kann.

Restaurant: Via Morganti 16, T 0731 630 39, www.ristorantedalmago.it, Mo, Di, Do–So 12.30–14.15, 20–22 Uhr, €€€; **Hotel:** Via Fosso Roberti 1, T 0731 633 25, www.shantihousedalmago.it, €€

Runde Sache

Vin 'Canta: Leckere Lokalküche und knusprige Pizza im mittelalterlichen Mauerring. Dass dazu die rote Träne von Morro d'Alba (Lacrima di Morro d'Alba) vergossen wird oder wahlweise ein frischer lokaler Verdicchio ins Glas kommt, versteht sich von selbst.

Piazza Barcaroli 24, T 0731 632 52, T 348 339 68 92, www.vincantamorrodalba.com, Di–Do 18–22, Fr–So 12–14, 18–22 Uhr, €€

Einkaufen

Natürlich Wein!

Die rote Lacrima (›Träne‹) und süffigen Verdicchio gibt's bei mehreren Weingütern (Liste bei der Pro Loco erhältlich, s. S. 122), z. B. **Antica Cantina Sant'Amico** (Via Sant'Amico 4, www.anticacantinasantamico.it, Mo–Sa 9–12.30, 15–19 Uhr), **Mancinelli** (Via Roma 62, www.mancinellivini.it, Degustationen nach Anmeldung zwei Tage vorher tgl. 9, 10, 11, 15, 17 Uhr), **Lucchetti** (Via S. Maria del Fiore 17, www.mariolucchetti.it, Mo–Sa 8.30–12.30, 14.30–19.30, So 10–12 Uhr), **Marotti Campi** (Via S. Amico 14, www.marotticampi.it, Mo–Sa 8.30–12.30, 15–19 Uhr).

Infos

- **Pro Loco:** Camminamento La Scarpa 27 (im Mauerring), T 0731 635 83, www.promorro.it

Belvedere Ostrense F3

Das fest ummauerte mittelalterliche Dorf in gefälliger weinlandschaftlicher Lage empfiehlt sich als ruhiger Stützpunkt für die Erkundung der Gegend.

Schlafen, Einkaufen

Trinken und träumen

Azienda Agricola Luciano Landi/Al Rifugio Divino: Die Azienda Agricola von Luciano Landi hat sich mit der Produktion von Verdicchio dei Castelli di Jesi und Lacrima Morro d'Alba einen guten Weinnamen gemacht. Sie bietet praktischerweise direkt neben ihrer Cantina im Wohnhaus der Familie und in herzlicher Atmosphäre zwei DZ als B&B und ein kleines Apartment für Selbstversorger an. Zur Erfrischung gibt's einen Pool.

Via Gavigliano 16, T 0731 623 53, www.aziendalandi.it, DZ/Apart. für max. 4 Pers., €

Serra de' Conti E3

Der von einer Stadtmauer umarmte mittelalterliche Stadtkern versammelt eine Handvoll Kirchen und (ehemalige) Klöster. Ansonsten gibt es hier gute Aussichten auf die umliegende Agrarlandschaft und hervorragende Hülsenfrüchte in Bioqualität.

Feine Kost und fromme Frauen

Das Highlight unter den kleinen Vitamin- und Mineralienbomben sind die als lokale Spezialität mit Qualitätssiegel geschützten Platterbsen – *cicerchia* –, die einst auf den Tellern der armen Leute lagen und heutzutage im Mittelpunkt eines Volksfestes (3. Nov.-Wochenende) und in den Regalen von Feinkostgeschäften im In- und Ausland stehen. Die gesunde Einkaufstour ist gut mit einem Besuch des **Museo delle Arti Monastiche** zu verbinden. Die in zeitgemäßem Museumsdesign präsentierte Ausstellung in einem alten Kloster informiert mit stimmungsvollen Filmen, Bildern und Tönen sowie angesichts authentischer Werkzeuge über das Alltagsleben der Nonnen, die hier zwischen 1586 und dem Ende des 19. Jh. gebetet und gearbeitet haben.

Via Armellini 2/B, T 0731 87 17 39, www.museoartimonastiche.it, Di–So 10.30–12.30, 16.30–19.30 Uhr, 3,50 €

Einkaufen

Platterbsen für zu Hause

Cooperativa La Bona Usanza: Neben *cicerchia* verkauft die erfolgreiche Kooperative auch andere lokale Leckereien, u. a. Kichererbsen, Bohnen, Linsen, Artischockencreme und Feigensalami (Lonzino di Fico), Käse, Olivenöl und Honig. Scheuen Sie sich nicht, an dem eher unscheinbaren Firmensitz zu schellen, der freundliche Marco Simonetti (T 349 605 64 22) zeigt und verkauft Ihnen gern sein Sortiment.

Via Ceresani 14, www.labonausanza.it, Mo–Sa 8.30–12, 14.30–18 Uhr

Montecarotto E3

Montecarotto ist wie fast alle Nachbargemeinden von einem dichten Mauerring geschützt, von romantischen Gassen geädert und allemal einen Altstadtspaziergang mit Weinprobe wert. Es profiliert sich natürlich mit Verdicchio und bewirbt seit 1985 stolz sein **Museo d'Arte Moderna e Mail Art Montecarotto (MAM),** dessen in Italien einmaliger Fundus aus Grafiken und Skulpturen italienischer Gegenwartskünstler seit 2006 im Keller des **Teatro Comunale** leider nur anlässlich von Sonderausstellungen zu sehen ist (www.visitmontecarotto.it). Der 1877 eröffnete Musentempel ist für die knapp 2000 Seelen zählende Gemeinde erstaunlich rege mit einem spartenübergreifenden Gastspielprogramm bespielt. Wichtigstes Datum im Festkalender ist das erste Juliwochenende, wenn beim »Verdicchio in Festa« getrunken, gegessen und gejazzt wird.

Einkaufen

Verdicchio und mehr

In Montecarotto, in dessen grünem Umland einige Agriturismi Tisch und Bett bieten, residieren mehrere Kellereien, u. a. eine der größten der Marken namens **Terre Cortesi Moncaro** (Via Piandole 7a, www.moncaro.com, Mo–Sa 8.30–12.30, 15–19 Uhr), die kooperativ betrieben wird, und **Sabbionare** (Via Sabbionare 10, www.sabbionare.it, Mo–Sa 8.30–12.30, 14.30–19 Uhr).

Maiolati Spontini

F4

In diesem Namen steckt Musik

Noch bis 1939 hieß die Weinbauerngemeinde schlicht Maiolati, ehe sie ihren Namen um den ihres großen Komponistensohnes Gaspare Spontini ergänzte, der hier 1774 geboren wurde, 1851 starb und in der Kirche **San Giovanni Battista** (18. Jh.) ruht. Seine internationale Karriere als dramatischer Opernkomponist führte ihn zunächst ins nahe Jesi und später nach Paris und Berlin. Zu seinen Hauptwerken zählen »Die Vestalin« (1807), »Ferdinand Cortez« (1809) und »Olympia« (1819). Seine 1924 zum Nationalmonument erklärte *casa natale* (Geburtshaus) befindet sich in der Via Nazario Sauro am westlichen Ortsrand. In dem Haus, in dem er seine letzten Lebensmonate verbrachte, residiert nun das **Museo Gaspare Spontini** (Via Gaspare Spontini 15, T 333 668 89 98, www.comune.maiolati spontini.an.it, So 16–20 Uhr oder auf Anfrage, 3 €). Es exponiert biografische Zeugnisse, Originalmöbel, Gemälde und zwei Hammerklaviere aus dem Besitz des Meisters. Seit Sommer 2023 hat es einen für Kulturveranstaltungen vorgesehenen Garten, der durch eine neu gestaltete Passage erreichbar ist.

Als Spontinis Erbe gilt auch ein in den 1840er-Jahren für seine französische Gattin Celeste Erard angepflanzter Garten namens **Parco Colle Celeste,** für den der Komponist einen Hügel in der Nähe des Dorfes kaufte (Via Celeste Erard 12). Ansonsten reifen hier auf den Hügeln natürlich Reben, die von mehreren lokalen Weingütern, darunter **Tenute Pieralisi – Monte Schiavo** (www.tenutepieralisi.it/it/monte-schiavo) und **Mancini** (www.manciniwines.it) bewirtschaftet werden.

Cupramontana, Staffolo

F4

Die architektonisch attraktiven und atmosphärisch anrührenden Altstädte von **Cupramontana** und **Staffolo** erheben sich stattliche 506 m und 441 m hoch übers ansonsten sanft hügelige weite Weinland. Sie gelten als historische Keimzellen für das Keltern und Kultivieren von Verdicchio, der hier in rauschenden Weinfesten gefeiert und mit modernen Museen gewürdigt wird.

Schöne bunte Weinwelt

In **Cupramontana,** römischen Ursprungs und am ehemaligen Standort eines Tempels für die Göttin Cupra erbaut, entführen die **Musei in Grotta (MIG)** in den Kellergewölben des Convento di Santa Caterina in eine schöne bunte Weinwelt. Das ist durchaus wörtlich zu verstehen: Die sensibel restaurierten und zeitgemäß möblierten alten Gemäuer integrieren das einzigartige **Museo dell'Etichetta.**

Die Sammlung von internationalen Weinflaschenetiketten aus allen Zeiten ist nur eine Attraktion in den weitläufigen Klosterkellern. Auf der **Strada del Gusto** erfährt man alles über die landwirtschaftlichen Produkte von Cupramontana, wo außer Wein auch Oliven angebaut werden, Öl, Honig, Wurst und Käse gemacht werden. Dem kulinarischen Infotainment dient auch eine **Cineteca,** während eine Plakatausstellung die Geschichte des lokalen Weinfests erzählt, das seit 1929 gefeiert wird und somit als ältestes der Gegend gilt.

Die ›Degustationsabteilung‹ des MIG heißt **Enocupra** und der wie eh und je mit Heilkräutern bepflanzte ehemalige Klostergarten vor der Tür **Horto de i Semplici.** Ach ja, die Touristeninfo inklusive Bookshop residiert ebenfalls in der Klostergrotte, sodass man sich hier auch gleich über alle anderen wichtigen Adressen in Cupramontana schlaumachen kann.

Corso G. Leopardi 59, T 0731 78 01 99, www.turismo-cupramontana.com, Juni–Sept. Mo–Sa 10.30–12.30, 16.30–19.30, So 16.30–19.30 Uhr, 2 €

Studieren und probieren

Im wieder einmal ansehnlich mittelalterlich ummauerten **Staffolo** locken die **Enoteca e Museo dell'Arte del Vino.** Dabei handelt es sich um ein **Winzermuseum,** das u. a. angesichts einer Traubenpresse von 1695 in Geschichte und Gegenwart des sympathischen Gewerbes einführt. Weil es der kommunalen Enoteca angegliedert und in den alten

Gemäuern eines historischen Krankenhauses aus dem 15. Jh. untergebracht ist, kann man die guten Tropfen der 16 lokalen Weingüter gleich vor Ort und in stimmungsvollem Interieur degustieren.
Via Marconi 31, T 366 386 38 46, Fr–So 18–24 Uhr

Schlafen, Essen

In Wein baden

Relais del Borgo: Kontemporärer Viersterneluxus inklusive Wellnessoase in einem nachhaltig renovierten Palazzo, Baujahr 1930, im mittelalterlichen Ortskern von Staffolo. Man entspannt z. B. in Salz- und Verdicchiobädern.
Staffolo, Via Solferino 4, T 0731 77 92 23, www.relaisdelborgo.com, €€–€€€

Pasta und Pizza satt

La Grotta del Frate: Im rustikal-gemütlichen Gewölbelokal vor Staffolos Stadtmauer gibt's typische Gerichte der Marken-Küche.
Via Roma 10, T 0731 82 00 18, 389 896 93 47, Mo, Do, Fr 19.30–23, Sa 12–15, 19.30–23, So 12–15 Uhr, €€

Nomen est omen

Vino e Cucina: Im Centro storico überzeugt man hier mit traditioneller Lokalküche und guten Tropfen aus der Umgebung.
Via XX Settembre 54, T 0731 77 97 83, www.vinoecucinastaffolo.com, Di–Fr 19.30–22.30, Sa 12–15, 19.30–22.30, So 12–15 Uhr, €€

Einkaufen

Wein und Öl

In Cupramontana empfehlen sich **Colonnara** (Via Mandriole 6, www.colonnara.it, Mo–Sa 8.30–12.30, 15–19 Uhr, Degustation auf Anfrage 15–35 €) und **Vallerosa Bonci** (Via Torre 13, www.vallerosa-bonci.com, Mo–Sa 8–12, 14–18 Uhr, Degustaion auf Anfrage 20–35 €) fürs Kosten und Kaufen leckerer Tröpfchen.

Auf einer Karte am Ortseingang von Staffolo sind alle Weingüter des Colle del Verdicchio eingezeichnet. Auch Hinweise auf den Verkauf von Bio-Olivenöl.

Feiern

- **Festa del Verdicchio:** Ende Aug. in Staffolo
- **Sagra dell'Uva:** Weinfest in Cupramontana am 1. Okt.-Wochenende

Cingoli

F4

Vom ›Balkon der Marken‹, wie die Stadt mit dem Stausee vor der Haustür gern genannt wird, schweift der Panoramablick an klaren Tagen über die Hügel und den Monte Conero auf die Adria und hinauf zu den Sibillinischen Bergen. Bei Regen geben sich Berge und Meer allenfalls schemenhaft zu erkennen und auch die warmen Gelb- und Ockertöne der eleganten Renaissancepalazzi kommen nur bei Sonne so richtig zur Geltung.

Spektakuläres Gemälde

Eindrücklichster Platz der vornehmlich vom 15. bis 18. Jh. erbauten 10 000-Seelen-Gemeinde in 631 m Höhe ist die am Standort des römischen Forums von Cingulum verortete **Piazza Vittorio Emanuele II**, an der sich Rathaus und Dom erheben. Der **Palazzo Comunale** aus dem 12. Jh. wurde abgesehen von seinem im Original erhalten gebliebenen Glockenturm im 16. Jh. dem Geschmack der Zeit entsprechend modifiziert, der **Duomo** datiert aus dem 17. Jh. Direkt nebenan serviert die traditionsreiche Caffeteria del Duomo leckere *dolci* und *stuzzichini* zum Aperitif (6.30–22.30 Uhr).

Berühmtester Sohn der Stadt ist der Kurzzeitpapst Pius VIII. (1829–30), der hier 1761 als Francesco Saverio Maria Felice Castiglioni auf die Welt kam, ihr spektakulärstes Kunstwerk Lorenzo Lottos Rosenkranzmadonna (Madonna del Rosario e Santi), mit der der venezianische Maler zwischen 1537 und 1539 die **Chiesa San Domenico** veredelt hat. Weil die Kirche infolge des Erdbebens von 2016 nicht zugänglich ist, wird das wirklich grandiose Gemälde derzeit in der Sala degli Stemmi im **Rathaus** gehütet. Zeitgenössische Kunst imponiert auf einem grünen Hochplateau im Ortsteil Avenale, wo Nazzareno Rocchettis (geb. 1947) 3 m hohe Granitskulptur **Cristo delle Marche** seit 2010 über die Marken wacht.

Piazza Vittorio Emanuele II 1, www.prolococingoli.it, T 073 360 28 77, Sa 15–18, So 10–13, 15–18 Uhr, 2 €

Parco della Gola della Rossa e di Frasassi

E4

Das ›grüne Herz der Marken‹ schlägt in der Gemeinde Genga, auf deren Territorium sich der dicht bewaldete regionale Naturpark mit den Felsenschluchten **Gola della Rossa** und **Gola di Frasassi** ausbreitet. Darin verbergen sich faszinierende Tropfsteingrotten (s. S. 128) und brodeln die Schwefelquellen von Vittore Terme.

Spannung und Entspannung

San Vittore Terme ist ein Thermalbadeort im Miniformat und auch wegen der romanischen **Abbazia San Vittore delle Chiuse** und des **Museo Speleo-Paleontologico ed Archeologico** kulturhistorisch interessant. Das Kleinod romanischer Kirchenarchitektur war einst das Gotteshaus einer gleichnamigen Abtei, die 1007 erstmals urkundlich erwähnt wurde und im 13. Jh. ihre Blütezeit erlebte (Via San Vittore 5, tgl. 9–19 Uhr). Das Museum versammelt vor Ort gefundene Fossilien, die die prähistorische Flora und Fauna des Naturparks illustrieren. Sein größter Stolz ist der ca. 3 m lange »Dinosaurier Marta«, so der Kosename für den vermutlich 150 Mio. Jahre alten steinernen Abdruck eines delfinähnlichen Meeresreptils, den man 1976 nahe der Abtei San Vittore entdeckt hat.

Via San Vittore 7, www.frasassi.com, tgl. 11–14, 15–18 Uhr, 4 € (bzw. im Ticket für Grotte di Frasassi inkl.)

Kunst und (Bau-)Kultur

Auf dem Weg nach Genga ist das **Santuario Madonna di Frasassi** mit dem **Tempietto di Valadier** und dem **Eremo Santa Maria Infra-Saxa** einen Abstecher wert. Das neoklassizistische Tempelchen, gebaut 1828 vom gleichnamigen Architekten (1762–1839), liegt oberhalb der spektakulären Grotte di Frasassi (s. S. 128) unter einem Felsenbogen und ist auf einem ca. 700 m kurzen, aber steilen Pilgerweg per pedes zu erklimmen (an der Straße nach Genga ausgeschildert).

Die Einsiedelei in der **Grotta Beata Vergine** (April–Sept. tgl. 9–18, Juli/Aug. 9–19, Okt. 9–17, sonst 10–16 Uhr, 6 bzw. 4 € für Inhaber des Grottentickets) gleich nebenan hütet ein Marienbildnis und ist Fundort der Venere di Frasassi, einer knapp 9 cm kleinen und 60 g leichten Frauenskulptur aus der Jungsteinzeit, die im archäologischen Nationalmuseum von Ancona staunen macht. Die einem Canova-Schüler zugeschriebene Madonnenstatue aus dem Tempietto di Valadier gehört dagegen zu den mehrheitlich sakralen Exponaten des **Museo di Genga »Arte, Storia e Territorio«** (Largo Leone XXII 1, www.frasassiexperiences.com, tgl. 11–14, 15–18 Uhr, im Ticket für die Grotte di Frasassi inkl. bzw. 4 €) im von einem mittelalterlichen Schlossturm überragten Centro storico von Genga, wo Annibale della Genga (1760–1829) alias Papst Leo XII. (1823–29) geboren wurde.

Durch die **Gola della Rossa** geht's von Genga nach **Serra San Quirico,** ein verschlafenes Nest, in dem die Parkverwaltung des Parco Regionale della Gola della Rossa e di Frasassi residiert und eine architektonische Besonderheit fasziniert: die **Copertelle,** die überdachte Bebauung der Stadtmauer, unter der man übrigens im Hotelrestaurant Le Copertelle Biokost mit Slow-Food-Segen speisen und in Grottenambiente (€) übernachten kann (Via Leopardi 3a, Serra San Quirico, T 0731 866 91, www.le-copertelle.com, €€).

Schlafen, Essen

Alles im grünen Bereich

Le Grotte: Das moderne Vier-Sterne-Hotel mit Restaurant, Garten, Pool und Spa liegt im Grünen und nur wenige Kilometer von den berühmten Tropfsteinhöhlen entfernt. Viel Komfort fürs Geld.

Fraz. Pontebovesecco 14, Genga, T 0732 97 20 65, www.hotellegrotte.it, €€

Omas Küche

Trattoria Hostaria da Marianna: Die Nachfahren pflegen nach wie vor die saisonale Lokalküche von Oma Marianna, die das Gasthaus vor 70 Jahren eröffnete. Es gibt u. a. hausgemachte Pasta, rustikale Fleisch- und Gemüsegerichte und selbst gebackene Crostata mit Waldfrüchten.

Fraz. Pianello, Genga, T 329 257 23 63, Do–Di 10–16, Sa auch 19.30–22.30 Uhr, €€

Bewegen

Anspruchsvoll

Erfahrene Wanderer und Kletterer können den **Parco della Gola della Rossa e di Frasassi** auf 35 gut kartografierten und im Gelände weiß-rot markierten Wanderwegen erobern. Letztere sind auf der Carta escursionistica Parco naturale della Gola della Rossa e di Frasassi, 1 : 25 000 verzeichnet und von der u. g. Website der Parkverwaltung herunterzuladen.

Infos

- **Parco Naturale Regionale Gola della Rossa e di Frasassi:** Complesso S. Luca, Via Marcellini 5, Serra San Quirico, T 349 909 03 48, www.parcogolarossa.it
- **Zug:** Bahnhof Genga-San Vittore Terme ca. 2 km von den Grotten entfernt (Shuttlebus), Züge nach Ancona und Fabriano

Arcevia

E4

Arcevia klebt auf gut 500 Höhenmetern am üppig grünen Hang des Monte Cisciano, ist von neun mittelalterlichen Trutzburgen umringt und recht beliebt bei Touristen, die allerdings lieber im grünen Umland als im gut erhaltenen Centro storico logieren.

Altstadtbummel

Der historische Altstadtkern liegt rund um den **Palazzo del Podestà** nebst Turm aus dem 13. Jh., in dessen Eingangszone man mit einer Fotowand die 77 lokalen Partisanen würdigt, die im Mai 1944 von Nazis ermordet wurden. Sie werden obendrein am südlichen Ortsausgang mit einem Denkmal geehrt. Natürlich gibt's an der zentralen Piazza Garibaldi auch noch die obligatorische Bar Centrale, die hier unter Arkaden je nach Tageszeit zu *caffè*, *gelato* und *dolci* oder einem Aperitif mit herzhaften Häppchen animiert. Einen Katzensprung entfernt befindet sich das ›Kulturkloster‹ **Complesso San Francesco,** um dessen Kreuzgang sich die Türen zu **Museo Archeologico Sta-**

TOUR
Auf naturwunderbaren Wegen

In den Tropfsteinhöhlen Grotte di Frasassi

Infos

E4

Planung:
www.frasassi.com; Ausgangspunkt ist der ausgeschilderte Parcheggio La Cuna; Führungen: Juni–Sept. 10–17 Uhr alle 20, Okt. alle 30 Min., in den übrigen Monaten stdl., Details s. Website. Führungen (Dauer 1,5 Std.) in deutscher Sprache Juni–Sept., Zeiten vor Ort erfragen. 18 €, 6–14 J. 15 €; das Ticket – online oder vor Ort zu kaufen – inkludiert freien Eintritt in den Museen von Genga.

Von gigantischen Ausmaßen, uralt und schlicht naturwunderbar: Die Grotten von Frasassi gehören zu den spektakulärsten Naturmonumenten Italiens. Entdeckt wurden sie am 25. September 1971, als Rolando Silvestro einen Stein in eine kleine Felsspalte in der Frasassi-Schlucht warf und das Echo lange auf sich warten ließ. Dass der Gesteinsöffnung ein Luftzug entwich, war den Höhlenforschern aus Ancona schon vorher aufgefallen, weshalb sie das später zu ihren Ehren »Abgrund Ancona« getaufte und 1974 touristisch erschlossene Höhlensystem Grotta del Vento genannt hatten.

Giganten unter der Erde

Durch einen in den Berg gesprengten Tunnel dringen Besucher heute in den Abisso Ancona vor – und sind zunächst überwältigt von den enormen Dimensionen des 14 °C kühlen und fast zu 100 % luftfeuchten unterirdischen Raums. Hat man sich wieder gefangen geht's zunächst zu einer Gruppe von bis zu 20 m hohen Stalagmiten, also von unten nach oben gewachsenen Tropfsteinformationen.

Ein Stalagmit wird ebenso wie ein von der Höhlendecke nach unten wachsender Stalaktit in 100 Jahren nur ca. 8 bis 15 mm größer, sodass man sich angesichts dieser **Giganti** plötzlich ganz jung fühlt und leichtfüßig zu den **Cascata del Niagara** (Niagarafällen) weiter zieht. Der Name dieser Formation erschließt sich von allein ebenso wie der des sogenannten **Lago Cristallizzato** (Kristallsee), den man danach bestaunt. Von dem See mit dem blauen Wasserspiegel und den kleinen Kristallen am Grund steigt man dann hinauf zu einem Punkt, von dem das historische Einstiegsloch zu sehen ist,

durch das der einzige natürliche Lichtstrahl in diese Unterwelt fällt.

Zauberhaft

Nächste Etappe der Höhlentour ist die **Sala 200.** Dort amüsieren zunächst zwei Stalagmiten mit den Konturen von Kamel und Dromedar und schwebt dann das Damoklesschwert eines Stalaktiten von 8 m Länge, das sich an seiner Spitze auf ca. 150 cm Breite verjüngt. Auf dem Weg zum 25 m tiefen Abgrund des **Gran Canyon** passiert man dann einen Stalagmiten von 15 m Höhe, der sich wie ein **Obelisk** (Obelisco) nach oben reckt. Kurz darauf verzaubert ein filigranes Tropfsteinfaszinosum namens **Canne d'Organo** (Orgelpfeifen). Es spielt gleichsam die Ouvertüre für eine anrührend schöne visuelle Sinfonie in Gestalt eines blauen Sees mit schneeweißen Tropfsteinkerzen, deren imaginärer Lichtschein sich in den rosa-goldenen Kalksteinwänden zu spiegeln scheint.

Kühle Schönheit: Bei gerade mal 14 °C liegt die Temperatur in den Höhlen.

Die **Sala delle Candeline** (Saal der kleinen Kerzen) ist im wahrsten Wortsinne das Highlight in der **Sala Infinito** (Saal der Unendlichkeit), in der man noch einen schneeweißen Saal (Sala Bianca) durchschreitet und in der **Sala dell'Orsa** (Saal der Bärin) deren Namenspatronin erkennt. Schließlich schwebt hier sogar Engelshaar (Capelli d'Angelo), das man wie alle anderen Naturwunder auf keinen Fall anfassen darf, weil alle Tropfsteine aus in Wassertropfen gelöstem Kalk bestehen und das bei Berührung abgesonderte Fett die Kalkablagerung verhindern würde. Wenn wir das respektieren, wächst es weiter und werden auch Kamel, Dromedar und Bärin nicht sterben, obwohl sie schon gut 150 Mio. Jahre alt sind.

tale und Stadtbibliothek gruppieren, wo sporadisch Konzerte und Konferenzen veranstaltet und dauerhaft Werke lokaler Gegenwartskünstler gezeigt werden. Dagegen sind in der barocken **Chiesa Collegiata di San Medardo** Originale längst verblichener Talente, darunter Renaissancegrößen wie Luca Signorelli oder Claudio Ridolfi, zu goutieren (Via Rammazzani 136, 9–12, 13.30–19 Uhr) und entzückt in der Parallelstraße das in den 1840er-Jahren rekonstruierte **Teatro Misa** aus dem 17. Jh. (Corso Mazzini 22, Besichtigung auf Anfrage bei der IAT).

Centro Culturale, Corso Mazzini 64, www.arceviaturismo.it, **Museo Archeologico Statale:** Mo/Di, Fr/Sa 8.30–13, Mi/Do 14–19 Uhr; **IAT:** Piazza Garibaldi 7, Di 15–19.30, Fr–So 9–13, 15–19.30 Uhr

Schlafen, Essen

Verblasster Charme

Park Hotel Ristorante: Das Hotelrestaurant vor den Toren des Stadtparks hat vielleicht seine besten Zeiten hinter sich, bietet aber immer noch passablen Übernachtungskomfort und ebensolche marchigianische Küche zu fairen Preisen.

Via Roma 5, T 0731 970 85, www.parkhotelarcevia.it, €

Ehrliche Küche

Pinocchio: Saisonale Lokalküche im freundlichen Grottenlokal.

Via Ramazzani 8, T 0731 972 88, Do–Di 12–14.30, 19–22 Uhr, €€

Sassoferrato D4

Besonders sehens- und erlebenswert ist der alte Ortskern auf der obersten Stadtetage, wo sich praktischerweise auch die nettesten Lokale konzentrieren. Ihre große antike und industrielle Vergangenheit offenbart die 7000-Seelen-Gemeinde vor ihren grünen Toren, wo die Reste des römischen Sentinum ruhen und die Geschichte ihres einst international bedeutenden Schwefelbergwerks dokumentiert wird.

Nostalgisches Flair

Kultureller und kulinarischer Mittelpunkt des Centro storico ist die Piazza Matteotti, die vom arkadengestützten **Palazzo Comunale** und dem **Palazzo Priori** aus dem 15. sowie dem **Palazzo Oliva** aus dem 16. Jh. gesäumt wird. Direkt daneben öffnet sich die Piazza San Francesco mit der gleichnamigen gotischen Kirche und darüber trotzen die Rudimente der Festung **(Rocca)** des päpstlichen Legaten Albornoz (1365) dem Zahn der Zeit.

Im Palazzo Oliva sind die **Civica Raccolta D'Arte** mit Gemälden und Zeichnungen marchigianischer und lokaler Künstler vom Spätmittelalter bis zum Barock und die **Raccolta Incisori Marchigiani** mit Grafiken und Gravuren vom 16. Jh. bis heute zu sehen (Piazza Matteotti 5, April–Okt. tgl. 10–13, 15.30–18.30, Nov.–März 9–13, 13.30–17.30 Uhr, 4 €). Das **Museo Archeologico** im Palazzo Priori teilt sich sein Domizil mit der **Raccolta Perottiana,** einer von Niccolò Perotti (1430–80) zusammengetragenen Reliquiensammlung (Piazza Matteotti 10, Öffnungszeiten wie oben, 4 €). Es erzählt von der heldenhaften Schlacht gegen die Gallier, mit der anno 295. v. Chr. just in Sassoferrato der Siegeszug der Römer durch die Marken begann. Es zeigt obendrein Mosaiken und Skulpturen aus Sentinum, das im 1. Jh. v. Chr. gegründet wurde, zwischen dem 1. und 3. Jh. n. Chr. in voller urbaner Blüte stand und in Gestalt von Säulenstümpfen, Mauer- und Straßenresten im **Parco Archeologico di Sentinum** an der Peripherie der neuen Stadt erhalten ist (Loc. Santa Lucia, April–Okt. Sa 16.30, 18, So/Fei 11, 16.30, 18,

Aug. tgl. 16.30, 18 Uhr, nur mit Führung und Vorbuchung, 5 €, s. u.).

Spärlich geöffnet, aber ebenfalls den Weg an den Ortsrand wert ist die **Abbazia di Santa Croce.** Die romanische Kirche (12. Jh.) mit der mystischen Aura ist von jeher ein Pilgerziel von Mitgliedern des Templerordens. Sie beeindruckt mit Fresken aus dem 15. Jh. und einem Altarbild von Pietro Paolo Agabiti (1470–1540), das den heiligen Benedikt zeigt. Letzteres ersetzte übrigens eines von Antonio da Pesaro (1415–77), das seit 50 Jahren in Urbinos Nationalgalerie zu bewundern ist (Loc. Croce, auf Anfrage bei der IAT, s. u.).

Industriegeschichte

Das **Museo Comunale della Miniera di Zolfo Cabernardi** (E 4) und der **Parco Archeo Minerario** erzählen am Originalschauplatz die Geschichte der 1888 erschlossenen größten Schwefelmine Europas, in der kurz vor der Schließung 1959 1600 Bergleute in Lohn und Brot waren. Es zeigt Schwefelkristalle, Werkzeuge und Fotos sowie den Dokumentarfilm »Pane e Zolfo«, der vom Kampf der Arbeiter für den Erhalt der Mine erzählt. Dass ihr Bemühen letztlich erfolglos war, stürzte Sassoferrato, das 1950 noch 14000 Einwohner zählte, in eine tiefe wirtschaftliche und demografische Depression, von der es sich durch die Ansiedlung von Betrieben der Papier-, Schuh- und Elektroindustrie nur langsam erholt hat.

Fraz. Cabernadi, Via Contrada Nuova 1, www.minieracabernardi.it, **Museum:** April–Okt. Sa 16–19, So 10–13, 16–19, Nov.–März Sa 15–18, So 10–13, 15–18 Uhr, 7 € inkl. Park; **Park:** Führungen April–Okt. Sa 16.30, 18, So 11, 16.30, 18, Aug. tgl. 16.30, 18, Nov.–März Sa 16, So 11, 16 Uhr

Schlafen

Sympathisch

Country House Federico I: In dem von freundlichem Personal betreuten historischen Palazzo am Rande der Altstadt gibt's gepflegte Zimmer. Unter derselben Adresse kann man Ferienwohnungen in anderen alten Gemäuern des Centro storico mieten.

Largo S. Cristoforo 2, T 0732 95 80 56, 320 243 76 95, www.countryhousefederico.it, €–€€

Essen

Solide Grundlage

Hostaria della Rocca: Das rustikale Lokal unterhalb der Rocca offeriert leckere lokale Spezialitäten und abends auch Pizza, bei schönem Wetter auf einer Gartenterrasse.

Via Cardinale Albornoz 3, T 0732 954 44, Do–Di 12–15, 18–22 Uhr, €€

Frisches in der Altstadt

La Taverna di Bartolo: Das einladende Restaurant an Sassoferratos Altstadtpiazza profiliert sich mit einer verfeinerten Saisonküche und hat freitags auch Fischgerichte auf der kleinen (Tages-)Karte.

Piazza Matteotti 7/9, T 0732 95 80 67, T 377 290 18 95, Di–So 12–14.30, 20–22 Uhr, €€

Hotspot im Centro storico

Bar Castello: In der Musikkneipe kann man einfache Gerichte bestellen, snacken und v. a. gut und lange trinken, weil man hier von guten Weinen über mehrere Biersorten bis hin zu Spirituosen fast alle alkoholischen Getränke im Ausschank und am Wochenende Livemusik in petto hat.

Piazza Matteotti 11, T 0732 04 18 42, Mo, Di 7–21, Do 7–1, Fr 7–2, Sa 7–3, So 8–2 Uhr

Infos

- **IAT** Piazza Matteotti 5, T 0732 95 62 57, www.sassoferratoturismo.it, tgl. 10–13, 15.30–18.30 Uhr, sowohl vor Ort als auch online Kontaktadresse für die Besichtigung aller o. g. Attraktionen.

Fabriano

E4

Historisches Telegramm

Die Stadt zählt knapp 29 000 Einwohner und ist einer der wichtigsten Industriestandorte der Region, von jeher kulturell und kommerziell lebendig und seit 2013 »UNESCO-Kreativstadt«. Sie liegt in einer Ebene am südlichen Rand des Naturparks Gola di Rossa e Frasassi, die schon zu prähistorischer Zeit besiedelt und in der Antike Standort des römischen Tuficum und Attidium war. Bei seiner Stadtgründung um 1000 nahm sie den Namen des römischen Grundherrn Faberius Fabriano an und ging gut 250 Jahre später für ihre Pionierleistungen in der Herstellung von Papier in die europäische Kultur- und Industriegeschichte ein (s. S. 279). Auf- und Niedergang dieses Industriezweiges, im Museo della Carta e della Filligrana dokumentiert, bestimmen seither die wirtschaftlichen Geschicke der Stadt.

Kunst und Kirche

Der große Künstlersohn der Stadt, Gentile di Niccolò Massi (1370–1420) verließ sie 1409 gen Venedig, um dort bei der Verschönerung des Dogenpalastes mitzupinseln, arbeitete später in Florenz und Rom und kehrte nie mehr in seine Heimat zurück. Mit wachsendem Ruhm nannte man ihn Gentile da Fabriano. Er gilt als Exponent der »Schule von Fabriano«, zu der ferner sein Lehrer Allegretto Nuzi (1320–73) und Antonio da Fabriano (Mitte des 15. Jh.) gehören. Deren Werke hängen in der **Pinacoteca Civica Bruno Molajoli** im ehemaligen Krankenhaus Spedale di Santa Maria del Buon Gesù (15. Jh.). Die Pinakothek präsentiert außer den lokalen einige regionale Talente, die den Bogen vom 13. bis 16. Jh. spannen (Piazza Giovanni Paolo II 11, T 0732 25 06 58, www.pinacotecafabriano.it, Fr–So 10–13, 15–18 Uhr, 6 €). Jahrhunderte nach Gentile da Fabriano kehrte auch Gaetano Ulisse Bianchini (1937–97), mit Künstlernamen Guelfo, seiner Geburtsstadt den Rücken,

Alte Handwerkskunst: Bei Sandro Tiberi in Fabriano werden die Papierbahnen zum Trocknen aufgehängt.

um u.a. in London und Paris als Maler und Bildhauer Karriere zu machen. Weil er seiner in Fabriano verbliebenen Schwester viele seiner Werke vermachte, gründete die eine Stiftung, aus der das **Museo Guelfo** hervorging, in dem neben Guelfos farbenfrohen Gemälden und Skulpturen auch Arbeiten seiner Freunde, darunter Dalí, Magritte und Miró, gezeigt werden (Via Cesare Battisti 3, Fr–So 10–13, 15–18 Uhr, Eintritt frei). Mit großen Künstlernamen schmückt sich auch die **Cattedrale di San Venzano** am selben Platz. Der Dom wurde im 14. Jh. erbaut, zu Beginn des 17. Jh. renoviert und mit Stuckaturen und Gemälden von Gregorio Preti, Francesco Guerrieri oder Orazio Gentileschi verziert, wobei die Fresken aus dem 14. bis 16. Jh. von der Barockisierung glücklicherweise unberührt blieben (Mo–Sa 9–12.30, 14.30–18.30, So 9–12.30, 16–17.30 Uhr).

Hier schlägt das Herz der Stadt

Der Domplatz liegt unmittelbar benachbart zur **Piazza del Comune,** wo der **Palazzo del Podestà** (1255) die Szene dominiert. In dem mächtigen weißen Baukörper öffnet sich ein ovaler Torbogen, der im 14. und 15. Jh. mit farbenfrohen Fresken dekoriert wurde, davor plätschert die **Fontana di Sturinalto** (1285). Die Zentralpiazza wird ferner vom **Palazzo Vescovile** (Palazzo del Priore) mit dem sakralkünstlerisch hochkarätigen **Museo Diocesano** (Fr–So 10–12, 16–18 Uhr) und dem **Palazzo del Comune** flankiert. Das Rathaus wurde 1350 als Residenz der Adelsfamilie Chiavelli gebaut, 1690 zeitgemäß modifiziert und erinnert in seinem Innenhof mit Säulen und Lapidarien aus Attidium, Tuficum und Sentinum an die römische Vorgeschichte der Stadt. Direkt neben ihm säumt der **Loggiato San Francesco** den Platz. Das Bauwerk stammt vom Renaissancearchitekten Bernardo Rosselini, führte seit dem 15. Jh. trockenen Fußes von der Zentralpiazza zur 1864 demolierten Chiesa di San Francesco (1292) und wurde 1790 um sieben Arkaden verlängert, um es direkt ans Rathaus anzudocken.

So ein Theater

Vielleicht, um sich darüber hinwegzutrösten, dass Bilder von Gentile da Fabriano von Florenz bis Malibu, aber nicht in seinem Geburtsort zu sehen sind, widmete man dem großen Sohn das Stadttheater. Das **Teatro Gentile,** eines der größten, prächtigsten und tontechnisch besten der Region, wurde 1882 mit Verdis Aida eröffnet und bringt bis heute vornehmlich Opern und Konzerte auf die Bühne.

Via Gentile da Fabriano 1, T 0732 36 44 40, www.amatmarche.net, Mo–Fr 9–13, Di, Do auch 15.30–18 Uhr

Museen

Nicht von Pappe

Museo della Carta e della Filligrana: s. auch S. 281

Largo Fratelli Spacca 2, T 0732 223 24, www.museodellacarta.com, Di–So 9.30–13.30, 15–18 Uhr, 10 €

Von Spezialinteresse

Das **Museo Farmacia Mazzolini Giuseppucci** (Corso della Repubblica 33a, www.museo.1896.it, Di–Sa 9.30–13, Mi, Fr auch 17–19.30 Uhr, Eintritt frei) lässt Apothekerherzen höherschlagen, während die **Musei dei Mestieri in Bicicletta** (Via della Ceramica 37, www.mestieriinbicicletta.com, tgl. 10–12.30, 16–18.30 Uhr, Eintritt frei) historische Fahrräder und ihren Einsatz für berufliche Zwecke demonstrieren.

Schlafen

Nach Gutsherrenart

Il Marchese Del Grillo: Schöne alte Landvilla (18. Jh.) mit Pool, in der man

F

FLEISCHESLUST

In Fabriano geht es um die Wurst, präzise um die **Salame di Fabriano,** die qualitätsgeschützt, von Slow Food protegiert, nur in Fabriano selbst und einigen Nachbargemeinden produziert und als kulinarisches Wahrzeichen der Stadt promotet wird. Zudem profiliert sich der Ort mit delikatem Lammfleisch der **Fabrianese-Schafe.**

in luxuriösen Zimmern und Suiten gastfreundlich betreut logiert und wunderbar essen kann. Familie D'Alesio-Della Mora legt Wert auf beste (Bio-)Produkte – teilweise vom eigenen Hof in Apulien – und kennt sich aus mit Wein.

Loc. Rocchetta Bassa 73, ca. 5 km außerhalb, T 0732 62 56 90, www.marchesedelgrillo.com, €–€€, Restaurant Di–Sa 19.30–22.30, So 12.30–14.30 Uhr, €€€

Akzeptabel und stadtnah

Hotel 2000: Schlichtes Drei-Sterne-Hotel in einem restaurierten Palazzo in fußläufiger Nähe zum Zentrum. Mit Parkplatz.

Viale Zonghi 29, T 0732 25 11 60, www.2000hotel.it, €

Freundliches Stadthaus

Residenza La Ceramica: Boutiquehotel in historischer Gebäudehülle, das gepflegte Zimmer und Suiten, ein originelles Interieur und einen netten Innenhof zu bieten hat.

Via Ceramica 10, T 0732 41 36, www.residenzalaceramica.com, €€

Essen

Gut und günstig

Taverna da Ivo: Ortstypische Küche zum Mitnehmen oder Verzehr vor Ort. Spezialität ist gegrilltes Fleisch, dienstags und freitags gibt's auch Fisch.

Via V. Veneto 16, T 0732 54 97, tgl. außer Sa 8–24 Uhr, €–€€

Für Karnivoren

Il Piacere della Carne: ›Fleischeslust‹ in freundlich-hellem Interieur. Wurstplatten und Fleisch von Rind, Schwein und Geflügel, davor und dazu Pasta und Gemüse.

Via G. B. Miliani 20, T 0732 219 55, www.ristoranteilpiaceredellacarne.it, Di–Fr 19.30–24, Sa/So auch 12.30–14.30 Uhr, €€

Süß und gesund

By Nice: Leckeres Eis auf der Basis natürlicher Zutaten.

Via Cialdini 1, www.bynicegelato.it, Mo, Di, Do, Fr 13–22, Sa 13–23.30, So 11.30–13, 16–22.30 Uhr

Einkaufen

Papier

Antica Cartoleria Lotti: Gut sortierter Laden, in dem es hübsche Souvenirs aus Miliani-Papier zu kaufen gibt.

Corso della Repubblica 58

Salami & Co

Salumeria Tritelli: Hier gibt's die lokale Salami und andere Wurstspezialitäten.

Viale IV Novembre 142, www.tritelli.it

Infos

- **IAT:** Piazza del Comune 38, T 0732 70 94 24, www.fabrianoturismo.it, Di–So 10–13, 15–18 Uhr
- **Verkehr:** Bahnhof an der Linie Ancona–Rom (via Genga/Grotte di Frasassi), auch Verbindungen via Macerata nach Civitanova Marche; Stadt- und Überlandbusse
- **Palio di San Giovanni Battista:** 24. Juni. Mehrtägiges Stadtfest mit buntem Mittelalterspektakel.

Zugabe

Kulinarischer Sternenhimmel in Senigallia

Geschmacksexplosionen

Mauro Uliassi holte 2019 den dritten Michelin-Stern für sein Restaurant.

Die Verleihung eines oder gar mehrerer Michelin-Sterne ist weltweit die höchste kulinarische Ehre, sodass es schon eine kleine Sensation ist, dass über Senigallia gleich fünf Sterne leuchten. Zwei davon erkochte sich Moreno Cedroni in seinem Restaurant Madonnina del Pescatore. Mauro Uliassi bekam für sein Uliassi 2019 sogar den dritten Stern. Die Starköche haben ihre zeitgenössisch eleganten Gourmettempel nur wenige Kilometer voneinander entfernt am Samtstrand von Senigallia und ihre kulinarischen Wurzeln in Mutters lokaler Meeresküche. Sie lernten ihr Handwerk von der Pike auf und ließen sich später in Ferran Adriàs El Bulli vom Godfather der Molekularküche persönlich inspirieren.

Die ›Jungs‹ aus Senigallia arbeiten am liebsten mit maritimen ›Materialien‹, die sie gern in rohem Zustand belassen oder mit Obst, Gemüse, Wild oder Geflügel zu geschmacksexplosiven Arrangements kombinieren. Sie vereinen die besten Zutaten ihrer marchigianischen Heimat mit Qualitätsprodukten aus aller Welt und verpassen Traditionsgerichten ein geschmackliches und ästhetisches ›Lifting‹, wozu sie sich innovativer Gefrier-, Gelier- und Injektionstechniken bedienen. Dabei wird Festes flüssig und Flüssiges fest und entstehen Schäume, Sphären, Farb- und Formenspiele, die Gaumen und Auge gleichermaßen überraschen.

> Inspiriert von Mutters Meeresküche

Das Ambiente der beiden Gourmettempel mit Meeresblick ist zeitgemäß, aber nicht einschüchternd elegant. Dafür sorgen nicht zuletzt Cedronis charmante Ehefrau Mariella Organi und Uliassis sympathische Schwester Catia, die ihre Gäste gleichermaßen herzlich empfangen. ■

Madonnina del Pescatore: Lungomare Italia 11, T 071 69 82 67, www.morenocedroni.it, tgl. außer Mi, Do 12.15–13.15, 19.30–21 Uhr, €€€; **Uliassi:** Banchina di Levante 6, T 071 65 463, www.uliassi.com, Mi–So 12.30–14.15, 19.45–22 Uhr, €€€. Beide Restaurants sind von Weihnachten bis einschließlich Februar geschlossen.

Ancona und Riviera del Conero

Die Riviera del Conero — gefällt mit der quirligen Hafenstadt Ancona, Kreidefelsen, viel Grün und Weltkultur.

Eintauchen

Seite 139

Ancona

Viel Alltagscharme und eine Prise urbane Eleganz bietet die lebhaft-mediterrane Hafenstadt, in der es römische Relikte, einen grandiosen mittelalterlichen Dom und neben großen Schiffen eine tolle Aussicht auf die Adria zu bestaunen gibt.

Seite 151

Baia di Portonovo

Die kleine Bucht von Portonovo ist küstenlandschaftlich und kulinarisch eine Wucht und genau die richtige Adresse für feuchtfröhliche Fischgelage am Meeressaum.

Ancona: Für viele eine Etappe auf dem Seeweg nach Griechenland.

Seite 154

Sirolo

Ein Ort wie aus dem mediterranen Bilderbuch: Sirolo hat tolle Strände, herrliche Campingplätze, entzückende Hotels, einen hübschen alten Ortskern mit Balkonpiazza über der Adria und nette Läden und Lokale fehlen natürlich auch nicht.

Seite 164

Loreto

Weltwallfahrtsort: Das Haus der Gottesmutter Maria flog der Legende nach auf Engelsschwingen von Nazareth nach Loreto, das seit Jahrhunderten das Ziel von Pilgern aus aller Welt ist.

Seite 163

Castelfidardo

Klein und doch eine Musikmetropole: Akkordeons aus Castelfidardo sind seit mehr als 100 Jahren international gefragt, werden vor Ort mit einem Festival gefeiert und von alten wie jungen Talenten virtuos gespielt.

Seite 161

Camerano und Osimo

Die beiden Orte sind von geheimnisvollen Grotten unterkellert.

Seite 169

Alte Heimat

Dass ein Ortsteil des freundlichen Bade- und Hafenstädtchens Numana ›Taunus‹ heißt, erinnert an seinen ›Stadtteilentwickler‹, der als deutscher Einwanderer aus dem Rhein-Main-Gebiet kam. Sein Sohn Carlo baute sich in den Marken ein Leben auf.

&

Seite 166

Recanati

Große Stimmen hallen hier nach: In Recanati wohnte und wirkte Nationaldichter Giacomo Leopardi und wurde der weltberühmte Tenor Beniamino Gigli geboren.

Seite 155

Passo del Lupo

Der Klassiker unter den Wanderungen im Parco Regionale del Conero.

Die Riviera del Conero gehört zu den schönsten Küstenstreifen der italienischen Adria!

Kunst begreifen: Im Museo Omero (s. S. 145) in Ancona können Sehbehinderte berühmte Kunstwerke im wahrsten Sinne des Wortes begreifen.

erleben

Traumstrände und Pilgerträume

I

Im Süden ihrer geschäftigen und alltagscharmanten Haupt- und Hafenstadt Ancona stürzen sich die Marken mit steil abfallenden schneeweißen Kreidefelsen ins blaue Meer. Die scharfen Küstenkanten am Fuße des Monte Conero parzellieren die gleichnamige Riviera in bilderbuchreife Strandbuchten. Darüber kleben die gefälligen Altstadtkerne von Sirolo und Numana, die von ihrem Millionärsblick auf die Adria und sattgrünen Landrücken profitieren. Der Berg läuft nämlich landeinwärts dicht bewaldet und in sanften Hügeln, bepflanzt mit leuchtenden Weinreben und silbrig glänzenden Olivenhainen und besiedelt von romantischen Höfen und noblen Herbergen, aus.

Kreidefelsen und Traumstrände, Wälder und Weinberge, Bauernhöfe und Badeorte vereinen sich zum Parco Regionale del Conero. Der Küstenpark garantiert Badevergnügen und (Rad-) Wanderfreuden auf gut markierten Wegen, steht für leckere Land- und Meeresküche und hat ein verkehrstechnisch gut angebundenes Hinterland, in dem mehrere geschichtsträchtige Städte den kulturellen Erlebnishunger stillen. Im Weinstädtchen Camerano kann man ebenso wie im aussichtsreichen und architektonisch attraktiven Osimo in faszinierende kleinstädtische Unterwelten abtauchen. Recanati rühmt sich mit dem italienischen Nationaldichter Giacomo Leopardi und dem international berühmten Tenor Beniamino Gigli gleich zweier großer Söhne. Castelfidardo glänzt als Schauplatz der italienischen National- und Musikgeschichte und in Loreto gehen Pilger aus aller Welt im Haus der Gottesmutter Maria ein und aus.

ORIENTIERUNG

O

Die Regionalmetropole **Ancona** hat einen **Flughafen** vor der Haustür (s. S. 239). Die Riviera del Conero und der Küstenpark sind aber auch sonst ganz gut vernetzt und mit **öffentlichen Verkehrsmitteln** versorgt. Zwischen den Küstenorten verkehrt die **Bahn** und zu den interessanten Orten im Hinterland fahren regelmäßig und mehrmals täglich **Busse.** Ein nachhaltiger Urlaub ohne Auto ist hier also möglich und stressfreier als anderswo in der Region.

www.rivieradelconero.info: Informationen rund um die Riviera del Conero

Ancona

G3

Das Herz der Regionalmetropole schlägt im Hafen, der Anconas Architektur und Atmosphäre von jeher prägt. Die mit knapp 99 000 Einwohnern größte Stadt der Marken wurde im Laufe der Jahrhunderte mehrfach von schweren Erdbeben geschüttelt, sodass von ihrer antiken Vergangenheit nur noch wenig stehen geblieben und der mittelalterliche Ortskern auf ein kleines Areal unterhalb der strahlend weißen Kathedrale beschränkt ist. Die Hafenstadt gibt sich hier vor Arbeit ganz grau und verströmt dort durchaus urbane Grandezza, etwa auf ihrer schicken Flaniermeile Corso Garibaldi oder der Strandpromenade Passetto mit noblem Grandhotel und eleganter Freitreppe zum Meer, an dem wiederum weniger gut situierte Anconetani ihr Strandmobiliar in einer bunten Reihe brettervernagelter Felsengrotten verstauen. Aus dem Nebeneinander von schick und schmuddelig, arm und reich, schön und hässlich erwächst der unprätentiöse Charme von Ancona – und viel kreative Spannung, die sich in den Inszenierungen des Teatro delle Muse oder kulturellen Initiativen im historischen Hafenlazarett Mole Vanvitteliana entlädt.

Stadtgeschichte kompakt

Ancona leitet sich vom griechischen *ankon* (dt. Ellbogen) ab, was auf die Form des damals noch naturbelassenen Hafens verweist. Damals heißt: um das Jahr 387 v. Chr., als von der großgriechischen Kolonie Syrakus herbeisegelnde Griechen dessen Vorzüge erkannten und sich auf dem Küstenhügel Colle Guasco niederließen, der zu jener Zeit schon von Picenern besiedelt war. Nach den Griechen kamen Römer, Goten und Langobarden, bis Ancona im 11. Jh. als freie Stadtrepublik reüssierte. Im 14. Jh. unter den adeligen

Der Hafen von Ancona ist als ›Tor zum Balkan‹ bekannt: Frachtschiffe, Fähren und Fischerboote laufen hier täglich ein und aus.

F

FILMKULISSE

Ancona posierte als Filmkulisse für Luchino Viscontis Meisterwerk »Ossessione« (1942; »Besessenheit«), das als Pilotfilm des italienischen Neorealismus gilt, und war Jahrzehnte später Drehort für Nanni Morettis »La stanza del figlio« (2001; »Das Zimmer meines Sohnes«).

Malatesta und seit dem 16. Jh. wieder unter der Knute der Kirche, ging es mit der Stadt, die sich später leidenschaftlich für die italienische Einheit engagierte, bergab. Sie wurde 1690, 1930 und 1974 von schweren Erdbeben und im Zweiten Weltkrieg von Bombardements erschüttert. Seit 1970 Hauptstadt der Marken, mauserte sich Ancona nach dem Ende der Kriege in Ex-Jugoslawien zum meistfrequentierten (See-)Tor zum Balkan.

Historische Hafenmonumente

Bei einem Spaziergang durch den Hafen passiert man mehrere steinerne Zeugnisse seiner Geschichte, die im 2. Jh. n. Chr. so richtig in Fahrt kam, als Kaiser Trajan den nördlichen Kai des römischen Flotten- und Handelsstützpunkts befestigen und sich darüber einen Triumphbogen spannen ließ. Der **Arco Traiano** ❶ (Trajansbogen) wachte über das rege Handelstreiben der freien Stadt Ancona mit den zeitgenössischen Metropolen am östlichen Mittelmeer (11. Jh.). Er wurde stummer Zeuge des wirtschaftlichen Niedergangs nach der Rückkehr in den Kirchenstaat (1532) und der Hafenexpansion unter Papst Clemens XII. (1730–40), der Ancona zum Freihafen *(porto franco)* erhob. Der Papst beauftragte Stararchitekt Luigi Vanvitelli damit, die Kaianlagen gen Süden zu verlängern und an ihrem Ende das *lazaretto* zu erbauen. Die ehemalige Quarantänestation für auswärtige Seeleute firmiert heute unter **Mole Vanvitelliana** ❷ und fungiert als rege bespieltes Kulturareal, das u. a. das **Museo Omero** ⓳ integriert. Vanvitelli stellte dem römischen Triumphbogen den neoklassizistischen **Arco Clementino** ❸ als Hommage an seinen Bauherrn zur Seite und in den 1780er-Jahren wurde Papst Pius VI. mit der barocken **Porta Pia** ❹ geehrt.

Modernes Tor zur Welt

Das Ensemble historischer Ehrenmäler wirkt als irritierender Blickfang im technisch hochgerüsteten, modernen Hafenbetrieb. In Ancona ankern eine respektable Trawler-Flotte für den Schleppnetzfang sowie die Kutter unabhängiger Fischer und findet einer der größten Fischmärkte Europas statt. Fincantieri und eine Reihe anderer Werften montieren hier große Pötte und kleine Boote, der Warenumschlag von fester und flüssiger Fracht belief sich anno 2023 auf 9,5 t pro Jahr.

Scheinbar endlose Lkw-Kolonnen aus ganz Europa bewegen sich von früh bis spät zu den Anlegern der Fähren und retour. Sie verschwinden zusammen mit den Autos und Motorrädern der Touristen im dicken Bauch der großen Fährschiffe nach Kroatien, Albanien und Griechenland. Zu den gut 860 000 Passagieren auf den Fähren gesellten sich 2023 um die 88 000 Gäste von Kreuzfahrtschiffen, die tageweise in Ancona Station machen. Aufgrund neuer Direktiven der Regierung Meloni landen hier jüngst von Sizilien und Kalabrien weitergeleitete Seenotrettungsschiffe wie z. B. die Ocean Viking an. Kritiker sagen, dass es dabei nicht um die Entlastung der Süditaliener, sondern Abwehr und Abschreckung mittels längerer Routen geht. Auf den Fähren mit Destination Ancona reisen auch Geflüchtete aus griechischen Aufnahmelagern, die ungeachtet der Proteste lokaler Initiativen in der Regel postwendend nach Griechenland zurückgeschickt werden.

Schneeweiße Schöne

Ebenso stadtbildprägend wie der Hafen ist die **Cattedrale San Ciriaco ❺**, die sich als Ausgangspunkt für einen Spaziergang durchs Centro storico empfiehlt. Sie wuchs seit dem 7. Jh. als dreischiffige Basilika auf den Ruinen eines griechischen Tempels, wurde im 11. Jh. mittels quer verlaufender Baukörper erweitert und nahm dabei den Grundriss eines griechischen Kreuzes an. Im 12. Jh. bekam die Kathedrale ihre leuchtend weiße Fassade aus Conero-Kalkstein und im 13. Jh. die beiden Seitenkapellen, Kuppel und Portalvorhalle, vor der zwei Löwen aus Veroneser Marmor brüllen. Der Glockenturm neben dem Dom datiert aus dem 14. Jh., als man die Kathedrale dem heiligen Ciriaco weihte. Der ist neben Marcellino und Liberio einer der drei Stadtpatrone, die allesamt in der Krypta des Domes ruhen. Die Kathedrale gefällt auch innen mit herber romanisch-byzantinischer Schönheit, wobei das Renaissancegrabmal für Francesco Nobile (1530) sowie eine Altarumrandung von Luigi Vanvitelli (18. Jh.) jeweils zeitgenössische Akzente setzen. Auch einige sakrale Gemälde aus dem 17. und 18. Jh. sind hier zu sehen.

Piazza del Duomo, tgl. 8–12, 15–19, im Winter 18 Uhr

(Hin-)Ab durch die Altstadtmitte

Noch mehr Kirchenkunst gibt's im **Museo Diocesano ⓴** eine Stadtetage tiefer, wo auch die überwucherten Reste eines **Anfiteatro Romano ❻** ruhen. Nächste Hin- und Hineingucker sind der **Palazzo del Senato ❼** aus dem 13. Jh., dessen schneeweiße Fassade den Bombardements des Zweiten Weltkriegs standhielt, und der **Palazzo Ferretti** inklusive **Museo Archeologico Nazionale delle Marche ㉑**, dem man nach dem sensationellen Fund der vergoldeten antiken Bronzen von Pergola eine Kopie derselben aufs Dach setzte.

Die Via Ferretti mündet in die Piazza Stracca, an der sich die **Chiesa del Gesù ❽** und der **Palazzo degli Anziani ❾** gegenüber stehen. Die Kirche wurde im 17. Jh. von Jesuiten bezogen und vom Papstarchitekten Luigi Vanvitelli 1743 modernisiert. Der gotisch-romanische ›Palast der Alten‹ (1270) war einst Sitz des Ältestenrates der mittelalterlichen Stadt und wird auch heute für kommunale Zwecke genutzt. Nächstes Baudenkmal auf dem abschüssigen Altstadtweg ist die Franziskanerkirche **San Francesco delle Scale ❿** (13. Jh.), deren 1454 hinzugefügtes, vom Design des venezianischen Dogenpalastes inspiriertes Portal ins Auge sticht, und die innen mit einem Gemälde von Lorenzo Lotto (1550) glänzt. Noch mehr hochkarätige Malerei lockt in die **Pinacoteca Civica »Francesco Podesti« ㉒** auf der anderen Seite des Altstadtcorsos, über den man nach wenigen Metern die **Chiesa di Santa Maria della Piazza ⓫** erreicht. Der romanische Kirchenbau mit der eigenwilligen Fassade datiert aus dem 13. Jh. und steht auf älteren frühchristlichen Fundamenten.

Willkommen im Stadtsalon

Nach so viel Sakralem entspannt ein Bummel über die von Restaurants und Bars eingerahmte **Piazza Plebiscito** ein paar Meter tiefer. Die Anconetani nennen den bis tief in die Nacht quirlig belebten Salon der Stadt ›Piazza del Papa‹, weil sie sich dort unter den Augen ihres historischen Gönners Papst Clemens XII. vergnügen. Der fromme Mann sitzt seit 1738 auf einem hohen Sockel mit dem Rücken zum repräsentativen Treppenaufgang der **Chiesa San Domenico ⓬** aus der zweiten Hälfte des 18. Jh., die innen mit einer von Tizian gemalten Kreuzigung (1518) und einer Verkündigungsszene aus dem Pinsel von Guercino (1656) veredelt ist.

Trotz der städtebaulichen Dominanz von steinernem Papst und Kirche

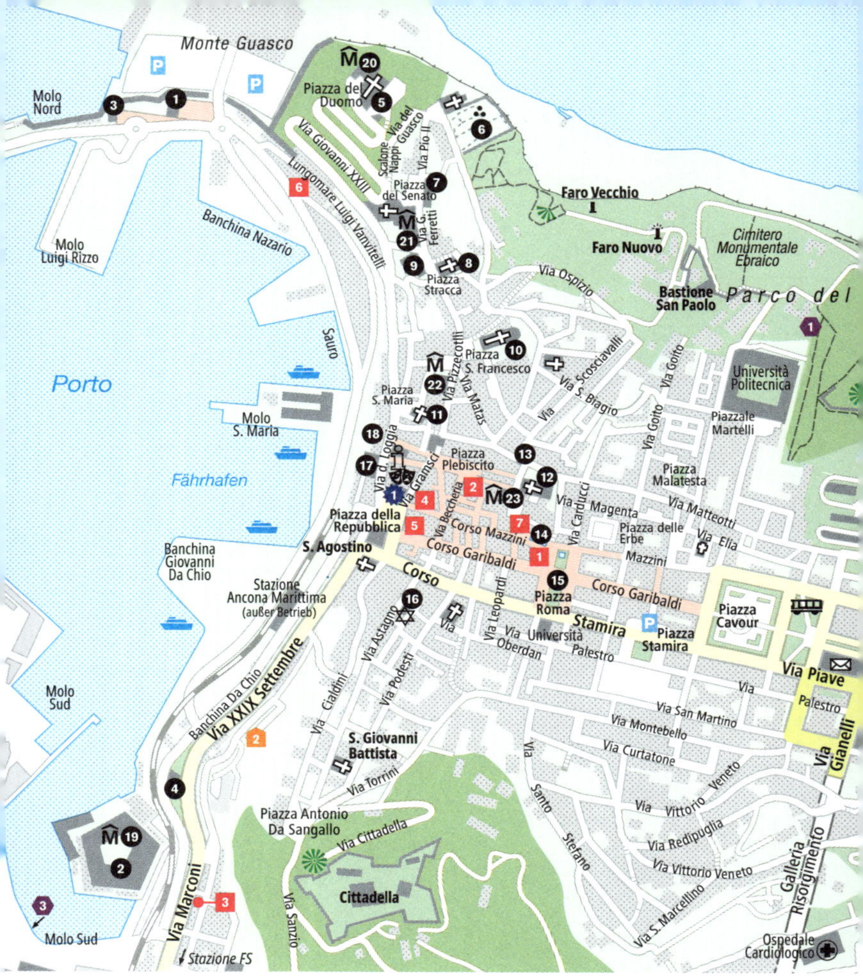

Ancona

Ansehen

1. Arco Traiano
2. Mole Vanvitelliana
3. Arco Clementino
4. Porta Pia
5. Cattedrale San Ciriaco
6. Anfiteatro Romano
7. Palazzo del Senato
8. Chiesa del Gesù
9. Palazzo degli Anziani
10. Chiesa San Francesco delle Scale
11. Chiesa di Santa Maria della Piazza
12. Chiesa San Domenico
13. Palazzo Governo
14. Fontana del Calamo
15. Fontana dei Quattri Cavalli
16. Synagoge
17. Loggia dei Mercanti
18. Palazzo Benincasa
19. Museo Omero
20. Museo Diocesano

21 Museo Archeologico Nazionale delle Marche
22 Pinacoteca Civica »Francesco Podesti«
23 Museo della Città di Ancona

Schlafen

1 Grand Hotel Passetto
2 Seeport Hotel

Essen

1 Trattoria 13 Cannelle
2 Trattoria La Moretta
3 Sot'Ajarchi
4 La Cantineta
5 Caffé Giuliani
6 Da Irma
7 Bontà delle Marche

Einkaufen

1 Moroder

Bewegen

1 Parco del Cardeto
2 Passetto
3 Marina Dorica

Ausgehen

1 Teatro delle Muse

ist der Platz seit Jahrhunderten eher von politisch-profaner Bedeutung, was der **Palazzo Governo** ⓭ nebst Uhrenturm demonstriert. Der stand in seinen Grundmauern bereits im 14. Jh., bekam aber erst vom berühmten Renaissancearchitekten Francesco di Giorgio Martini im späten 15. Jh. den letzten Schliff. Das Gebäude beherbergte früher einmal kommunale Behörden und ist seit der Einigung Italiens Sitz der *prefettura*, wie die Dependancen des nationalen Innenministeriums in Städten und Provinzen genannt werden.

In den Räumen eines ehemaligen Krankenhauses aus dem 14. Jh. vis-à-vis illustrierte das **Museo della Città di Ancona** ㉓ mit einem bunten Exponatenmix die Stadtgeschichte, bis es 2022 zwecks Generalsanierung geschlossen wurde.

> **JÜDISCHE COMMUNITY** A
>
> Anconas jüdische Community, die schon um 1000 in der Stadt präsent war, zählte trotz ihrer zwischenzeitlichen Isolierung in einem Ghetto (seit 1555) und Diskriminierung unter dem Kirchenstaat zu Beginn des 20. Jh. noch 1800 Seelen. Sie bestattete ihre Toten von 1428 bis 1860 im Küstenpark Cardeto (s. S. 148) und hat nach der Verfolgung im Faschismus immerhin noch bzw. wieder 400 Mitglieder, die in der **Synagoge** ⓰ an der Via Astagno 10 nach italienischem und levantinischem Ritus beten. Das Gotteshaus ersetzt seit 1876 ältere Gebetstempel an derselben Straße. Es ist eigentlich nach Absprache mit der Comunità Ebraica di Ancona zu besichtigen, war aber bei Redaktionsschluss infolge des Überfalls der Hamas in Israel (Okt. 2023) aus Sicherheitsgründen geschlossen (T 071 20 26 38, comeban@gmail.com).

Kultur und Kommerz

Als geselliger gesellschaftlicher Hotspot flankiert der ›Papstplatz‹ den Corso G. Mazzini, neben Corso G. Garibaldi und Corso Stamira eine der drei schicksten Einkaufs- und Flaniermeilen der hier recht elegant und urban anmutenden Stadt. Am **Corso Mazzini** sprudelt schon seit Mitte des 16. Jh. aus 13 Rohren *(cannelle)* bzw. Maskenmündern das Wasser der **Fontana del Calamo** ⓮, an der Piazza Roma am Rande des **Corso Garibaldi** plätschert seit dem 19. Jh. die **Fontana dei Quattro Cavalli** ⓯ und vom Corso Stamira zweigt mit der Via Astagno die Hauptstraße des ehemaligen **jüdischen Ghettos** ab.

Der Corso Garibaldi mündet meerwärts in die **Piazza della Repubblica** mit dem prächtigen **Teatro delle Muse** 1, das 1827 in die erste Spielzeit ging. Das Theater war im 19. Jh. und ist nun wieder der ganze kulturelle Stolz der Stadt. Allerdings steht von dem historischen Musentempel nur noch seine neoklassizistische Gebäudehülle, deren elegante Fassade mit Säulen im ionischen Stil und einem Fries mit Apollo und den neun Musen dekoriert ist. Dach und Innenleben waren 1943 einem englischen Bombardement zum Opfer gefallen, provisorisch repariert und zeitweise als Kino genutzt worden, bis die jüngste Renovierung im Herbst 2002 in eine zeitgemäße Wiederauferstehung des größten und renommiertesten Theaters der Marken mündete. In dem im Stil einer italienischen Piazza gehaltenen, bühnentechnisch hochmodernen Theater hebt sich seither wieder ein viel beachteter eiserner Vorhang (Sipario Tagliafuoco), den Valeriano Trubbiani (geb. 1937) mit Bronzeskulpturen antiker Mach- und Motivart versehen hat.

Vis-à-vis vom Theater säumt die **Loggia dei Mercanti** ⓱ die Via della Loggia, die von weiteren Baudenkmälern gesäumt ist. Weil die Straße einst die kommerziell bedeutendste der Stadt war, beschloss der Senat Mitte des 15. Jh., sie mit der repräsentativen Handelsbörse zu bebauen. Den Auftrag bekam der dalmatinische Bildhauer und Architekt Giorgio Orsini (1410–73), der auch bei der Gestaltung des venezianischen Dogenpalastes mit von der Partie war. Er verzierte den außen wie innen imposanten Gebäuderiegel, in dem bis heute die Handelskammer von Ancona residiert, mit allegorischen Darstellungen von Hoffnung, Stärke, Gerechtigkeit und Wohltätigkeit, die als christliche Kaufmannsideale galten. Ebenfalls beeindruckend an der Via della Loggia ist der für den gleichnamigen reichen Kaufmann errichtete **Palazzo Benincasa** ⓲ aus dem 15. Jh.

Erleuchtung: Am Ende des Corso Mazzini strahlt das Teatro delle Muse.

Alle Wege führen ans Meer

Die Via della Loggia markiert die Grenze zwischen Altstadtleben und Hafentreiben. Vom Centro storico kann man *direttamente* zum Spaziergang im grünen Küstenpark **Cardeto** 1 (s. Tour S. 148) oder zum Baden in der blauen Adria aufbrechen. Anconas Hausstrand heißt **Passeto** 2 und ist über den **Viale della Vittoria** schnell und stadtschön erreicht. Die von Jugendstilvillen gesäumte Allee mündet in die **Piazza IV Novembre** mit einem monumentalen Kriegsgefallenendenkmal aus den 1930er-Jahren und eleganter Freitreppe und gläsernem Aufzug hinab zum Meer. Die vornehmlich von lokalen Stammbadegästen frequentierten Adriagestade sind hier auf weiten Strecken von betonierten Sonnenbadeterrassen gesäumt und von einer grottenunterhöhlten Felswand geschützt. In der langen Reihe von kleinen Grotten haben die Anconetani provisorische Küchen und Essplätze eingerichtet, Strandmobiliar und Schwimmutensilien, Angelausrüstungen oder Boote deponiert. Zur Absicherung ihres Hab und Guts haben sie die Felsenhöhlen mit bunten Türen, Bretterkonstruktionen und Gittern verschlossen. Das wirkt chaotisch, aber sympathisch und unterstreicht einmal mehr den unprätentiösen Charme der lebendigen mediterranen Hafenstadt.

Museen

Anfassen erwünscht!

⓳ **Museo Omero:** Hier kann man die Kunst- und Architekturgeschichte begreifen. Das ist durchaus wörtlich gemeint, denn die Museumsbesucher sind vornehmlich Blinde und Sehbehinderte, die sich hier durch das Befühlen von Kopien von berühmten Skulpturen und bekannten Architekturmodellen ein Bild von der europäischen Kulturgeschichte von prähistorischen Zeiten bis zur Gegenwart machen. Mole Vanvitellana, Banchina G. da Chio 28, www.museoomero.it, Sept.–Juni Di–Sa 16–19,

So, Fei 10–13, 16–19, Juli/Aug. Di–Sa 17–20, So 10–13, 17–20 Uhr, Eintritt frei

Wertvolles Kircheninventar

⑳ **Museo Diocesano:** Das Dommuseum zeigt sakrale Kunstschätze aus der Kathedrale und anderen Kirchen Anconas.

Piazza del Duomo 9, www.museodiocesanoancona.it, Sa/So April–Okt. 10–12.30, 16–19, Nov.–März 10–12.30, 15–18 Uhr, Eintritt frei

Uralte Zeiten

㉑ **Museo Archeologico Nazionale delle Marche:** Der Palazzo Ferretti, der im 16. Jh. für die einflussreiche Familie Ferretti konstruiert, innen reich dekoriert und freskiert wurde, beherbergt seit 1958 das archäologische Nationalmuseum, das die Zivilisationsgeschichte der Marken von der Altsteinzeit bis zur römischen Epoche Revue passieren lässt. Besonders beeindrucken die Hinterlassenschaften der regionalen ›Ureinwohner‹, Gallier und Picener, die figürliche Einblicke in das Alltags- und Kulturleben dieser alten Völker gewähren – als spektakulärstes Exponat gilt der behelmte Schädel des picenischen »Kriegers von Numana« aus dem 7./6. Jh. v. Chr.

Via G. Ferretti 6, T 071 20 26 02, www.musei.marche.beniculturali.it, Di–Mi 8.30–13.30, Do–Sa 8.30–19.30, So 14–19.30 Uhr, 6 €

Alte Meister und junge Wilde

㉒ **Pinacoteca Civica »Francesco Podesti«:** In der Galerie im Palazzo Bosdari hängen Werke namhafter Anconetaner Maler, darunter die des Namenspatrons und Spenders der ›Grundkollektion‹ Francesco Podesti (19. Jh.). Ihre Publikumsmagneten sind aber eine »Madonna mit Kind« von Carlo Crivelli (15. Jh.), Lorenzo Lottos »Sacra Conversazione« (16. Jh.) und Tizians »Pala Gozzi« (1520). In einem vor einigen Jahren angedockten Neubau ist in Dauer- und Wechselausstellungen Modernes und Zeitgenössisches, u. a. Originale von Anselmo Bucci (1887–1955), Valeriano Trubbiani (geb. 1937) oder Enzo Cucchi (geb. 1949) zu sehen (zwecks Renovierung bis voraussichtlich Okt. 2024 geschl.).

Via C. Pizzecolli 17, T 071 222 50 47, www.comuneancona.it, Di–Fr 10–13, 16–19, Sa/So 10–19 Uhr, 6 €

Voritalienische Geschichte(n)

㉓ **Museo della Città di Ancona:** s. S. 144

Schlafen

Tradition geht auch komfortabel

1 **Grand Hotel Passetto:** Da das elegante Familienhotel mit klassisch möblierten und jüngst auch ein paar zeitgemäß minimalistisch gehaltenen Zimmern und Suiten, Adriablick, Pool, Wellnesscenter und Restaurant schon seit 1958 am Platz ist, umweht es trotz mehrfacher Modernisierung bis heute das mondäne historische Flair seiner Gründerjahre.

Via Thaon de Revel 1, T 071 313 07, www.grandhotelpassetto.com, €€

Maritim-zeitgenössisches Design

2 **Seeport Hotel:** Das Vier-Sterne-Hotel in einem restaurierten 1950er-Jahre-Bau steht auf antiken Hafenmauerfundamenten. Es überzeugt u. a. durch die Spitzenküche im Restaurant Ginevra, die Aussicht auf Hafen und Domhügel, die Nähe zum Stadtzentrum und den Parkplatz vor der Tür.

Via Rupi di Via XX Settembre 12, T 071 971 51 00, www.seeporthotel.com, €€

Essen

Klassiker

1 **Trattoria 13 Cannelle:** Die Trattoria am ›Maskenmundbrunnen‹ wurde 1929 als Obstgeschäft eröffnet, dann zur Weinhandlung und ist inzwischen ein allseits geschätztes (Fisch-)Restaurant, in dem man auch den berühmten *stoccafisso all'anconetana* probieren kann.

Corso Mazzini 108, T 071 20 60 12, Mo–Sa 12.15–14.30, 20–22.30 Uhr, €€

Gesellig, gut und günstig

2 Trattoria La Moretta: Eines der ältesten Lokale im abends recht lauten ›Wohnzimmer der Stadt‹. Hier kommt Traditionelles wie auch Raffiniertes auf den Tisch.

Piazza Plebiscito 52, T 071 20 23 17, www.ristorantetrattorialamoretta.com, tgl. 12–15, 19–23 Uhr, €€

Vom Meer auf den Teller

3 Sot'Ajarchi: Die kleine Trattoria, vom Interieur her schlicht und einladend, serviert ausschließlich frischen Fisch. Sie macht deshalb eine Pause, wenn die Fischer beim *»fermo pesca«* (verordnetes Fischereiverbot, meist Mitte Aug.–Mitte Sept.) im Hafen bleiben. Die Rezepte sind einfach, aber gut, das Preis-Leistungs-Verhältnis ist top.

Via G. Marconi 93, T 071 20 24 41, www.ristorantesotajarchi.it, Mo–Sa 12–14.30, 20–22.30 Uhr, €€

Gute Adresse für Stockfisch

4 La Cantineta: Beliebt für leckere maritime Lokalküche und bekannt für ihren *stoccafisso all'anconetana.*

Via Gramsci 1c, T 071 20 11 07, Di–So 12–14.30, 19.30–22.30 Uhr, www.lacantineta.it, €€

Mit Geschichte und Hafenblick

5 Caffè Giuliani: Die Vorzüge des Lokals an der Meeresseite der Hauptflaniermeile Corso Garibaldi sind die Aussicht auf den Hafen und große Schiffe sowie die Gesellschaft der Anconetani, die hier schon seit 1808 zum Plausch bei *caffè, dolci* und *aperitivo* einkehren.

Corso Garibaldi 3, T 071 20 48 85, www.caffegiuliani.it, Di–Do, So 7.30–24, Fr/Sa 7.30–1 Uhr

Nette ›Hafenspelunke‹

6 Da Irma: Eine kulinarische Institution im Hafen von Ancona – in den 1980ern begründet von der 2014 verstorbenen Namenspatronin Irma Giubilei, zwischendurch abgebrannt, unter neuer Leitung und heute wieder von ihren Nachfahren geführt. Es gibt maritime Hausmannskost mit Produkten vom nahen Fischmarkt sowie *stoccafisso*. Der konservierte Fisch aus Norwegen ist eine Spezialität von Ancona und auch der rustikalen Trattoria, in der Hafenarbeiter neben Schlipsträgern sitzen.

Lungomare Vanvitelli/Molo San Primanio, T 343 312 63 48, https://trattoriadairma.eatbu.com, Mi–Mo 12–14.30 Uhr, €€

Auf die Schnelle

7 Bontà delle Marche: Kulinarische Offenbarungen der Region zum Mitnehmen oder Verzehr vor Ort und angesagt fürs schnelle Mittagessen *(pranzo veloce)* mitten im Stadtgetriebe.

Corso Giuseppe Mazzini 96, T 071 539 85, www.bontadellemarche.it, Mo–Sa 9–20, Okt.–Mai auch So 10–15 Uhr

B

BRODETTO

Für den *brodetto* von Ancona vereinen sich 13 Fisch-, Weich- und Schalentiersorten mit rotem, gelbem und grünem Paprika, Tomaten und Essig zu einer köstlichen Fischsuppe. Der Essig diente ursprünglich weniger geschmacklichen denn konservatorischen Zwecken, weil der Brodetto von Ancona einst genauso wie der von Fano, Gabicce, Porto Recanati und Senigallia direkt auf den Fischkuttern gekocht wurde. Die letztgenannten Städte begnügen sich mit weniger Fischsorten, wobei die Zugabe von Tintenfisch allerorts obligatorisch ist. Weil der historische Brodetto in Sant'Elpidio und Porto San Giorgio erst im Hafen aufs Feuer kam, kommt dort bis heute kein Essig rein.

TOUR
Urbaner Küstenpark

Wandern im Parco del Cardeto

Infos

Cityplan: s. S. 142

Park: April–Okt. 7.30–20.30, Nov.–März 7.30–17.30 Uhr, Eintritt frei

Tourvorschlag: Für die hier skizzierte kleine Wanderung betritt man den Park am Ingresso Martelli und verlässt ihn am Ingresso del Birarelli wieder.

Eine Wanderung im **Parco del Cardeto** (1), übrigens auf die Pflanze *cardo,* zu Deutsch Distel, getauft, lohnt sich schon allein wegen der Aussichten auf Hafen, Stadt und Meer. Weil er immerhin 35 ha Fläche auf **Colle del Cappuccini** und **Colle Cardeto** bedeckt und sich an fünf Stellen zur Altstadt öffnet, wird hier keine feste Route abgesteckt. Ans Herz gelegt sei jedoch, auf jeden Fall am jüdischen Friedhof von Ancona und am alten Leuchtturm Station zu machen. Der **Cimitero Monumentale Ebraico** ist einer der ältesten und größten jüdischen Friedhöfe Europas und war zwischen 1428 und 1860 in Betrieb. Er war noch im Frühjahr 2024 infolge des Attentats der Hamas am 7. Oktober 2023 aus Sicherheitsgründen verschlossen, ist aber auch aus der Ferne betrachtet imposant. Erhalten sind knapp 200 Grabsteine und Stelen aus Conero-Kalkstein, die sich schneeweiß aus einer je nach Jahreszeit blumenbunt

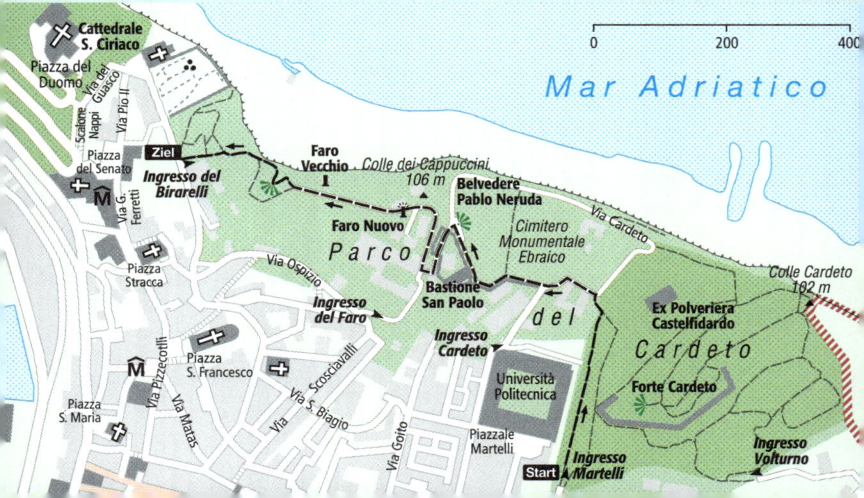

Nicht nur etwas fürs Auge: Im Parco del Cardeto vereint sich der Duft mediterraner Vegetation mit der frischen Adriabrise.

getupften wilden Wiese emporrecken und vom **Belvedere Pablo Neruda** ganz gut zu sehen sind.

Großartiges Stadt- und Hafenpanorama

Nahe dem Aussichtspunkt gelangt man durch einen ›Tunnel‹ des **Bastione San Paolo** (16. Jh.) zum **Faro Vecchio.** Der alte Leuchtturm tat von 1860 bis 1965 seinen Dienst und ist derzeit leider nicht zu erklimmen. Doch schon zu seinen Füßen genießt man ein wahrhaft grandioses Ancona-Panorama, bei dem man Altstadt, Kathedrale und Hafen auf einen Rundblick im Visier hat.

Treiben lassen und Natur genießen

Im Küstenpark liegen noch weitere alte Militärgemäuer wie z. B. das inzwischen ehemalige Munitionslager **Ex Polveriera Castelfidardo,** das heutzutage friedlich kulturell genutzt wird, oder das **Forte Cardeto.** Nicht zuletzt ist der Cardeto aber auch ein Naturerlebnis. So kann man hier quasi mitten in der Stadt stundenlang durchs Grün streifen. Er erfreut mit Wäldern, Wiesen und saisonal bunt blühender botanischer Vielfalt, die zum Ärger vieler Besucher nicht gehegt und gepflegt und weitgehend naturbelassen sind, sodass man hier in wild wuchernder Küstenvegetation und kontemplativer Ruhe aufs geschäftige Hafen- und Stadtgetriebe und die großen Schiffe auf der blauen Adria schaut.

Einkaufen

Erste Weinadresse

1 **Moroder:** Eines der traditionsreichsten, renommiertesten und schönsten Weingüter der Gegend, wo man nicht nur Wein kosten und kaufen, sondern im **Agriturismo Aión** und in der **Pizzeria Aia** auch essen und im **B&B Le Vigne** schlafen kann.

Via Montacuto 121, T 071 89 82 32, www.moroder.wine, Degustationsarrangements s. Website, Aión/Aia: Mo–Fr 19.30–24, Sa 12.30–14.30, 19.30–24, So 12.30–14.30, im Aia Aperitif 18–19.30 Uhr (15 €), €–€€

Bewegen

Zum stadtnahen Baden suchen die Anconetani neben dem betonierten Stadtbadestrand **Passetto** 2 auch den Sandbadestrand **Palombina** nördlich des Hafens, zum Wandern im Grünen gern den **Parco del Cardeto** 1 (s. S. 148) auf. Wassersportler finden im Touristenhafen **Marina Dorica** 3, was sie brauchen (Via Mascino 5/c, T 071 548 00, www.marinadorica.it). Radfahrer freuen sich über die im Februar 2024 freigegebene **Ciclopedonale del Conero** von Ancona nach Portonovo, auf der man sich in 11 km und mit einer maximalen Steigung von 10 % per Rad oder Pedes in die traumhafte Bucht bewegen kann (Route s. www.piste-ciclabili.com).

Ausgehen

Das Nachtleben von Ancona pulsiert v. a. auf und rund um die Piazza Plebiscito, (s. S. 141) und die Mole Vanvitelliana (s. S. 140).

Musische Freuden

1 **Teatro delle Muse:** s. S. 144

Piazza della Repubblica 2/Via della Loggia, T 071 525 25, www.marcheteatro.it

Feiern

- **Festa di San Ciriaco:** Patronatsfest am 3. und 4. Mai
- **Festival Adriatico Mediterraneo:** Ende Aug., www.adriaticomediterraneo.eu. Interkulturelles Musik- und Kulturfestival unter Beteiligung von Gruppen und Referenten aus Adriaanrainerländern.

Infos

- **IAT Ancona:** Piazza Roma (historischer Kiosk), T 339 292 28 55, https://anconatourism.it, Di–So 10–13, 15–18 Uhr
- **Verkehr:** Der Flughafen liegt in Falconara Marittima (s. S. 239), der Bahnhof an der Piazza Rosselli. Von dort gibt es Verbindungen auf der Küstenlinie nach Rimini bzw. Pescara und durchs Inland nach Rom. Stadt- und Überlandbusse der Gesellschaft Conerobus (www.conerobus.it) fahren z. B. nach Sirolo, Numana, Marcelli, Castelfidardo, Loreto. Der Busbahnhof befindet sich an der Piazza Cavour (Tickets im Tabakgeschäft). Es gibt mehrere Parkhäuser, z. B. an der Piazza Stamira; gratis lässt sich der Wagen am Dom abstellen.

Parco Regionale del Conero

G3–H4

Die schönste Küstenlandschaft der Marken firmiert seit 1987 als natur- und kulturschutzwürdiger Parco Regionale del Conero, benannt nach dem Monte Conero, der 572 m hoch über das grüne Badeparadies hinausragt. Der Park erstreckt sich von den Hausstränden der Regionalmetropole Ancona im Norden bis zur Musone-Mündung bei Porto Recanati im Süden, ist bestens wasser- und wandertouristisch erschlossen, integriert das Weinanbaugebiet des Rosso Conero und den einzigen ernst zu nehmenden Golfplatz der Region (www.conerogolf club.it). Seine dichten Wälder und malerischen Küstenhänge sind von einer abwechslungsreichen Flora und Fauna besiedelt, darunter der namensgebende Erdbeerbaum und leider auch überdurchschnittlich viele Wildschweine, die hier bisweilen zum Problem werden.

Infos

• **Centro Visite del Parco del Conero/Riviera del Conero:** Via Peschiera 30 bzw. 30a, Sirolo, T 071 933 11 61, www.parcodelconero.org; T 071 933 22 70, www.rivieradelconero.info, 15. Juni–15. Sept. tgl. 9.30–12.30, 16–19, März–14. Juni tgl. 9–13 Uhr. Am Ortsrand von Sirolo (s. S. 154) residieren die Parkverwaltung und die Organisation Riviera del Conero, vertreten durch den Präsidenten Carlo Neumann (übrigens Sohn eines deutschen Einwanderers) und Massimo Paolucci (Marketing Direktor). Der Zusammenschluss von Gastronomen und 16 Gemeinden auf dem Gebiet des Parks kümmert sich um dessen touristische Vermarktung, hält umfangreiches Karten- und Infomaterial bereit und bietet Beratung und Begleitung beim (Rad-)Wandern an.

Portonovo ✪ G3

Kleines Paradies

Der kleine, feine Vorort von Ancona besteht aus einer Ansammlung von Hotels und Restaurants, die die wunderschöne Meeresbucht und den dahinterliegenden Pinienwald besiedeln. Die Natur hat Portonovo nicht nur mit feinkieseligen Stränden und viel Grün, sondern auch zwei kleinen Süßwasserseen gesegnet. Kulturell imponiert es mit dem romanischen Kirchlein **Santa Maria di Portonovo** (s. S. 152), das zwischen 1034 und 1050 aus Conero-Kalkstein erbaut wurde und sich schneeweiß aus einem Olivenhain erhebt. Über das sakrale Kleinod wachen seit 1717 auf Geheiß von Papst Clemens XI. der Küstenturm **Torre Clementina** und das 1810 als Bollwerk gegen die Engländer errichtete **Fortino Napoleonico,** heute eine Luxusherberge mit historischem Flair.

Schlafen

Noblesse in Toplage

Fortino Napoleonico: Sowohl die Zimmer und Suiten als auch das allseits geschätzte Restaurant (13–14.30, 20–22 Uhr, €€€) und die Bar der Luxusherberge am Adriastrand sind aufs Nobelste möbliert.

Via Poggio 166, T 071 80 14 50, www.fortino napoleonico.com, €€–€€€

Komfort mit Aussicht

Emilia: Das Hotel mit schönem Garten gibt's schon seit 1964. Es liegt 3 km über dem Meer, eröffnet eine zauberhafte Aussicht auf dasselbe, dient mit Restaurant, Pool, Tennisplatz und Strandshuttle.

Via Poggio 149a, T 071 80 11 45, www.hotelemilia.com, Frühjahr bis Herbst, €€€

Ein Hauch von Rosa

Hotel Internazionale: Kleines, strandnahes Drei-Sterne-Hotel mit gemütlichen, rosarot-romantisch gestylten Zimmern.

Via Poggio 148, T 071 801 10 01, www.hotel-internazionale.com, April–Okt., €–€€

Für Genügsame

Camping La Torre: Der schlichte Campingplatz im Wald ist bei nostalgischen Campern ohne große Ansprüche durchaus beliebt. Es gibt Plätze für Zelte und Camper, Wohnwagen zum Mieten.

T 375 613 83 91, www.campeggiolatorredi portonovo.it, April–Sept., Erw. ab 5 €

Lieblingsort

Schlicht atemberaubend

Die **Chiesa Santa Maria di Portonovo** (📍 G 3) ist mir die liebste unter all den anrührend schlichten romanischen Kirchen der Marken. Sie liegt direkt am Meer, leuchtet schon aus der Ferne schneeweiß aus einem Olivenhain hervor und ist auch innen strahlend hell und schön. Das Gotteshaus weist sowohl griechisch-byzantinische als auch romanische Stilelemente auf. Seine drei Kirchenschiffe beschreiben die Form eines griechischen Kreuzes und werden von einer Kuppel überragt. Die Kirche, die trotz der Komplexität ihres Baukörpers innen wie außen beruhigend klar und schlicht wirkt, gehörte zu einer Benediktinerabtei, die bereits 1320 verlassen und 1558 von Sarazenen niedergebrannt worden war. Leider ist sie nur selten von innen zu sehen (Juli/Aug. Do–So 17–19.30, ab Sept. Fr–So 17–19.30 Uhr, Spende erbeten, aktuelle Infos und Führungen: ancona@italianostra.org).

Essen

Kulinarisch lockt Portonovo mit wilden Miesmuscheln *(moscioli selvatici)* und gleich mehreren tollen Fischrestaurants.

Susci all'italiana

Clandestino: Kreative Fusion japanischer und mediterraner Meeresküche in legerer Atmosphäre und Toplage unweit vom Küstenturm. Die Regie hat Sternekoch Moreno Cedroni aus Senigallia (s. S. 135).

Baia di Portonovo, T 071 80 14 22, www.morenocedroni.it, März–Okt., Mi, Do 12.15–15, Fr–So 12.15–14.30, 19–21.30 Uhr, Aug. tgl., €€€

Pionierin

Da Emilia: Das luftig blau-weiße Fischrestaurant (mit Strandbad) existiert bereits seit 1929, als Emilia Fiorini hier das erste Strandlokal eröffnete und den heute von ihren Nachfahren verteidigten guten kulinarischen Ruf des Hauses begründete.

Baia di Portonovo, T 071 80 11 09, www.ristoranteemilia.it, April–Okt. Di–So mittags u. abends, Aug. tgl., €€–€€€

Große Gastfreundlichkeit

Il Molo: Fabrizio Giacchetti, Sohn Giacomo, Schwiegertochter Giada, Küchenchef Simone Baleani und das nette Serviceteam erfreuen mit Fisch und Meeresfrüchten, u. a. natürlich *moscioli selvatici,* und betreiben einen Lido nebst Bar vor der Tür.

Baia di Portonovo, T 071 80 10 40, www.ilmolo.it, April–Okt. Mi/Sa 10–23, So 10–15, Juni–Aug. tgl. 10–13 Uhr, €€–€€€

Noch eine leckere Option

Marcello: Noch ein empfehlenswertes Restaurant in Portonovos Fisch-Schlaraffenland, betrieben und bekocht vom freundlichen Namenspatron nebst Sohn.

Via Poggio 9, T 071 80 11 83, www.illaghetto.com, tgl. außer Mi, Aug. tgl. 12.30–15, 19.30–21.30 Uhr, €€€

Bewegen

Wassersport

Zum Baden empfehlen sich die Strände in der Bucht von Portonovo und der ›unmöblierte‹, im Sommer gastronomisch versorgte Sandstrand **Mezzavalle** (ca. 30 Min. Abstieg über einen schmalen Pfad kurz vor bzw. hinter dem Abzweig nach Portonovo). Die Bucht von Portonovo gilt zudem als **Windsurferparadies** (www.conerostyle.com).

Infos

- **Verkehr:** Portonovo ist über eine Abzweigung der Strada Panoramica del Conero anzufahren. Im Hochsommer empfiehlt sich die Anfahrt per Bus.

Badia di San Pietro — H3

Das Kloster liegt in waldreicher Abgeschiedenheit etwa 100 m unter dem Gipfel des Monte Conero und ist schon allein wegen der spirituellen Magie des Ortes und des grandiosen Adriaküstenblicks die kurvige Anfahrt wert. Die im 11. Jh. von Benediktinern gegründete, im 16. Jh. ausgebrannte und von Kamaldulensermönchen wieder aufgebaute Abtei nebst Kirche ist über eine Abfahrt der Panoramastraße zwischen Portonovo und Sirolo zu erreichen und inzwischen ein Hotel. Nachdem die Mönche das Kloster 1864 verlassen hatten, ging es in den Besitz der Gemeinde Sirolo über, die es 1932 an die Familie Melappioni vermietete. Die eröffnete hier zuerst ein Restaurant und 1958 das Hotel Monteconero, auf dessen Terrasse sich auch externe Gäste stärken und an Aura und Aussicht erfreuen dürfen.

Schlafen, Essen

Erholung im Kloster

Hotel Monteconero Badia S. Pietro: Im antiken Stil möbliertes, atmosphärisch besonderes und für Ruhebedürftige (wenn hier nicht gerade eine Hochzeit stattfindet) ideales Urlaubsdomizil. Für profanes Vergnügen sorgen Pool, Tennisplatz und Shuttle zum Strand.

Via Monteconero 26, T 071 933 91 66, www.hotelmonteconero.it, €€–€€€

Sirolo

H3

Die hübsch herausgeputzte Altstadt von Sirolo thront auf einem Kreidefelsen 125 m hoch über der Adria, wird landeinwärts von den rebengrünen Südhängen des Monte Conero umarmt und bietet alles, was das Urlauberherz begehrt.

Schöne kleine Urlaubswelt

Gesellschaftlicher Mittelpunkt und touristischer Hotspot ist die von Pinien gesäumte **Piazza Vittorio Veneto,** ein im lokalen Volksmund ›La Piazzetta‹ genannter Stadtbalkon über den wohl schönsten Stränden der Region (s. S. 292). Das auch ansonsten gefällige, von schmalen Gassen geäderte und gastronomisch gut versorgte Centro storico wird von mittelalterlichen Stadttoren bewacht und dem schneeweißen Kirchturm der **Chiesa San Nicolò di Bari** (18. Jh.) überragt. Viele nette Läden und Lokale verführen zum Dolce Vita und für die kulturelle Erbauung gibt's seit Ende des 19. Jh. das **Teatro Cortesi** (Piazza Franco Henriquez, www.amatmarche.net), dessen Repertoire saisonal ums Programm der Freilichtbühne **Teatro alle Cave** (Via Cave 1, ausgeschildert) erweitert wird.

F

BESOFFENE FALTER

›Conero‹ geht auf das griechische *komaros* zurück, was Erdbeerbaum bedeutet. Die historischen Vorfahren der Anconetani tauften den Berg auf diese botanische Besonderheit der Gegend, die auf Italienisch *corbezzolo* und auf Deutsch auch Hagedorn oder Meerkirsche heißt und zur Gattung der Heidekrautgewächse gehört. Die warzigen, erdbeerartigen Früchte werden kirschgroß und sind stark alkoholhaltig, weshalb sie eine Falterart namens *Charaxes jasius* anlocken, im Volksmund *farfalla ubriacona,* Säuferschmetterling, genannt.

Schlafen

Gastlichkeit mit Gusto

Locanda Rocco Da Francesco: Minimalistisch-elegant gestylte Zimmer in einem restaurierten Altstadtpalazzo und eine lauschige Speiseterrasse, auf der (relativ teure) Neuinterpretationen der Lokalküche auf den Tisch kommen. Mit dem Namenszusatz Da Francesco ehrt Inhaber Giorgio Tridenti seinen 2017 tödlich verunglückten Sohn.

Via Torrione 1, T 071 933 05 58, www.locandarocco.it, €€–€€€

Im Grünen

L'Antico Mulino: Mit leicht romantischem Touch gestaltete oder stilvoll kontemporär möblierte Zimmer in weißen Häuschen aus Conero-Kalkstein, die sich in einem weitläufigen Garten mit Pool gruppieren.

Via Mulino II 7, Ortsteil Coppo, T 071 933 02 65, www.lanticomulino.it, €€–€€€

Traumhaft

Nove Camere: Schneeweiße historische Landhäuser aus Conero-Kalkstein, darin neun Zimmer in stilsicher ausgewähltem

TOUR
Adria aus der Vogelperspektive

Wanderung zum Passo del Lupo

Infos

H3

Dauer/Planung: Vom Zentrum von Sirolo braucht man hin und zurück knapp zwei Stunden. Wer am Parkplatz nahe dem Cimitero (Friedhof) startet, verkürzt die Tour auf eine gute Stunde Gehzeit. Vom Passo del Lupo zum Monte Conero führt der Sentiero 301 in ca. 1,5 Std. zum Gipfel.

Der Aufstieg zum Passo del Lupo ist ein Klassiker unter den Küstenparkwanderungen im **Parco Regionale del Conero.** Er ist auch von Ungeübten gut zu schaffen und wird mit einer fantastischen Aussicht auf die Riviera del Conero belohnt.

Von **Sirolos Centro storico** geht's über Via Giulietta und Via Cave Richtung Ancona und am Hotel Beatrice rechts ab in die Via Vallone, der man bis zum **Cimitero** folgt. Kurz hinter dem Friedhof endet die asphaltierte Straße und mündet in den Sentiero 302, dessen gut markierter Verlauf die weitere Route vorgibt. Der stetig ansteigende schmale Waldweg führt *direttamente* zur Steilküstenkante.

Millionärsblick(e) auf die Riviera del Conero

Unterwegs nach oben erheischt man immer wieder bezaubernde Durchblicke auf die Adria, die von der Aussicht vom etwa 200 m hohen **Passo del Lupo** getoppt werden. Rechter Hand schweift der Küstenblick über Sirolo bis nach Numana und linker Hand schaut man aus der Vogelperspektive auf die **Spiaggia Le Due Sorelle,** die ihren Namen zwei bizarren Felsenschwestern verdankt, die vor einer naturbelassenen Badebucht schneeweiß aus dem blauen Meer ragen. Der mit grobkörnigem Sand ausgelegte Traumstrand ist nur per Boot zu erreichen. Der halsbrecherische Pfad, der vom Passo del Lupo in die Traumbucht hinabführt, ist zwar nicht gesperrt, sein Betreten aber strengstens verboten. Wem Leib und Leben lieb sind, respektiert das, kehrt auf demselben Weg zurück nach Sirolo oder schließt bei guter Kondition und Laune noch den Gipfelsturm auf den **Monte Conero** an.

zeitgemäßem Design, drum herum ein herrlicher Garten mit Pool und Fernblick aufs Meer, ein wunderbares Frühstück, serviert von der charmanten Hausherrin Isabella Fabiani – ein wahrhaft traumhaftes Urlaubsdomizil!

Via Cave 5, T 071 93 32 127, T 339 520 55 19, www.novecamere.it, i. d. R. Mai–Sept., €€–€€€

Landleben

Agriturismo Monte Colombo by Il Ritorno: s. rechts

Bilderbuchcamping

Camping Internazionale: Plätze für Zelt und Camper, Holzchalets und Mietwohnwagen in einem terrassierten Pinienwald über dem Meer. Mit Supermarkt, Restaurant, Bar und Pool.

Via S. Michele 10, T 071 933 08 84, www.campinginternazionale.com, April–Sept., Juli/Aug. mind. 5 Nächte, €

Essen

Hier stimmt alles

Osteria Sara: Stets fröhlich belebtes Lokal in einem Kellergewölbe, bei schönem Wetter werden die Tische in einer schmalen Gasse gedeckt. Es gibt wie überall vor allem Fisch und andere lokale Spezialitäten, bei denen Geschmack und Preise stimmen.

Corso Italia 9, T 071 933 07 16, https://osteriasara.com, Do–Di, 12.30–14.30, 19.30–22 Uhr, €€–€€€

Beste Bauernküche

Agriturismo Il Ritorno: Familie Clementi gönnt ihren Rindern ein artgerechtes Leben, bevor sie ebenso wie das knackige Gemüse aus dem eigenen Garten in der Küche von Federico Clementi landen. Der verwandelt sie zusammen mit Mutter Silvana in superleckere Gerichte, die von Bruder Mirco freundlich serviert werden. Die Tagliata vom Rind ist eine Wucht und auch Vegetarier werden hier glücklicher als anderswo. Verführerische Desserts und gemütliche Atmosphäre runden das kulinarische Vergnügen ab, für das man freilich aufs Feld hinaus muss. Neuerdings lädt die sympathische Familie zum Übernachten in ein renoviertes altes Bauernhaus in der Nähe ihres Biohofs auf dem Monte Colombo zwischen Sirolo und Ancona ein.

Via Piani d'Aspio 12, T 071 933 15 44, https://ilritorno.com, Di–So 12.30–14, 19.30–21.30 Uhr, €; Agriturismo Monte Colombo by Il Ritorno: Strada Frazione Massignano, T 379 160 87 22, 071 879 10 17, mind. 5 Nächte, €€–€€€

Lecker und lebhaft

Ristorante Della Rosa: Fröhliche und wohlschmeckende Fischgelage unter generationenübergreifender Familienregie und mit toller Aussicht auf die Adria.

Corso Italia 39, T 071 933 06 89, www.ristorantedellarosa.it, Sommer 12.30–14.30, 19.30–22.30 Uhr, außerhalb der Saison Mo Ruhetag, Menü 40 €

Zur blauen Stunde

La Taverna: Restaurant und Enoteca am Belvedere und zur frühabendlichen Stunde bei einem Aperitif mit *stuzzicchini* (Häppchen) besonders schön.

Piazza Vittorio Veneto 10 (Piazzale Marino), T 071 933 13 82, Fr–Di 12.30–14.30, 19.30–22.30 Uhr

Traumhafte Lage, tolle Küche

Da Silvio: Das Fischrestaurant auf halber Wanderwegstrecke (Sentiero 303) zum Strand Sassi Neri ist kulinarisch wie atmosphärisch top. Es wurde vor fast 50 Jahren von einem gewissen Silvio eröffnet und wird seit 25 Jahren vom gebürtigen Iraner Mirahmadi Mansoor und seinem netten Küchen- und Serviceteam gewuppt.

Via Saletto 1, Abfahrt hinter dem Hotel Beatrice bzw. hinter dem Friedhof, T 071 736 05 07, Mitte März–Mitte Okt. 12–16, 19–24 Uhr, €€€

Unprätentiöser Charme statt geleckter Fassaden: Im Hafenquartier von Numana läuft das Leben entspannt.

Bewegen

Baden und wandern

Es locken die Traumstrände **San Michele, Sassi Neri, Grotta Urbani** und **Due Sorelle,** der nur vom Wasser aus zu erreichen ist (s. rechts). Als Alternative zum (Sonnen-) Baden bieten sich von Sirolo aus herrliche **Küstenparkwanderungen** an, zumal das Besucherzentrum des Parco Regionale del Conero (s. S. 151) mit Tipps und Begleitung zur Stelle ist.

Ausgehen

Trinken und chillen

Mehrere nette Bars im Stadtzentrum, in denen im Hochsommer täglich und extrasaisonal vornehmlich am Wochenende bis spätabends etwas los ist.

Infos

- **IAT:** Piazza Veneto 6, T 071 251 32 64, Juli/Aug. 9–13, 16–22, sonst Mo–Sa 9–12, 16–19 Uhr, https://turismosirolo.it
- **Verkehr:** Vom 15. Juni–15. Sept. fahren Busse zu den örtlichen Stränden (Via Giulietti, Kirche S. Nicolò), die auch zu Fuß (vom Parco Pubblico aus ca. 20 Min.) erreichbar sind. Ansonsten (Bus-)Verbindungen nach Numana, Ancona, Castelfidardo und Loreto; 15. Juni–15. Sept. Bootsfahrten ab Hafen in Numana zum Strand Due Sorelle.

Numana und Porto Recanati

H3

Numana hat verschiedene Stadt- und Strandgesichter sowie einen Fischerei- und

C

CONERO BY BIKE

Wenn Sie die Riviera del Conero mit dem eigenen oder einem geliehenen (Elektro-)Rad, allein oder in Begleitung, erkunden wollen, finden Sie auf dieser Website alle nötigen Informationen: www.conerobybike.it.

Touristenhafen, von dem hochsaisonal Boote zur Spiaggia Due Sorelle in See stechen. Das Altstadtquartier **Numana Alta** klebt auf einer steilen Felsenkante oberhalb von zwei schönen Strandbuchten, während das Hafenviertel **Numana Bassa** sich an einen sanften Hügel schmiegt. Es bietet einen gepflegten Kiesstrand, der sich bis **Marcelli** verlängert, wo zahllose *lidi* das Meer säumen und quasi nahtlos in die Strandbäder und -promenaden von **Porto Recanati** übergehen.

Numanas Fischerseele(n)

Das **Antiquarium Statale** (Via La Fenice 4, www.musei.marche.beniculturali.it, Di–Sa 8.30–19.45, So 14.30–19.45 Uhr, 4 €) auf Numanas Altstadtfelsen erzählt von Picenern, Griechen und Römern, die das Territorium einst besiedelten und einen blühenden Hafen bauten, bis die mittelalterliche Stadt von Erdbeben zerstört wurde (558 und 1292) und im 14. Jh. zugunsten von Ancona seine kommunale Selbstständigkeit verlor. Deshalb steht mit dem antiken **Arco della Torre** nur noch ein Architekturdenkmal aus dieser längst vergangenen Zeit, während das **Monumento ai Pescatori** (Fischerdenkmal) in seiner Nachbarschaft ein Symbol für die jüngere, seit der Einigung Italiens wieder unabhängige Geschichte der Stadt ist. Es verweist darauf, dass die Numanesi bis weit nach dem Zweiten Weltkrieg vom Fischfang lebten. Die Skulptur des niederländischen Bildhauers Johannes Genemans (geb. 1942) hat übrigens frappierende Ähnlichkeit mit einem lokalen Fischeroriginal, das ich selbst noch kennenlernte. Altibano Bartolucci (1924–2013) war gleichsam eine lebende Sehenswürdigkeit im Hafen von Numana, von dem die Fischer des Ortes über die sogenannte **Costarella** (Via IV Novembre) in die Altstadt hinaufstiegen. Diejenigen, die nicht vom Fischfang lebten, arbeiteten bis zum Durchbruch des Tourismus in der Akkordeonindustrie oder bestellten ihre Felder im küstennahen Hinterland, wo die wunderschönen Weingüter Le Terrazze (s. S. 160) und Conte Leopardi (www.conteleopardi.com) zur Degustation bitten.

Shoppen und Chillen

Porto Recanati, einst als Hafen von Recanati (s. S. 166) entstanden, hat sich zur quirligen Kleinstadt gemausert, in der auch außerhalb der Badesaison noch etwas los ist. Es gefällt mit der von bunten alten Fischerhäusern gesäumten Strandpromenade Via Lepanto, der Shopping- und Flaniermeile Corso Matteotti und einem Stadtsalon namens Piazza Brancondi. Er wird eingerahmt von einem Stauferkastell inklusive Pinacoteca Comunale Attilio Moroni und (Freiluft-)Arena Gigli im Innenhof, schicken Bars und dem Kursaal Lido aus den 1930er-Jahren. Zu den im wahrsten Sinne herausragenden Wahrzeichen des Ortes gehören ein eher hässlicher Wohnturm, Baujahr 1971, im Zentrum und ein schon von Weitem schockierender Betonklotz am südlichen Rand der Stadt. Man nennt das gigantische Mehrfamilienhaus noch immer euphemistisch Hotel House, weil hier Ende der 1960er-Jahre eigentlich gut situierte Städter ihre Ferienwohnungen mit Meerblick beziehen sollten. Tatsächlich leben dort heute 2000 Menschen aus 40 Ländern unter prekären Bedingungen. Der soziale Brennpunkt liegt an der Küstenstraße nach Potenza Picena, in dessen Meeresquartier Porto Picena die Riviera del Conero mit feinsandigen flachen Stränden ausläuft.

Schlafen

Wohlfühlort an Numanas Hafen

Villa Sirena: Das komfortable Hotel wird von Fischersohn und Freizeitfischer Romano Cremonesi und seiner Schwester Samantha gastfreundlich geführt. Es bietet Balkone zum Meer und vis-à-vis auf der anderen Straßenseite Liegen und Schirme im Bagno Sirena inklusive netter Wein- und Snackbar, in der die sympathischen Brüder Tommy und Alex für gute Laune sorgen.

Via del Golfo 24, T 071 933 08 50, www.villasirena.it, April–Okt., €€–€€€

Nagelneues Designhotel

Vista Place: Das Fünf-Sterne-Hotel beeindruckt mit stilvollem zeitgenössischem Interieur in Zimmern und Suiten, dem exquisiten Restaurant Riva, Spa und Meerblick und ist rund ums Jahr geöffnet.

Via Flamina 109, T 071 972 09 67, www.viewnumana.it, €€–€€€

Mit Patina

Teresa a Mare: Das schlichte Hotelchen in Hafennähe ist schon seit 1930 in Betrieb. Einige der ordentlichen Balkonzimmer haben direkten Blick aufs Meer.

Via del Golfo 26, T 071 933 06 23, www.hotelteresamare.com, Juni–Sept., €€

Meeresrauschen

Brigantino: Das einfache und freundlich geführte Drei-Sterne-Haus mit 1970er-Jahre Flair liegt auf halber Strecke zwischen Porto Recanati und Numana unmittelbar am Strand und ist ganzjährig geöffnet.

Porto Recanati, Viale Scarfiotti 10/12, T 071 97 66 84, www.brigantinohotel.it, €–€€

Essen

Feine Meeresküche in Toplage

La Torre: Das sowohl kulinarisch als auch hinsichtlich Location und Atmosphäre erste Haus am Platz. Es ist wegen seiner (auch rohen!) Fischspezialitäten zu empfehlen, die man von Mai bis September auf einer romantischen Meeresterrasse, auf einem Balkon und in einem Garten – allesamt mit spektakulärer Aussicht – genießen kann.

Via della Torre 1, www.latorrenumana.it, Ristorante/Balconcino: T 071 933 07 47, April–Sept. tgl., Okt.–März Fr, Sa 12.30–14.30, 19.30–22.30, So 12.30–14.30 Uhr, La Terrazza/Garden: T 338 811 42 43, Mai–Sept. tgl. 19.30–22.30 Uhr, €€–€€€

Gute Fischküche in zweiter Reihe

Trattoria Nonna Triestina: Das kleine, feine Restaurant in maritimem Design lädt zum leckeren Fischessen in freundlich-legerer Atmosphäre in eine schmale Straße in zweiter Strandreihe ein.

Via Flaminia 150, T 071 973 70 58, Mo–Mi, Fr/Sa 12–14, 19.30–22, So 12.30–15 Uhr, €€€

Mit den Zehen im Sand

30 Nodi: Das luftig helle Restaurant ist eine gute Adresse für frische Meeresküche, die man bei schönem Wetter auf einer Terrasse direkt am Strand genießen kann.

Via del Golfo 25, T 071 972 84 13, März–Okt. 12.30–15, 19.30–22.30 Uhr, €€€

Mitten in Porto Recanati

Amarantos: Küchenchef Antonio di Guglielmo stammt aus Apulien, seine Frau Mara, die gern Brot backt, aus den Marken. Zusammen kreieren sie allerhand Leckeres mit Fleisch, Fisch und Gemüse. Ihr Restaurant gehört zum Vier-Sterne-Hotel Enzo – übrigens eine passable Übernachtungsoption (ganzj., www.hotelenzo.it, €–€€).

Porto Recanati, Corso Matteotti 19/21, T 071 759 03 24, www.ristoranteamarantos.it, €€

Nette Leute

Amarcord: Das Lokal an Porto Recanatis Hauptflaniermeile punktet mit knuspriger Pizza, Kaffee, Bier, Wein und netter Atmosphäre, die nicht zuletzt dem freundlichen

Barchef Andrea und seiner sympathischen Partnerin Federica zu verdanken ist.
Porto Recanati, T 071 759 74 94, tgl. 10–22 Uhr

Einkaufen

Ein Schlaraffenland

Enoteca Azzurra: Die gut sortierte Wein- und Feinkosthandlung offeriert (fast) alle Gaumenfreuden der Marken. Ihre charmante Namenspatronin Azzurra Sampaolesi bittet dort zur Weindegustation und reicht dazu allerlei leckere Häppchen.
Via Flaminia 90, www.azzurravini.it, tgl. 9–13, 16–20 Uhr

Wein vom Dylan-Fan

Fattoria Le Terrazze: Weingut unter der Regie von Antonio Terni, der ein Faible für Bob Dylan und neben rubinrotem Rosso Conero auch einige süffige Weiße, den spritzigen Rosé Pinkfluid und bestes Olivenöl im Repertoire hat.
Via del Musone 4, T 071 739 03 52, www.fattorialeterrazze.it, Mitte Juni–Mitte Sept. tgl. 9–13, 16–20, sonst Mo–Fr 9–12, Sa 9–13, 15–19 Uhr, Degustationen und Führungen ca. 20 €

Bewegen

Baden, Bootstouren, Tauchgänge

Neben den feinkieseligen Stränden von **Numana Bassa**, **Marcelli** und **Porto Recanati** laden die Strände **Numana Alta** und **La Spiaggiola** (im Sommer Busshuttle) unter dem Stadtfelsen zu Badefreuden ein. Zur **Spiaggia Le Due Sorelle** fahren Boote der Traghettatori Riviera del Conero (Mitte Juni–Mitte Sept.), die – wie eine Reihe weiterer Veranstalter (z. B. www.conerofunboat.it oder www.coneroescursioni.it) – auch andere Bootsausflüge im Programm haben. Abtauchen und Schnorcheln kann man mit den Profis von Sea Wolf Diving.
Traghettatori: Via delle Pescherie 11, www.traghettatoridelconero.it; **Sea Wolf Diving**

Es ist nicht schwer, im Parco del Conero ein schönes Strandplätzchen für den Sundowner zu finden. Schwer ist es nur, sich für einen Flecken zu entscheiden!

Center: Via del Porto 22, www.seawolfdiving.it, auch Tauchkurse

Ausgehen

Hippe Hafenbar

Sedici Gradi Numana Bar: In zeitgenössischem Design und legerer Atmosphäre werden hier – im Sommer von frühmorgens bis spätabends – Wein, Bier, Cocktails und etwas zu essen serviert.

Via Pescheria 11, T 071 972 84 12, April–Okt. 7–24 Uhr

Camerano

G3

Das kleine Städtchen mit den hübschen Treppengassen und der lang gezogenen Piazza Roma ist von mysteriösen Grotten unterkellert und eine Hochburg des Rosso Conero, der hier gleich von mehreren Weingütern gekeltert und in der ersten Septemberwoche ausgelassen gefeiert wird.

Musik und Mystik

In Camerano stand die Wiege des Malers Carlo Maratti (1625–1713), von dem einige Werke zusammen mit archäologischen Fundstücken aus der Gegend im Rathaus an der Via Francesco zu sehen sind. Einst produzierte hier die Firma Farfisa (s. S. 287) Akkordeons und Elektroorgeln für den internationalen Markt. Die kleine **Mostra Farfisa** (Piazza Roma 26, tgl. 10.30–12.30, 16.30–18.30 Uhr, im Grottenticket inkl.) illustriert mit Fotos und Dokumenten die ganze Erfolgsgeschichte und zeigt die schönsten Instrumente, auf denen u. a. Pink Floyd und Elton John ihre Welthits spielten.

Die meisten Touristen kommen allerdings wegen der **Grotte di Camerano,** die aus mehreren unterirdischen Räumen bestehen. Weil es vielerorts mit kunstvollen Ornamenten und Zeichen markiert ist, geht man inzwischen davon aus, dass das romantisch-unheimliche Grottenlabyrinth nicht nur Lager-, sondern auch religiös-rituellen Zwecken diente.

www.grottedicamerano.it, Grottenführungen April–Mitte Juni, Mitte Sept.–Okt. Di–So 15.30–19.30, Sa/So und Mitte Juni–Mitte Sept. tgl. auch 9.30–12.30 Uhr alle 30 Min., Reservierung erforderlich bei der IAT (s. u.) oder online (www.operaturismo.it), 12 €

Einkaufen

Vino? Certo!

Silvano Strologo: Den guten Rosso Conero gibt es z. B. bei der sympathischen Familie Strologo zu kaufen.

Via Osimana 89, T 071 73 11 04, www.vinorossoconero.com, Mo–Sa 9–12, 16–19 Uhr

Infos

- **IAT:** Piazza Roma 26, T 071 730 40 18, www.turismocamerano.it
- **Italienischkurse:** Rund ums Jahr Gruppen- und Einzelkurse im **Centro Culturale Conero** in Camerano, flankierend Weintouren und Kochkurse (Via Fontanelle 2, www.linguaitaliana.com).

Osimo

G4

Mehr urbanes Flair als alle anderen Gemeinden im Küstenhinterland der Riviera del Conero versprüht dieses Städtchen auf einem Hügel mit Panoramablick über Land und Meer. Osimo imponiert mit einem eleganten Boulevard, großzügigen Plätzen und vielen respektablen historischen Palazzi. Die Altstadt schmückt sich mit einer schönen alten Kathedrale und dem **Teatro la Nuova Fenice** aus dem 19. Jh. in Neorenaissancemanier (Piazza Marconi 1, www.teatrolanuovafeniceosimo.it). Es verbirgt zudem eine geheimnisvolle Grottenunterwelt.

Römische Relikte

Auf dem Stadtgebiet der 35 000-Seelen-Gemeinde, das schon seit dem 9. Jh. von Picenern, Griechen und Galliern besiedelt war, gründeten die Römer im 2. Jh. v. Chr. die Kolonie Auximum. Von der stehen noch die Reste der **Mure Romane** und blieben einige kopflose Skulpturen im Innenhof des **Palazzo Comunale** (17. Jh.) sowie die Exponate der archäologischen Abteilung des seit Jahren zugesperrten **Museo Civico** im Palazzo Campana (17. Jh.).

Tief hinunter und hoch hinauf

Wer in besagte Grotten will, melde sich im Touristenbüro IAT (s. S. 162), zu dem man durch die bunt bepinselte alte Markthalle **Piazza delle Erbe** hinabsteigt. In den 14 °C kalten **Grotte del Cantinone** und **Grotte di Piazza Dante e Riccioni** (Öffnungszeiten und Tickets s. IAT) flaniert man vorbei an Zisternen, figürlichen Reliefs und Ornamenten.

Ebenso eindringlich wie die mystische Atmosphäre der urbanen Unterwelt wirkt die spirituelle Aura der **Cattedrale di San Leopardo** auf dem höchsten Punkt der Stadt (Piazza del Duomo, 8.30–19 Uhr). Der romanisch-gotische Dom aus dem 12. Jh. steht auf Resten eines Vorgängerbaus aus dem 8. Jh. Er birgt in seiner von 16 römischen und frühchristlichen Säulen gestützten Krypta die Gebeine der Bischöfe der Stadt und im **Battistero** gleich nebenan ein bronzenes Taufbecken aus dem 17. Jh.

Vom ›Stadtparkbalkon‹ an der **Piazza Nuova** oberhalb der Kathedrale schweift der Blick von der Adria bis zu den Sibillinischen Bergen.

Essen, Einkaufen

Tolles Ambiente

Osteria Moderna: Das Lokal im ehemaligen Schlachthaus am nordöstlichen Altstadtrand punktet mit zeitgemäß aufgepeppter Regionalküche, die wahlweise Fleisch, Fisch und Gemüse in den Mittelpunkt stellt.

Via Macelli 19, T 334 528 71 32, Mi–Mo 12.30–14.30, 19.30–22.30 Uhr, €€€

Snacks und Süßes

Caffè del Corso: Snacks, Süßigkeiten, Aperitivi, Cocktails, Wein und Käse mitten im Stadtgeschehen.

Piazza Gallo 2, Di–So 7–2 Uhr (Juli/Aug. tgl.)

Kulinarische Mitbringsel

Tavernetta del Corso: Feinkostladen, Weinbar und Imbiss mit diversen *prodotti tipici* zum Mitnehmen und Verzehr vor Ort.

Corso Mazzini 74, Mo–Sa 8.30–14, 16.30–23 Uhr, €

Wein kosten und kaufen

Umani Ronchi: Die Kellerei überzeugt mit Rosso Conero und Verdicchio dei Castelli di Jesi, die man bei (vorab reservierten) Degustationen auch kosten kann.

Via Adriatica 12, www.umanironchi.com, Di–Sa 9–13, 15.30–19.30 Uhr

Infos

- **IAT:** Via Fonte Magna 12, T 071 713 18 23, www.osimoturismo.it, Di–Sa 8.30–13, 16–19, So 10–13, 16–19 Uhr. Führungstermine (von Grotte zu Grotte saisonal und jährlich variierend) s. Website, dort auch online zu buchen (6–8 €).
- **Verkehr:** Bahnhof Osimo-Castelfidardo, von dort Verbindungen zur Nord- und Südküste, u. a nach Ancona; Busse von der Via Colombo zum Bahnhof, nach Ancona, Numana, Castelfidardo, Loreto.

Castelfidardo G4

Die Monumente und Museen von Castelfidardo preisen den Akkordeonbau sowie die Schlacht von Castelfidardo, in der das piemontesische Heer am 18. September 1860 den Kirchenstaat besiegte und das fortan italienische Schicksal der Marken besiegelte.

Hier spielt die Musik

Die unprätentiös sympathische Stadt mit den mittelalterlichen Stadttoren **Porta Cassero, Porta del Sasso** und **Porta del Sole** steht bis heute für qualitativ hochwertige Akkordeons, die hier von mehreren Firmen produziert, alten und jungen Talenten gespielt und auf dem **Festival Internazionale Fisarmonica** im September zelebriert werden. **Das Museo Internazionale della Fisarmonica** hat gut 350 Akkordeons im Fundus und alles Wissenswerte rund um Geschichte und Gegenwart des klingenden lokalen Gewerbes parat (Via Mordini 1, T 071 780 82 88, www.museodellafisarmonica.it, Mai–Okt. Di–So 10–13, 16–19, März/April Di, Mi 16–19, Do–So 10–13, 16–19, Nov./Dez. Mi, Do 16–19, Fr–So 10–13, 16–19 Uhr, 5 €).

Nahe der Porta del Cassero, im Volksmund Porta Marina, erhebt sich der **Palazzo Soprani,** der 1909 für die gleichnamige Akkordeonbauerdynastie entstand (Via Paolo Soprani 1). Vis-à-vis steht ein bronzenes Akkordeondenkmal, vor dem Götterbote Hermes nicht die Lyra, sondern Akkordeon spielt. Das **Monumento della Fisarmonica** bebildert ansonsten dreidimensional den Herstellungsprozess eines Akkordeons, den man auch bei einem Besuch im Ladenlokal von **Victoria Accordions** (Via Mazzini 11, www.accordions.it, Mo–Fr 10–12.30, 15–18 Uhr) kennenlernen kann. Darin sind das Innenleben des schönen Instruments in all seinen Einzelteilen an der Wand drapiert und trifft man meist die geschäftsführende deutschstämmige Akkordeonspielerin und -bauerin Elke Ahrenholz-Breccia. Sie hat in eine seit 1919 hier ansässige Akkordeonbauerdynastie eingeheiratet und ist auch eine der Initiatorinnen der örtlichen **Accordion Craft Academy,** an der Schüler aus aller Welt die melodischen Instrumente in mehrtägigen Kursen bauen und reparieren lernen (www.accordioncraftacademy.com).

Das weltweit größte seiner Art und als solches im Guinness-Buch der Rekorde gelistet, findet man im **Laboratorio Grandi Fisarmoniche,** wo man unter Anleitung von Giancarlo Francenella, der die Megamusikmaschine konstruiert hat, sogar einmal selbst darauf spielen darf (Piazza della Repubblica 17, tgl. 10–12.30, 16.30–19.30 Uhr).

Viva Italia!

Dass Castelfidardo als Schauplatz der italienischen Nationalgeschichte glänzt, er-

B

ERSTER BOTSCHAFTER DES AKKORDEONS

Im Laden von Victoria Accordions lernte ich zufällig Antonino de Luca kennen. Der Vollblutmusiker, der diverse andere Instrumente lernte, bevor er klassisches Akkordeon studierte, ist einer der Stars in diesem Metier und erwies mir die Ehre eines Ständchens. Er stammt aus Sizilien und arbeitet u. a. als (Jazz-) Akkordeonlehrer in Castelfidardo, wo er 2017 den damals erstmals ausgelobten Titel »Primo Ambasciatore della Fisarmonica e di Castelfidardo« verliehen bekam (Konzerttermine s. www.antoninodeluca.com).

schließt sich angesichts des **Monumento Nazionale delle Marche** auf dem Monte Cucco am nordöstlichen Stadtrand. Dort führt eine monumentale Treppe hinauf zu dem 1912 enthüllten, 12 m hohen Bronzedenkmal des Bildhauers Vito Pardo. Es zeigt das piemontesische Heer, dem General Cialdino mit entschlossenem Blick und erhobener Hand voranreitet. Die hier dargestellte Szene ordnet das **Museo del Risorgimento** in den historischen Kontext der italienischen Einigungsbewegung ein (Via Mazzini 5, bei Redaktionsschluss bis auf Weiteres geschlossen).

Essen

Freundlich

Osteria Il Mattarello: Allseits geschätzte marchigianische Regionalküche in rustikal-gemütlichem Ambiente.

Via IV Novembre 4, T 071 782 28 61, www.osteriailmattarello.it, Mi–Mo 12–14, 19.30–21.30 Uhr, Aug., Dez. tgl., €€

Im Olivgrünen

Osteria La Fisarmonica: Gut bekochtes und atmosphärisch ansprechendes Landgasthaus mit schönem Olivengarten nahe dem Industriegebiet Cerretano am südlichen Rand der Stadt.

Via Che Guevara 9b, T 071 736 60 32, Mi–Mo 12–14, 19.30–22.30 Uhr, €€

Einen süßen Abstecher wert

Gelateria La Castellana: Wunderbare Eisdiele an Castelfidardos westlichem Ortsrand (Straße Richtung Osimo).

Via IV Novembre 178, Di–So 7–1 Uhr

Einkaufen

Gute Tröpfchen

Casa Vinicola Garofoli: Eines der traditionsreichsten Weingüter der Region, das Weißweine von den Castelli di Jesi, v. a. aber Rosso Conero im Programm hat.

Via C. Marx 123, T 071 782 01 62, www.garofolivini.it, Mo–Fr 9–13, 15–19, Sa 9–13, 15.30–19.30 Uhr

Infos

- **Pro Loco:** Piazza della Repubblica 6, www.comune.castelfidardo.an.it
- **Verkehr:** Busse fahren von der Porta Marina in die Badeorte des Conero, nach Ancona, Loreto und Recanati.

Loreto

H4

Dass das Haus der Gottesmutter, um es vor den Muselmanen zu schützen, 1291 von vier Engeln von Nazareth nach Dalmatien und drei Jahre später von derselben ›Fluggesellschaft‹ in die Marken weitertransportiert wurde, ist eine schöne, aber wohl erfundene Geschichte. Allerdings sollen die Steine der **Santa Casa** tatsächlich aus der Felsgrotte stammen, an die Marias Elternhaus angebaut war, wobei sie vermutlich durch Kreuzfahrer nach Italien gelangten. Jedenfalls legten sie den Grundstein für die Entwicklung Loretos zum Wallfahrtsort, der seit Jahrhunderten von Pilgern aus aller Welt angesteuert wird. Die Stadt zählt knapp 13 000 Einwohner, die mehrheitlich vom Ansturm der Gläubigen und Kulturtouristen leben, sodass ihr zentraler **Corso Boccalini** von Devotionalienläden gesäumt wird.

Marias Elternhaus

Diese gastronomisch gut versorgte, stets quirlig belebte Flaniermeile führt geradewegs zur **Piazza della Madonna,** wo das heilige Haus in der Nacht vom 9. zum 10. Dezember 1294 ›landete‹ und das **Santuario della Santa Casa** wohl selbst

Ungläubige staunen macht. Das heilige Haus ist umbaut von einer ursprünglich gotischen Basilika aus dem Jahre 1468, die später nach Plänen von Giuliano da Maiano, Donato Bramante und Francesco di Giorgio Martini im Renaissancestil modifiziert und im 18. Jh. von Luigi Vanvitelli um einen Glockenturm erweitert wurde. Der stets von ehrfürchtig murmelnden Gläubigen geflutete Innenraum, in dem man auf Wunsch in mehreren Sprachen beichten kann, ist von drei Kreuzgewölben überspannt und im Halbkreis von Seitenkapellen eingerahmt. Unter der von Giuliano da Sangallo um 1500 addierten Kuppel steht die Santa Casa, die 9,50 m x 4 m groß ist. Weil sie in Nazareth an eine Erdgrotte angelehnt war, hatte sie nur drei Wände, die in Loreto um eine vierte sowie freskengeschmückte Aufbauten (14. Jh.) ergänzt wurden. Man möblierte sie obendrein mit einem Altar, der 1921 einem Brand zum Opfer fiel, später jedoch originalgetreu rekonstruiert wurde.

Fast ebenso spektakulär wie die Santa Casa selbst ist der kompakte ›Marmorkasten‹, mit dem sie zu Beginn des 16. Jh. im Auftrag von Papst Julius II. künstlerisch hochkarätig verhüllt wurde. Der Entwurf dafür wird Donato Bramante zugeschrieben, wobei bei der Gestaltung des riesigen Reliquienschreins u. a. Nicolò Tribolo, Baccio Bandinelli, Antonio da Sangallo der Jüngere, Aurelio Girolamo und Ludovico Lombardo mit von der Partie waren. Sie meißelten darauf dreidimensionale Bilder, z. B. von Propheten und Sybillen oder der Lebensgeschichte der heiligen Maria, unter denen die ›Geburt Jesu‹ von Andrea Sansovino als besonders wertvolles Detail gefeiert wird.

Piazza della Madonna, www.santuarioloreto.va, tgl. 6.15–19 Uhr

Großzügige Geschenke

Vis-à-vis von der prächtigen Kirche, die seit Ende des 15. Jh. von einer (seit 2000) begehbaren Festungsanlage namens **Camminamenti di Ronda** geschützt ist, kann man im **Museo Pontificio Santa Casa** weitere sakrale Preziosen bewundern. Es residiert im **Palazzo Apostolico,** dessen Arkadengänge von Donato Bramante konzipiert wurden und hier seit 1507 in reinstem Renaissancestil den Platz flankieren. Ausgestellt ist alles, was der Santa Casa im Laufe der Jahrhunderte geschenkt wurde. Die Pinakothek hütet u. a. Gemälde von Antonio da Faenza, Filippo Bellini, Sebastiano Conca und als größte Attraktion Werke von Lorenzo Lotto, der 1480 in Venedig geboren wurde und 1556 in Loreto das Zeitliche segnete (www.santuarioloreto.va, tgl. 10–13, 15–18 Uhr, 8 €; Camminamenti di Ronda, Führungen 15 Min. vorher im Museum melden, Mo–Fr 10, 11, 12, 15, 16, Sa/So 10, 11.30, 15, 16, 17 Uhr, 5 €, Kombiticket 10 €).

Wer per Zug in Loreto anreist, nähert sich dem Heiligtum der Christenheit quasi durch die Hintertür: nämlich über die 400 Stufen der **Scala Santa,** an deren Ende es durch die Porta Marina auf die Piazza della Madonna geht. An der Porta Marina eröffnet sich ein herrliches Landschaftspanorama, das man auch vor dem Denkmal von Papst Johannes XXIII. auf der **Piazza Giovanni XXIII** an der anderen Flanke des Madonnenplatzes genießt.

Essen

Kulinarisches Pilgerziel

Andreina: Das Restaurant von Errico Recanati hat sich v. a. mit Wild- und Geflügelgerichten einen Michelin-Stern erkocht. Das Ambiente ist rustikal-elegant, die Preise sind natürlich gehoben.

Via Buffolareccia 14, T 071 97 01 24, www.ristoranteandreina.it, Mi 20–22.30, Do–Mo 12–15, 20–22.30 Uhr, €€€

Infos

- **Ufficio Informazioni:** Via G. Solari 3, T 071 97 02 76, www.loretoturismo.info, Mo–Sa 9–13, 15–19, So 9–13 Uhr
- **Verkehr:** Bahnhof außerhalb des Stadtzentrums mit Busanbindung ans Zentrum, Busse nach Ancona, Osimo, Recanati und Macerata

Recanati

G4

Mittelpunkt des architektonisch eleganten Centro storico ist die weitläufige **Piazza Leopardi,** die vom arkadengestützten **Palazzo Comunale** (1898) nebst **Torre del Borgo** (12. Jh.; tgl. 10–13, 15–18 Uhr, 5 €) und einladenden Lokalen umrahmt wird. Vor dem Rathaus steht ein Denkmal für den italienischen Nationaldichter Giacomo Leopardi, der 1798 als Sohn einer angesehenen Adelsfamilie in Recanati geboren wurde. Knapp 100 Jahre nach Leopardi erblickte der Tenor Beniamino Gigli hier das Licht der Welt, die ihn in den 1930er- und 1940er-Jahren als Nachfolger von Enrico Caruso feiern sollte.

Dichter der Nation

Leopardi, der in erster Linie als Lyriker in die Literaturgeschichte eingegangen ist, verließ seine Heimat 1822 und lebte u. a. in Rom und Neapel, wo er 1837 starb. Sein vor Ort meistzitiertes Werk ist ein Gedicht mit dem Titel »L'Infinito« (»Das Unendliche«), zu dem er auf dem Hügel **Colle dell'Infinito** an der Via Monte Tabor in der Nähe der **Casa Leopardi** inspiriert worden sein soll (www.ortoinfinito.it). Seine bedeutendste Hinterlassenschaft, die Gedichtsammlung »Pensieri di varia filosofia e di bella letteratura« (1817–31) wurde unter dem Titel »Gedanken aus dem Zibaldone« auszugsweise ins Deutsche übersetzt. Das ausladend-elegante Domizil seiner Familie wuchs in den Jahren 1714 bis 1799. Es integriert heute im Erdgeschoss ein biografisches **Museum** zu Ehren des Dichters und im ersten Stock die **Bibliothek** mit gut 20 000 Bänden, in der Giacomo schon im Kindesalter Latein und Griechisch studierte. Im Dienstbodentrakt über den ehemaligen Stallungen des Palazzo Nobile hat man Einblick in die **Casa di Silvia.** Der Name rekurriert auf ein Gedicht mit dem Titel »Silvia« bzw. Leopardis zarte Gefühle für die Hausangestellte Teresa Fattorini, die dort einst wohnte und 1818 starb. Nicht immer zu besichtigen sind die **Cantine,** der Weinkeller der Familie Leopardi, die bis heute recht gute Tropfen produziert.

O

ORIGINELLE LÄDEN

Auf dem Weg von der Piazza zur Casa Leopardi kommt man in der Via Roma an zwei schönen Geschäften (nicht) vorbei: Laura Zarellis **Harmattan,** in dem die fröhlich-resolute Neapolitanerin »non solo Vintage« u. a. in Gestalt entzückender Tisch-, Bett- und Unterwäsche aus Leinen, sondern auch die künstlerisch bemerkenswerten Pappmascheefiguren ihres in Recanati geborenen Lebensgefährten Ivano Ascani vertreibt, u. a. großartige Pinocchios (Via Roma 19, www.harmattannonsolovintage.com). Schräg vis-à-vis liegt die **Sartoria Latini** mit der Herrenmaßschneiderei des Vaters im Ober- und dem (Werkstatt-)Laden der Tochter im Untergeschoss. Dort produziert Lucia Latini Originelles aus Leder, v. a. eigenwillig geformte und gefärbte Taschen, die mancher/manchem eine finanzielle Sünde wert sind (Via Roma 50, @sartoria_latini).

Die Stadtmitte von Recanati ist nach einem der größten Söhne der Stadt benannt: Giacomo Leopardi. Und weil das so schön passt, hat man ihm mitten auf dem Platz ein Denkmal gebaut.

Via Leopardi 14, www.giacomoleopardi.it, T 071 757 33 80, tgl. 9–17.30 Uhr, Führungen: Museum u. Bibliothek 10 €, plus Wohntrakt 20 €, Casa di Silvia (bei Redaktionsschluss temporär geschl.) Fr–So, 5 €

Tenor von Welt

Das Andenken an den Opernsänger wird im **Museo Beniamino Gigli** im an sich schon sehenswerten historischen **Teatro Persiani** (1840) und im ton- und bildtechnisch hochgerüsteten **Museo della Musica** gleich nebenan gepflegt.

Beniamino Gigli wurde als Nachfolger von Enrico Caruso gefeiert und als Günstling von Mussolini, Hitler, Goebbels und Göring geschmäht. Das Museo Gigli lässt die Karriere des Startenors der 1920er- bis 1950er-Jahre Revue passieren und gewährt Einblicke in das Privatleben von Beniamino Gigli, der am 20. März 1890 als sechstes Kind des Schuhmachers Domenico Gigli in der Via Castelnuovo 22 geboren wurde und 1957 in einem Mausoleum auf dem örtlichen Friedhof (Via Dalmazia) seine letzte Ruhe fand. Plakate, Zeitungsartikel und illustre Fanpost dokumentieren Giglis internationale Karriere, die ihn über Rom und Neapel an die Metropolitan Opera in New York führte, und spart auch seine Verbindungen zu führenden Faschisten nicht aus. Gigli war 1932 aus Amerika nach Rom zurückgekehrt und unternahm auch so manche Konzertreise nach Deutschland, wo er obendrein als Protagonist Dutzender UFA-Filme reüssierte. Das Museo della Musica begeistert übrigens weniger Opern-, denn Rockmusikfans. Es zeigt in Recanati und Umgebung produzierte Instrumente, v. a. Akkordeons und Gitarren und illustriert, wie nationale und internationale Stars sie intonierten. Das Highlight ist ein »Hörsaal«, in dem man verschiedene Melodien wählen und in akustischer Perfektion auf sich wirken lassen kann.

Via Cavour, Di–So 10–13, 15–18 Uhr, 5 €. Im November 2023 wurden beide Museen zwecks Generalsanierung des Gigli-Museums auf unbestimmte Zeit geschlossen und bis zum Redaktionsschluss im Frühjahr 2024 noch nicht wieder eröffnet.

Kunst und Kirchen

Wer sich weder für die beiden großen Söhne Recanatis noch für Volks- und Rockmusik interessiert, findet mit der **Villa Colloredo Mels** mit illuster behängter Pinakothek und Emigrationsmuseum im Keller ein alternatives Sightseeing-Objekt. Unter dem Dach der prächtigen Villa Colloredo Mels werden archäologische Preziosen und gemalte Kunst aus mehreren Jahrhunderten gehütet. Die **Pinacoteca Comunale** spannt den kunsthistorischen Bogen bis in die Moderne, beeindruckt aber besonders mit Werken von Lorenzo Lotto, unter denen die »Annunciazione« aus den 1520er-Jahren das anrührendste ist. Das **Museo dell' Emigrazione Marchigiana** erinnert mit Fotos, Briefen und Dokumenten, aber auch interaktiven multimedialen Mitteln an die ca. 700 000 Marchigiani, die die materielle Not in ihrer Heimat im 19. und 20. Jh. in alle Welt verschlagen hat (Via Gregorio XII, www.villacolloredomels.it, Di–So 10–13, 15–18 Uhr, 7,50 € für beide Museen).

Natürlich hat Recanati auch bemerkenswerte Kirchen, etwa die **Chiesa di San Agostino** (13. Jh.) mit prächtigem Renaissanceportal und angeschlossenem Kloster, die im 18. Jh. runderneuerte **Cattedrale San Flaviano** (14. Jh.) und die **Chiesa di San Domenico** (13. Jh.) an der Piazza Leopardi.

Schlafen, Essen

Gute Wahl

La Ginestra: Das alteingesessene Restaurant der Familie Massaccesi mitten in der Altstadt war schon immer und ist auch unter neuer Leitung von Andrea Santarelli eine gute Wahl. Zimmer und Interieur des Restaurants wurden aufgefrischt und verjüngt. Das Essen kommt gut an und man trifft sich hier auch gern zum Aperitif, weil der Hausherr und sein Team freundlich um die Gäste bemüht sind.

Via Calcagni 2, T 071 98 03 55, www.hotelginestra.it, €€

(Nicht nur) Bestes Fleisch

Borgo Antico: Marchigianische Küche mit guten Zutaten und kulinarischer Raffinesse in romantisch-elegantem Kellergewölbe.

Vicolo dell'Achilla 2, T 071 757 42 86, www.ilborgoantico.it, tgl. außer Di 19–24 Uhr, €€€

Biosnack und Schnack

Lo Spuntino: Snacks aus biologischen Zutaten aus der Umgebung und guter Wein, freundlich serviert vom sympathischen Giancarlo Pettorino an einem netten Stadtplätzchen.

Piazzale Mazzagalli Morotti 1, T 371 118 53 02, Di–So 10–21, im Winter Sa/So 12–15 Uhr

Lecker essen am Museum

Osteria di Via Leopardi: Die leckere Lokalküche mundet in freundlichem Interieur unweit vom Museo Leopardi.

Via Leopardi 7, T 071 792 84 08, www.osteriavialeopardi.it, Mo–Mi, Fr–Sa 12.30–14.30, 19.30–21.30, So 12.30–14.30 Uhr, €€

Infos

- **Punto IAT – Tipico.Tips:** Via Leopardi 1, T 071 98 14 71, www.infinitorecanati.it, Di–So 10–13, 15–18 Uhr. Hier bekommt man für 9,50 € das **Biglietto Unico** für alle o. g. städtischen Museen (ausgenommen Casa Leopardi).
- **Verkehr:** Busse nach Loreto, Castelfidardo, Macerata, Porto Recanati

Zugabe
Deutsche Wurzeln

Carlo Neumann wuchs als Einwandererkind an der Riviera del Conero auf.

Adria statt Rhein und Main: Carlo Neumann wurde als Sohn eines Deutschen in den Marken geboren.

Carlo Neumann, Ende 40, ist der Sohn eines Deutschen, der sich in den 1960er-Jahren bei einem Urlaub an der Riviera del Conero in den wohl schönsten Küstenstreifen der Marken verliebte. Hans Walter Neumann investierte in den Kauf von Land und den Bau einer Feriensiedlung in Numana, die er ›Taunus‹ nannte. Er verlegte seinen Lebensmittelpunkt vom Rhein-Main-Gebiet in die Adriastadt, sodass seine drei Söhne in den Marken aufwuchsen.

Nach einem Wirtschaftsstudium stieg Carlo Neumann, der mich bei meinen reisejournalistischen Recherchen stets freundlich unterstützt, ins Immobiliengeschäft des Vaters ein und nach dessen Tod im Jahre 2014 teilten sich die Geschwister das Erbe. Carlo kümmert sich allerdings nicht nur um die eigenen Belange, darunter eine Immobilienagentur und sein auf Umweltfreundlichkeit bedachter Campingplatz La Medusa in Porto Recanati (www.campinglamedusa.it).

Blonder Numanese mit Migrationshintergrund

Er ist seit Jahren Präsident der Organisation Riviera del Conero (s. S. 151), in der sich Gastronomen und Gemeinden gemeinsam für eine nachhaltige und kulturell ambitionierte Tourismusentwicklung von Küste und Hinterland engagieren. Als solcher wirbt der blonde Numanese mit deutschem Migrationshintergrund mit Leib und Seele und bei Bedarf auch in deutscher Sprache für seine Heimat an der Adria.

Carlo beherrscht die deutsche Sprache recht gut, träumt und fühlt wahrscheinlich dennoch eher auf Italienisch, das ihm trotz seiner deutschen Wurzeln wesentlich leichter über die Lippen kommt. Da geht es ihm nicht anders als vielen dem Pass nach italienischen Migrantensöhnen in Deutschland, die die Heimat ihrer Eltern allenfalls aus dem Urlaub kennen. ■

Chientital und Marca Fermana

Schöne Kirchen, Städte und Mode — An der Küste wird gebadet, im Hinterland macht man Markenschuhe und -hüte.

Seite 173

Macerata

Die Freiluftarena Sferisterio in Macerata kann zwar nicht mit der von Verona konkurrieren, doch wenn beim hochsommerlichen Opernfestival die Arien angestimmt werden, hört die ganze Welt hin.

Seite 198

›Marken-Schuhe‹

Topqualität: In Sant' Elpidio a Mare steht die Fabrik, in der die weltweit angesagten Mokassins von Tod's gemacht und im Outletstore gleich nebenan zum Schnäppchenpreis verkauft werden.

Maccheroncini di Campofilone: so fein wie ›Engelshaar‹.

Eintauchen

Seite 180

Innere Einkehr

Santa Maria a Piè di Chienti und San Claudio al Chienti, Abbadia di Fiastra und Basilica di San Nicola – im Tal des Chienti animieren gleich mehrere spirituell ergreifende Sakralbauten zu einem Zwiegespräch mit Gott und/oder sich selbst.

Seite 196

Porto San Giorgio

Bereits vor 100 Jahren waren die Strände von Porto San Giorgio en vogue – weshalb der Badeort heute mit der ein oder anderen mondänen Villa zu beeindrucken weiß.

&

Seite 190

Camerino

Die einst blühende Universitäts- und Kulturstadt liegt noch immer schwer verwundet vom Erdbeben von 2016 am Fuße der Sibillinischen Berge. Doch genau deshalb sollte man jetzt hinfahren.

Seite 187

Matelica

Schönes Altstadtensemble, süffiger Wein, grünes Hügelland. Mehr braucht man (hier) nicht zum Glücklichsein.

Seite 201

Entensugo

Unbedingt probieren! Pasta mit Entensoße kommt überall in den Marken auf den Tisch und ist so etwas wie das inoffizielle Regionalgericht. In der Provinz Macerata ist dieser *primo* besonders beliebt und delikat im Geschmack.

Seite 192

Fermo

Die Piazza del Popolo der jungen Provinzhauptstadt Fermo gehört zu den elegantesten Stadtsalons der Region.

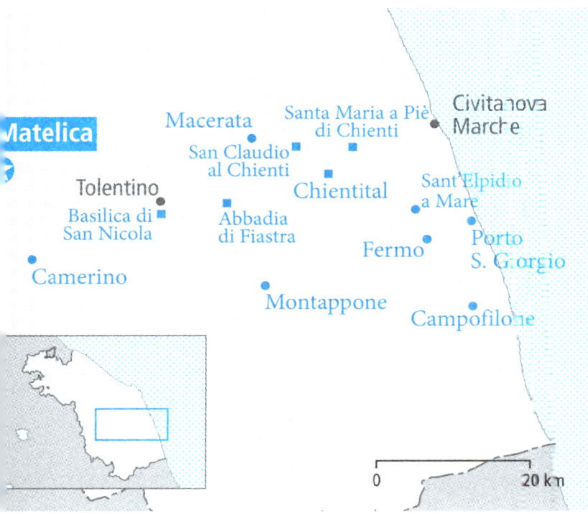

(K)ein Scherz: Wenn Sie in Matelica in Anwesenheit eines kommunalen Angestellten sieben Mal den Brunnen auf der Piazza Mattei umrunden, bekommen Sie ein *patente da mattu* (Narrenschein) verliehen.

Royale Kundschaft: Es heißt, dass die britische Queen höchstpersönlich zu den Stammkundinnen der Hutmacher von Montappone (s. S. 191) zählte. Hut ab!

erleben

Gebete, Geschäfte und Gebrechen

Zwischen Civitanova Marche und Pedaso säumen weitläufige Strände mit dichter und saisonal nachtaktiver badetouristischer Infrastruktur die Adriaküste. Dazwischen liegen kleine und große Fischereihäfen. Der schönste Badeort ist Porto San Giorgio, einst Hafen von Fermo, das nur wenige Kilometer entfernt einen gefälligen städtebaulichen Akzent setzt.

Nicht weit davon produzieren im Landesinneren gleich mehrere Betriebe weltweit angesagte Schuhe *made in Italy* und weht in Macerata dank seiner Opernarena Sferisterio zumindest im Hochsommer ein Hauch von internationaler Kulturstadtluft. Die ansonsten eher beschauliche Provinzkapitale thront auf einem Hügel zwischen den Flüssen Chienti und Potenza. Das Tal des Chienti ist beseelt von mehreren atmosphärisch beeindruckenden Kirchen und Klöstern, darunter die stimmungsvolle Abtei von Fiastra in einer grünen Naturoase und der Wallfahrtsort Tolentino.

Auf dem weingrünen Hügelland über den Ufern von Potenza und Esino heben sich Treia, San Severino Marche, Matelica, Esanatoglia und Camerino nicht nur topografisch, sondern auch städtebaulich und kulturell wie auch kulinarisch hervor. Sie alle wurden bedauerlicherweise im Sommer und Herbst 2016 von einer Erdbebenserie getroffen, weshalb so manches rein äußerlich scheinbar unversehrte Kulturdenkmal wegen innerer Verletzungen noch immer verschlossen ist. Ganz besonders schwer erwischt hat es die einst quirlige Universitätsstadt Camerino am Fuße der Sibillinischen Berge. Ihr Centro storico gleicht auch noch sieben Jahre nach der Katastrophe einer Geisterstadt, wobei die Landschaft drum herum wie eh und je fasziniert und sich die Menschen hier gerade jetzt über den Besuch von zahlenden Gästen freuen.

O

ORIENTIERUNG

An der Küste kommt man gut mit **öffentlichen Verkehrsmitteln** voran – sowohl mit der Bahn als auch dem Bus. Im Landesinneren wird es diesbezüglich schwieriger und zeitaufwendiger – vorausgesetzt, man will sich nicht auf den Aufenthalt in den freilich besser verkehrsvernetzten Provinzkapitalen und größeren Städten beschränken.

Macerata

G5

Abheben zur Stadtbesichtigung

Die kleine Universitäts- und Provinzhauptstadt thront 315 m hoch über den Flusstälern von Potenza und Chienti, zählt gut 41 000 Einwohner und 10 000 Studierende. Die meisten Besucher erreichen sie per Aufzug, der vom Parkplatz an den Giardini Diaz auf den Altstadthügel gleitet. Die Ursprünge von Macerata liegen freilich eine Etage – genauer: 200 m – tiefer in Gestalt der Ruinen des römischen **Helvia Ricina** im Ortsteil Villa Potenza (Via Teatro Romano, T 0733 49 29 37, Mai–Sept. Sa/So 10–12, 17–19 Uhr, sonst auf Anfrage). Erst unter dem Ansturm der Goten im 5. Jh. traten die Ahnen der Maceratesi die Flucht nach oben an. Als die kleine Bauernsiedlung 1129 zur freien Kommune avancierte, begann die eigentliche Stadtentwicklung, die mit der Gründung der Universität (1290) so richtig in Fahrt kam und im 16. und 18. Jh. bis heute prägende städtebauliche Schübe erhielt. Im frühen 19. Jh. Zentrum der italienischen Einheitsbewegung und gut 100 Jahre später Hochburg des Sozialismus und antifaschistische Bastion, mutierte ausgerechnet das einst rote Macerata am 3. Februar 2018 zum Schauplatz eines rassistischen Verbrechens. Dass ein Rechtsextremer auf offener Straße auf mehrere Afrikaner schoss und sie lebensgefährlich verletzte, bescherte der Stadt traurige Berühmtheit. Es mobilisierte ihre Bürger aber auch zu antirassistischen Demonstrationen, zuletzt am sechsten Jahrestag des Attentats 2024. Internationales Renommee genießt hingegen das Sferisterio Opera Festival im Hochsommer.

Repräsentative Mitte

Als Ausgangspunkt fürs Sightseeing empfiehlt sich die zentrale **Piazza della Libertà,** von der alle großen Einkaufs- und Flaniermeilen ausstrahlen und alle anderen Orte des stadtgesellschaftlichen Geschehens schnell erreicht sind. Das älteste Gebäude am damals noch recht bescheidenen Platz ist der 1290 von den Eliten der freien Kommune bezogene **Palazzo dei Priori** 1. Erst im ökonomisch und bildungskulturell florierenden 16. Jh. avancierte die Piazza della Libertà zur repräsentativen Mitte der Stadt. Hinzu kamen die **Loggia dei Mercanti** 2 und der **Palazzo del Comune** 3, der ursprünglich universitären Zwecken gedient hatte und im 19. Jh. zeitgemäß modifiziert wurde. Vis-à-vis setzt sich die **Chiesa San Paolo** 4 aus dem 17. Jh. ins Platzbild und gleich nebenan steht das innen opulent dekorierte spätbarocke **Teatro Lauro Rossi** 1. Es wurde 1774 von einer adeligen Theatergesellschaft gegründet, im 19. Jh. dem lokalen Komponisten Lauro Rossi (1810–85) gewidmet und bietet ein spar-

Stattlich: Mit knapp 300 Gemälden kann der zum Museum umgestylte Palazzo Ricci aufwarten.

Macerata

Ansehen

1. Palazzo dei Priori
2. Loggia dei Mercanti
3. Palazzo del Comune
4. Chiesa San Paolo
5. Torre Civica
6. Palazzo dei Diamanti
7. Palazzo degli Studi
8. Palazzo Buonaccorsi – Pinacoteca, Museo delle Carozze
9. Cattedrale San Giuliano
10. Chiesa Madonna della Misericordia
11. Chiesa San Giovanni
12. Palazzo Ricci
13. Biblioteca Comunale Mozzi-Borgetti

Schlafen

1. Hotel Lauri
2. Arcadia Hotel

Essen

1. Signore te ne ringrazi
2. Osteria dei Fiori
3. Trattoria da Rosa
4. Vere Italie
5. Centrale Macerata
6. Enoteca Le Case
7. Maga Cacao

Ausgehen

1. Teatro Lauro Rossi
2. HAB
3. Sferisterio

tenübergreifendes Bühnenprogramm (Piazza della Libertà 21, www.sferisterio.it).

An seiner Seite reckt sich seit 1553 die **Torre Civica** ❺ 64 m in den Himmel, wobei das von ihrer ›Kuppelterrasse‹ gebotene 360°-Panorama den Besuchern zuletzt (Frühj. 2024) vorenthalten war. Ein Eyecatcher ist die am Turm drapierte astronomische Uhr, über der sich um 12 und 18 Uhr, begleitet von Glockenschlägen, die Heiligen drei Könige zur Huldigung der Madonna mit Kind in der Mauernische darüber drehen (Kopien, die Originale stehen im Palazzo Buonaccorsi).

Maceratas Kunstkammern

Am Corso Matteotti glänzt das Architekturjuwel des **Palazzo dei Diamanti** ❻, dessen eigenwillige Fassadengestaltung Giuliano Torelli 1535 vom berühmten Diamantenpalast in Ferrara kopierte, indem er das ehemalige Domizil der wohlhabenden Kaufleute Mozzi und Morchetti mit pyramidenförmigen Marmorblöcken im Edelsteindesign ummantelte. Gegenüber flankiert seit den 1930er-Jahren der ausladende **Palazzo degli Studi** ❼, in dem die Geschicke der Provinz gelenkt werden, die Hauptflaniermeile, wendet seine im Stil der Neorenaissance gehaltene Schokoladenseite aber der parallelen Via Gramsci zu.

Verlässt man die Zentralpiazza über die Via Don Minzoni, passiert man den **Palazzo Buonaccorsi** ❽ inklusive **Pinacoteca** und **Museo delle Carozze** (s. S. 175) und erreicht die Piazza Strambi, wo im frühen Mittelalter die Besiedlung des Stadthügels begann. Dort bestimmen seit dem 15. Jh. die **Cattedrale San Giuliano** ❾ und die **Chiesa Madonna della Misericordia** ❿ das Bild.

Über den Corso della Repubblica geht's *direttamente* zur Piazza Vittorio

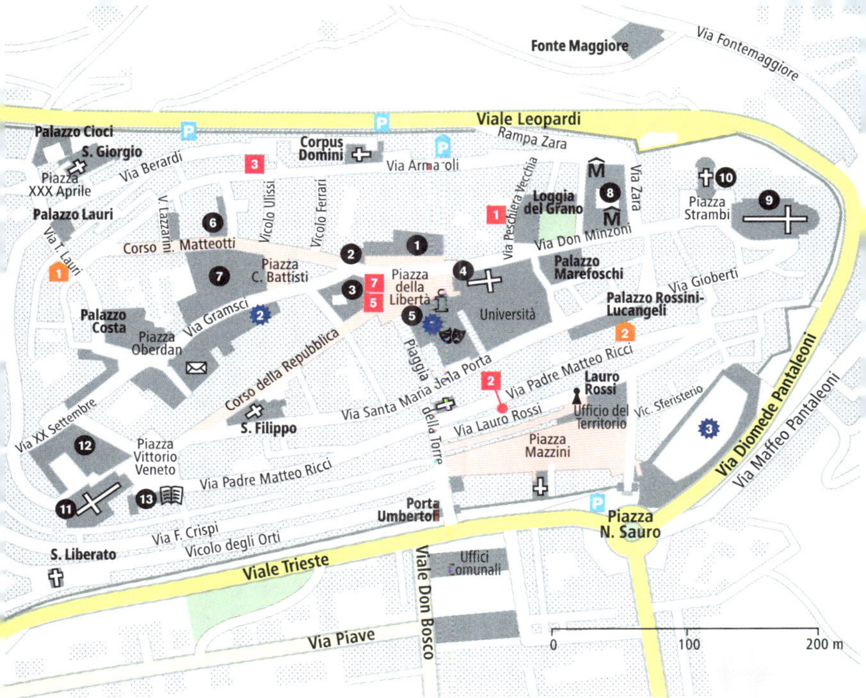

Veneto mit der barocken **Chiesa San Giovanni** ⓫ aus dem 17. Jh. und dem zum Museum (s. S. 176) umgewandelte **Palazzo Ricci** ⓬. Ihm vis-à-vis beeindruckt die **Biblioteca Comunale Mozzi-Borgetti** ⓭ (Piazza Vittorio Veneto 2, Mo–Fr 9–18.30 Uhr) mit prachtvollem Interieur und wertvollem Inventar. Sie wurde 1787 in einem ehemaligen Jesuitenkonvent aus dem 17. Jh. eröffnet, hütet historische Bücher, Karten, Akten und Statuen und dient obendrein als moderne Stadtbibliothek.

Große Bühne

Der für mich schönste Platz ist die gastronomisch gut versorgte **Piazza Mazzini,** die man von der Piazza della Libertà über die Treppengasse Piaggia della Torre erreicht. Dahinter imponiert Maceratas **Opernarena Sferisterio** ❸, die in den 1820er-Jahren als Sportstadion fürs damals beliebte Ballspiel »Pallone al Bracciale« gebaut wurde. Nachdem Beniamino Gigli hier 1921 erstmals Opernarien geschmettert hatte, entstand die Idee des **Sferisterio Opera Festivals,** die aber erst 1967 realisiert wurde. Seither nehmen allsommerlich jeweils gut 3000 Menschen zu den Inszenierungen des inzwischen international renommierten Opernspektakels unter freiem Himmel Platz.

Piazza N. Sauro, www.sferisterio.it, Di–So, April–Okt. 10–13, 14.30–18.30 (Juni–Sept. 15–19), Nov.–März 10–13, 15–17.30 Uhr, 6 €

Museen

Kunst und Kutschen

❽ Pinacoteca/Museo delle Carozze: Der Palazzo Buonaccorsi vom Anfang des 18. Jh. beeindruckt im großem Innenhof mit klassischen Skulpturen und dem üppi-

A

ALLTAGSGESCHICHTE(N)

An Maceratas westlicher Peripherie hat sich eine zum Museumsdorf umgewidmete Siedlung aus dem 19. Jh. erhalten, die noch aus einem Lehm-Strohgemisch erbaut wurde. Im **Ecomuseo delle Case di Terra Villa Ficana** kann man diese alte Bauweise und angesichts der Inneneinrichtung der Häuser die Alltagskultur ihrer historischen Bewohner studieren (Borgo Santa Croce 87, www.ecomuseficana.it, Mo–Fr 9–13 Uhr, Eintritt frei).

gen Freskendekor der Sala dell'Eneide. Er integriert die städtische Gemäldegalerie, die Malerei aus dem 14.–19. Jh., u. a. ein Gemälde von Carlo Crivelli, sowie eine beachtliche Kollektion moderner und zeitgenössischer Kunst zeigt, und das Kutschenmuseum mit noblen historischen Modellen.

Via Don Minzoni 24, Di–So, April–Okt. 10–13, 14.30–18.30 (Juli–Sept. 15–19), Nov.–März 10–13, 15–17.30 Uhr, 9,50 €

Maler und Bildhauer des 20. Jh.

⓬ **Palazzo Ricci:** Im 17. Jh. erbaut, im 18. vom zeitgenössischen Stararchitekten Luigi Vanvitelli modifiziert und erst vor wenigen Jahren renoviert, besticht der Palazzo vor allem durch sein Interieur. Hauptattraktion ist eine stattliche Kollektion von gut 300 Gemälden und Skulpturen aus dem 20. Jh., für die u. a. die lokalen Talente Ivo Pannaggi, Osvaldo Licini oder Mario Tozzi, aber auch Künstler von internationalem Ruhm, etwa Renato Guttuso (1912–87) oder Fausto Pirandelli (1899–1975) den Pinsel oder Meißel schwangen.

Via Domenico Ricci 1, www.palazzoricci.it, April–Juni Sa 16–19, So 10–13, 16–19, Juli/Aug. Di–Sa 16–19, So 10–13, 16–19 Uhr (2024), übers Jahr variierende Öffnungszeiten (vorab Website checken), Eintritt frei

Schlafen

Historie trifft Moderne

1 **Hotel Lauri:** Komfortables Wohnen in zeitgemäß möblierten Zimmern in einem historischen *palazzo nobile* aus dem 18. Jh., der nicht zuletzt durch seinen stimmungsvollen Innenhof gefällt.

Via Tommaso Lauri 6, T 0733 23 23 76, www.hotellauri.it, €€

Gepflegt und beliebt

2 **Arcadia Hotel:** Meistfrequentiertes Festivalhotel zwischen Opernarena und Dom.

Via P. Matteo Ricci 134, T 0733 71 61 38, www.arcadiahotelmacerata.it, DZ ab 70 €

Essen

Gott sei Dank

1 **Signore te ne ringrazi:** In die Altstadtgewölbe zog 2022 der vorher auf dem Land kreative ehemalige Sternekoch Michele Biagiola ein, der sich v. a. mit vegetarischer und veganer Küche profiliert hatte. Mittags setzt er auf Experimentelles und abends auf Traditionelles. Grundlage sind immer Omas Saisonküche und allerbeste Produkte aus der Region, wobei Fleisch und Fisch auf der Speisekarte, aber nicht im Mittelpunkt stehen. Der Name des Lokals bedeutet übrigens »Herr, dafür danke ich dir«, womit Biagiola die tollen Zutaten seiner Heimat meint.

Via Pescheria Vecchia 26, T 0733 187 48 69, signoreteneringrazi.it, Mo, Do–Sa 12–14.30, 19–23, So 12–14.30 Uhr, €€–€€€

Marken-Küche

2 **Osteria dei Fiori:** Die Altstadttrattoria mit dem Titel »Locale Storico Marche« tischt leckere regionale Saisonküche auf.

Via Lauro Rossi 61, T 0733 26 01 42, www.osteriadeifiori.it, Di–Sa 12–15, 19–23, So 12–16 Uhr, €€

Kulinarische Traditionspflege

3 Trattoria da Rosa: Die richtige Adresse, um *vincisgrassi* und andere lokale Klassiker zu probieren.

Via Armaroli 17, T 0733 26 01 24, Mo–Sa 12.30–14.30, 19.30–23, So 12.30–14.30 Uhr, €€

Gesamtkunstwerk

4 Vere Italie: Das zeitgeistig designte Lokal in den Kellergewölben eines historischen Palazzo aus dem 16. Jh. besticht schon allein durch sein stilvolles Ambiente und die tolle Terrasse. Es vereint Restaurant, Bar und Feinkostladen. Serviert werden Neuinterpretationen alter kulinarischer Traditionen, zu denen die besten Weine der Region ins Glas kommen.

Via G. M. Crescimbeni 19, T 0733 184 05 72, https://vereitalie.it, Di–So 7.30–11, 12.30–2.30 Uhr, €€€

W WER HAT'S ERFUNDEN?

Das Rezept für den regionalen Nudelklassiker *vincisgrassi* stand bereits 1784 als *princisgrassi* im Kochbuch eines gewissen Antonio Nebbia aus Macerata. Den Legenden nach wurde es 1799 oder 1849 in Ancona für den österreichischen General Windisch-Graetz gekocht und auf dessen zu *vincisgrassi* verballhornten Namen getauft. Eingedenk der Lebensdaten des Feldherrn (1787–1862) käme allenfalls das zweite Datum in Betracht, als österreichische Truppen die Hafenstadt besetzten. Nichtsdestotrotz folgt man bei der Zubereitung der gehaltvollen Lasagnevariante meist Nebbia. Zwischen die Teigplatten kommen demnach Fleischsoße aus Kalb, Lamm, Schweinespeck, Geflügelinnereien, schwarzen Trüffeln oder Pilzen und Bechamelsoße obendrauf.

Urbanes Flair

5 Centrale Macerata: Kombination aus Café, Restaurant, Pizzeria und Weinbar unter den historischen Rathausarkaden, kulinarisch vielseitig und auch auf Vegetarier und Veganer eingestellt.

Piazza della Libertà 1–2, T 0733 177 86 64, www.centralemacerata.com, tgl. 10–24 Uhr, €€

Vornehm im Grünen

6 Enoteca Le Case: Westlich von Macerata liegt auf dem Weg nach Treia ein herrliches Anwesen, wo man neu interpretierte Traditionsküche mit Fleisch und Gemüse vom zertifiziert biologisch bewirtschafteten Hof, ein vegetarisches oder ein Fischmenü, eine besondere Sauerteigpizza und beste Weine genießen sowie stilvoll übernachten kann (€€–€€€).

Loc. Mozzavinci 16–17, T 0733 23 18 97, www.ristorantelecase.it, Di–Fr 20–22, Sa/So 12–14, 20–22 Uhr, €€–€€€

Dolce Vita

7 Maga Cacao: Hier locken herrliches Gebäck, Torten und Süßigkeiten zum Mitnehmen oder Genuss vor Ort.

Piazza della Libertà 8, Di–Sa 9.30–24, So 9–24 Uhr

Ausgehen

Barocke Pracht

1 Teatro Lauro Rossi: s. S. 173

Livemusik und Bier

2 HAB: Im HAB – House of Artbishop – gibt's regelmäßig Livemusik und andere Kulturevents, gutes Craftbeer aus der Bishop-Brauerei und Snacks.

Via Gramsci 24, www.hab.business.site, Mo, Mi–Fr 14.30–2, Sa, So 18–2 Uhr

Weltberühmt

3 Sferisterio: s. S. 175

Infos

- **Infopoint (IAT):** Piazza della Libertà 18, https://musei.macerata.it, www.macerataculture.it, tgl. 10–19 Uhr. Mit einem Souvenirshop kombinierte Touristeninfo, wo es – ebenso wie im Palazzo Buonaccorsi und am Sferisterio – das **Biglietto Unico Macerata Musei** für alle hier präsentierten Attraktionen zum Preis von 15 € gibt.
- **Verkehr:** Vom Bahnhof Piazza XXV Aprile fahren Züge nach Fabriano und Civitanova Marche, wohin, wie nach Porto Sant'Elpidio Marche und ins Landesinnere (Treia, Cingoli, Matelica etc.), auch Busse starten.
- **Sferisterio Opera Festival:** Mitte Juli–Mitte Aug., www.sferisterio.it. Karten und Infos: Piazza Mazzini 10, T 0733 23 07 35, Tickets 15–200 €

Tolentino

F5

Die kleine Stadt, in der im 13. Jh. der hl. Nikolaus von Tolentino Wunder wirkte, ist nach Loreto der zweitwichtigste Wallfahrtsort der Marken und schrieb auch über die Ortsgrenzen hinaus Geschichte. Sie bleibt wegen des künstlerisch hochkarätigen Dekors von San Nicolas Kirche und Kloster und eines außergewöhnlichen Uhrenturms in Erinnerung. Der **Torre dell'Orologio** (1822), der gleich mit drei Ziffernblättern Zeit und Mondphasen anzeigt, erhebt sich an der zentralen **Piazza della Libertà,** wo außerdem ein Karikaturenmuseum amüsiert. Von Spezialinteresse ist das **Poltrona Frau Museum** an der Peripherie der Stadt, wo die 1912 in Turin gegründete Firma seit den 1960er-Jahren Designermöbel produziert (www.poltronafrau.com). Dass Tolentino noch immer stark vom Erdbeben von 2016 gezeichnet ist, trübt die Besichtigungsfreude, sodass so manche der hier aufgelisteten Attraktionen eventuell nicht oder nur eingeschränkt zu sehen ist.

Wunder statt Geschenke

Nikolaus von Tolentino wurde 1245 in Sant'Angelo in Pontano geboren und von seinen Eltern aus Freude über die lang ersehnte Geburt des Sohnes auf den weihnachtsbekannteren Nikolaus von Myra getauft, zu dessen in Bari aufbewahrten Reliquien das kinderlose Paar zuvor eine Wallfahrt unternommen hatte. Er trat dem Augustinerorden bei und kam in den 1270er-Jahren als Prediger und Volksseelsorger in das Kloster von Tolentino, wo er 300 große und kleine Wunder vollbracht haben soll. Von denen erzählt seit 1350 der prächtige Freskenzyklus eines namentlich unbekannten ›Meisters von Tolentino‹ in der Cappella San Nicola in der außen mit einem Portal aus dem 15. Jh. angereicher-

Wundervoll: In der Tat – ziemlich genau 300 Wunder soll der hl. Nikolaus in Tolentino vollbracht haben.

ten und innen barockisierten **Basilica di San Nicola** aus dem 13. Jh.

Die sterblichen Überreste des 1305 verstorbenen, 1446 kanonisierten und 1476 zum Namenspatron der Kirche avancierten frommen Mannes, konkret das 1926 entdeckte armlose Skelett inklusive Kopf und die bereits seit 1488 verehrten ›heiligen Arme‹, sind auf die Krypta und die Cappella delle Sante Braccia verteilt. Eindrucksvoll sind das Museum im benachbarten Kloster und die Fresken im Kreuzgang. Zu den Highlights des Museums gehören neben hochkarätiger sakraler Kunst aller Zeiten und Genres Votivgaben aus dem 14. bis 20. Jh. Last, but not least entzückt das Santuario di San Nicola mit einer Krippe, die von Weihnachtsmusik akustisch untermalt und im Wechsel der Tageszeiten illuminiert ist.

Piazza S. Nicola, www.sannicoladatolentino.org, 7.30–12, 15–19.30 Uhr, **Museo Santuario di San Nicola:** Via Francesco Filelfo 44, www.tolentinomuseicivici.it, Di 15–18, Mi 10–13, Do–So 10–13, 15–18 Uhr, 4 €

Museen

Spitzfedriges aus aller Welt

Museo Internazionale dell'Umorismo dell'Arte (Miumor): Das 1970 vom lokalen Maler und Karikaturisten Luigi Mari (1907–74) eröffnete Museum versammelt Karikaturen aus aller Zeit und Welt. Mari hatte schon 1961 die **Biennale Internazionale dell' Umorismo nell'Arte** ins Leben gerufen, bei der sich alle zwei Jahre (zuletzt 2023) internationale Vertreter dieser Kunstgattung in Tolentino einfinden. Einige ihrer Werke bleiben in Tolentino, wo derzeit gut 5000 freche Zeichnungen, darunter Spitzfedriges von Mordillo oder Fellini, zu sehen sind.

Piazza della Libertà 18, www.tolentinomuseicivici.it.it, Mai–Sept. Di–Do 15.30–19.30, Fr–So 10.30–13, 15.30–19, Okt.–April Di–Do 15–18, Fr–So 10.30–13, 15–18 Uhr, 5 €

F

MAL FRIEDEN, MAL KRIEG

Am 19. Februar 1797 wurde im **Palazzo Parisani Bezzi** (Via del Pace, wg. Erdbebenschäden zu) ein Friedensvertrag zwischen Napoleon und Papst Pius VI. abgeschlossen, bei dem der Kirchenstaat an Macht einbüßte. Dagegen war er nach der Schlacht von Tolentino im Mai 1815 wieder obenauf. Bei den Kämpfen, die vor dem stadtnahen **Castello della Rancia** (14. Jh.) tobten, besiegten österreichische Truppen Napoleons Schwager und leiteten damit die wenig später besiegelte Restauration des Kirchenstaates ein (Contrada Rancia, SS 77, bis Herbst 2024 wg. Restaurierung geschl.).

Essen

Panini

Alimentari Fioretti: Herr Fioretti macht herrliche Panini und Snacks, auch vegetarischer und veganer Natur.

Via San Nicola 97, Mi–Sa 10–15, 18.30–22.30 Uhr

Für Süßmäuler

Nuova Pasticceria Zazzaretta: In der Bar Centrale gibt es herzhafte Snacks, v. a. aber Eis, Kuchen und Konfekt.

Piazza della Libertà 9, tgl. 6.30–24 Uhr

Bewegen, Einkaufen

Schöne Weinreise(n)

Am Stadtrand von Tolentino bezaubert inmitten Abertausender in Reih und Glied angepflanzter Rebstöcke die **Cantina di Pollenza.** Das noble Anwesen von Conte Brachetti-Perretti stammt aus dem 16. Jh. und vom Zeichentisch des berühmten Flo-

TOUR
Selbsterkenntnis hinter uralten Mauern

Sprirituelle Reise durchs Chientital

Nach der geistigen Erbauung in San Claudio al Chienti sorgen eine Bar und das **Restaurant San Claudio** nebenan für körperliche Erquickung. Beide gehören einer Seele von Mensch namens Andrea Angeletti. Ich empfehle, im Klosterkeller zu essen und sich im gepflegten **Hotel San Claudio** zur Ruhe zu betten, ehe die Reise nach einem guten Frühstück am nächsten Morgen weitergeht.

Während draußen die Sonne brennt, kühlt drinnen der Kopf wieder herunter, tanken Körper und Seele auf. Drinnen meint hinter den dicken Mauern der romanischen Kirchen Santa Maria a Piè di Chienti und San Claudio al Chienti sowie der Zisterzienserabtei von Fiastra. Diese Gotteshäuser im Flusstal des Chienti sind für Gläubige und ›Gottlose‹ geradezu prädestiniert zur Kontemplation.

Die spirituelle Reise beginnt an der **Adriamündung** des Flusses nahe Civitanova Marche, wobei schon wenige Kilometer landeinwärts die Abteikirche **Santa Maria a Piè di Chienti** zum (Inne-)Halten einlädt. Die 1125 für ein Benediktinerkloster erbaute Kirche präsentiert sich als verschachtelter Baukörper, der schon rein äußerlich imponiert. Ihre zwei Etagen werden nicht von Lichtschlitzen oder Fenstern, sondern von milchigen Marmorscheiben illuminiert. Sie gibt sich innen archaisch düster und ist im oberen Stockwerk zur Aufhellung der Laune mit farbenfrohen Fresken koloriert.

Schon die Anfahrt auf **San Claudio al Chienti** ist stimmungsvoll: Nachdem man von der Hauptstraße abgebogen ist, führt eine Allee mit 548 Zypressen auf die zweistöckige Kirche zu, deren Portal von zwei hoch

Infos

F–H 5

Dauer:
mit dem Auto,
1–2 Tage

Planung
Santa Maria a Piè di Chienti: Montecosaro, Via Santissima Annunziata 1, www.santamariapiedichienti.it, 8–20 Uhr; **San Claudio al Chienti:** Corridonia, Contrada S. Claudio, http://turismo.comune.corridonia.mc.it, 7–19.30 Uhr; **Abbadia di Fiastra:** Tolentino, www.abbadiaturismo.it, Kirche: 8–19 Uhr, Klostermuseum: Mai–Okt. 10–13, 15–18.30, Nov.–April 10–13, 15–18 Uhr, 5 €

Schlafen und Essen
Ristorante San Claudio: Contrada S. Claudio 16, Corridonia, T 0733 28 34 28, 0733 28 33 78, www.ristorantesanclaudio.it, Mo, Mi–Fr 20–24, Sa 13–15, 20–24, So 13–15 Uhr; **Hotel San Claudio:** Via San Claudio 14, Corridonia, T 0733 28 81 44, www.hotelsanclaudio.it, €

aufragenden zylindrischen Türmen flankiert wird. Seit mehr als 1000 Jahren ist dies bereits geweihter Boden: Die Kirche wurde im 11. Jh. auf dem Fundament eines frühmittelalterlichen Gotteshauses errichtet. Sie besticht durch ihre sowohl byzantinisch als auch nordeuropäisch geprägte Architektur und ihren asketischen Innenraum, dessen obere Etage man über eine Freitreppe erreicht. Fresken der Heiligen Rocco und Claudius (1486) setzen die einzigen Farbakzente, sodass man auch hier von nichts abgelenkt und auf sich selbst und/oder Gott zurückgeworfen wird. Wer in klösterlicher Abgeschiedenheit essen und nächtigen möchte, hat im Kloster nebenan im **Ristorante und Hotel San Claudio** Gelegenheit dazu.

So oder so bietet sich weiter gen Westen die **Abbadia di Fiastra** inmitten der üppig grünen Auen des gleichnamigen Chienti-Zuflusses mitten im **Riserva Naturale** (s. auch S. 182) zur erneuten inneren Einkehr an. Diese lässt sich sowohl in der Natur als auch in der Abteikirche finden. Die Gründung der Zisterzienserabtei geht auf zwölf Mönche und einen Abt zurück, die sich in den 1140er-Jahren von Chiaravalle bei Mailand auf den Weg ins Chientital machten, um mit den Steinen der römischen Stadt Urbs Salvia ein Kloster zu errichten. Dabei folgten sie den strengen Regeln der Zisterzienser, denen beim Kirchenbau außer einer Fensterrose jeglicher Schmuck und das Anfügen von Türmen verboten und im Innern des Gotteshauses allein eine plastische Darstellung des Gekreuzigten erlaubt war.

Die Fresken aus dem 15. Jh. in der Abteikirche verweisen darauf, dass die Abtei später vorerst nicht mehr unter der Obhut von Zisterziensern war. Der Gebäudekomplex gehörte seit 1773 einer Familie Bandini, die 1985 abermals eine Zisterziensergemeinschaft zur Wiederbesiedlung der Abtei einlud. Seit die Mönche infolge des Erdbebens von 2016 ausgezogen sind, erklingen in der kühlen Kirche keine gregorianischen Gesänge mehr und fungiert das inzwischen wieder reparierte Kloster nur noch als Museum. Dort kann man sich in Kapitelsaal, Refektorium, Öl- und Weinmagazin sowie Kühlgrotten ans besinnliche Klosterleben erinnern. Sollte der Bedarf an spiritueller Erbauung noch nicht gedeckt sein, wartet wenige Kilometer westlich die **Basilica di San Nicola di Tolentino** (s. S. 179).

rentiner Baumeisters Sangallo. Etwa 10 km südwestlich der Stadt liegen die wegen ihres moussierenden D.O.C.G.-Rotweins renommierten, landschaftlich gut situierten Weinberge von **Serrapetrona,** wo man die guten Tropfen aus der Vernaccia-Nera-Traube kosten und kaufen kann. Eine gute Adresse ist z. B. der harmonisch ins landschaftliche Umfeld eingefügte Neubau des Weingutes **Terre di Serrapetrona** mit einem Agriturismo, in dem man essen kann.

Cantina di Pollenza: Via Casone 4, T 0733 96 19 89, www.ilpollenza.it; **Terre di Serrapetrona:** Serrapetrona, Via Colli 7–8, T 0733 90 83 29, www.terrediserrapetrona.it

Infos

- **IAT:** Piazza della Libertà 19, T 0733 97 29 37, www.vivitolentino.com, Di, Mi 15–18, Do–So 10–13, 15–18 Uhr
- **Verkehr:** Bahnhof rund 1 km außerhalb des Stadtzentrums, von dort Züge nach Civitanova Marche und Fabriano. Busse von der Piazza della Libertà u. a. nach Macerata, an die Küste und nach Visso.

Urbisaglia und Umgebung

G5

Große Vergangenheit

Während die trutzige **Burg** (Anfang 16. Jh., zzt. wg. Restaurieung zu) von Urbisaglia sofort ins Auge sticht, muss man die recht stattlichen Überreste des römischen **Urbs Salvia** erst suchen. Man findet sie im 40 ha großen **Parco Archeologico** am Ortsrand, in dem sich die Reste von zwei römischen Theatern, ein Tempel, ein Kryptoportikus mit Wandmalereien und ein antikes Aquädukt verteilen. Die Ausgrabungen dehnen sich bis zur Zisterzienserabtei von Fiastra (s. S. 181) aus, die inmitten eines Naturreservats liegt (s. u.) und sind auf Anfrage beim Ufficio Turistico mit einer Führung zu besichtigen.

Parco Archeologico di Urbs Salvia: Via Sacrario 9, www.urbisaglia.com; **Ufficio Turistico:** Corso Giannelli 36, T 0733 20 29 42, Öffnungszeiten s. www.urbisaglia.com/centro-storico

Bewegen

Wandern und Radfahren

Das **Riserva Naturale Abbadia di Fiastra** ist auf mehreren, max. 5 km langen Wanderwegen und einem kaum längeren Radparcours zu erkunden. Die führen durch die landwirtschaftlich genutzte Flussaue des Fiastra und/oder ein kleines Waldgebiet sowie zu dem winzigen künstlichen **Lago Le Vene** mit entsprechender Flora und Fauna. Wer dem »Percorso Fluviale« folgt, kann größtenteils am Flussufer entlang zum archäologischen Park von Urbisaglia ziehen.

Karten/Infos: Infobüro vis-à-vis der Abtei (s. S. 181), www.abbadiafiastra.net, tgl. 9.30–12.30, 15–18 Uhr

Treia

F5

Hochmittelalterliche Stadtmauern mit pittoresken Toren umrahmen das von schmalen Gassen und Treppenwegen geäderte architektonische Ensemble von Treia. Das ist vornehmlich zwischen dem 15. und 18. Jh. gewachsen und schafft sich an der **Piazza della Repubblica** Luft. Der Platz mit weiter Aussicht auf das grüne Hügelmeer und die schneebedeckten Gipfel der Sibillinischen Berge ist zugleich der Mittelpunkt des kleinstädtischen Lebens.

Fromm und gebildet

Die Piazza ist von der **Chiesa San Filippo** und einem inzwischen als Hotel genutzten Kloster, dem Domizil der Accademia Georgica sowie dem **Palazzo Comunale** eingerahmt und mit einem Brunnen und Denkmal für Papst Pius VI. dekoriert. Kirche und Kloster wurden Mitte des 17. Jh. errichtet und in der zweiten Hälfte des 18. Jh. umgebaut. Der elegante neoklassizistische Sitz der **Accademia Georgica** stammt vom Zeichentisch des zeitgenössischen Architekten Giuseppe Valadier und war ein großzügiges Geschenk des Kirchenstaates bzw. von Papst Pius VI. (1775–99). Die in den 1770er-Jahren gegründete Forschungsgesellschaft für Agrikultur hat ihre Wurzeln bereits im 15. Jh., bemühte sich um Lösungen für die sozialen Probleme der Zeit, die sie später in erster Linie in der Verbesserung von Anbaumethoden und Einführung neuer Kulturpflanzen, u. a. der Kartoffel, sah.

Die **Cattedrale Santa Annunziata** aus dem 18. Jh. wurde wegen ihrer klaren Raumatmosphäre und schnörkellosen Gestaltung hervorgehoben (Piazza Piave). Die um 1300 geweihte, im 17. und 18. Jh. komplett umgestaltete **Chiesa San Francesco** gilt wegen der Freskenreste aus dem Ursprungsbau, der goldglänzenden Wände und blaugrundig ausgemalten Kuppel als schönste Kirche der Gemeinde, die auch ein entzückendes kleines Theater hat.

Kultur und Sport

Das **Teatro Comunale** (Piazza Arcangeli, Besichtigung bei der Pro Loco anfragen) wurde für eine adelige Theatergesellschaft erbaut und 1821 eröffnet. Weil es direkt nach der ersten Vorstellung wieder geschlossen, im künstlerischen Detail verfeinert und vergrößert wurde, war es erst 1862 fertig, um heute mit einem bunten Theaterprogramm bespielt zu werden.

Während das Alltagsleben von Treia ansonsten verschlafen vor sich hin dümpelt, ist es ab der letzten Juliwoche, wenn es nach alter Tradition zur **Disfida del Bracciale** einlädt, außer Rand und Band. Das dann unterhalb der Balkonpiazza ausgetragene Ballspiel ist seit der Renaissance beliebt und im 19. Jh. zum Volkssport avanciert. Es wird in Treia leidenschaftlich und sogar mit einem **Museo del Bracciale** kultiviert (Arena Carlo Didimi, wg. Besichtigung bei Pro Loco fragen). Während der Wettkämpfe wird ausgiebig gegessen und getrunken und zum Finale (1. So im Aug.) findet ein großer Umzug in historischen Kostümen statt.

Schlafen

Klosterambiente

Hotel Grimaldi: Die Zellen des erwähnten Klosters wurden in recht komfortable Zimmer verwandelt.

Corso Italia Libera 9, T 0733 21 00 09, Buchung über Hotelportale, €

Essen

Land und lecker

Villa Cortese: Geschätzte saisonale Traditionsküche in Treias grünem Umland.

Contrada Sterpare 32, Chiesanuova, T 0733 71 60 70, Mi–Sa 12.30–14.30, 19.30–22.30 Uhr, Di, So nur mittags, €€

Urig

La Cantinetta: In einem Kellergewölbe schräg gegenüber der Balkonpiazza kommen Klassiker der lokalen Küche und Vollkornpizza auf den Tisch.

Corso Italia Libera 2/Vicolo del Comune 1, T 0733 21 50 90, Mi–So 20–22 Uhr

Einfach (und) gut

L'Antica Fornace: Große Portionen preisgünstiger Gerichte der Markenküche und Pizza werden in schlichtem Ambiente von freundlichen Menschen serviert.

Don Giovanni Minzoni 11, T 0733 21 65 66, www.hotelanticafornace.it, Mo–Mi 12–15, Do–So 12–15, 19.30–23 Uhr, €€

Lieblingsort

Entschleunigung im Praxistest

Nicht nur wegen der von seiner Piazza della Repubblica genossenen Weitsicht aufs marchigianische Hügel- und Bergland gefällt mir **Treia** (📍 F5) besonders gut. Weil dort nicht viel los ist, reicht freilich ein Tag, um die besondere Atmosphäre des fest ummauerten Städtchens einzuatmen und dabei die Bedeutung des Wortes Entschleunigung zu begreifen.

Hochzeitsessen

Il Casolare dei Segreti: In diesem für Hochzeiten beliebten Restaurant in einem eleganten Landhaus wird hervorragende regionale Saisonküche serviert.

Contrada San Lorenzo 28, T 0733 21 64 41, www.casolaredeisegreti.it, Mi–Sa 20–24, So 12–15, 20–24 Uhr, €€

Infos

- **Pro Loco:** Corso Italia Libera 3, T 0733 21 59 19, auf Facebook, www.treiamusei.it, tgl. 9–13, 15–19, April–Sept. tgl. 15.30–19.30 Uhr

San Severino Marche

F5

Zweitwohnsitz des Landadels

Beim Anblick der **Piazza del Popolo** glaubt man nicht, dass die 2016 erdbebengeschädigte Stadt nicht einmal 12 000 Einwohner zählt, die sich obendrein auf **Borgo** und **Castello** und mehrere ländlich-grüne Gemeindefraktionen verteilen. Der weitläufige, ellipsenförmig angelegte Platz wirkt eher urban und ist von mehrstöckigen eleganten Gebäuden flankiert. In den meist arkadengestützten ehemaligen *palazzi nobili* residieren Büros, Geschäfte und Restaurants, Rathaus und das Stadttheater **Teatro Feronia** von 1823.

Historischer Bauherr des ›Volksplatzes‹ ist der feudale Adel, der den früheren Marktplatz seit dem 15. Jh. als bevorzugtes Zweitwohngebiet entdeckt hatte. Er kehrte damit gewissermaßen an den Ort seiner Vorfahren, sprich in die Nähe des römischen Septempeda, zurück. Dort lebten die Urahnen der Bürger von San Severino, die sich im 6. Jh. zusammen mit ihrem Bischof Severino auf den schützenden Monte Nero und andere sichere Anhöhen zurückgezogen hatten. Die Mauerreste ihrer Schlösser und deren charakteristische rechteckige Geschlechtertürme gehören zu den architektonischen Wahrzeichen von San Severino Marche, das bei seiner Gründung als Montenero firmierte und erst später den Namen des Bischofs annahm.

Museumslandschaft

Der Ortsteil **Castello** auf dem Monte Nero wird vom schlichten **Torre Comunale** (13. Jh.) überragt. Er imponiert mit dem Dom **San Severino Vescovo** (13. Jh.) samt Kloster aus dem 15. Jh., in dem das **Museo Archeologico** in zeitgemäßem Museumsdesign das Erbe des antiken Septempeda exponiert.

Während Letzteres nach einer Renovierung ab Spätherbst 2023 für eine Sonderausstellung wieder aufsperrte und wahrscheinlich inzwischen auch für den Regelbetrieb geöffnet ist, bleibt die **Pinacoteca Civica P. Tacchi Venturi** vorerst zwecks Generalüberholung zu. Die Stadt präsentierte darin den Nachlass ihrer Malersöhne Lorenzo und Jacopo Salimbeni, deren künstlerische Produktion als Paradebeispiel spätgotischer Malerei in die europäische Kulturgeschichte einging. Die Brüder, deren Geburtsdaten nicht präzise bekannt sind, sind Zeitgenossen von Gentile da Fabriano (1370–1427) und ihre Werke datieren aus dem frühen 15. Jh. Die teilten sich die Pinakothek u. a. mit einem Altarbild von Vittore Crivelli (1481), einem Gemälde von Alegretto Nuzi (1366) oder Pinturichios Madonna della Pace (um 1490). Einige von ihnen fanden bis zur Rückkehr auf ihren angestammten Platz im **Museo Dell'Arte Recuperata** (MAREC; Via Cesare Battisti 11, https://museomarec.it, Di–Fr 10–13, Sa/So 10–13, 15–18 Uhr, Eintritt frei) im Bischofspalast Asyl.

T

TIBET DER MARKEN

San Severinos Ortsteil **Elcito**, etwa 20 km vom Zentrum entfernt, wird gern ›Tibet der Marken‹ genannt, weil das in seiner Isolation faszinierende Bergnest in spektakulärer Lage auf einem 821 m hohen Felsen am Fuße des **Monte San Vicino** aufragt. Während der mittelalterliche Weiler bis in die 1970er-Jahre hinein noch 200 Bewohner zählte, leben hier heute rund ums Jahr nur noch fünf Menschen. Etwas voller wird's im Sommer, weil einige alte Gemäuer in Ferienhäuser verwandelt wurden. Dann kann man dort auch in zwei B&B übernachten und im kleinen Landgasthaus Il Cantuccio einkehren, das ansonsten nur am Wochenende (Fr 10–19, Sa/So 9–20 Uhr, T 328 020 85 50, €) auf Gäste eingestellt ist (www.elcito.it, Straße Richtung Apiro, in Castel S. Pietro abbiegen).

In dem im Frühjahr 2022 eröffneten ›Museum der geretteten Kunst‹ werden über 2000 Werke aus vom Erdbeben zerstörten Kirchen deponiert, restauriert und 70 von ihnen in 13 Sälen exponiert. In derselben Straße gibt es ein **Museo della Guerra,** das mit zahlreichen Exponaten an die Kriegsjahre 1943 bis 1945 und die Verbrechen der Nazifaschisten in diesem Teil Italiens erinnert, bei Redaktionsschluss jedoch bis auf Weiteres geschlossen war (Via Cesare Battisti 13).

Schlafen, Essen

Alteingesessen in der Altstadt

Due Torri: Familienbetrieb mit modern eingerichteten Drei-Sterne-Zimmern in einem alten Natursteinbau im Ortsteil Castello. Dazu gehören ein lokaltypisch bekochtes Restaurant (Di–Sa 12.30–14, 19.30–21.30, So 12.30–14 Uhr) und ein kleines Spezialitätengeschäft.

Via San Francesco 21, T 0733 64 54 19, www.duetorri.it, Schlafen €, Essen €€

Feiner Fisch

Cavallini: Erste Adresse, wenn es ums gepflegte Fischessen geht.

Viale Bigioli 47, T 0733 63 46 08, www.ristorantecavallini.com, Mo 19.30–22.30, Di–Sa 12.15–14.30, 19.30–22.30 Uhr, €€€

Kontemporär

Osteria Ninetta: Hier kredenzt man Neuinterpretationen des regionalen Repertoires auf der Basis von bestem Fleisch und Gemüse in zeitgemäß-stilvoller Atmosphäre.

Piazzetta del Teatro 1, T 0733 63 49 62, https://osterianinetta.com, Mi–Mo 12.30–15, 19.30–23 Uhr, €€€

Infos

- **IAT/Pro Loco:** Piazza del Popolo 43, T 0733 63 84 14, http://turismo.comune.sanseverinomarche.mc.it, Di–So 9–12.30, 16–19 Uhr
- **Verkehr:** Bahnhof am Rande des Zentrums, Züge nach Civitanova, Matelica, Tolentino und Fabriano. Busse nach Camerino und Macerata.
- **Sprachkurse:** Edulingua, Via Cesare Battisti 13/15, www.edulingua.it. Das ›Labor für italienische Sprache und Kultur‹ bietet Italienischkurse, Exkursionen, Vermittlung von Unterkünften für die Schüler und mehr an.
- **Palio dei Castelli:** Ende Mai/Juni., www.paliodeicastelli.org. Riesiges Mittelalterspektakel mit Umzug in historischen Kostümen und diversen Wettbewerben, z. B. Schlossturmtragen (o. g. Geschlechtertürme aus Pappmaschee).

Matelica und Umgebung ✪ E5

Matelica hat fast 3000 Jahre auf dem Buckel, ist entsprechend kulturgeschichtsträchtig und traditionsbewusst, zugleich jedoch modern und (land-)wirtschaftlich potent. Seine zentrale **Piazza Enrico Mattei,** in deren Mitte ein Brunnen aus dem 16. Jh. plätschert, ist von einem epochenübergreifenden städtebaulichen Ensemble umringt. Dieses vom Erdbeben stark gebeutelte, gebäudeweise gesperrte bzw. im Wiederaufbau begriffene ›Architekturmuseum‹ soll zumindest punktuell bald wieder *agibile* (begehbar) und unverhüllt sein. Es zeigt **Torre Civica** und **Palazzo del Governo** aus dem 13., **Loggia dei Mercanti** aus dem 16., **Chiesa del Suffraggio** aus dem 17., **Palazzo Comunale** und **Palazzo de Sanctis** aus dem 19. sowie **Palazzo Ottoni** aus dem 15. Jh. Unter dem Dach des Letztgenannten waren vor seiner bei Erscheinen dieses Buches vielleicht schon abgeschlossenen Instandsetzung Bibliothek, Pinakothek und Mineralienmuseum vereint.

Museumsauswahl eingeschränkt

Die Piazza ist auf den Wirtschaftsboss, Widerstandskämpfer und Gründer des staatlichen Energiekonzerns ENI Enrico Mattei (1906–62) getauft. Der hatte lange in Matelica gewohnt, wurde dort begraben, nachdem er bei einem Flugzeugabsturz auf mysteriöse Weise ums Leben gekommen war, und wird von seiner Nichte Rosy in einem Privatmuseum geehrt (Via Umberto I 9, auf Anfrage, T 340 066 54 05). In fußläufiger Nähe des Platzes beeindrucken das **Teatro Piermarini** (1812), die **Kathedrale** aus dem 15. Jh., das **Museo Civico Archeologico,** dessen Fundus aus prähistorischen und römischen Tagen mit Ausnahme des sog. Globo di Matelica während der Reparatur seines Domizils im Nationalmuseum von Ancona lagert, und die **Chiesa di San Francesco.** Während man deren nahezu flächendeckend freskiertes und bemaltes Inneres gerade ebenfalls nicht bewundern kann, ist das Highlight der lokalen Museumslandschaft zumindest bei Kulturevents zu betreten. Das **Museo Piersanti** (Via Umberto I 11, www.museopiersanti.it), in dem übrigens vorläufig besagter Globo di Matelica, eine antike römische Sonnenuhr, aufbewahrt wird, ist eine künstlerisch hochkarätig dekorierte Renaissancewohnung mit Salons, Küche und Schlafzimmer.

Lieblich, romantisch, einsam

Matelica liegt in einer augenschmeichelnden grün-gelb gefärbten Hügellandschaft, die mit Weinreben und Weizenfeldern bebaut, von bewaldeten Mittelgebirgszügen begrenzt und dem 1476 m hohen **Monte Vicino** bewacht wird. Hier stößt man auf halb verlassene mittelalterliche Weiler wie **Castel Sant'Angelo** und **Castel Santa Maria** und romantisch anmutende Dörfer wie **Esanatoglia,** das mit handtuchschmalen Gassen und farbenfroh gestrichenen historischen Wohnhäusern entzückt. Man entdeckt abgeschiedene alte

WEINTHEATER

W

Das **Foyer Verdicchio di Matelica,** in dem alle lokalen Weine zur Verkostung und zum Verkauf stehen, ist in das Foyer des von Profis wie Laien bespielten **Teatro Piermarini** integriert. Unter dem Theater verblüffen städtebauliche Reste der römischen Ära. Deshalb kann man vor, nach oder sogar während der Degustation der guten Tropfen auf Anfrage in das Theater und dessen antiken Keller schauen (Via Umberto I 22, Do–So 17–22.30, Sa auch 10.30–13 Uhr).

Vorhang auf im Teatro Piermarini: Wenn man bei diesem Anblick mal nicht seinen Text vergisst!

Gehöfte und Klöster und wunderschöne Villen, aber auch modern und ökologisch bewirtschaftete Bauernhöfe, ebenso traditionsverbundene wie innovative Weinkellereien. Hier und da fallen bunte Bienenstöcke ins Auge, weil Honig neben dem spritzigen Verdicchio di Matelica ein wohlschmeckendes Wahrzeichen von Stadt und Umgebung ist, wo obendrein mittelgroße Betriebe der Metall- und Bekleidungsbranche, darunter so namhafte wie Giorgio Armani, produzieren.

Schlafen, Essen

Guten Tag!

Hotel Fioriti: Die herzlichen Inhaber empfangen in schlicht-ordentlichen Zimmern im Stadtzentrum. Vor der Haustür des altmodischen Hotels sticht ein antikes Bodenmosaik ins Auge. Der Besitzer spricht übrigens Deutsch.
Piazza Garibaldi 12, T 0737 853 50, www.hotelfioriti.it, €

Bilderbuch-Agriturismo

Il Giardino degli Ulivi: Das kleine, gemütliche Gästehaus liegt inmitten von Feldern und Weinbergen im mittelalterlichen Weiler Castel Sant'Angelo. Die reizende Gründerin Pia Cioccholani hat ihrer Schwiegertochter das Feld überlassen, die es in ihrem Sinne mit viel Gastfreundschaft und leckerer Lokalküche bestellt.
Castelraimondo, Loc. Castel Sant'Angelo, Via Crucianelli 54, T 0737 64 21 21, www.ilgiardinodegliulivi.com, €€

(Nicht nur) für Fleischesser

Il Colle del Sole: Auf dem 430 m hohen ›Hügel der Sonne‹ am Fuße des Monte Vicino gruppieren sich ordentlich ausgestattete Landhäuschen mit Zimmern und Apartments um ein historisches Bauernhaus mit großem Restaurant. In

dem kann man sich an großen und wohlschmeckenden Portionen von Pasta, rotem Fleisch, Geflügel und Wildbret laben. Der freundlich geführte Hof bietet natürlich auch allerhand fleischlose Leckereien.
Loc. Colle Tenuto, T 0737 78 79 89, https://ilcolledelsolematelica.it, €€

Luxus in den Reben

Tenuta Grimaldi Wine Resort: Komfortable Zimmer und Suiten mit zeitgemäßem Interieur, Pool und Spa und herrlichem Landschaftsblick inmitten der Reben des Weinguts Grimaldi, das spritzigen Verdicchio di Matelica keltert.
Loc. Terricoli 270, T 0737 68 56 16, https://tenutagrimaldi.com, €€–€€€

Großes (kulinarisches) Kino

Secondo Tempo: Küchenchef Claudio Zamparini serviert zeitgemäß aufgepeppte saisonale Traditionsküche in einem großen Speisesaal hinter alten Klostermauern. An den Wänden des atmosphärisch ansprechenden Lokals wird in Bildern und Texten internationale Filmgeschichte erzählt.
Matelica, Via Mattia Beata 33, T 0737 78 78 82, www.secondotemporistorante.it, Fr–Mi 11–15, 19–24 Uhr, €€

Pizza und Bier

Lucien: Hier trifft man sich, wenn man gut und günstig Pizza essen will. Alternativ gibt's lokale Hausmannskost. Das Ambiente ist schlicht und einfach.
Viale Cesare Battisti 10, T 0737 838 30, Mi–Mo 19–1 Uhr, €

Traditionsverbunden und familiär

La Cantinella: Hier weiß man seit Jahren, was man hat, weil die Küche dieser freundlichen Familien-Osteria alten Traditionen und gleichbleibend guter Qualität verbunden ist. Es gibt das, was die nahe Umgebung bietet, z. B. Fisch aus dem Esino.
Esanatoglia, Corso Italia 9, T 0737 88 95 85, tgl. 12.15–24 Uhr

N

NÄRRISCHER BRAUCH

Wer in Matelica – wie ich vor ein paar Jahren – unter Gemeindezeugen sieben Mal den Brunnen auf der Piazza Mattei umrundet, bekommt das vom Bürgermeister unterschriebene *patente da mattu* (Narrenschein) verliehen. Der Brauch wird auch im umbrischen Gubbio gepflegt und in Matelica sollen im 16. Jh. ›Pleitegeier‹ zwölf Mal um den Brunnen gekreist sein, um öffentlich den Verlust ihrer Glaub- und Kreditwürdigkeit zu bekennen. Manche datieren die Einführung des Dokuments auf das Pontifikat von Papst Pius V. (1566–72), der gesagt haben soll: »Schlösse man die Tore von Matelica, wäre es ein Irrenhaus«.

Einkaufen

Wein direkt vom Erzeuger

In Matelica nimmt man selbstverständlich Wein mit, z. B. den der **Cantina Belisario** (Matelica, Via Merloni 12, www.belisario.it, Mo–Sa 8.30–12.30, 15.30–18 Uhr) oder den von **Gino & C. Gagliardi** (Matelica, Via Merloni 5, www.vinigagliardi.it, Mo–Sa 8.30–12.30, 15.30–18 Uhr).

Schnäppchenalarm

Armani Outlet Factory Store: 40 % Rabatt – mehr muss man nicht sagen!
Matelica, Via Merloni 10, tgl. 10–19 Uhr

Bewegen

Zu Fuß und per Rad

Die Gegend rund um Matelica bietet attraktive **Wandermöglichkeiten,** empfiehlt sich aber in erster Linie für relativ entspannte **Radtouren** durchs weingrüne Hügelland.

Sie führen über wenig befahrene Landstraßen und durch schattige Alleen, z. B. von Matelica nach Castel Sant'Angelo, Castel Santa Maria und Vasconi auf dem Territorium der Nachbarstadt Castelraimondo.

Infos

- **Pro Loco:** Borgo N. Sauro 44, T 0737 856 71, www.promatelica.it, Mo–Sa 10–13, 15–18 Uhr
- **Verkehr:** Bahnhof am Zentrumsrand, Züge nach Civitanova Marche und Fabriano, Busse nach Camerino und Fabriano

Camerino

E6

Die altehrwürdige Universitätsstadt blickt, vom letzten Erdbeben schwer verwundet, aus 660 Höhenmetern auf die Sibillinischen Berge. Die **Piazza Cavour,** eingerahmt von **Dom, Bischofspalast** mit Diözesanmuseum und **Palazzo Ducale,** war bis zum 26. Oktober 2016 das vom Caffè Centrale freundlich bewirtete ›Wohnzimmer‹ der Gemeinde. Sie ist noch immer verwaist und das imposante architektonische Ensemble größtenteils hinter Gerüsten und Bauplanen verborgen. Dasselbe gilt für das **Convento di San Domenico** und die darin untergebrachte Pinakothek mit Werken der berühmten Camerter Malerschule, zu der u. a. Arcangelo di Cola (Ende 14. Jh.) und Girolamo di Giovanni (Mitte 15. Jh.) gerechnet werden. Seit 2021 ist eine Auswahl der aus den beiden Kunstmuseen geretteten Werke unter dem Label **Musei Camerino Civici e Diocesani** in einem Gebäude namens Edificio Venanzina Pennesi am nördlichen Ortsrand zu sehen (Via Macario Muzio 2a, www.museicivicicamerino.it). Auch die **Rocca Borgesca,** 1503 unter Cesare Borgia in Bau gegangen, ist vorläufig ›inagibile‹. Nicht mehr zugänglich sind auch die meisten Privathäuser des Centro storico, dessen Bewohner Notunterkünfte am Fuße der Altstadt bezogen und sich in den neuen Filialen ihrer alten Läden und Lokale im **Sottocorte Village** mit ihrem schweren Schicksal arrangieren (s. S. 258).

Gute Zeiten, schlechte Zeiten

Die *terremotati* (Erdbebenopfer) blicken zurück auf eine ebenso glanz- wie leidvolle Stadtgeschichte. Die guten Zeiten begannen 1262 mit der noblen Familie Varano, die auf der ebenfalls stark beschädigten **Rocca di Varano** auf einem Felsensporn, heute an der Straße nach Tolentino, residierte und 1336 die Universität gründete. Wohlstand und Ansehen währten bis zur Vereinnahmung vom Kirchenstaat (1545), an der Wende vom 18. zum 19. Jh. kamen Napoleon, ein Erdbeben und eine Hungersnot. Unter italienischer Flagge gerierte sich Camerino als Wegbereiterin für Mussolini und während der deutschen Besatzung als antifaschistische Bastion.

Als die Universität 1959 zu neuem akademischem Leben erwachte, ging es mit Camerino wieder bergauf, bis die Gemeinde mit dem Erdbeben von 1997 der nächste schwere Schicksalsschlag ereilte. Die Schäden waren gerade behoben, da schlugen die Naturgewalten 2016 ein weiteres Mal erbarmungslos zu. Die modernen Universitätsgebäude am Altstadtrand ließen sich übrigens nicht erschüttern und nahmen ihren Betrieb schon bald nach der Katastrophe wieder auf. Zur großen Freude der Menschen von Camerino waren die Erdbebenwunden der dem Ortspatron geweihten **Basilica di San Venanzio** am unteren Ende des Centro storico bis Weihnachten 2019 verheilt, eröffnete im Frühjahr 2021 das bereits erwähnte provisorische Kunstmuseum, hauchten quasi zeitgleich ein Tabakladen und ein kleines Restaurant der Altstadt wieder neues Leben ein.

Schlafen, Essen

Erlesene Gastfreundschaft

Villa Fornari: Die von hohen Pinien bewachte historische Landvilla unterhalb der Stadt blieb bis auf wenige schnell reparierte Risse vom Erdbeben verschont. Sie überzeugt mit komfortablen Zimmern in blumigem Dekor und frischer saisonaler Küche auf hohem kulinarischem Niveau. Nicht zuletzt, weil die reizende Gastgeberfamilie Bottachiari ihr Metier versteht, sind Hotel und Restaurant erste Wahl.

Loc. Le Calvie 2, T 0737 63 76 46, www.villafornari.it, €€; Restaurant: tgl. mittags u. abends, €€

Trotz alledem

Noè Errante Wine and Food: Im einzigen Lokal im fast verlassenen Centro storico gibt's gute Hausmannskost und ebensolchen Wein.

Largo Giovanni Boccati 6, T 339 262 39 02, tgl. 12.30–14, 19–22 Uhr, €–€€

Einkaufen

Leckere Pasta in vielen Sorten

Entroterra S.P.A.: Die Firma, gegründet und geleitet von der ortsansässigen Familie Maccari, produziert **»La Pasta di Camerino«** nach alter Tradition.

Loc. Torre del Parco, www.lapastadicamerino.it

Cin Cin

Distilleria Varnelli: In Muccia (gut 8 km südl. von Camerino), kann man die Varnelli-Liköre probieren, unter denen ein Anisschnaps namens Varnelli L'Anice Secco Speciale der beliebteste ist. Es gibt aber auch *Amari* (Kräuterliköre), zumal die Erfolgsgeschichte des 1868 gegründeten, seither stetig expandierenden und derzeit von vier Frauen (Mutter und drei Töchter) geführten Familienunternehmens anno 1909 mit dem Amaro Sibilla begann. Das ›Mutterhaus‹ der Firma steht im wiederum wenige Kilometer entfernten Pievebovigliana an der Piazza V. Veneto und wurde leider vom Erdbeben getroffen. Die darin untergebrachte gleichnamige Bar zog zuerst in ein Zelt davor, nannte sich fortan 7.1, womit die Stärke des Erdbebens auf der Richterskala gemeint ist, und hat unterdessen eine neue Adresse.

Muccia, Via G. Varnelli 10, T 0737 64 70 00, www.varnelli.it; Bar 7.1: in Pievebovigliana, Via Don Luigi Orione, tgl. 6–20 Uhr

Infos

- **Proloco Camerino:** Sottocorte Village, T 345 885 52 94, www.proloco.camerino.sino.net, Mi–Sa 10–13, 16.30–19.30 Uhr
- **Busse:** nach Macerata, Matelica, Ancona und Castelraimondo (nächster Bhf.)
- **Corsa alla Spada e Palio:** www.corsaallaspada.it. Das größte, mit Pauken und Trompeten, Fahnen und Fanfaren, Schwertern und Speeren *(spada)* gefeierte Volksfest von Camerino beginnt am 18. Mai (Tag des hl. Venanzio) und dauert zwei Wochen.

Montappone G6

In Montappone dreht sich alles um (Stroh-)Hüte, sodass auch das einzige Museum des Dorfes dem Hutmacherhandwerk gewidmet ist. Das wird hier bereits seit dem 18. Jh. betrieben und ernährt seit Mitte des 19. Jh. nahezu die gesamte Bevölkerung.

Gut behütet

Das **Museo del Cappello** erzählt die ganze Geschichte, demonstriert angesichts von Fotos, Maschinen und Werkzeugen, wie die ursprünglich ausschließlich aus Stroh gefertigten Hüte gemacht werden. Zu bestaunen gibt's natürlich auch allerhand fertige Exemplare, darunter der letzte Strohhut von Federico Fellini und die hinsichtlich Material und Motiv eigenwilligen Kreationen zeitgenössischer Künstler (Piazza Roma 5, T 0734 76 01 34, www.museodelcappellomontappone.it, auf Anfrage).

In der 1500-Seelen-Gemeinde produzieren bis heute mehrere Hutmanufakturen für den internationalen Markt, etwa die Traditionsfirma Sorbatti, in der man den lokalen Hutkünstlern auf freundliche Nachfrage auf die Finger schauen darf.

Essen

Einfach (und) lecker

La Carovana: Das schlichte Lokal überzeugt mit freundlichem Service, leckerer Hausmannskost und knuspriger Pizza zu überaus günstigen Preisen. Die Spezialitäten des Hauses sind ein Nudelgericht namens *moccolotti de lo vatte* mit Wurst und Speck, *pappardelle co' la papara* mit Entenfleisch und eine aromatische Steinpilzpasta.

Via Borgo XX Settembre 64, von der Hauptstraße steil bergab abbiegen, ausgeschildert, T 0734 76 03 57, Di 12–14.30, sonst 12–14.30, 19.30–1 Uhr, €

Einkaufen

Kopfsache

Dass Sie den Ort gut behütet verlassen können, ist eh klar. Hier seien exemplarisch zwei Adressen ans Herz gelegt: **Complit** (Via San Giorgio 2, T 0734 76 07 12, www.complit.it) und **Sorbatti** (Via Leopardi 18, T 0734 76 09 82, www.sorbatti.it). Wer auf Schnäppchensuche ist, sollte den Weg zum außerhalb des Ortskerns an der Strada Provinciale Montapponese gelegenen **Sorbatti Outlet Store** (Via Roma 13) einschlagen.

Falerone

G6

Falerone ist wegen seines gut erhaltenen und im Sommer sogar wieder bespielten **römischen Amphitheaters** interessant. Es datiert aus dem ersten nachchristlichen Jahrhundert und liegt direkt an der SS 210 Richtung Amandola. Die Fundstücke, die in dem 30 ha großen **Parco Archeologico** zutage gefördert wurden, sind auf Museen in der ganzen Welt und das derzeit infolge des Erdbebens geschlossene **Archäologische Museum** (Piazza della Libertà 1) im Ortskern von Falerone verteilt.

Amphitheater: Via delle Terme 2, Loc. Piane, auf Anfrage: cerere.faleron@gmail.com, https://comune.falerone.fm.it, Aufführungen: www.amatmarche.net

Fermo

H5

Die noch junge Provinzhauptstadt (seit 2009) wuchert mit der urbanen Großzügigkeit ihrer zentralen Piazza del Popolo und einer imposanten Kathedrale auf dem üppig begrünten Colle Girfalco. Die regionalpolitische Aufwertung war aus Sicht ihrer Bewohner längst überfällig, zumal das Schuhmachergewerbe rund um die Stadt schon Ende des 19. Jh. verhaltene und im ausgehenden 20. Jh. geradezu entfesselte Wirtschaftskraft entfaltete und Fermo im Laufe seiner langen voritalienischen Geschichte stets eine herausragende Position bekleidet hatte.

Urbane Grandezza

Dass Fermo schon lange zuvor politisch bedeutend war, erschließt sich im weitläufigen Salon der Stadt, erwähnter **Piazza del Popolo,** in dem eine Kette einladender Arkadencafés den gastronomischen und der **Palazzo dei Priori** ❶ den markan-

Bunt, laut und lebensfroh – zumindest im Sommer geht in der Provinzhauptstadt Fermo die Post ab.

testen architektonischen Akzent setzt. Der monumentale Bau dominiert schon seit dem 13. Jh. den Platz und wurde zu Beginn des 16. Jh. mit einer zeitgemäßen Renaissancefassade versehen. Auf seinem ›Balkon‹ grüßt über einer eleganten Freitreppe Papst Sixtus V., der hier in den 1570er-Jahren noch als Felice Peretti auf dem Bischofsthron gesessen hatte, ehe er 1585 den noch größeren Heiligen Stuhl in Rom bestieg. Fermos ältestes profanes Bauwerk beherbergt Gemälde aus Spätgotik und Renaissance und in der **Sala Rubens** sogar einen echten Rubens (»Anbetung der Hirten«, 1608) und integriert die mit etwa 16 000 alten Büchern bestückte Stadtbibliothek inklusive der **Sala del Mappamondo,** wo ein anno 1713 vom Kartografen Silvestro Amanzio Moroncelli angefertigter Globus zu bewundern ist.

Mitte Juni–Mitte Sept. tgl. 10–13, 15–20, sonst Di–So 10.30–13, 15.30–18 Uhr, 4 €, Ticketinfo s. S. 196

Stadthistorische Notizen

Von Picenern besiedelt, von Römern kolonisiert (Firmum Picenum), später dem Kirchenstaat zugeschlagen, avancierte Fermo 1199 zur autonomen Hauptstadt der Marca Fermana. Es unterstand im 14. Jh. dem Adel, ab 1429 wieder der Kirche und bekam 1590 von Papst Bonifaz IX. eine Universität, für die der **Palazzo degli Studi** ❷ gleich ums Eck vom Palazzo dei Priori gebaut wurde. Es blieb den Päpsten jahrhundertelang treu, bis im ausgehenden 18. Jh. Napoleon kam, sah und siegte, Fermo zur Hauptstadt des Dipartimento del Tronto und seinen Hafen zur selbstständigen Gemeinde Porto San Giorgio ernannte. Nach der Einigung Italiens verlor Fermo seine exponierte Position – und auch seine Universität – und wurde zur einfachen Gemeinde der Provinz Ascoli Piceno degradiert. Erst 2009 wurde es als Provinzkapitale der Marken rehabilitiert.

Aus dem Keller aufs Dach

Aus der neueren Geschichte zurück in die picenische Vorzeit und römische Antike, die mit der Gründung von Firmum Picenum anno 264 v. Chr. begann und sich im **Museo Civico Archeologico** ❸ in einem ehemaligen Dominikanerkonvent erschließt (Via Paccarone 36, Jan.–Juni Sa/So 10.30–13, 15.30–19, Mitte Juni–Mitte Sept. tgl. 10–13, 15–20 Uhr, 4 €). Noch spannender ist die Exkursion in die **Cisterne Romane** ❹ eine Straße weiter, bei der man in 30 feucht-faszinierende Räume hinabsteigt, um das ausgeklügelte römische Wasserversorgungssystem aus dem 1. Jh. v. Chr. zu studieren (Führungen Mitte Juni–Mitte Sept. tgl. 10–13, 15–20, sonst Di–Fr 11, 16, Sa/So 10.30–13, 15.30–19 Uhr, 4 €, Tickets/Treffpunkt: Museo Archeologico).

Auf dem Weg von der Piazza del Popolo zur Kathedrale liegt das **Teatro dell'Aquila** ❺, in dem sich 1790 zum ersten Mal der Vorhang hob. Im prächtigen Musentempel, der von fünf Logenrei-

Fermo

Ansehen

1. Palazzo dei Priori
2. Palazzo degli Studi
3. Museo Civico Archeologico
4. Cisterne Romane
5. Teatro dell'Aquila
6. Cattedrale Metropolitana
7. Terminal Mario Dondero

Schlafen

1 Astoria

Essen

1 Ristorante Emilio
2 La Locanda del Palio
3 Ristorante Emilio
4 L'Enoteca-Bar a Vino

hen (halb) umrundet wird, beleuchtet ein Kronleuchter die Gemäldedecke mit ihren Motiven aus der griechischen Mythologie (Via Mazzini 8, Führungen Di–So 12–17 Uhr, Tickets u. Start: Palazzo dei Priori).

Auf dem grünen Domhügel angekommen, betört zunächst die grandiose Aussicht: Der Blick schweift über liebliche Hügel bis zu den schneebedeckten Gipfeln der Sibillinen, über die Dächer der Stadt aufs Meer, um dann auf der der hl. Assunta geweihten **Cattedrale Metropolitana** ❻ (Piazzale Girfalco, www.cattedralefermo.it, April–Sept. Di 15–18, Mi–So 10–12.30, 15–18, Juli/Aug. auch Mo u. bis 19 Uhr, Okt.–März Mi, Do 10–12.30, 15–18 Uhr) haften zu bleiben. Der strahlend helle Dom datiert aus den 1220er-Jahren, als Friedrich II. den 1176 von den Truppen seines Großvaters Friedrich Barbarossa zerstörten Vorgängerbau, der seinerseits auf einem heidnischen Tempel errichtet worden war, wieder aufbauen ließ. Er behielt seine romanisch-gotische Fassade, gibt sich innen seit dem 18. Jh. neoklassizistisch und brilliert mit wertvollem Inventar, darunter ein frühchristlicher Sarkophag aus dem 4. Jh. v. Chr. und eine Madonnenikone aus dem 14. Jh.

Noch mehr sakrale Preziosen glänzen im **Museo Diocesano** nebenan, dessen größter Stolz die ›Casula di Thomas Becket‹ ist, ein Messgewand, das der auch unter Thomas von Canterbury bekannte und dort ermordete englische Erzbischof (1118–1170) einst dem Bischof von Fermo geschenkt haben soll (Via del Teatro Antico 1, April–Sept. tgl. 10–13, 16–19, sonst Sa/So 14–17 Uhr, 4 €).

Um Profanes geht es im **Terminal Mario Dondero** ❼, einem architektonisch zeitgenössischen Kulturort inklusive Touristenbüro IAT und Café. Sein Namenspatron ist ein internationaler Fotojournalist (1928–2015), der seinen Lebensabend in Fermo verbracht hat. Ab-

gesehen von einer Dauerausstellung des Malers Sandro Trotti (Jg. 1934), geboren im nahen Monte Urano, wechselt das Kulturprogramm (Via Espedito Tomassini, bei Ausstellungen Di–So 16–19 Uhr).

Schlafen, Essen

Im Stadtzentrum

1 Astoria: Passables Drei-Sterne-Hotel, das mit seiner aussichtsreichen Dachterrasse punktet und auch schicke Suiten und Apartments (»Residenze Rosa dei Venti«) in der Umgebung vermietet.
Viale V. Veneto 8, T 0734 22 86 01, www.hotelastoriafermo.it, €€

Kochkunst am Strand

1 Ristorante Emilio: Danilo Bei hat das Restaurant am Lido di Fermo und seine Leidenschaft fürs Kochen von seinen Eltern geerbt und wird für Fischkreationen geschätzt. Sein Lokal ist zugleich ein kleines Museum für zeitgenössische Kunst.
Casabianca di Fermo, Via A. Girardi 1, T 0734 64 03 65, https://ristoranteemilio.it, Di–Sa 20–22, So 12–14 Uhr, €€€

Eines der Besten

2 La Locanda del Palio: Das elegant-rustikale Restaurant überzeugt mit raffinierter Lokalküche, die man bei schönem Wetter auch draußen genießen kann.
Piazzale Azzolini 6, T 0734 22 92 21, Mo–Sa 12.30–14.30, 19.45–21.45 Uhr, €€

Nette Altstadttrattoria

3 Ristorante Emilio: Unter restaurierten Kellergewölben verteidigt die Trattoria Emilio seit Jahren ihren Ruf als bodenständige Altstadttrattoria, in der reichhaltige Vorspeisen, leckere Pasta und kräftige Fleischgerichte auf den Tisch kommen.
Via Bianca Visconti 36, T 0734 62 06 67, Mo–Fr 12–15, 20–22, Sa 20–22 Uhr, €€

Schlürfen, schlemmen, schauen

4 L'Enoteca-Bar a Vino: Innen wie außen ansprechendes Lokal im Stadtsalon, empfohlen fürs ausgiebige Speisen, vor allem aber als guter und wetterfester Platz unter Arkaden zum ›Spazierengucken‹ bei *caffè, aperitivo* oder einem Gläschen *vino.*
Piazza del Popolo 39, Di–So, 12–14.30, 18–2 Uhr

Infos

- **IAT/Punto Informativo dei Musei di Fermo:** Piazza del Popolo 5 (im Palazzo Priori), T 0734 21 71 40, www.visitfermo.it, www.fermomusei.it, Mitte Juni–Mitte Sept. tgl. 10–13, 15–20, sonst Di–Fr 10.30–13, 15–18, Sa/So bis 19 Uhr. Hier und im Museo Archeologico gibt's das **Sammelticket** für 9 € für alle Museen und Attraktionen.
- **Verkehr:** Bahnhof Porto San Giorgio-Fermo mit Busverbindungen nach Fermo (Fermo Città); Busse nach Sant'Elpidio a Mare und Amandola; Parkplätze an der Piazza Dante unterhalb oder an der Piazza Girifalco oberhalb der Altstadt
- **Cavalcata dell'Assunta:** Anfang–Mitte Aug., https://cavalcatadellassunta.it. Höhepunkt des Festreigens ist ein berittenes Historienspektakel alla Renaissance.

Porto San Giorgio

H5

Dass seine schönen Sandstrände und palmenbeschatteten Promenaden einst den Bessersituierten vorbehalten waren, verleiht San Giorgio im Vergleich zu den aus dem massentouristischen Boden gestampften nördlichen Nachbarbadeorten einen Hauch von Exklusivität. Dazu passt, dass sein Fischereihafen zum Touristenhafen mit Anlegern für gut 1000 Jachten und Segelboote aufgepeppt wurde und gleich zwei Sternerestaurants am Platz sind.

Dolce Vita

Einst als Hafen von Fermo entstanden, avancierte Porto San Giorgio unter napoleonischem Regiment zur selbstständigen Gemeinde. Mit der Vereinigung Italiens und Verlegung der Eisenbahnschienen entlang der Küste mauserte es sich zu einem der ersten Seebäder der Region. Porto San Giorgio erlebte seine erste Blüte in den 1920ern, was einige mondäne (Jugendstil-)**Villen** in erster und zweiter Strandreihe dokumentieren. Es lockt mit einem regen sommersaisonalen Nachtleben und ist neuerdings mit einem **Meeresuferradweg** inklusive schicker Brücke über die Ete-Mündung mit den Stränden von Torre di Palme (Marina Palmense) verbunden.

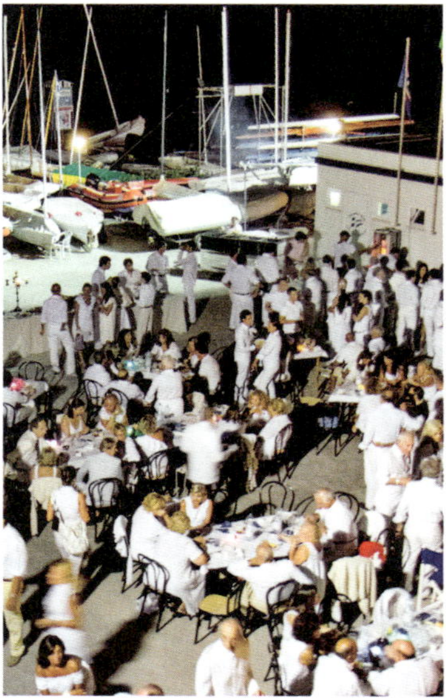

Maritime Kulisse – Feiern ganz in Weiß im touristisch aufgemöbelten Hafen von Porto San Giorgio.

Schlafen, Essen, Ausgehen

Pastelliger Aufenthalt

Hotel Rosa Meublé: Von außen das netteste (rosa) Haus am Ort, innen schlicht und freundlich. Das Drei-Sterne-Hotel an der Palmenpromenade bietet von seinen vorderen Balkonzimmern Blick aufs Meer.

Via N. Sauro 2/Lungomare Gramsci 177, T 0734 67 84 85, www.rosameuble.it, €

Das Auge isst mit

L'Arcade: In dem zeitgenössisch minimalistisch gestylten, luftigen Strandrestaurant hat nach der regionalen Kochgröße Aurelio Damiani Nikita Sergeev das Regiment. Der erkochte sich bald einen Stern, der über ansehnlich servierten Kreationen und gewagten Kombinationen aus bestem Fisch, Fleisch und Gemüse glänzt. Informeller und preislich günstiger ist sein **Banco_12** in der Via Gentili 7, wo ein kleines Menü zu haben ist und Austern die Spezialität sind.

Lungomare Gramsci 315, T 0734 67 59 61, www.ristorantelarcarde.it, Mo, Do–So 12.30–14.30, 20–22.30 Uhr, €€€; Banco_12: Via F. Gentili 7, T 0734 25 34 44, Mo, Do–Fr 20–22.30, Sa/So auch 12.30–14.30 Uhr, €€

Kochkunst am Theater

Retroscena: Mit feiner Küche, die von ihrer früheren Arbeit im Drei-Sterne-Restaurant Osteria Francescana in Modena inspiriert ist, profilieren sich Richard Abou Saki und Pierpaolo Ferracuti, sodass auch ihr Restaurant seit 2022 einen Stern hat.

Largo del Teatro 3, T 0734 30 21 38, https://retroscena-ristorante.com, Sa–Mo 12–14, 19.30–22.30, Do, Fr 19.30–22.30 Uhr, €€€

Gesellige Runde

Altamarea: Stets belebtes Restaurant in einer Nebenstraße des Lungomare. Es gibt Fisch, Fleisch, Pasta und Pizza.

Via Oberdan 15, T 0734 67 55 28, 12–15, 19–24 Uhr, €–€€

Gelato seit 1929

Gelateria Pelacani: Porto San Giorgios erste Eisadresse.

Piazza Mentana 5, Mo 9.30–17, Mi–So 9.30–3 Uhr

Barhopping

Am **Lungomare A. Gramsci** laden an Sommerabenden gut ein Dutzend Strandlokale bis tief in die Nacht zum Essen, Trinken, Tanzen und kleinen Rockkonzerten ein.

Infos

- **IAT:** Via Oberdan 6, T 0734 68 48 68, www.sangiorgioturismo.it
- **Touristenhafen:** Marina di Porto San Giorgio, Via Gramsci Sud 485, www.marinaportosangiorgio.com
- **Verkehr:** Der Bahnhof Porto San Giorgio-Fermo liegt mitten im Zentrum und verbindet mit den benachbarten Küstenorten. Dort auch Busse nach Fermo-Stadt.

Torre di Palme H6

Das Dörfchen entzückt mit romantisch anmutenden Gassen und Plätzen mit Millionärsblick auf die Adria, ist beseelt von spirituell anrührenden Kirchlein, hat einen schattenspendenden Wald namens Bosco del Cugnolo und das Küstenquartier Marina Palmense mit passablen Badestränden, Campingplätzen und Ferienwohnungen vor der Tür. Die 700-Seelen-Gemeinde gehört administrativ zu Fermo und war schon in prähistorischen Zeiten besiedelt, wovon ein archäologisches Museum kündet. Sein faszinierend intakter historischer Ortskern wuchs seit dem 12. Jh. und hat die Listung als einer der schönsten Orte Italiens allemal verdient.

TOUR
Auf Schusters Rappen

Auf Schnäppchenjagd durchs Marken-Schuhland

Italienische Schuhe – nicht nur für Kennerinnen und Kenner eleganter Fußmode klingen diese Worte wie Musik in den Ohren. Im ›Stiefel‹ gefertigte Schuhe sind international angesagt, haben Stil, bürgen für Qualität und: kommen oft aus den Marken. Wer auf der SS 16 zwischen **Civitanova Marche** und Porto Sant'Elpidio unterwegs ist, findet sich in einem bunten Firmenschilderwald wieder, weil dieser Küstenstreifen bis 20 km landeinwärts geradezu mit Schuhfabriken gepflastert ist. Weil viele davon direkt nebenan einen Outletstore betreiben, ist diese Tour, die wahlweise in der einen oder anderen Adriastadt beginnen kann, nicht nur von kulturgeschichtlichem, sondern auch von Shoppinginteresse, schließlich kann man unterwegs so manches schicke Schnäppchen machen.

Outlets
Tod's Hogan: Sant'Elpidio a Mare, Casette d'Ete, Contrada Brancadoro, Via Filippo della Valle 1, www.tods.com, tgl. 10–19 Uhr
Paciotti Outlet: Civitanova Marche Alta, Via Cattolica 1, www.paciotti.com, Mo–Sa 10–13, 15–19 Uhr

Schuhgeschichte(n)

Epizentrum der *zona calzaturiera,* zu der Civitanova Marche, Porto Sant'Elpidio, Monte Urano und Montegranaro gehören, ist **Sant'Elpidio a Mare,** das ungeachtet seines Namens gut 10 km vom Meer entfernt und Standort des **Museo della Calzatura** ist. Hier bekommen Schuhfans das entsprechende Hintergrundwissen zu ihrer Leidenschaft. Das spannende Museum erzählt angesichts von Fußbekleidungen aller Art und Zeiten, Werkzeugen und Maschinen, Bildern, Texten und Tönen aus der regionalen und internationalen Schuhkulturgeschichte.

Man lernt, dass das Schusterhandwerk in dieser Gegend schon Mitte des 19. Jh. Tradition, aber noch lange keine industrielle Dimension hatte. Zwar mauserten sich die ersten kleinen Werkstätten zu respektablen Schuhmanufakturen, die

aber immer noch recht klein waren und ohne feste Belegschaften auskamen. Erst in den 1970er-Jahren sprossen aus diesem goldenen Handwerksboden knapp 3000 hochspezialisierte Mittel- und Kleinbetriebe. Auch wenn das verspätete lederne Wirtschaftswunder inzwischen nicht mehr wirkt und so manches Unternehmen in die Krise geraten oder kollabiert ist, blieben noch Hunderte mehr oder minder erfolgreich im Geschäft und ist eines sogar zu einer börsennotierten Weltfirma avanciert.

Das Schuhhandwerk hat in den Marken Tradition.

Mokassins und Stilettos

Die Rede ist von der schon um 1900 gegründeten Schuhfabrik von Filippo della Valle, die dessen Enkel Diego (geb. 1953) zum Mammutkonzern **Tod's** entwickelt hat. Den Durchbruch erlangte das Unternehmen, das inzwischen auch die Marken Hogan, Roger Vivier und Fay unter seinem Dach hat, vor 40 Jahren mit seinen charakteristischen Mokassins mit 133 Noppen unter der Gummisohle. Das von Hollywoodstars promotete Modell namens Gommino ist inzwischen Kult und bis heute Verkaufsschlager der Firma, die in Sant'Elpidio a Mares Vorort **Casette d'Ete** residiert. Dort hält der studierte Jurist Diego della Valle in einem schneeweißen postmodernen Palazzo die Fäden der Weltfirma in der Hand. Gleich nebenan bekommt man die trendigen Mokassins zum noch immer stattlichen ›Schnäppchenpreis‹.

Das **Tod's Outlet** ist nur einer von unzähligen Fabrikshops mit hochwertigen ›Ledersouvenirs‹, darunter auch die nicht minder kultigen Stilettos von **Cesare Paciotti** (geb. 1958), auf denen etwa Rihanna und Beyoncé durch die große weite Welt stolzieren. Paciottis Unternehmen, gegründet 1948 von seinem Vater und 1980 vom kulturwissenschaftlich ausgebildeten Sohn geerbt und international platziert, produziert in **Civitanova Marche,** wo der Ausflug ins Markenschuhland Anfang oder Ende hat – und man natürlich auch in einem Outlet zuschlagen kann.

Infos

H 5

Museo della Calzatura: Sant'Elpidio a Mare, Corso Baccio 31, T 0734 819 64 07, www.santelpidioturismo.it, zu besichtigen im Rahmen von Führungen, die am Ufficio Turistico (Corso Baccio 91/Largo Fratalocchi 5) beginnen, April–Sept. Do–So 10.30–13, 16–19.30, Okt.–März Do 10.30–13, Fr–So 10.30–13, 15.30–18 Uhr, ca. 5 €

Dorfspaziergang

Die außen wie innen ergreifend schlichten sakralen Kleinodien reihen sich allesamt an der Via Piave auf. Das **Oratorio di San Rocco** und die **Chiesa di Santa Maria a Mare** datieren aus dem 14. bzw. 13. Jh., die **Chiesa di San Giovanni Battista** sogar aus dem 11. Jh. Highlight in der frommen Reihe ist der **Tempio di Sant'Agostino,** der an der Wende vom 15. zum 16. Jh. erbaut wurde und innen u. a. mit einem Altarbild von Vittore Crivelli und einem Gemälde von Vincenzo Pagani glänzt.

Die zentrale Dorfstraße, von der alle Gassen abzweigen, verbindet die Piazza Lattanzi, wo man aus gut 100 Höhenmetern hinweg über Auto- und Küsteneisenbahn aufs Meer schaut, und die Piazza della Rocca, wo das **Museo Archeologico** Objekte aus zwei picenischen Nekropolen zeigt, die vor wenigen Jahren vor den Toren des Bilderbuchdorfs ausgegraben wurden (Mai–Mitte Juni Sa/So 10–13, 16–19, Juli–Mitte Sept. tgl. 10–13, 16–20 Uhr, 4 €, im Kombiticket Fermo Musei inkl.).

Schlafen, Essen

Stilvoller Luxus

Villa Lattanzi: Wer sich etwas gönnen möchte, möge in diesem sehr vornehmen, aber nicht einschüchternd eleganten Fünf-Sterne-Hotel logieren. Die mit allem Komfort ausgestattete historische Landvilla mit Meerblick liegt in einem wunderschönen Garten und hat selbstverständlich ein kulinarisch ambitioniertes Restaurant.

Contrada Cugnolo 19, T 0734 537 11, www.villalattanzi.it, €€€

Zauberhaft

B&B La Casa di Torre di Palme: Antik möblierte Zimmer in einem Dorfhaus mit Meerblick und Sonnenbalkonen.

Via Duca degli Abruzzi 2/Piazza Amedeo Lattanzi 4, T 338 769 78 37, www.lacasaditorredipalme.it, €€

Stimmungsvoll

In Gassen und auf Terrassen des nostalgisch anmutenden Bilderbuchdorfes laden einige Restaurants und Bars zum Schlemmen, Schlürfen und Schauen ein, darunter z. B. **Lu Focaro** mit romantischer Atmosphäre drinnen und schöner Meerblickterrasse draußen (Via Piave 4, T 329 058 95 28, Mo–Sa 19–23.45, So auch 12–15 Uhr, €€€) oder **Evoè Cantina e Cucina,** wo es Tapas, aber auch ganze Menüs oder einfach nur ein Gläschen Wein zu genießen gibt (Via G. Cesare 1, Mai–Sept. Di–So ab 12 und ab 19, Okt.–April Do–Sa 19.30–23, 16–19.30 Uhr, €€). Ein Hingucker ist die kunterbunt möblierte und mit Gemälden und Skulpturen dekorierte Bar Le Logge, in der die Cocktails ein Hit sein sollen (Via Piave 33, Mo 16–24, Di–So 7–12.30, 16–24 Uhr, €€).

Campofilone H6

Das kleine Dorf hat einen großen Nudelnamen! Und die Maccheroncini di Campofilone sind allemal einen kulinarischen Abstecher von der Küstenstraße wert. Sie werden aus einem Eier-Mehl-Gemisch geknetet, hauchdünn ausgerollt und anschließend in papierdünne Streifen geschnitten, sodass eine Sorte sogar unter ›Engelshaar‹ firmiert.

Feine Nudeln

Mehrere ›Nudelfabriken‹ in und um Campofilone haben die wohlschmeckende Filigranpasta im Angebot. Gute Adressen sind z. B. **Pasta Marilungo,** schon seit 1958 in Produktion (Via Santa Maria 17, Mo–Sa 8–12.30, 14–18.30 Uhr, www.pastamarilungo.it), oder **Pastificio Artigianale Leonardo Carassai,** sogar schon seit 1850 im Nudelgeschäft (Via XX Settembre 38, Mo–Fr 8.30–13, 14.30–19 Uhr, www.pastificiocarassai.it).

Zugabe

Quasi ein Regionalgericht: Entensoße

Nichts für Vegetarier

Ein Dreamteam: frische Pasta und Entensoße. Ein guter Rotwein dazu und fertig ist das kulinarische Glück.

Pasta – vorzugsweise die breiten Bandnudeln *pappardelle* oder *tagliatelle* und auch gern *gnocchi* aus Kartoffelmehlteig – mit Entensoße, im Lokalsprech *sugo d'anatra* oder *sugo di papera,* gehört unbedingt auf die Reisespeisekarte. Auch wenn sie auch anderswo in Italien gereicht wird, gehört sie gewissermaßen zu den Regionalgerichten der Marken und ist manchen Orten sogar ein eigenes Fest wert. Zu den Gemeinden, die den deftigen *primo* mit fröhlichen kollektiven Fressgelagen feiern, gehören z. B. Osimo, Pollenza, Monte San Vito, Morrovalle, Falerone und Tolentino, wobei die Entensoße in der Provinz Macerata besonders beliebt und gut ist.

Ich lernte sie bei meiner ersten Rechercheeise im Restaurant San Claudio (s. S. 181) in einem kühlen Klosterkeller kennen und lieben. Als ich einmal außerhalb der Öffnungszeiten dort vorbeischaute, bot der von meiner Entensoßen-Begeisterung offenbar angerührte Wirt mir an, mir eine Portion ins Tuppertöpfchen abzufüllen. Das Rezept des Hauses wollte er mir allerdings nicht verraten.

Ein Muss auf einer Reise durch die Marken

In Sachen Entensoße hat wohl jede *nonna* und jeder Küchenchef ihr bzw. sein eigenes Geheimnis der Zubereitung. Die einen verfeinern sie mit getrockneten Steinpilzen, andere mit einem Schuss Wein oder ein paar Mandeln. Auf jeden Fall drin sein muss natürlich schlachtfrisches Entenfleisch, das vor dem Anbraten in mundgerechte Stücke geschnitten wird. Weitere Zutaten sind Karotten, Sellerie, Zwiebeln, ein bisschen Knoblauch und passierte Tomaten, die sich nach mehrstündigem Köcheln zu einer sämigen Soße vereinen. Wer selbst zum Kochlöffel greifen mag, findet in gängigen Online-Rezeptforen Erleuchtung und Anleitung. ■

Palmenriviera und Monti Sibillini

Farbenfroh — blaues Meer, weiße Strände und grüne Palmen an der Küste, Bilderbuchstädte und hohe Berge im Hinterland.

Seite 217

Ascoli Piceno

Die unprätentiös sympathische Provinzkapitale gefällt mit erfrischendem Alltagscharme und als einstige ›Stadt der 100 Türme‹.

Seite 228

Piano Grande bei Castelluccio

Wenn im Frühsommer die Linsen- und Wiesenpflanzen blühen, verwandelt sich die Hochebene von Castelluccio in ein atemberaubend schönes buntes Blütenmeer, auf dem seit dem Katastrophenjahr 2016 nur noch die Trümmer des einst pittoresken Dorfes schwimmen.

Oliven über Oliven – gefüllt, frittiert und kalt gepresst.

Eintauchen

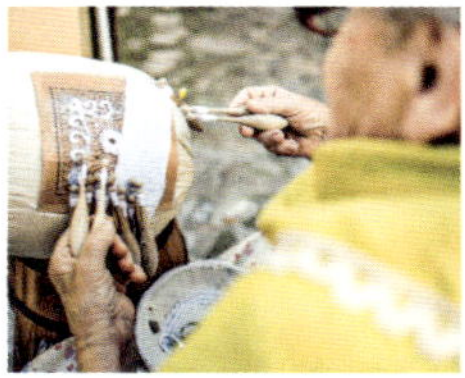

Seite 213

Offida

Das lebendige alte Städtchen ist umringt von Weinbergen und Olivenhainen, die sich über die schöne blaue Adria erheben und ihrerseits von den schneebedeckten Gipfeln der Sibillinischen Berge bewacht werden.

Seite 210

Radeln unter Palmen

Auf der Ciclovia della Costa Picena radelt man ohne Anstrengung und beschattet von Palmen immer am Meer entlang von Porto d'Ascoli oder San Benedetto del Tronto nach Cupra Marittima.

Seite 206

Grottammare

Grottammare punktet mit badefreundlichen Stränden, eleganter Palmenpromenade und einem nostalgischen alten Ortskern mit viel romantischem Flair.

Seite 233

Montefortino

Die Wallfahrtskirche Madonna dell'Ambro in Montefortino wird mit Lourdes verglichen, die Pinakothek des Bergnestes ›Louvre der Sibillinen‹ genannt.

Seite 209

San Benedetto del Tronto

Der Küstenort lebt von Fischerei und Badetourismus, der in der Hochsaison massenhafte Dimensionen annimmt. Wer gerne Fisch und Meeresfrüchte isst, wird die delikate Lokalküche lieben.

&

Seite 234

Ein Höllenspaß

In der Gola dell'Infernaccio lässt es sich teuflisch gut wandern.

Jetzt erst recht! Auch wenn viele Orte in den Monti Sibillini noch Wunden des Erdbebens von 2016 tragen, sollte Ihnen das die Wanderlust nicht verderben. Die meisten Wege sind frei, Unterkünfte intakt und die Menschen brauchen die Einnahmen.

Rot-weiße Gaumenschmeichler: Der Süden der Marken ist berühmt für Rosso Piceno und muss sich auch mit seinen Weißweinen nicht hinter dem Rest der Region verstecken.

erleben

Mare e monti

D

Der Süden der Marken, der wegen der geografischen, dialektalen und mentalen Nähe zum Mezzogiorno in nördlicheren Gefilden despektierlich und von den Einheimischen selbstbewusst ›le Marche sporche‹ (›die schmutzigen Marken‹) genannt wird, bietet auf engstem Raum alles, was das Urlauberherz begehrt. Seine Palmenriviera zwischen Cupra Marittima und San Benedetto del Tronto ist von baum- und blumengrünen Promenaden und im Hochsommer dicht belegten Sandstränden gesäumt.

Diejenigen, die derlei nicht mögen, scheren dann besser gleich ins Landesinnere aus, wo sie die schöne blaue Adria von den fruchtbaren Weinbergen und Olivenhainen rund um Offida ins Visier nehmen oder direkt nach Ascoli Piceno durchrauschen können. Von der unprätentiös sympathischen Provinzhauptstadt ist es nicht mehr weit bis zu den schneebedeckten Gipfeln der Sibillinischen Berge, ein als Nationalpark geschütztes, wandertouristisch gut erschlossenes Naturparadies. Die Monti Sibillini begeistern mit grandiosen Hochebenen und pittoresk postierten Bergdörfern, von denen einige nach dem verheerenden Erdbeben von 2016 regelrecht in Trümmern liegen oder wegen schwerer innerer und äußerer Verletzungen der Bausubstanz gesperrt sind. Am meisten hilft man den *terremotati* (Erdbebenopfer), wenn man sich die Wanderfreude dennoch nicht nehmen lässt, weil sie jetzt mehr denn je auf Kundschaft angewiesen sind.

ORIENTIERUNG

O

Flughäfen bieten Ancona und Pescara (Abruzzen). Badeurlauber, die hin und wieder einen Ausflug in den nächsten Küstenort oder die Provinzhauptstadt Ascoli Piceno machen wollen, brauchen nicht unbedingt ein **Auto.** Wer die Sibillinischen Berge und dort mehr als ein einziges Dorf sehen will, benötigt hingegen unbedingt einen eigenen fahrbaren Untersatz, weil viele Orte nur selten und manche gar nicht mit dem Bus angefahren werden. Die meisten Straßen im **Erdbebengebiet** sind wieder repariert, die klassischen **Wanderwege** begehbar. Die Mitarbeiter des **Nationalparks** informieren vor Ort oder auf ihrer Website zuverlässig über den aktuellen Status quo des Straßen- und Wegenetzes und bieten Wanderbegleitung an (s. S. 231).

Cupra Marittima

J6

Mittelalterliche Türme, Tore und Kirchen, romantische Gassen und pittoresk verfallene Gemäuer inmitten von Pinien und Palmen 112 m hoch über der von hier oben bei Sonnenschein strahlend blauen Adria! Über dem archaisch anmutenden alten Ortskern des ursprünglich von Picenern und später Römern besiedelten Cupra Marittima ruhen die Ruinen einer Burg aus dem 13. Jh. Darunter wuchs seit den 1860er-Jahren die neue Stadt. Die zählt heute gut 5000 Einwohner, hat wie ihre Nachbargemeinden gepflegte Sandstrände, die von einer palmenbeschatteten Promenade gesäumt sind, und zeigt ihren Gästen im **Museo Malacologico** am Ortsrand eine private Kollektion von Muscheln und Meeresschnecken aus aller Welt.

Via Adriatica Nord 240, www.malacologia.org, Juni 16–20, Juli/Aug. 16–22, April/Mai, Sept. Di, Do, Sa/So 15.30–19, Okt.–März Do, Sa/So 15–18.30 Uhr, 10 €

Schlafen

Dem Meer so nah

Capital: Freundlich geführtes Drei-Sterne-Haus direkt am Strand, allerdings an der anderen Seite flankiert von der Bahnstrecke und u. U. tagsüber etwas laut.

Lungomare Sauro 18, T 0735 77 94 55, www.capitalhotel.net, April–Sept., €€

Alles da

Camping Calypso: Das ›Campingdorf‹ am Meer bietet verschiedene Unterkunftsvarianten und Rundumversorgung wie Restaurant, Bar, Sportangebote etc.

Via Boccabianca 7, T 0735 77 86 86, www.campingcalypso.it, April–Sept., €

Adriablau so weit das Auge reicht – Cupra Marittima liefert die pittoreske mittelalterliche Kulisse dazu.

Essen

Kreative Küche

Pepe Nero: Im liebevoll möblierten und dekorierten Lokal im alten Ortskern wird ein saisonales Wochenmenü serviert, das auch das Auge erfreut. Sogar seinen Lieblingswein darf man selbst mitbringen.

Via Castello 20, T 335 611 55 34, tgl. 19–24 Uhr, €€

Grottammare ✪ J6

Das freundliche Küstenstädtchen schmückt sich mit einem bezaubernden alten Ortskern und lockt mit attraktiven Stränden. Es ist schon seit der vorletzten Jahrhundertwende edeltouristisch erschlossen und seine elegante Palmenpromenade mit ansehnlichen historischen Villen dekoriert. Ungeachtet der modernen Hotelriegel spürt man hier bis heute das einst mondäne Flair des Fin de Siècle und hoch oben auf dem Altstadtberg wähnt man sich in einer noch viel länger vergangenen Zeit.

Nostalgie und Romantik

Grottammare Alta punktet durch seine schönen Aussichten auf die Adria und seine stimmungsvollen Gassen und Plätze. Geradezu bilderbuchreif ist die zentrale **Piazza Peretti,** um die sich die **Chiesa San Giovanni Battista** und das **Teatro dell'Arancio,** beide vom Ende des 18. Jh., und ein zum Restaurant umgewidmeter nostalgischer Lebensmittelladen gruppieren. An Papst Sixtus V. (1585–90), der unter dem bürgerlichen Namen Felice Peretti 1521 in Grottammare geboren wurde, erinnern das **Museo Sistino** in der Kirche und eine Skulptur des frommen Mannes in einer Mauernische des Theaters. Letzteres firmiert seit 2021 unter **Spazio Museale Gianni Ottaviani** und zeigt Gemälde und Skulpturen, die der in Mailand lebende Künstler (geb. 1939) drei Jahre zuvor seinem Geburtsort Grottammare geschenkt hat.

Im alten Rathaus am selben Platz wird im **Museo Il Tarpato** eines anderen großen Sohnes der Stadt gedacht: Hier befindet sich eine naiv gemalte Werkschau von Giacomo Pomili (1925–97), genannt ›Il Tarpato‹, dem obendrein der Largo Il Tarpato am Meeresrande des Centro storico gewidmet ist. Dort hütet die Gemeinde im **Museo Torrione della Battaglia** in einem alten **Wehrturm** zudem das künstlerische Erbe von Pericle Fazzini (1913–87), der ebenfalls in Grottammare das Licht der Welt erblickte und Jahrhunderte nach Felice Peretti in Rom Karriere machte.

Alle Museen: Juni Sa/So 17–20, Juli–Sept. Di–So 20–23 Uhr, übrige Zeit siehe www.visitgrottammare.it

Dolce Vita einst und jetzt

Fazzinis eigenwillige Skulpturen dekorieren den öffentlichen Raum im **Meeresquartier** von Grottammare, an dessen Lungomare Repubblica man sich obendrein im **Museo Dell'Illustrazione Contemporanea (MIC,** Piazza Kursaal, geöffnet wie oben) die Bilder berühmter zeitgenössischer Illustratoren anschauen und über Karikaturen aus ganz Italien amüsieren kann. Das 2003 gegründete, 2020 breiter aufgestellte und seither nicht mehr allein auf Comics kaprizierte Museum residiert in einem badehistorischen Monument namens **Kursaal,** in dem sich schon seit 1878 die feine Gesellschaft verlustierte und auch in den 1950er- und 1960er-Jahren die Post abging. Der imposante weiße Palazzo am Meer – ein besonders schönes Beispiel für die historische Bäderarchitektur in Grottammare (s. Tour S. 207) –, in dem neben dem Museum auch schicke Lokale Platz finden, war da-

TOUR
Ferienhäuser für die Hautevolee

Spaziergang durch die Bäderarchitekturgeschichte

Infos

J 6

Planung:
Fürs Flanieren entlang der Villenzeile an Viale Colombo und Lungomare della Repubblica braucht man etwa eine Stunde, gut mit der Radtour an der Palmenriviera (s. S. 210) zu kombinieren.

Tipp:
Auch in zweiter und dritter Reihe stadteinwärts stehen noch historische Villen, z. B. die in ein Hotel umgewandelte Villa Helvetia, Baujahr 1848 (Via Vincenzo Salvi 9, T 0735 63 12 93, www.villahelvetia.it, April–Sept., €€).

Die mehr oder minder gepflegten alten Villen an Grottammares Palmenpromenade sind steinerne Zeugnisse des Badetourismus an der vorletzten Jahrhundertwende, als sich hier die feine Gesellschaft die frische Meeresbrise um die Nase wehen ließ. Ihre meist großbürgerlichen Bauherren beauftragten namhafte Architekten, die mit Farbe, Form und Material experimentierten. Wer über den Viale Colombo und den Lungomare della Repubblica flaniert, erkennt die Vorlieben der historischen mediterranen Architekten fürs alpenländische Chalet und den mitteleuropäisch-metropolitanen Jugendstil, in Italien genauso wie in England ›Liberty‹ genannt.

Alpenländisches Design und floraler Jugendstil

Der **Viale Colombo** hieß bis 1890 noch Viale Marino und wurde in jenem Jahr bepflanzt mit 27 Palmen, denen bald die ersten Villen folgten. Einer der ersten Architekten, der sich an der neuen Prachtstraße austobte, war ein gewisser Graf Langosco aus Mailand, der ein Chalet am Viale Colombo baute. Mit dem nach seinem Auftraggeber bis heute **Villino Alessandrini** getauften Sommerhaus brachte er alpenländisches Bergdesign an den Adriastrand. Als Paradebeispiel für den mediterranen Jugendstil gilt die **Villa Matricardi-Cola** (Nr. 51–53), Baujahr 1913, die Sie an ihrem turmartigen Aufbau und ihren von gusseisernen Brüstungen umrankten Balkonen erkennen. Cesare Bazzani schuf sie für einen Keramikfabrikanten aus Ascoli Piceno. Der beauftragte den Architekten, sie mit Majoliken aus dem eigenen Hause zu dekorieren und ließ dieselben mit floralen Motiven bemalen und eine Fliese mit seinem Namen signieren. Die Blätter, Blumen und Früchte an den Wänden stammen von einem Maler namens Coppola. Vor der Tür wachsen im Garten Lorbeer, Oleander, Pappeln und eine exotische Palme – damals übrigens ein Symbol für Wohlstand.

mals in Sachen Musik und Tanz einer der Hotspots an der italienischen Adria und ist bis heute sporadisch Schauplatz von Ausstellungen und Konzerten (Spazio K).

Schlafen

Meeresfrische

Ambassador: Das Drei-Sterne-Hotel mit 30 Zimmern, Pool und netter Atmosphäre liegt am Rand des neuen Stadtzentrums.

Lungomare della Repubblica 86, T 0735 63 10 10, www.hotelambassadorgrottammare.it, April–Sept., €€

Entzückende Altstadtvilla

Casa Pazzi: Designer Roberto Pazzi teilt sich sein historisches Adelsdomizil nebst Garten mit zahlenden Gästen, die in vier geschmackvoll gestalteten Apartments und einem kleinen Doppelzimmer logieren.

Via Sotto Le Mura 5, T 0735 73 66 17, T 333 424 02 40, www.casapazzi.com, €€€

Historische Bäderarchitektur

Villa Helvetia: s. S. 207

Nettes B & B am Altstadtrand

Villa Fiorita: Der liebevoll restaurierte und möblierte Palazzo gefällt mit adretten Zimmern und Frühstück auf einer Terrasse mit Meerblick. Er hat freundliche Inhaber und einen Parkplatz vor der Tür – in der Hauptsaison u. U. Vor- und Nachteil zugleich.

Via Palmaroli 7, T 329 971 11 10, www.villafioritagrottammare.it, €

Essen

Nostalgisches Flair

Osteria dell'Arancio: Die Osteria serviert in einem alten Lebensmittelladen und auf der Piazza davor lokale Spezialitäten.

Grottammare Alta, Piazza Peretti, T 0735 63 22 14, im Sommer tgl. 19.30–22.30, sonst Fr/Sa 19.30–22.30, So 12.30–14.30 Uhr, €€

Feine Meeresküche

Attico sul Mare: Im eleganten Restaurant im mondänen Kursaal gibt's vornehmlich maritime »cucina tipica contemporanea« mit Aussicht auf die Adria.

Piazza Kursaal 6, T 0735 73 63 94, www.atticosulmare.it, Di–Mi, Fr/Sa 19–23, So 12.30–15.30 Uhr, €€€

Rundumpaket

Bistrot Kursaal: Restaurant, Loungebar und Musikcafé bieten hier von mittags bis spät etwas zu beißen, Cocktails und Unterhaltung (Livemusik, DJs).

Piazza Kursaal 4, T 0735 73 56 23, www.bistrotkursaal.it, Do–So 12–24 Uhr

Nicht nur Tintenfisch

Kalamari: Auch hier sind Fisch und Meeresfrüchte Trumpf. Man genießt die exzellent zubereiteten Spezialitäten der regionalen Meeresküche im rustikal-eleganten Ambiente eines alten Palazzo am Rande des Centro storico oder auf dem schönen Platz davor.

Grottammare Alta, Via Palmaroli 35, T 0735 73 66 37, www.kalamari.it, Juli–Sept. Di–So 17–20, sonst Do, Fr 20–22, Sa/So auch 12.30–14.30 Uhr, €€–€€€

Wein und Musik

Fleurie: Gemütliche Wein- und (Live-) Musikbar an der heimeligen Altstadtpiazza.

Grottammare Alta, Piazza Perretti 35, tgl. außer Di ab 17 Uhr

Infos

- **IAT:** Piazza Kursaal 6 (im MIC), T 0735 73 64 83, www.visitgrottammare.it, Juni–Sept. tgl. 16.30–19.30, Sa/So 10–13, 16.30–19.30 Uhr
- **Verkehr:** Zentraler Bahnhof mit Zugverbindungen nach San Benedetto del Tronto, Pescara und Ancona; Busse in die benachbarten Küstenorte; im Sommer Touristenbähnchen zwischen Neu- und Altstadt

San Benedetto del Tronto

J7

Der ganze Stolz von San Benedetto del Tronto ist seine 1937 angepflanzte Palmenpromenade. Die kilometerlange, obendrein mit blühenden Oleanderbüschen und Blumenbeeten verschönerte Prachtstraße hat sich unterdessen zu einer stattlichen Allee ausgewachsen, unter deren grünem Dach im Hochsommer Tausende gut gelaunter Menschen unterwegs sind. Sie joggen und skaten, schlendern oder radeln zu ihrem Lieblingslido, den vielen Bars und Restaurants am Meer oder zu einem der Häuser in der mehrreihigen Hotelkette, welche die Palmenpromenade stadteinwärts säumt.

Von Touristen und Fischern

Tourismus und Fischfang sind die Lebenselexiere der Adriastadt, die mit gut 48 000 Einwohnern eine der größten und zugleich jüngsten Gemeinden der Region und für ihre exquisite Meeresküche bekannt ist. Erst im 18. Jh. trauten sich die Nachkommen der Bewohner des ursprünglich römischen Truentum, die im Mittelalter den Sarazenen und malariaverseuchten Sümpfen auf die Hügel im Hinterland entflohen waren, wieder an die Küste. Als sie die Angst vor dem Wasser überwunden hatten, siedelten sie sich zunächst im heutigen Stadtviertel rund um Bahnhof und Piazza Garibaldi an.

Das historische **Fischerviertel,** wo inzwischen nur noch zwei der einstöckigen alten Fischerhäuser *(case basse)* stehen, liegt direkt vis-à-vis vom großen und geschäftigen **Fischerhafen,** den es damals allerdings noch gar nicht gab. Bis weit ins 19. Jh. hinein zogen die Fischer ihre Boote einfach auf den Strand und verkauften ihren Fang unmittelbar dort. Noch bevor Hafen und Fischgroßmarkt in den 1880er-Jahren Gestalt annahmen, erreichte die Eisenbahn die Adriastadt, wo

San Benedetto del Tronto: Kilometerweit lässt es sich hier entspannt unter Palmen bummeln und im ein oder anderen Lokal Station machen.

TOUR
Palmen zählen

Die Palmenriviera per Rad erleben

Infos

J 6–7

Länge: Die Strecke der **Ciclovia della Costa Picena** von Cupra Marittima nach Porto d'Ascoli misst ca. 16 km.

Tipp: Badesachen für eine erfrischende Pause am schönen Strand von Grottammare einpacken.

Die Palmenriviera zieht sich von Cupra Marittima im Norden bis Porto d'Ascoli im Süden und ist auf ganzer Strecke von einem Radweg namens **Ciclovia della Costa Picena** gesäumt. Die hier angeregte Tour führt unter Palmen und (fast) immer am Meer entlang von San Benedetto del Tronto nach Cupra Marittima.

Die meisten Hingucker am Wegesrand liegen noch auf dem Stadtgebiet von **San Benedetto del Tronto:** Es amüsiert zunächst eine kunterbunte Skulptur mit dem Schriftzug »Lavorare, lavorare, preferisco il rumore del mare« (Arbeiten, arbeiten, ich ziehe den Lärm des Meeres vor). Man kommt vorbei am **Museo dell'Arte sul Mare** am Molo Sud und dem **Parco Nuttate de Lune,** wo mit dem **Monumento al Pescatore** ein Wahrzeichen der Stadt steht. Das 2 m hohe Denkmal zeigt einen Fischer bei schwerem Wetter, bekleidet mit Regenmantel und Nebelhorn in der Hand. Gemacht hat es Cleto Capponi (1912–2000) aus Grottammare. Anschließend geht es vorbei am Touristen- und Fischereihafen inklusive dem **Museo del Mare** als nächster Station der Adriaküstenpartie.

Die führt immer weiter am Meer entlang, wobei die gefälligen Adriagestade von **Grottammare** für eine Badepause geradezu prädestiniert sind. Man könnte die historische Villenzeile an Lungomare della Repubblica und Viale Colombo abfahren (s. S. 207) und bei Zeit und Kondition natürlich auch ausscheren und den malerisch bebauten Altstadthügel erklimmen. Das gilt auch für **Cupra Marittima,** an dessen Palmenpromenade die Ciclovia della Costa Picena endet bzw. beginnt. Zurück in San Benedetto del Tronto kann man mit der frischen Meeresbrise in der Nase bei Lust und Laune noch weiter fahren bis **Porto d'Ascoli,** zugleich südliches Ende von Radstrecke und Region.

sich zu diesem Zeitpunkt schon seit mehr als 20 Jahren einige vornehme Sommerfrischler verlustierten. In den 1920er- und 1930er-Jahren dehnte sich San Benedetto mit ersten Villensiedlungen gen Süden aus und anno 1923 eröffnete mit dem bis heute wunderschönen Progresso das erste Hotel. Nach dem Zweiten Weltkrieg florierten Hafen-, Fisch- und Urlaubsgeschäfte und in den 1960er-Jahre nahm der Tourismus massenhafte Dimensionen an.

Sport, Spiel, Spannung

Heute belegen die Gäste knapp acht gepflegte Strandkilometer, die von Dutzenden **Strandbädern** inklusive Restaurant- und Barbetrieb, bewirtet und bespielt werden. Es eröffnen sich nahezu unbegrenzte Möglichkeiten für Sport, Spiel, Spaß und Vergnügen, gibt aber auch allerhand zur kulturellen Erbauung. In der Fußgängerzone des quirlig belebten Stadtzentrums bestimmen nicht nur schicke Läden und Lokale, sondern auch kontemporäre Skulpturen und Wandgemälde das Straßenbild und auch im Hafenviertel und auf dem Altstadthügel beweist San Benedetto seinen Sinn für (zeitgenössische) Kunst.

An der südlichen Hafenmole, **Molo Sud,** imponieren die in Fels gemeißelten und an Wände gepinselten Werke des **Museo d'Arte sul Mare** (www.mamsbt.it, jederzeit frei zugänglich), das seit 2012 alljährlich im Juni beim Festival dell'arte sul mare um neue Exponate erweitert wird. Im kleinen Centro storico zog ins Wohnhaus der Dichterin Bice Piacentini (1856–1942) die **Pinacoteca del Mare** ein. Darin bebildern gut 70 Gemälde, Zeichnungen und Fotografien von Alfred Chatelain (1863–1943), Adolfo de Carolis (1874–1929), Angelo Landi (1879–1944) und Armando Marchegiani (1902–87) das Meer und die *gente di mare,* wie sich Fischer und Seefahrer in Italien gern nennen. Ebenfalls im Paese Alto (Oberdorf) beeindrucken die Reste eines römischen Herrenhauses aus dem 1. Jh. v. Chr., die 2010 entdeckt, danach freigelegt zu einem archäologischen (Freiluft-)Museum namens **Villa Marittima** aufgewertet wurden.

Moderne Kunst im Sonnenschein: An der Promenade von San Benedetto del Tronto gibt es Skulpturen zu sehen.

Pinacoteca del Mare: Via del Consolato 12, Mitte Juni–Mitte Sept. Di–So 17–23, Mitte Sept.–Mitte Juni Fr–So 10–13, 15.30–18.30 Uhr, 4 €; **Villa Marittima:** Piazza Sacconi/Via Rossini, Öffnungszeiten/Eintritt wie Pinakothek

Museen

Gente di Mare

Wer die Beziehung von Mensch und Meer noch besser verstehen will, tauche in die faszinierende Welt des **Meeresmuseums** ein. Das quasi an authentischem Ort auf dem Fischmarktgelände angesiedelte **Museo del Mare** vereint mehrere Ausstellungen, in denen es ums Leben in, an und von der Adria geht. Ebenso lehrreich wie kurzweilig ist das **Museo della Civiltà Marinara delle Marche,** das mit Karten, Fotografien, Filmen und anschaulichen musealen Inszenierungen aus Geschichte und Gegenwart der regionalen Adriaküste und ihrer Menschen erzählt. Es schenkt dem Wohl und Wehe von San Benedetto del Tronto natürlich besondere Aufmerksamkeit und ergänzt das **Museo delle Anfore,** das mit Amphoren aller Zeiten und Größen über das historische maritime Transportwesen informiert und auch im **Antiquarium Truentium** sind Relikte aus der römischen Stadtgeschichte zu sehen. Tierisch wird's dagegen im **Museo Ittico Capriotti,** das im Original noch quicklebendige und längst ausgestorbene Meeresbewohner in versteinerter, getrockneter, ausgestopfter und eingelegter Form in den Vitrinen hat.

Banchina di Riva Nord Malfizia 19 bzw. Viale Colombo 94, T 0735 59 21 77, www.comunesbt.it/museodelmare, Mitte Juni–Mitte Sept. Di–So 10–13, 17–21, Mitte Sept.–Mitte Juni Fr–So 10–13, 15.30–18.30 Uhr, Sammelticket 8 €, Einzelmuseum 4 €; das Sammelticket inkludiert Pinacoteca und Villa Marittima

Schlafen, Essen

Historisches Flair

Progresso: Von den gut 120 Hotels aller Größen, Stile und Standards ist das natürlich mit modernem Komfort ausgestattete historisch erste bis heute auch das schönste Haus am Platz. Zimmer und Bäder sind klassisch-elegant, geräumig und gemütlich und die meisten von ihnen haben eine herrliche Terrasse. Das Frühstück ist gut und reichlich, Hoteliersmutter und -sohn sind ebenso bemüht und sympathisch wie das gut ausgesuchte Personal.

Lungomare Trieste 40, T 0735 838 15, www.hotelprogresso.it, €€

Tolle Land- und Meeresküche

Degusteria del Gigante: Dieses elegante Restaurant im Schatten des historischen Torre dei Gualtieri (13. Jh.) im ›Oberdorf‹ steht für saisonale Küche und Zutaten von hoher Qualität. Es serviert ansehnlich angerichtete Neuinterpretationen regionaler Klassiker mit Fleisch, Wurst und Käse, Fisch und Gemüse und dazu allerbesten Wein.

Paese Alto, Via degli Anelli 19, T 0735 58 86 44, 335 607 67 07, www.degusteriadelgigante.it, Mo, Mi–So 20–23 Uhr, €€€

Mit Fischerfahrung

Il Gambero da Tato: Der seit den 1970er-Jahren expandierende Familienbetrieb behauptet sich mit hervorragender maritimer Küche und insbesondere der Zubereitung von Krusten- und Schalentieren. Die Vorspeisen sind eine Wucht!

Via Balilla 44, T 0735 58 73 49, Di–Fr 20–22, Sa 20–22, So 13–14 Uhr, €€€

Rustikales Hafenflair

Ragno: Wenn man sich nicht vom sehr schlichten Ambiente abschrecken lässt, kommen in der winzigen Trattoria hafenromantische Gefühle und Begeisterung über die stets frischen Fischgerichte auf.

Via M. Polo 8, Molo Nord, T 0735 58 73 21, Di–Sa 12–14.30, 19–23, So 12–14.30 Uhr, €€–€€€

Fleisch statt Fisch

Osteria Pane e Vino: Die gemütliche Osteria serviert vornehmlich deftige Fleisch-, Schinken- und Wurstplatten.

Via Labirinto 28, T 0735 59 10 50, Mi–Fr 12.30–14, 19.30–24, Sa 19.30–1, So 12.30–14.30 Uhr, €€

Lust auf mehr

Voglia di …: Der Name bedeutet »Lust auf …« und ist durchaus passend für diese kleine Eisdiele im Zentrum von San Benedetto del Tronto, die tatsächlich Lust auf mehr von ihrem wunderbaren Eis macht.

Auf Facebook; Via G. Galilei 24, Mai–Okt. Di–Sa 14–23 Uhr; Via Voltattoni 105, ganzjährig Mi–Mo 7–20 Uhr

Bewegen

Am, im und auf dem Wasser

Abgesehen vom Baden an den ca. 8 km langen **Sandstränden** mit von der Bandiera Blu attestierter guter Wasserqualität kann man in San Benedetto del Tronto so ziemlich jede **(Wasser-)Sportart** betreiben.

An Land oder zu Wasser

Wer die Natur sucht, möge die 178 ha große **Riserva Naturale Sentina** (J 7), ein von zahlreichen Pflanzen- und Tierarten bevölkertes Feuchtbiotop an der Mündung des Tronto, erkunden. Das geht zu Fuß, mit dem Rad (Verleih vor Ort) oder dem Kajak, mit oder ohne fachkundige Führung.
Piazza Cesare Battisti 1, www.riservasentina.it

Den Drahtesel satteln

Ich empfehle eine **Radtour** unter Palmen von San Benedetto del Tronto via Grottammare nach Cupra Marittima (s. S. 210).

Ausgehen

Die Nacht zum Tage machen

Im Sommer geht in San Benedetto quasi rund um die Uhr die Post ab. Die Strände sind von knapp 120 *lidi* mit Bars, Restaurants und Discos gesäumt. Auch im Zentrum pulsiert das Dolce Vita und ist extrasaisonal sogar mehr los als am Meer, z. B. im Traditionslokal **Gran Caffè Sciarra** (Via Gino Moretti 32, tgl. 6–3 Uhr) oder im zeitgemäß gestylten **Café Max** (Via XX Settembre 63, 6.30–2 Uhr). Beide servieren zum Aperitif leckere Häppchen und noch zu später Stunde Bier, Wein und Cocktails.

Infos

- **IAT:** Viale delle Tamerici 5, T 335 147 54 54, www.comunesbt.it, Mo 9–13, Di–Fr 9–13, 15.30–18 Uhr
- **Verkehr:** Bahnhof im östlichen Stadtzentrum (Hafennähe), Verbindungen nach Ancona und Pescara; Busse nach Ascoli Piceno, in die benachbarten Küstenorte, Offida und Ripatransone

Offida und Umgebung

H 7

Offida gehört neben Ripatransone und Acquaviva Picena zu einem Dreigestirn von Weinbauergemeinden. Die keltern schweren Rosso Piceno aus Montepulciano- sowie leichte Weißweine aus Passerina- und Pecorinotrauben und kultivieren obendrein Oliven. Die allesamt architektonisch ansehnlichen Orte thronen unweit der Küste inmitten von wein- und olivengrünen Hügeln und erfreuen sich einer entsprechend schönen Aussicht auf die Adria. Während **Ripatransone** (H 6, 4000 Ew.) und **Acquaviva Picena** (H 7, 3600 Ew.) beschaulich bis verschlafen daherkommen, gefällt das unwesentlich größere **Offida** (H 7, 4600 Ew.) als kommerziell und kulturell lebendige kleine Stadt.

Zum Verlieben

Offidas Centro storico punktet mit gut erhaltener mittelalterlicher Bausubstanz, stimmungsvollen Gassen und Plätzen und der zentralen **Piazza del Popolo,** auf der eines der schönsten Rathäuser der Marken steht. Der **Palazzo Comunale** besticht mit seinen Arkaden, auf die noch einmal eine halb so hohe Loggia aufgestockt ist, über der sich wiederum ein dekorativer rechteckiger Uhrenturm erhebt. Drinnen entzücken seit dem 19. Jh. das kleine **Teatro Serpente Aureo** (Mitte Juni–Mitte Sept. 10–12.30, 15.30–19.30, sonst Fr–So 10–13, 14.30–18 Uhr) und kulinarisch und önologisch seit 2016 die Osteria Cantina Offida. Nebenan steht die mit ihrem

Lieblingsort

Kleines Glück

Die kleinen Orte Offida, Acquaviva Picena und **Ripatransone** (H 6) werden von Rebenfeldern und Olivenhainen umarmt und schauen von oben auf die schöne blaue Adria und hinauf zu den schneebedeckten Gipfeln der Sibillinischen Berge. Mehr Süden geht nicht und wer – wie ich – auf derlei völlig abfährt, findet unterwegs auf den lieblichen Hügeln der südlichen Marken das kleine Glück.

Bogengang stilistisch ans Renaissancerathaus angepasste **Chiesa dell'Addolorata** aus dem 17. Jh. und schräg vis-à-vis lädt das angesehene Weingut Ciù Ciù (s. S. 216) zum Kosten und Kaufen seiner guten Tropfen in seinen Showroom ein. An der Piazza del Popolo beginnt Offidas Hauptflaniermeile **Corso Serpente Aureo** mit netten Läden und Lokalen.

Hier musizieren Engel

Das wertvollste Architekturjuwel von Offida glänzt auf einer kleinen Anhöhe oberhalb der Stadt. Die Rede ist von der **Chiesa Santa Maria della Rocca,** die 1330 auf den Ruinen einer älteren Abteikirche des Benediktinerordens von Farfa errichtet wurde. Die landschaftlich gut situierte Schönheit ist auch von innen bezaubernd und mit üppigem Freskendekor veredelt. Als Schöpfer der faszinierenden Wandbilder aus dem 14. und 15. Jh., auf denen sich musizierende Engel ein Stelldichein geben, sind ein unbekannter »Meister aus Offida« und Vincenzo Pagani im kunsthistorischen Gespräch.

Via Roma, Mitte Juni–Mitte Sept. tgl. 10–13, 15.30–20, sonst Fr–So 10–13, 14.30–18 Uhr, 4,50 €

Museen

Stadtgeschichte(n)

Polo Museale Palazzo de Castellotti: Das Stadtmuseum dokumentiert die Geschichte von Offida, das bäuerliche Leben und verschiedene Handwerkstraditionen, u. a. das lokale Spitzenklöppelhandwerk, seit Jahrhunderten ein Aushängeschild der Stadt. Die **Pinacoteca** des Hauses zeigt Porträts berühmter Stadtbewohner und zwei Gemälde mit religiösen Motiven aus den Pinseln von Crivelli-Schüler Pietro Alemanno (gest. 1498) und Simone de Magistris da Caldarola (1538–1611).

Via Roma 17, Öffnungszeiten s. Chiesa Santa Maria della Rocca S. 215, 4,50 €

S

SPITZENKLÖPPLERINNEN

Die Frauen von Offida machen von jeher als geschickte Spitzenklöpplerinnen von sich reden. Noch heute sieht man im einen oder anderen Hauseingang eine Spitzenklöpplerin bei der Arbeit am *merletto a tombolo* (Spitzenspannkissen). Die Stadt würdigt die *merlettaie* obendrein mit einem Denkmal und widmete ihnen eine Straße, deren Hauswände mit historischen Fotografien der ebenso geschickten wie kreativen Kunsthandwerkerinnen bebildert sind. Der beste Ort zum Kennenlernen und Kaufen der schönen Spitzen ist das Ladenlokal der Klöpplerinnen-Kooperative am Corso Serpente Aureo 31 (www.ilmerlettodioffida.it, tgl. 9.30–12.30, 15.30–19.30 Uhr).

Schlafen

Wohlfühlen mittendrin

Dimora nel Borgo und Residenza Aurea: Guido Simonetti ist ein umsichtiger und freundlicher Gastgeber. Er spricht Englisch und vermietet zu günstigen Preisen blitzsaubere und geschmackvoll möblierte (1–4-Bett-)Zimmer mit Bad an Offidas Hauptflaniermeile und in einer ruhigen, ebenso zentralen Altstadtgasse. Von 5 bis 13 Uhr gibt's (guten) Kaffee aus dem Automaten und abgepacktes Gebäck.

Offida, Corso Serpente Aureo 27 und Via San Francesco 20, T 333 453 16 39, www.bbdimoranelborgo.it bzw. www.residenzaaurea.it, €

Gut versorgt auf dem Hügel

Agriturismo Rosa dei Venti: Der Bauernhof mit Restaurant (Mi–Mo mittags u. abends), in dem die sympathische Hausherrin die Pasta selbst macht, das Gemüse aus eigenem Anbau stammt und herrliches

Fleisch auf den Grill kommt, liegt auf dem höchsten Hügel im Umland von Offida. Für die Nacht gibt es schlichte, aber ordentliche Zimmer, für heiße Tage einen Pool.
Offida, Via Tesino 261a, T 0736 88 92 01, www.ristoranterosadeiventioffida.it, €

Logieren auf dem Weingut
Relais Cocci Grifoni: s. S. 237

Stimmungsvoll
Borgo da Mare: Die Ferienwohnungen liegen in renovierten alten Gemäuern aus dem 16. Jh. nebst Pool im Centro storico des Wein- und Öldorfes Montepandrone. Das thront auf einer Hügelkuppe auf halber Strecke zwischen Acquaviva Picena und Offida und bietet auch einige nette Lokale.
Montepandrone, Via Allegretti 13/15, T 0735 627 17, www.borgodamare.it, nur wochenweise, €€

Essen

Rundum attraktiv
Osteria Cantina Offida: Das Lokal im historischen Rathausbau ist hell, freundlich und liebevoll möbliert und deckt den Tisch bei schönem Wetter unter Arkaden. Die Neuinterpretationen der Lokalküche überzeugen vom *antipasto* bis zum *dolce*. Der tolle Wein dazu kommt aus der eigenen Kellerei namens **Cantina di Offida** und steht dort auch zum Verkauf. Inhaber Massimiliano Nespeca (s. S. 264) ist ein perfekter Gastgeber und hat sein Personal gut ausgesucht und das Preis-Leistungs-Verhältnis stimmt auch.
Offida, Piazza del Popolo 14, T 0736 88 03 56, T 338 763 27 57, www.cantinaoffida.com, Di–So 12–16, 18–24 Uhr, €€

Deftiges und Leichtes der Saison
Osteria Ophis: Die beiden Degustationsmenüs wechseln alle zwei Monate und richten sich nach der Ernte und den Essgewohnheiten der jeweiligen Saison. Es gibt Frisches aus Wald und Wiese, Feld und Garten, Fleisch und Fisch, Wurst und Käse aus dem Piceno, der selbstverständlich auch den Wein beisteuert.
Offida, Corso Serpente Aureo 54/B, T 0736 88 99 20, www.osteriaophis.com, Sa/So 12–14.30, 19.45–22, Mo, Mi–Fr 19.45–22 Uhr, €€€

Weindegustationsmenüs
Tenuta Cocci Grifoni: s. S. 237

Wärmstens empfohlen
Agriturismo Rosa dei Venti: s. S. 215

Auf die Hand
Pizzeria Siesta: Hier gibt's Pizza und Focaccia, Panini und Pommes zum Mitnehmen oder (informellen) Verzehr vor Ort.
Offida, Corso Serpente Aureo 77/B, Di, Do–So 16.30–21 Uhr, €

Süße Adresse
Amor di Gelato: Emiliano D'Angelo macht gutes Eis und Gebäck.
Offida, Corso Serpente Aureo 93, tgl. 10–24 Uhr

Schlürfen und schnacken
Caffè del Corso: Nette *bar centrale* und genau der richtige Ort für ein Tässchen Kaffee, den Aperitif oder Schlummertrunk, in Offida natürlich vorzugsweise Wein.
Offida, Corso Serpente Aureo 71, Mi–Mo 6–2 Uhr

Einkaufen

Wein und Öl
Anbieter in der Altstadt von Offida sind u. a. die **Enoteca Regionale delle Marche – Spaziovino** (Ex Convento S. Francesco, Via Garibaldi 75, Mo, Mi–Fr 15–20, Sa/So 10–13, 15–20 Uhr). Das Weingut **Ciù Ciù** (Contrada Ciafone 106, T 0736 81 00 01, www.ciuciuvini.it) hat auch einen ›Showroom‹ (Piazza del Popolo 20, Ap-

ril–Okt. tgl. 9–19 Uhr, Weinprobe 8 €) mitten in der Stadt, in dem man die guten Tropfen und auch Öl kennenlernen kann. Die **Cantina San Filippo** überzeugt mit Biowein und -öl (Borgo Miriam, Contrada Ciafone 17a, www.vinisanfilippo.it, Mo–Sa 9.30–12.30, 15.30–19.45 Uhr) und lädt unter dem Namen **M.I.O. Made in Offida** ebenfalls an der Hauptflaniermeile (Corso Aureo 2–4) zur Wein- und Öldegustation ein (6 €). Die **Cantina Offida** hat direkt auf dem Hof (Via della Repubblica 70, Mo–Fr 8.30–19, Sa 8.30–12 Uhr) oder in ihrer Osteria (s. S. 216) leckere Rote und Weiße, die auch bei dem Bioweingut **La Valle del Sole** (Offida, Via San Lazzaro 46, https://lavalledelsoleoffida.com, Mo–Sa 9–19 Uhr) und der **Tenuta Cocci Grifoni** in Ripatransone zu kosten und kaufen sind (Contrada Messieri 12, San Savino di Ripatransone, www.tenutacoccigrifoni.it, Mo–Fr 10–12.30, 15–19, Sa 10–12.30 Uhr).

Infos

- **Ufficio Informazioni Turistiche:** Corso Serpente Aureo 66, T 0736 88 87 06, www.turismoffida.com. Die Tourismusbeauftragten von Offida haben 2024 einen kommentierten Stadtwanderplan (u. a. engl.) für Touristen herausgebracht und die Etappenziele an Hauswänden markiert.
- **Lu bov' fint' e la sfilata dei Vlurd:** Karnevalsfreitag bis Karnevalsdienstag

Ascoli Piceno

G/H7

Mit seinem schönen – leider noch immer hier und da von Erdbebenschäden getrübten – Stadtbild und der unprätentiös sympathischen Atmosphäre nimmt Ascoli Piceno auf Anhieb für sich ein: beseelt von zahlreichen bestechend schlichten romanischen Kirchen, überragt von imposanten mittelalterlichen Türmen, gesegnet mit seinem grandiosen Stadtsalon Piazza del Popolo und sozusagen von oben bis unten aus Travertin. Trotz all dieser Pracht ist die südlichste Provinzhauptstadt der Marken nur dezent touristenwirksam aufgemöbelt und noch von erfrischendem Alltagscharme umspielt. Obwohl sie nicht einmal 50 000 Einwohner zählt, versprüht sie mehr urbanes Flair als manch größere Gemeinde, zumal sie sich gastronomisch mit einem bunten Mix aus gemütlichen Osterie und gediegenen Gourmettempeln, zeitgeistigen Lounges und historischen Lokalen profiliert. Ascoli Piceno dient mit gut sortierten Weinläden und Feinkostgeschäften und rühmt sich kulinarisch seiner gefüllten und frittierten *olive all'Ascolane,* die hier an jeder Ecke auf den Teller oder in die Tüte kommen.

Ahnenforschung

Der Name verrät bereits, dass die Stadt an den Ufern von Tronto und Castellano in grauer Vorzeit von Picenern besiedelt war. Die trieben seit 299 v. Chr. Handel mit den Römern, die auf ihrem später zur Via Salaria ausgebauten Weg von der Adria zum Tyrrhenischen Meer sozusagen an ihrer Haustür vorbeikamen und sie 268 v. Chr. gegen ihren Willen kolonisierten. Die Picener, von deren Aufstieg und Niedergang übrigens im **Picenworld Museum (PIMU)** 26 multimedial erzählt wird (Corso V. Emanuele 46, www.picenworldmuseum.it, Fr–So 10–13, 15–18 Uhr, 4 €), pochten auf gleiche Bürgerrechte. Sie forderten die Kolonialherren immer wieder und 90 v. Chr. zum letzten Mal und schließlich vergeblich heraus.

Das römische Asculum war im 1. Jh. strategisch wie kommerziell bedeutend, wurde im Mittelalter von Goten, Langobarden und Franken frequentiert und dem Kirchenstaat assoziiert, bevor es sich im 12. Jh. als freie Kommune

Ascoli Piceno

Ansehen

1. Cattedrale di Sant'Emidio
2. Palazzo dell'Arengo
3. Palazzo dei Capitani
4. Chiesa di San Francesco
5. Loggia dei Mercanti
6. Teatro Ventidio Basso
7. Chiesa di Sant'Agostino
8. Torri Gemelle
9. Chiesa di San Tommaso
10. Chiesa di San Pietro Martire
11. Chiesa di San Vincenzio e Anastasio
12. Chiesa Santa Maria Inter-vineas
13. Ponte Augusteo
14. Torre Ercolani
15. Chiesa dell'Immacolata Concezione
16. Chiesa di San Giacomo Apostolo
17. Porta Gemina
18. Teatro Romano
19. Museo Diocesano
20. Pinacoteca Civica
21. Museo Archeologico
22. Galleria D'Arte Contemporanea O. Licini
23. Museo dell'Arte Ceramica

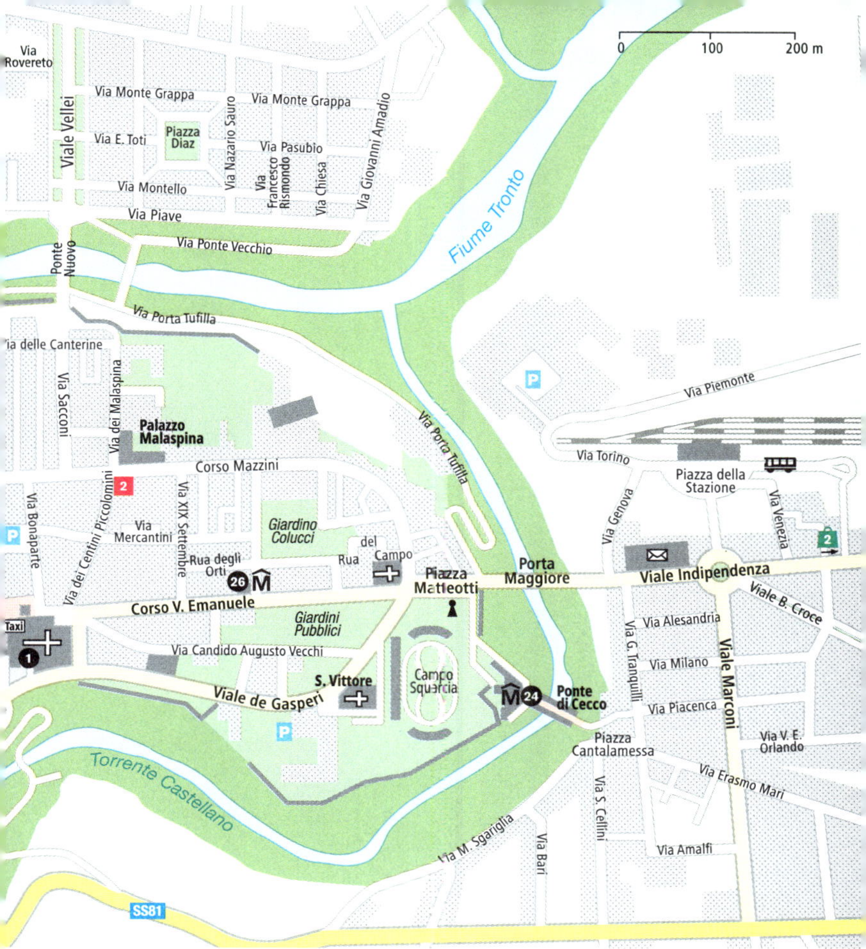

24 Museo dell'Alto Medievo
25 Musei della Cartiera Papale
26 Picenworld Museum (PIMU)

Schlafen

1 Villa Cicchi
2 Palazzo dei Mercanti
3 Residenza 100 Torri
4 Albergo Sant'Emidio

Essen

1 Locanda Imperfetta
2 Ristorante del Corso
3 Caffè Meletti
4 Siamo Fritti
5 La Locandiera
6 Migliori
7 Piccolo Teatro
8 Bottega Panichi 1943

Einkaufen

1 Mercato delle Erbe
2 Städtischer Markt
3 Mercatino di Antiquariato

Ausgehen

1 Bocca Scena

Piazza del Popolo: Travertin bringt den Platz und die Bauten zum Strahlen. Übers blanke Pflaster des ›Wohnzimmers‹ der Stadt lässt es sich in diesem Glanze fabelhaft flanieren.

emanzipierte. Weil deren Eliten Macht und Wohlstand mit gut 100 Geschlechtertürmen demonstrierten, nennt man Ascoli Piceno bis heute die ›Stadt der 100 Türme‹, obwohl Friedrich II. schon 1242 die meisten Wolkenkratzer ›rasierte‹ und den Ascolanern zum Trost den Adriahafen Porto d'Ascoli (1245) spendierte. Nach dem Stauferkaiser regierten diverse Adelsfamilien und ab 1502 – abgesehen von einem kurzen napoleonischen Intermezzo – die Kirche die Stadt, die unter dem Dach von Italien den Status einer Provinzkapitale bekam.

Hereinspaziert!

Vom meistfrequentierten Parkplatz (Torricella) mit dem Aufzug in die Stadt hinaufgefahren, passiert man zuerst die **Piazza Arringo,** die in Sachen urbaner Grandezza an zweiter Stelle rangiert. Der gastronomisch gut versorgte Platz, der an jedem dritten Monatswochenende die Kulisse für einen lebhaften Antiquitätenmarkt abgibt, wird von Kathedrale, Bischofspalast nebst Diözesanmuseum und Rathaus im Palazzo dell'Arengo flankiert.

Die **Cattedrale di Sant'Emidio** ❶ ist dem ersten Bischof der Stadt geweiht, der Ende des 3. Jh. unter dem Namen Emygdius von Trier nach Ascoli Piceno gekommen war, wo er anno 303 die Tochter eines römischen Präfekten taufte und dafür enthauptet wurde. Sein Märtyrertod sicherte ihm die Verehrung der Nachgeborenen, die dem frommen Mann auch noch posthum wundersame Kräfte zuschrieben, als Ascoli Piceno 1703, anders als viele umliegende Gemeinden, von einem Erdbeben verschont blieb. Der älteste Gebäudetrakt der Bischofskirche nebst Baptisterium steht seit Beginn des 12. Jh. auf den Ruinen eines römischen Tempels, wobei das zweite und dritte Kirchenschiff erst im 15. Jh. und das Renaissanceportal 1530 hinzukamen. Die Gebeine des hl. Emidio ruhen in der weitläufigen

Krypta, die im 18. Jh. umgebaut wurde. Zu Beginn des 19. Jh. erweiterte man den Dom um die neoklassizistische Kapelle, in der mit einem Flügelaltar von Carlo Crivelli (1473) der wertvollste Kunstschatz der Kathedrale gehütet wird, und erst in den 1890er-Jahren wurden Kuppel und Mittelschiff freskiert.

Dem Dom zugeordnet ist der zwischen dem 15. und 18. Jh. ›gewachsene‹ **Bischofspalast** inklusive dem **Museo Diocesano** ⓳. Nebenan dominiert der **Palazzo dell'Arengo** ❷ den Platz. In dem Gebäudekonglomerat aus dem 12.–18. Baujahrhundert residieren Rathaus (Comune) und **Pinacoteca Civica** ⓴, vis-à-vis dokumentiert das **Museo Archeologico** ㉑ die frühe Stadtgeschichte.

Diese Piazza ist eine Wucht

Nur ein paar Schritte über die Via Cino del Duca führen auf einen der schönsten öffentlichen Räume Italiens. Die **Piazza del Popolo** betört schon allein mit ihrer Weitläufigkeit und dem im Laufe der Jahrhunderte blank flanierten Pflaster und ist von einem epochenübergreifenden architektonischen Ensemble umrahmt. Der **Palazzo dei Capitani** ❸ und die **Chiesa di San Francesco** ❹ datieren aus dem 13. Jh., wobei Ersterer noch ältere Bauten integriert. Während andere mittelalterliche Gemäuer der Vergrößerung der Piazza del Popolo weichen mussten, blieben sie stehen, als der Platz im 16. Jh. seine aktuellen Dimensionen annahm und mit der **Loggia dei Mercanti** ❺ neu bebaut wurde. Man setzte die Handelsbörse der lokalen Wollweberzunft zwischen den historischen Sitz des Stadtrates und das gotische Gotteshaus und Letzterem bei der Gelegenheit noch eine Krone bzw. Kuppel auf. Neuestes ›Möbelstück‹ im *salotto,* wie die Ascolani ihren Lieblingstreffpunkt nennen, ist das äußerlich in Renaissancemanier gestaltete **Caffè Meletti** 3 (s. S. 222), das seit 1907 mit allerlei herzhaften und süßen Spezialitäten versorgt.

> **T**
> #### TRAUM AUS TRAVERTIN
> Der Stoff, aus dem der Traumplatz Piazza del Popolo ist, heißt **Travertin.** Das heutzutage exklusive und entsprechend teure Baumaterial ist in Ascoli Piceno auch sonst überall verpflastert und vermauert und verleiht der Stadt ihr markantes und vom Abendrot besonders bezaubernd ausgeleuchtetes Gesicht.

Unweit der Traumpiazza empfiehlt sich ein Blick aufs und ins **Teatro Ventidio Basso** ❻, das in den 1830er-Jahren auf Kosten einer privaten Theatergesellschaft errichtet und erst 1851 richtig fertig wurde. Seit 1932 gehört der dem hier geborenen berühmten römischen Feldherrn gewidmete Musentempel mit einem Gemälde von der Piazza del Popolo auf dem Vorhang der Stadt (Via del Teatro 4/Via del Trivio 33, www.comune.ap.it).

Kirchenparcours

Nächste Station der Sightseeing-Tour ist die Piazza San Agostino, wo der turmlose ›Kirchenblock‹ der **Chiesa di Sant'Agostino** ❼ (13. Jh.) mit seinem asketischen Design ins Auge sticht und mit den **Torri Gemelle** ❽ zwei gleichförmige Exemplare besagter Geschlechtertürme gen Himmel streben. Im ehemaligen Augustinerkloster gleich hinter der Kirche gibt's in der **Galleria D'Arte Contemporanea O. Licini** ㉒ zur Abwechslung Kunst von heute und zwei Straßen weiter im **Museo dell'Arte Ceramica** ㉓ hübsche Tassen, Töpfe und Teller aus ganz Italien zu sehen. Letzteres flankiert zusammen mit der romanischen **Chiesa di San Tommaso** ❾, Baujahr 1069 und ebenfalls schlicht (und) ergreifend, die gleichnamige Piazza, von der ich Sie über die Via dei Saladini zur Via dei Torri leite, um auf derselben linker Hand

Lieblingsort

Auf einen Anisetta

Wie ein Wiener Kaffeehaus ganz im Jugendstil kommt das **Caffè Meletti** 3 daher. Hier treffen sich seit mehr als 100 Jahren Einheimische und inzwischen natürlich auch Touristen. Das Domizil des Likörfabrikanten Silvio Meletti ist der Hotspot für Süßes oder einen Aperitif, zu dem hier kleine herzhafte Köstlichkeiten serviert werden. Die Kellner sind höflich und charmant und es gibt immer etwas zu sehen – sowohl im Lokal als auch auf der wunderschönen Piazza. Kult ist der Anislikör Anisetta, der inzwischen neben einer Flasche Varnelli hinter jeder Bartheke der Marken steht (Ascoli Piceno, Piazza del Popolo 56, T 0736 25 55 59, www.caffemeletti.it, tgl. 8–23, Fr/Sa bis 24 Uhr).

die Piazza Ventidio Basso anzusteuern. Unterwegs passieren Sie die **Chiesa di San Pietro Martire** ⑩, die zwischen 1250 und 1332 ihre gotische Gestalt annahm. Der Hingucker an der Piazza V. Basso ist die romanische **Chiesa di San Vincenzio e Anastasio** ⑪, die mit ihrer ungewöhnlichen Kassetten-Fassade ins Auge sticht. Während das Baujahr des außen wie innen schmucklosen Korpus nicht genau bekannt ist, weiß man, dass die Ornamente und figürlichen Reliefs ihrer Portalzone um 1306 gemeißelt wurden. Noch archaischer und asketischer gibt sich die **Chiesa Santa Maria Intervineas** ⑫ ganz in der Nähe (Via Tamburini), die zu Deutsch ›Santa Maria in den Weinreben‹ heißt und dort schon seit dem 5. Jh. zum Gebet ruft.

Römische Relikte

Nach so vielen Kirchen folgt auf der nächsten, parallel zum Fluss verlaufenden (langen) Etappe des Stadtspaziergangs vornehmlich Profanes, darunter der bekannteste Geschlechterturm. Auf dem Weg zu ihm lohnt sich ein Abstecher zum römischen **Ponte Augusteo** ⑬, der sich am Ende der Via Solestà über den Tronto spannt. Der Turm schießt dann an der Via dei Soderini 40 m hoch und heißt **Torre Ercolani** ⑭. Er ist angedockt an den **Palazetto Longobardo,** der freilich erst lange nach Abzug der Langobarden im 12. Jh. erbaut wurde. Im Vorbeigehen gesegnet von der **Chiesa dell'Immacolata Concezione** ⑮ aus dem 18. und der **Chiesa di San Giacomo Apostolo** ⑯ aus dem 13. Jh. geht's zur Piazza Cecco d'Ascoli, von der die römische **Porta Gemina** ⑰ aus der Stadt hinausführt. Wieder stadteinwärts über die Via dei Angelini lohnt auf dem Rückweg zur Piazza Arringo bzw. dem Parkplatz Torricella noch ein Blick auf die Ruinen des **Teatro Romano** ⑱, die hier ebenso wie das antike Stadttor seit dem 1. Jh. dem Zahn der Zeit trotzen.

Museen

Gemälde und Skulpturen

⑲ **Museo Diocesano:** Das gerade um- und ausgebaute Museum exponiert sakrale Kunst aus dem 13. bis 16. Jh., darunter Hochkarätiges von Carlo Crivelli, Pietro Alemanno und Cola dell'Amatrice.

Piazza Arringo 10b, www.museodiocesanoascoli.it, vorerst Juli/Aug. Di–So 10.30–12.30, 15.30–18.30 Uhr

Alte Meister

⑳ **Pinacoteca Civica:** In der Kulisse edler Möbel aus dem 19./20. Jh. beeindrucken im Palazzo dell'Arengo profane und sakrale Gemälde aus dem 13. bis 19. Jh. Zu den Highlights zählen Werke von Carlo Crivelli, Cola dell'Amatrice, Guido Reni und Tizian.

Piazza Arringo 7, www.ascolimusei.it, April–Sept. Di–So 10–19, Okt.–März, Di–Fr 10–13, 15–18, Sa/So 11–18 Uhr, 8 €

Lang ist's her

㉑ **Museo Archeologico:** Das Museum im Palazzo Panichi (16. Jh.) dokumentiert die frühe Stadtgeschichte von der Altsteinzeit bis zur langobardischen Eroberung. Ein Schwerpunkt liegt auf der Zivilisation der Urahnen, also der Picener.

Piazza Arringo 28, Di–So 8.30–19.30, 4 €

Kunst des 20. Jh.

㉒ **Galleria D'Arte Contemporanea O. Licini:** Die Galerie zeigt eine stattliche Sammlung italienischer Gegenwartskunst, die sich mit großen Künstlernamen wie Fontana und Morandi, De Pisis und Severini und einer Werkschau ihres Namenspatrons schmückt. Osvaldo Licini (1894–1958) wurde nahe der Stadt geboren, studierte mit Modigliani in Bologna und machte später in Paris Karriere.

Corso Mazzini 90, www.ascolimusei.it, April–Sept. Do 15–19, Fr–So 10–13, 15–19 Okt.–März Fr 15–19, Sa/So 10–13, 15–19 Uhr, 4 €

Teller, Tassen, Vasen

23 Museo dell'Arte Ceramica: Das Museum zeigt Keramikobjekte aus renommierten italienischen Keramikmanufakturen und lokales Töpferhandwerk (16.–20. Jh.).

Rua del Pozzetto/Piazza San Tommaso, T 0736 29 82 13, www.ascolimusei.it, April–Sept. Fr–So 10–13, 15–18, Okt.–März Sa/So 15–18 Uhr, 4 €

Hinter Festungsmauern

24 Museo dell'Alto Medievo (Forte Malatesta): Die ursprünglich spätmittelalterliche Festung Forte Malatesta liegt am Ufer des Castellano. Sie wurde in den 1340er-Jahren für Galeotto Malatesta errichtet, bekam aber erst seit 1543 auf Geheiß von Papst Paul III. vom Architekten Antonio da San Gallo d. J. den letzten Schliff. Die kolossale Anlage diente von 1828 bis 1978 als Gefängnis, wurde an der Jahrtausendwende restauriert und beherbergt das Museo dell'Alto Medievo, in dem prächtige goldene Grabbeilagen aus langobardischen Gräbern (6.–8. Jh.) die größte Attraktion sind.

Via delle Terme, www.ascolimusei.it, April–Sept. Di–Fr 10–13, 15–19, Sa/So, Fei 11–19, Juli/Aug. 19–23, Okt.–März Di, Do 10–13, Mi, Fr 15–18, Sa/So 10–13, 15–18 Uhr, 6 €

Industriekathedrale

25 Musei della Cartiera Papale: Ebenfalls am Ufer des Castellano, aber etwas weiter weg vom Zentrum der Stadt imponiert diese restaurierte päpstliche Papiermühle von 1512, die als Paradebeispiel für die ›Industriearchitektur‹ der Renaissance gilt. Darin erschließen sich in der interaktiven Wissenschaftsausstellung »Tutta l'Acqua del Mondo« die Bedeutung des Wassers für Stadt, Region und Welt und im Papiermuseum die ursprüngliche Bestimmung des Ortes. Die Mineralien- und Fossiliensammlung von Antonio Orsini (1788–1870) dokumentiert steinern eine längst vergangene und die Biblioteca di Storia Contemporanea Ugo Toria auf Papier die Geschichte unserer Zeit.

Via della Cartiera, www.museicartierapapale.it, Juni–Sept. Sa/So, Fei 10–13, 16–19 Uhr, sonst auf Anfrage, 5 €

D

DUSTIN HOFFMAN …

… rezitierte 2009 für eine touristische Werbekampagne auf der Bühne des **Teatro Ventidio Basso 6** in gebrochenem Italienisch und dennoch ergreifend Giacomo Leopardis Gedicht »L'Infinito«. Danach ernannte man ihn zum Ehrenbürger von Ascoli Piceno, zumal der amerikanische Filmstar schon 1972 für die Dreharbeiten von Pietro Germis Komödie »Alfredo, Alfredo« in der Stadt war.

Multimedial

26 Picenworld Museum: s. S. 217

Schlafen

Landhausflair am Stadtrand

1 Villa Cicchi: Charmanter Agriturismo in einer alten Gutsbesitzervilla mit großem Garten und Pool. Das auf Anfrage geöffnete und gern für Hochzeiten gebuchte Restaurant wird von Hausherrin Maria Elena Cicchi mit Zutaten vom eigenen Biohof bekocht.

Abbazia di Rosaria, Via Salaria Superiore 137 (A14, Ausfahrt Rosara, dann links der Via Salaria Bivio Rosara folgen), T 335 665 74 14, www.villacicchi.it, €€

Rundum entzückend

2 Palazzo dei Mercanti: Von nostalgischem Flair umwehter, zeitgemäßer Komfort in einem historischen Palazzo nahe der Piazza del Popolo.

Corso Trento e Trieste 35, T 0736 25 60 44, www.palazzodeimercanti.it, €€

Leuchtender Travertin

3 Residenza 100 Torri: Die elegante Herberge in einem geschmackvoll restaurierten Altstadtpalazzo aus dem 18. Jh. wurde 2024 nach langer Schließung unter neuer Leitung wiedereröffnet und überzeugt nach wie vor. Das Interieur ist von Travertin und Holz bestimmt.

Via Costanzo Mazzoni 4/6, T 0736 25 51 23, www.centotorri.com, €€

Schönes kleines Stadthotel

4 Albergo Sant'Emidio: Piazza del Popolo wie auch Piazza Arringo sind vom gepflegten und freundlich geführten kleinen Stadthotel in wenigen Schritten erreicht.

Via Minucia 10, T 0736 25 86 26, www.albergosantemidio.it, €€

Essen

Stimmig

1 Locanda Imperfetta: Hier erfreuen Neuinterpretationen traditioneller Gerichte, das gepflegt-gemütliche Ambiente im historischen Gebäude, ein sympathischer Hausherr und umsichtiges Personal. Da fast alle Hauptgänge mit Fleisch sind, für Vegetarier eher keine Option.

Via Costanzo Mazzoni 6, T 0736 78 09 18, 329 971 27 60, https://locandaimperfetta.it, tgl. außer Di mittags u. abends, €€

Aus dem Meer auf die Teller

2 Ristorante del Corso: Schickes Restaurant an der Hauptflaniermeile Corso Mazzini, in dem frischer Fisch Trumpf ist.

Corso Mazzini 277, T 0736 25 67 60, Di–Sa 13–14.30, 19.30–22.30, So 13–15 Uhr, €€€

Lieblingsort

3 Caffè Meletti: s. S. 222

Frittiertes vom Feinsten

4 Siamo Fritti: Hier gibt's Frittiertes vom Feinsten, an erster Stelle rangieren natürlich *olive all'Ascolane.*

Piazza Simonetti 87, T 0736 25 99 09, www.siamofritti.ap.it, tgl. 12.30–15, 19–24 Uhr, €

Mangiare con la famiglia

5 La Locandiera: Das freundliche Familienrestaurant unter Gewölben serviert lokaltypische Küche, die Hauptgänge sind meist fleischlastig. Allseits hochgelobt werden die Vorspeisen.

Corso Trento e Trieste 33, T 327 053 88 57, Di–Sa 12.30–15, 19.30–22.30 Uhr, So nur mittags, €€

Keine falsche Bescheidenheit

6 Migliori: Migliori (dt. ›die Besten‹) nennt sich diese Kombination aus Feinkostgeschäft, Weinladen, Restaurant und Kiosk. Es gibt u. a. *porchetta* und *olive all'Ascolane,* auf den Teller oder die Hand.

Piazza Arringo 2, T 0736 25 00 42, www.miglioriolive.it, tgl. 9–21 Uhr

Klein, aber oho

7 Piccolo Teatro: Das gemütliche, familiengeführte Lokal nahe der ›Weinrebenkirche‹ überzeugt mit Schmackhaftem vom (Wild-)Schwein, Rind und Lamm und macht Vegetarier mit herrlichen Gemüsegerichten glücklich.

Via C. Goldoni 2, T 0736 26 15 74, https://piccoloteatro.click, Mo, Mi, Sa, So 12.30–14, 19.30–22, Di, Fr 19.30–22 Uhr, €€

Gut belegt

8 Bottega Panichi 1943: Herrliche Sandwiches, präzise Ciabatta, Crescia und Tigelle mit Fleisch, Fisch, Wurst, Käse oder Gemüse, Aperol Spritz und Wein …

Via Panichi Alessandro 3, tgl. außer Mi 11–23 Uhr, €

Einkaufen

Obst und Gemüse

1 Mercato delle Erbe: Allmorgendlicher Lebensmittelmarkt im Kreuzgang des Klosters San Francesco.

Gemischtwarenmarkt

2 **Städtischer Markt:** Rund um die Piazza della Viola jeden Mi und Sa von 8–13 Uhr.

Schöner alter Plunder

3 **Mercatino di Antiquariato:** Jedes dritte Wochenende gibt es einen Flohmarkt auf der Piazza Arringo und drum herum.

Ausgehen

Zu jeder Tageszeit

1 **Bocca Scena:** In dieser modernen Kombination aus Frühstückscafé (selbst gebackene Croissants!), Restaurant, Konditorei und Weinstube wird man von morgens bis abends glücklich.
Via del Trivio 26, T 0736 25 71 98, 7–2 Uhr

Feiern

- **Großes Historienspektakel – Quintana:** Juli/Aug., www.quintanadiascoli.it. *Das* festliche Ereignis von Ascoli Piceno, bei dem sich die Stadtbewohner schon seit 1955 alljährlich an zwei Tagen in historische Kostüme hüllen. Als Höhepunkt gelten die mittelalterlichen Reiterspiele am ersten Augustsonntag, bei denen sich Vertreter der sechs Stadtteile *(sestieri)* hoch zu Ross miteinander messen.

Infos

- **IAT/Centro Visitatori:** Piazza Arringo 7, T 0736 29 83 34, www.comune.ap.it, www.ascolimusei.it, Di–Fr 10–13, 15–18, Sa/So 11–18 Uhr
- **Sammelticket:** Das Biglietto Unico (15 €) gilt für alle städtischen Museen.
- **Verkehr:** Parkplatz Torricella (ausgeschildert), von dort per Aufzug ins Stadtzentrum; Bahnhof ca. 1 km vom Zentrum, Züge nach San Benedetto del Tronto; Busse vom Piazzale Stazione; Stadtbusse ins Zentrum, nach Fermo, Porto San Giorgio sowie in die Sibillinischen Berge.
- **Stadttouren mit Touristenbähnchen:** März–Okt. ab Piazza Arringo (10 €), https://city-explorer.it; mit Minibus Elettrico ab Piazza del Popolo/Chiesa San Francesco (10 €), https://ascolicitytour.wordpress.com.

Monti Sibillini

E/F6–8

Die Sibillinischen Berge, die Giacomo Leopardi in seinem viel zitierten Gedicht »Le Ricordanze« (›Die Erinnerungen‹) ›blaue Berge‹ nannte, sind wegen ihrer einzigartigen Natur- und Kulturlandschaft seit 1989 als **Parco Nazionale dei Monti Sibillini** naturgeschützt. Sie wurden im Sommer und Herbst 2016 von heftigen Erdbeben geschüttelt, was die Schönheit der Landschaft nicht geschmälert, die Bausubstanz ihrer Dörfer und Städte aber nachhaltig geschädigt und deren Bewohner materiell wie mental verwundet hat (s. auch Magazin S. 258).

Faszinierende Bergwelt

Der Nationalpark bedeckt eine Fläche von 70 000 ha und ragt im Südwesten nach Umbrien hinein. Er vereint vier Klimazonen, wartet mit üppig grünen Wäldern und Wiesen, malerischen Flusstälern, hoch aufragenden kargen Felsformationen und tiefen Schluchten auf. Die höchste Erhebung des Parks heißt **Monte Vettore** und überragt mit 2476 Höhenmetern 20 weitere Zweitausender, darunter den **Monte Sibilla** (F 7, 2173 m), um den sich so manche unheimliche Legende rankt.

Die Sibillinischen Berge faszinieren mit den andengleichen Hochebenen **Pia-**

Diese Weite, diese Farben: Um die Hochebene Piano Grande in all ihrer Erhabenheit zu sehen, muss man Grenzen übertreten – auch wenn es nur die zur Nachbarregion Umbrien ist.

no Grande (F 7/8) und **Piano Perduto,** auf denen die international geschätzten Linsen von Castelluccio wachsen, und dem eiszeitlichen Gletschersee **Lago di Pilato** (F 7), in dem ein endemisches kleines Krustentier namens *Chirocephalus marchesonii* schwimmt und sein Wasser rosarot färbt. Die seltsame Krabbe ist nur eine von 220 Spezies, die in den Monti Sibillini kreuchen und fleuchen. Zoologen registrierten im marchiagianisch-umbrischen Grenzgebiet allein 150 Vogelarten, Wölfe, Wildkatzen, Wanderfalken und Steinadler und die seltene Gemsenart *Camoscio appenninico,* während Botaniker 1800 Pflanzen, darunter viele besondere Orchideen und Veilchen, zählten.

Blick zurück nach vorn

Vor dem Erdbeben von 2016 wohnten hier knapp 16 000 Menschen, die von Land- und Forstwirtschaft und nicht zuletzt dem Tourismus leb(t)en, zumal der Nationalpark nicht nur mit natürlicher Schönheit, sondern auch kulturgeschichtsträchtigen Kirchen, Klöstern und Kastellen gesegnet ist. Weil so manches Bergdorf von den Naturgewalten in Trümmer gelegt und andere ganz oder straßenweise aus Sicherheitsgründen evakuiert wurden, prägen bis heute Gerüste, Absperrbänder und Abdeckplanen das ein oder andere Ortsbild. Dennoch arrangieren sich die Menschen, von denen viele noch immer in kleinen Siedlungen aus schnell hochgezogenen Notunterkünften namens SAE *(soluzioni abitative in emergenza)* leben, in bewundernswerter Art und Weise mit ihrem Schicksal. Diejenigen, die ihre Heimat nicht dauerhaft verließen, haben ihre Alltagsgeschäfte wieder aufgenommen. Sie warten bisweilen ungehalten auf den hier und da bürokratisch verschleppten Neu-

und Wiederaufbau privater und öffentlicher Bauten und auf Touristen, die trotz allem gut bewirtet und beraten werden.

Ein Wanderparadies

Weite Teile des sagenhaften Gebirges sind als (Rad-)Wandergebiet erschlossen, mittels rot-weißer Symbole markiert und kartografiert. Die **Parkverwaltung** (s. S. 231) hat Wanderführer in mehreren Sprachen gedruckt und online publiziert. Sie empfiehlt konditionsstarken Zeitgenossen z. B. die neuntägige Wanderung **Grande Anello Sibillini** und anspruchsvolle Bergetappen auf dem Rad, informiert analog und digital über die Folgen des Erdbebens und hält stets aktualisierte Wanderkarten zum Download bereit. Die zeigen, dass nur noch wenige Wege und Straßen gesperrt und viele Hotels und Agriturismi noch oder wieder in Betrieb sind. Deshalb steht einem (Rad-)Wanderurlaub in den Monti Sibillini nichts im Wege und laden gut ausgebaute, größtenteils wieder reparierte Landstraßen zur Erkundung der faszinierenden Bergwelt auf vier Rädern ein.

Acquasanta Terme, Arquata del Tronto F/G8

Wer von Ascoli Piceno aus über die historische **Via Salaria** in die Sibillinischen Berge reist, passiert zunächst **Acquasanta Terme** (G8), dessen Name und Geruch darauf schließen lassen, dass hier gesundheitsförderliche Schwefelquellen sprudeln. Nächste Station ist **Arquata del Tronto** (G7), das ebenso wie Acquasanta Terme in mehrere kleine Weiler im hier sehr schönen waldreichen Grünen verteilt ist. Der Ort wurde vom Erdbeben 2016 stark zerstört und hatte sogar 53 Tote zu beklagen, sodass sein Centro storico gleichsam dem Erdboden gleich war und seine Instandsetzung erst 2023/24 in Gang kam.

Arquata del Tronto liegt am Schnittpunkt zweier Nationalparks, deren Besucherzentrum *(Centro dei due parchi)* in den Marken ebenfalls demoliert und geschlossen geblieben ist. Der zu seinen Füßen von alldem unbeirrt plätschernde Tronto wird deshalb sowohl von den Monti Sibillini als auch den Bergmassiven des **Parco Nazionale Gran Sasso e Monti della Laga** in der Nachbarregion Abruzzen bewacht (www.gransassolagapark.it).

Bewegen

Hoch hinaus

Arquata del Tronto ist ein idealer Ausgangspunkt für eine alpine Exkursion auf den **Monte Vettore** (F7), bei der 980 Höhenmeter zu überwinden sind. Die anspruchsvolle Wanderung, die laut Nationalparkverwaltung nach wie vor möglich, aber niemals allein oder bei schlechtem Wetter zu unternehmen ist, startet einige Kilometer nordwestlich des Ortes auf einem 1500 m hohen Pass namens **Forca di Presta** (F7/8). Von dort geht es auf einer nicht durchgängig markierten Strecke über eine Hochebene am Fuße des gut 2000 m hohen Monte Vettoretto auf den höchsten Gipfel der Sibillinischen Berge, wobei man im **Rifugio Tito Zilioli** auf 2250 Höhenmetern – allerdings ohne Betreuung und Bewirtung – übernachten kann (nur nach Buchung: www.rifugiozilioli.it). Oben angekommen, schaut man über das Tal des **Lago di Pilato** zum **Pizzo del Diavolo**, der sich 2410 m hoch in den Himmel streckt.

Auf- und Abstieg ohne Pausen ca. 5 Std.

Castelluccio F7

Das kleine Bergnest thronte einst pittoresk und liegt jetzt leider als ›Trümmerhaufen‹ über dem atemberaubend schönen **Piano**

Grande. Castelluccio und die große Hochebene gehören zu Umbrien. Sie liegen auf 1500 m und stehen für schmack- und nahrhafte Linsen, die vor Ort verkauft und international exportiert werden (s. S. 262). Die fast plane Fläche ist nämlich von Linsenfeldern überzogen, die alljährlich von Mitte Mai bis Anfang Juli vielfarbig erblühen, weil sich zwischen den Linsen viele andere Wiesenblumen angesiedelt haben. Das saisonale Naturschauspiel erreicht seinen Höhepunkt meist in den letzten Junitagen. Es heißt *fioritura* und lockt viele Besucher auf das rund ums Jahr faszinierende Fleckchen Erde vor der Kulisse schneebedeckter Zweitausender, wo im Sommer Drachenflieger aus ganz Europa bunt beschirmt in den blauen Himmel steigen (www.prodelta.it).

Castelsantangelo sul Nera

F7

Die Hochebene **Piano Perduto** gehört zu Castelsantangelo sul Nera und damit zu den Marken. Sie kann zwar nicht mit der großen umbrischen Schwester konkurrieren, ist aber gleichwohl ansehnlich und ebenfalls mit Hülsenfrüchten bepflanzt und im Frühsommer von bunt blühenden Nachbarpflanzen koloriert. Sie erstreckt sich am waldgrünen Fuße des 1800 m hohen **Monte Prata,** dessen touristische Infrastruktur infolge von Erdbebenschäden geschlossen ist. Das gilt leider auch für das Ortszentrum am Ufer des Flusses Nera. Das einst romantische Dorf, eingefasst von einer imposanten mittelalterlichen Mauer nebst hoch aufragendem Wachturm, ist seit dem Katastrophenjahr 2016 quasi geräumt und gesperrt. Umso erfreulicher, dass man – etwa anlässlich der *fioritura* – im nach dem Beben anderswo neu eröffneten Hotelrestaurant Dal Navigante lecker lokaltypisch essen und schlafen kann.

Schlafen, Essen

Endlich wieder Tisch und Bett

Hotel dal Navigante: Wann immer ich in der Gegend war, logierte ich in einem schlichten Hotel mit hervorragender Küche, das es erdbebenbedingt nicht mehr gibt. 2020 nahm die Wirtsfamilie Valentini, inzwischen unter der (Küchen-)Regie von Giovanbattista, dem Sohn der Seniorchefin Laura, unter demselben Namen in einem nagelneuen Holzbau ihre kulinarisch überzeugenden und gastfreundlich geführten Restaurant- und Hotelgeschäfte wieder auf.

Via Vittazi, T 0737 43 24 19, dalnavigante2020@gmail.com, €€ (Menü) bzw. €–€€ (Zimmer)

Authentisch und unverwüstlich

Dell'Erborista: Restaurant/Bar mitten in der ›Pampa‹, wo seit 1972 inzwischen in dritter Generation und nach kurzer

S

SAGENUMWOBEN

In der **Gola dell'Infernaccio** (›Höllenschlucht‹) soll der Teufel stecken und auch auf dem **Pizzo Diavolo** der Satan wüten. Unter dessen 2410 m hohen Gipfel ruht der **Lago di Pilato,** in dem der Legende nach Pontius Pilatus auf der Flucht vor seinen Häschern ein jähes Ende fand. In einer Grotte unterhalb des Monte Sibilla wohnt dem Volksglauben nach die Prophetin Sibylle von Cuma, die unter dem Druck der Christianisierung in die blauen Berge flüchtete. Die legendäre und literarisch prominente Dame soll sowohl seherische als auch verführerische Kräfte gehabt und angeblich schon so manchen Ritter in ihren erotischen Bann und Grottenschlund gezogen haben.

Reparatur der Erdbebenschäden deftige Hausmannskost u. a. mit den leckeren Berglinsen serviert wird.

Castelsantangelo sul Nera, Fraz. Gualdo, Via San Martino 47, T 333 221 83 74, tgl. 8–24 Uhr, €€

Visso

E7

Die waldgrün eingerahmte 1000-Seelen-Gemeinde am Ufer der Nera war eines der touristischen Zentren und ihr gesellschaftlicher Mittelpunkt bis der Erdbebenschock die von Läden und Lokalen eingerahmte und von der imposanten **Collegiata Santa Maria** (13. Jh.) bewachte **Piazza Capuzzi** ereilte. Geschäfte und Gotteshaus sind wie quasi das gesamte Centro storico im Neu- und Wiederaufbau. Bis alles fertig ist, treffen sich Bewohner und Besucher zum Einkaufen und Kaffeetrinken auf der im September 2022 eingeweihten **Piazza Maria Cappa.** Dort baut man gerade das Museo Civico Leopardiano, in dem demnächst die aus einem arg lädierten Augustinerkonvent geretteten Preziosen des Diözesanmuseums inklusive der Manuskripte des Nationaldichters exponiert werden. Die Evakuierten wohnen in Notunterkünften am Rande des Ortes, wo einige alteingesessene Gewerbetreibende aus Visso schon seit Frühjahr 2019 im von Spendengeldern namhafter Firmen finanzierten kommerziellen Zentru m als **Compagnia dei Maestri Artigiani di Visso** (s. S. 231) ihre Spezialitäten offerieren, was ihnen selbst Mut und Bürgern und Besuchern Appetit und Hoffnung auf eine bessere Zukunft gemacht hat. Für Zuversicht sorgte auch die Eröffnung der neuen Zentrale des Nationalparks im Ortsteil Palombare 2021 und der Wallfahrtsort Macereto, der für manche wundersamerweise zwar ebenfalls vom Erdbeben verwundet, aber äußerlich nahezu unversehrt ist.

W

DIE WURST DER SIBILLINEN

Eine fleischige Spezialität der blauen Berge ist der *ciauscolo,* vorzugsweise aus Visso oder Castelsantangelo sul Nera. Dabei handelt es sich um eine streichfähige, leicht geräucherte Mettwurst, die zu gleichen Teilen aus fettem und magerem Schweinefleisch besteht. Ein Schuss *vin cotto* (süß-herber Dessertwein) sowie Knoblauch, Salz und schwarzer Pfeffer verleihen ihr den charakteristischen Geschmack.

Kleine Wunder

Das **Santuario di Santa Maria di Macereto** (www.santuariomacereto.it) glänzt mit einer im Grundriss achteckigen Wallfahrtskirche, deren sakralkünstlerisch wertvolles Interieur zwecks laufender Reparaturarbeiten vorerst verborgen bleibt. Sie wurde zwischen 1529 und 1556 auf den Ruinen eines romanischen Kirchleins aus dem 14. Jh. vermutlich nach Plänen des berühmten Renaissancearchitekten Bramante erbaut. Der heilige Ort besticht schon allein durch seine Lage auf einer Hochebene (1000 m) vor den Toren des archaisch anmutenden Hirtendörfchens **Cupi,** das für seinen Schafskäse berühmt und von der Katastrophe schwer betroffen ist. Gleichwohl stieg die **Azienda Pastorello di Cupi** mit einer neuen Käserei nebst Laden wie ein Phönix aus der Asche des Erdbebens auf, sodass Sie sich dort wieder mit den Spezialitäten des Hauses eindecken können.

Cupi, Via Piana 103, T 0737 991 29, T 333 996 54 90, https://pastorellodicupi.it, 9–19 Uhr nach Voranmeldung

Das ist kein Gemälde, sondern eine ganz normale Sternennacht in den Sibillinischen Bergen.

Essen, Einkaufen

Alles unter einem Dach

Compagnia dei Maestri Artigiani di Visso: Im gleichnamigen Laden- und Lokalzentrum können Sie sowohl essen und trinken als auch allerlei Leckereien einkaufen. Hier residiert beispielsweise das **Caffè Sibilla,** ein Traditionsbetrieb, der zuvor an der stimmungsvollen Piazza im alten Ortskern seine süßen und herzhaften Spezialitäten zum Verzehr und zum Verkauf anbot (Mo–Mi, So 6–20, Fr 6–21, Sa 6–2 Uhr). Des Weiteren finden Sie die Ristorante-Pizzeria **La Filanda** (T 0737 952 35, Di–So 12–14.30, 19–22 Uhr), die zwar die Atmosphäre des alten Lokals eingebüßt, das kulinarische Know-how aber bewahrt hat. Last, but not least brach an der neuen Adresse auch die Familie **Calabrò** mit Bravour und nach wie vor hervorragenden Würsten zu neuen Ufern auf. Vater und Sohn bieten dort die weiche lokale Wurstspezialität *ciauscolo* (s. Kasten S. 230) wahlweise aus Haus- oder Wildschweinfleisch sowie zahlreiche andere fleischliche Versuchungen an.

Visso, Via Cesare Battisti, T 340 182 99 76, www.maestriartigianivisso.com

Infos

- **Casa del Parco (Zentrale des Nationalparks):** Visso, Loc. Palombare, Piazza del Forno 1, T 0737 96 10 14, T 335 722 62 83, www.sibillini.net, Mo–Fr 9.30–12.30, 15.30–18.30 Uhr. Die Mitarbeiter des Nationalparks sind derzeit die zuverlässigste Adresse in Sachen (Rad-)Wanderberatung und -begleitung und auch über den Zustand der touristischen Infrastruktur auf dem Laufenden.
- **Verkehr:** Busverbindungen nach Camerino, Tolentino und Castelsantangelo sul Nera

Lago di Fiastra

F6

Der Stausee wurde 1952 zwecks elektrischer Versorgung der Region dem Fluss Fiastrone abgezwackt. Er ist badetauglich und wegen seiner Forellen ein Anglerparadies. Drum herum gibt es hohe Berge, schöne Wälder, abgeschiedene Agriturismi, ufersäumende Campingplätze, das kleine Dörfchen **San Lorenzo.** Darüber machte im Bergnest **Fiastra** das Museo del Camoscio mit der bereits erwähnten Appenningemse bekannt. Während das seit 2016 geschlossen ist, richtete sich das darin untergebrachte Infozentrum in einem Provisorium gleich gegenüber ein.

Centro Visita: Loc. Capulo 26/A, Area SAE

Schlafen, Essen

Kost und Logis beim Bauern

Agriturismo degli Alti Pascoli: Rustikal gemütliche Zimmer und ein ebensolches Restaurant, in dem deftige Hausmannskost auf den Tisch kommt.

Fiastra, Via S. Ilario 10, T 0737 525 88, 338 835 45 46, www.agriturismodeglialtipascoli.it, €

Lido am Lago

Verdefiastra: Strandmobiliar und Kiosk am Ufer des Sees.

San Lorenzo, Via Circovallazione del Lago 19, T 339 296 17 61, www.verdefiastra.it

Sarnano, San Ginesio

F6

Der Kurort **Sarnano** liegt am Rande des Nationalparks und ist eines der Zentren des marchigianischen Skitourismus mit alpinen Pisten und Langlaufloipen im Nachbarort **Acquanina.**

Auf dem Gipfel des Ortes beeindrucken die vom Erdbeben stark in Mitleidenschaft gezogene **Piazza Alta** mit Torre Civica und die **Chiesa Santa Maria** vom Ende des 13. Jh. Die lokalen **Musei Civici** öffnen derzeit allein die Pinakothek (Via Leopardi 179, www.sarnanoturismo.it, Juni/Juli Sa/So 16–19, 10–12.30, 15.30–19, Aug. Di–So 16–19, 10–12.30, 15.30–19 Uhr, 3,50 €).

Sarnanos Nachbargemeinde **San Ginesio** war und ist wegen ihrer – vom Oktoberbeben 2016 beschädigten – mittelalterlichen Bausubstanz und grandiosen Aussicht auf die sibillinische Bergwelt einen Ausflug wert.

Essen

Schlicht und einfach

Ristorante Ilaria: Wegen seiner Grill- und Pastaspezialitäten, z. B. Pappardelle mit Pilz- oder Hasensoße *(sugo di funghi* bzw. *lepre),* geschätztes Restaurant mit Speisesaalambiente.

San Ginesio, Via Picena 51, T 0733 66 31 19, tgl. außer Do 12–14.30, 19.30–22 Uhr, €€

Infos

- **Castrum Sarnani:** Mitte Aug. Historienfest in mittelalterlichen Kostümen
- **IAT:** Largo Ricciardi 1, T 0733 65 71 44, www.comune.sarnano.mc.it, www.sanginesioturismo.it

Amandola

G6

Der freundlichen Kleinstadt und saisonalen Trüffelhochburg, von der man aus 500 m Höhe hinunter ins Tal des Tenna und hinauf zu den Sibillinischen Bergen schaut, sieht man die Erdbebenschäden rein äußerlich kaum noch an.

Kleinstadt mit Bergpanorama

Durch die barocke **Porta San Giacomo** betritt man die **Piazza Risorgimento,** die vom Palazzo Comunale, der Chiesa San Agostino (14. Jh.) und freundlichen Arkadencafés flankiert wird. Einige stetig ansteigende Gassen darüber liegt die **Piazza Umberto I,** wo der Torre del Podestà aus dem 14. Jh. und das Teatro Fenice – derzeit nicht *agibile!* – einen Blick wert und eine schöne Aussicht auf die ›blauen Berge‹ zu genießen sind. Das **Museo del Paesaggio,** zugleich lokales **Informationszentrum des Nationalparks,** zog erdbebenbedingt aus dem Chiostro di San Francesco in die Ex-Chiesa La Collegiata um, wo obendrein Gemälde und Skulpturen aus vom Erdbeben geschädigten Kirchen der Stadt deponiert und exponiert werden (**Deposito Permanente Opere D'Arte**). Es erzählt in Bildern und Texten vom Natur- und Kulturraum der Sibillinischen Berge, von Flora und Fauna sowie dem Leben und Leiden der Menschen in dieser zwar schönen, aber schon ohne Naturkatastrophen recht unwirtlichen Gegend.

Via Indipendenzia/Largo Righi, https://amandola.info, Mo–Fr 10–16, Sa/So 10–19 Uhr

Schlafen, Essen

Stilvolles Domizil

Antica Tenuta Le Piane: Alessandra Pasqualetti Ricci ist Erbin und Seele des noblen Landgutes auf halber Strecke zwischen Sarnano und Amandola, das sie in ein stilvoll restauriertes Feriendorf mit Geschichte (und zwei Pools) verwandelt hat.

Via Piane 21, T 0736 84 76 41, T 338 730 79 18, www.anticatenutalepiane.com, €€

Schönes Arrangement

B&B Villa delle Rose: Es war einmal ein großes Hotel mit komfortabel ausgestatteten Balkonzimmern mit Bergpanorama in einem kleinen Park oberhalb der Stadt … Seit sein Hotel Paradiso erdbebenbedingt nicht mehr zugänglich ist, hat der sympathische Inhaber Oreste Curi aus der Not eine Tugend und seine hübsche Privatvilla gleich nebenan in ein reizendes B&B verwandelt, in dem er seine Gäste mit herzlicher Gastfreundschaft betreut.

Piazza Umberto I 7, T 0736 84 74 68, hparadiso@inwind.it, zu buchen über www.bedandbreakfast.eu, €

Schön und gut gebettet

B&B Borgo delle Fate: Gepflegtes und freundlich geführtes Altstadtdomizil mitten in Amandola, in dem man ruhig schläft und lecker frühstückt.

Via Guglielmucci 2, T 328 552 43 49, borgodellefate@virgilio.it, €

Passt!

Gusteau: Hier werden passable lokale Küche, leckere Pizza und guter Wein in gemütlicher Atmosphäre und zentraler Lage serviert.

Piazza Risorgimento 31, T 0736 84 88 37, Mi–Mo 12–15, 18.30–24 Uhr, €€

Infos

- **Casa del Parco:** s. Museo del Paesaggio
- **Ufficio Turistico:** Piazza Risorgimento
- **Verkehr:** Busverbindungen nach Ascoli Piceno, Montefortino, Montemonaco

Montefortino — F/G 7

Montefortino windet sich unter der natürlichen Obhut von **Monte Sibilla** und **Monte Priora** den Hang hinauf, wird nach oben hin immer schmaler und gipfelt in der **Chiesa San Francesco,** die seit 1550 über die kleine Gemeinde wacht.

Kunst- und Kirchenherrlichkeit

Das kleine mittelalterliche Dorf besticht durch sein pittoresk postiertes, im Herbst

TOUR
Höllisch gut

Wanderung durch die Gola dell'Infernaccio

Infos

F 7

Planung: www.sibillini.net

Die Strecke misst etwa 10 km, steigt von 900 m auf 1200 m an. Man braucht knapp 4 Std., unbedingt Trekkingschuhe und u. U. einen Helm (Steinschlaggefahr).

Eremo San Leonardo: war bei Redaktionsschluss nicht von innen zu sehen.

Im Dezember 2017 wurde die nach dem Erdbeben im Jahr zuvor von Geröll befreite Wanderstrecke durch die vom Fluss Tenna in den Fels getriebene ›Höllenschlucht‹ feierlich wiedereröffnet. Ausgangspunkt der nicht allzu beschwerlichen und hochsaisonal beliebten Wanderung ist der Parkplatz nahe dem Weiler **Rubbiano** (ca. 6 km von Montefortino), von wo es auf knapp 1 km langer abschüssiger Strecke zum Eingang der Schlucht geht. Dort angekommen spürt man die ›Tröpfcheninfektion‹ der sogenannten **Pisciarelle,** eine Art Miniaturwasserfälle die linker Hand die Felswand hinunterspritzen. Rechts von ihnen führt ein zuerst schmaler, feuchter und bisweilen schlüpfriger Pfad durch den Höllenschlund.

Mal bergauf, mal bergab, mit Felsen zur Linken und Buchenvegetation zur Rechten und akustisch begleitet vom Rauschen der **Tenna** durchquert man die wildromantische Schlucht. An einer **Weggabelung** wendet man sich rechts und erklimmt auf einem stetig ansteigenden Weg durch einen Buchenwald eine kleine wiesengrüne Hochebene und erreicht das außen wie innen noch immer eingerüstete **Eremo San Leonardo,** das von einem einzigen frommen Mann namens Padre Pietro Lavini auf den Ruinen eines mittelalterlichen Klosters erbaut wurde. Der ›Maurer Gottes‹ starb im August 2015, ist hier im Geiste aber noch immer präsent. Vis-à-vis der Kirche sprudelt ein **Brunnen,** an dem man sich für den weiteren Weg durch die Höllenschlucht und wahlweise bis zur Quelle des Tenna erfrischen kann. Retour zum Parkplatz folgt man derselben Strecke.

2016 arg lädiertes architektonisches Ensemble und beeindruckt(e) mit seiner spektakulären **Pinacoteca Civica Fortunato Duranti** (Largo Duranti 5, www.pinacotecafortunatoduranti.it). Die verdankt es der großzügigen Spende seines großen Malersohnes Fortunato Duranti (1787–1863), der seinen Mitbürgern nach einer Karriere im Ausland 150 Gemälde aus dem 15. bis 19. Jh. vermachte, darunter Werke von Pietro Perugino (1448–1523), Pietro Alemanno (1430–98), Pier Francesco Fiorentino (1444–97) und Francesco Botticini (1446–98). Während die Pinakothek im Palazzo Leopardi zwecks Restaurierung geschlossen wurde (bei Redaktionsschluss im Mai 2024 noch immer zu), blieb die architektonisch strenge romanische Kirche **Sant'Angelo** weitgehend unversehrt. Das uralte Gotteshaus ruht auf antiken Fundamenten und trotzt hoch über der Straße zwischen Montefortino und Montemonaco seit dem 7./8. Jh. allen Naturkatastrophen und dem Zahn der Zeit (Aug. Sa/So 17–19 Uhr).

Wieder behoben sind die Erdbebenschäden im von Kapuzinermönchen betreuten **Santuario Madonna dell'Ambro** im Tal des gleichnamigen Flüsschens. Die barocke Wallfahrtskirche birgt hinter dem Altar eine ältere Kirche aus dem Jahr 1073, in der sich zahlreiche Gläubige aus nah und fern daran erinnern, dass einem taubstummen Hirtenmädchen dort einige Jahre zuvor die Madonna erschienen war. Die kleine Santina konnte danach sprechen und erzählte allen von ihrem Erlebnis und dem Wunsch der Muttergottes, dort eine Kirche zu errichten.

Via del Santuario 1, www.madonnadellambro.it, tgl. 10–17 Uhr

L

LOURDES UND LOUVRE

Die illuster behängte **Pinacoteca** des Bergnestes bewirbt sich als »Piccolo Louvre dei Monti Sibillini«. Die Geschichte von Santina aus Montefortino erinnert wiederum an die von Bernadette Soubirous, der viele Jahrhunderte später (1858) die Madonna erschien, weshalb das **Santuario Madonna dell'Ambro,** nach Loreto die meistbesuchte Wallfahrtskirche der Region, gern ›kleines Lourdes‹ genannt wird.

Schlafen, Essen

Am rauschenden Bach

Antico Mulino: Die zum Agriturismo umfunktionierte Mühle aus dem 15. Jh. steht unter der Regie der sympathischen Familie Ciaffoni. Zimmer und Restaurant sind sehr gepflegt und das landschaftliche Ambiente am Bach Tenna idyllisch. Besonderer Clou ist ein kleiner Indoor-Pool unter alten Gewölben.

Loc. Tenna, Via Tenna 3, T 0736 85 95 30, www.anticomulino.it, Ostern–Nov., €–€€

Neu und heile

Camping Sibilla: Der erst 2016 eingeweihte und heil gebliebene Campingplatz für Zelt und Camper nahe dem o. g. Agriturismo wird von denselben Inhabern geführt.

Loc. Tenna, T 333 745 92 62, T 348 533 95 63, www.campingsibilla.it

Infos

- **Internet:** www.montefortino.com
- **Busse:** Mo–Fr 1 x tgl. via Montemonaco nach Ascoli Piceno und Amandola

Montemonaco F7

Der Ort bietet schöne Aussichten sowohl auf den Monte Vettore als auch auf den Monte Sibilla und zeigt im **Museo**

A

TIPPS FÜR ALPINISTEN

Montemonaco ist ein gutes Basisquartier für erfahrene Wanderer, die den **Monte Sibilla** (2173 m) oder den **Lago di Pilato** (2410 m) erklimmen wollen, wofür 630 bzw. 1000 Höhenmeter zu überwinden sind. Ausgangspunkte sind die (geschlossene) Schutzhütte Rifugio Sibilla und der Ortsteil Foce. Weil der u. U. infolge des Erdbebens zusätzlich beeinträchtigte Weg sehr anspruchsvoll ist, braucht's unbedingt aktuelles Kartenmaterial und/oder die Begleitung autorisierter Wanderführer des Nationalparks bzw. der Kooperative **Quattropassi,** die man über die hier aufgeführten Unterkünfte, telefonisch oder online kontaktieren kann (www.quattropassi.org, Fabio: T 335 684 41 28, Mario: T 339 734 70 13, Renato: T 328 936 98 68).

della Grotta della Sibilla (Via Trieste, Juli/Aug. 10.30–12, 16.30–19 Uhr) künstlerische und literarische Bilder der sagenhaften Prophetin und Zauberin. Das Museum ist noch in Betrieb, obwohl auch in Montemonaco Kirchen und Häuser vom Erdbeben arg lädiert wurden. Das kleine Bergnest, in dessen grüner Peripherie mit dem Il Tiglio eines der renommiertesten Restaurants der Marken Gourmets aus nah und fern anlockt, gipfelt in einem kleinen Dorfpark mit pittoresk verfallener Schlossruine und bietet auch anderswo wieder Tisch und Bett.

Schlafen, Essen

Erholung pur

La Cittadella: Das Countryhouse mit Restaurant in Panoramalage ist auch bis heute von der Katastrophe gezeichnet und ersetzt noch nicht wieder renovierte Speisesäle und Zimmer durch freilich nicht minder komfortabel ausgestattete Container. Wegen des leckeren Essens, der Aussicht auf die Berge, des schönen Gartens und Pools kann man sich gut mit derlei ›Schönheitsfehlern‹ arrangieren.

Loc. Cittadella (ausgeschildert), T 333 255 38 24, www.cittadelladeisibillini.it, € (Übernachten), €€ (Essen)

Freundlich und authentisch

Monte Azzurri: Das kleine Hotel nebst Restaurant im selben Haus liegt an der Hauptstraße. Es bietet 20 ordentliche, nach dem Erdbeben frisch renovierte Zimmer und Bergpanoramaterrasse sowie ehrliche Lokalküche aus frischen Produkten der Umgebung, die man übrigens auch im urigen Lebensmittelladen gleich vis-à-vis einkaufen kann.

Via Roma 18, T 0736 85 61 27, www.hotelmontiazzurri.com, € bzw. €€ (Essen)

Kulinarische Wiederauferstehung

Il Tiglio: Kurz vor dem Erdbeben wurde kolportiert, dass Küchenchef Enrico Mazzaroni und seinem Bergrestaurant die Verleihung des ersten Michelin-Sterns bevorstehe. Diese Hoffnung starb mit dem Erdbeben. Der Küchenchef ging ins Exil nach Porto Recanati, wo er 2017 direkt am Meer das Restaurant Il Tiglio in Vita eröffnete. Inzwischen verwöhnt der bescheiden-sympathische Mazzaroni, Jahrgang 1970, seine Gäste wieder im neu aufgebauten und seit 2023 vom begehrten Stern beschienenen Restaurant in der alten Heimat. In drei Apartments kann man dort auch übernachten und sich im Pool erfrischen. Das Personal ist ebenso freundlich wie ihr Chef und die Preise sind für das Gebotene vergleichsweise moderat.

Loc. Isola San Biaggio, T 0736 85 64 41, www.ristoranteiltiglio.it, €€€ (Essen), €€ (Übernachten)

Zugabe

Weinköniginnen

Tenuta Cocci Grifoni – seit mehr als einem Jahrzehnt in Frauenhand

Camilla, Marilena und Marta (v. l. n. r.)

Die Tenuta Cocci Grifoni wird von Frauen dreier Generationen bewirtschaftet und keltert Rote und Weiße mit Geschichte, die man auf einer Panoramaterrasse überm wein- und olivengrünen Hügelland degustiert. Nach kurzer, holpriger Autofahrt über Feldwege erreicht man das Panoramic Wine Resort, wo man in einem Landhaus mit Fernblick auf die Adria und den Gran Sasso d'Italia (2912 m) quasi auf Reben gebettet logiert.

2023 feierte man die 90. Weinlese und erinnerte an Vincenzo Cocci Grifoni, der die Ländereien zwischen Offida und Ripatransone 1933 für den Weinbau erschlossen hatte. Richtig los ging's allerdings erst mit dessen Enkel Guido, der 1969 als Erster einen Rosso Piceno Superiore in Flaschen abfüllte. In den 1980er-Jahren entdeckte und erforschte er eine damals vergessene und verkannte Rebsorte, um sie 1987 anzupflanzen und 1990 den ersten Pecorino D.O.C.G. auf den Markt zu bringen. Er holte die inzwischen überall in der Gegend kultivierte Rebe aus Arquata del Tronto, wo sie seit Jahrhunderten auf 800 Höhenmetern wuchs. Dass sie Schafen besonders mundete, erklärt den kuriosen Namen des ›körperreichen‹ Weißweins, der bisweilen mit Passerina-Trauben ›erleichtert‹ wird.

Guido Cocci Grifoni (gest. 2010) vererbte den Betrieb seiner Ehefrau Diana und den Töchtern Paola und Marilena, Erstere studierte Önologin, Letztere ist kaufmännisch versiert. Sie bebauen 100 ha Land zu 60 % mit Wein, 8 % mit Oliven und 2 % mit Getreide und überlassen 30 % der Natur. Marilena wird von ihren Töchtern Marta und Camilla mit kreativen Ideen fürs neue Geschäftsfeld Weintourismus (Enoturismo) unterstützt. Während Umweltökonomin Marta fürs Panoramic Wine Resort zuständig ist, trifft man die Biologin Camilla eher im Weinkeller. Nicht zu vergessen Valeria Cesari, »Master Sommelier« und verantwortlich fürs Marketing, die mir die ›Weinköniginnen‹ von Offida vorstellte. ■

Eine Rebsorte wird wiederentdeckt.

Tenuta Cocci Grifoni: San Savino di Ripatransone, Contrada Messieri 12, T 0735 901 43, 0736 23 00 58, www.tenutacoccigrifoni.it, www.relaiscoccigrifoni.it; **Panoramic Wine Resort:** Offida, Contrada Ciafone 120, €€–€€€

Das Kleingedruckte

Der in Urbino geborene Giovanni Francesco Albani bestieg als Clemens XI. den Heiligen Stuhl in Rom. Fünf Mal stellten die Marken bereits den ›Papa‹.

Anreise

... mit dem Flugzeug

Der einzige Flughafen der Region, **Aeroporto delle Marche,** in **Falconara Marittima** (G 3, Piazzale Sordoni 1, T 071 282 71, www.ancona-airport.com) nahe Ancona wird von München aus mit direkten Linienflügen der Air Dolomiti und von Ryanair aus Düsseldorf-Weeze angeflogen.
Weiterreise vom Flughafen: Ancona und der Flughafen sind per Zug (via Bhf. Castelferretto) verbunden, zudem verkehren Taxis. Conerobus (www.conerobus.it) bietet den Shuttleservice Raffaello, der zwischen 7 und 22.30 Uhr in 30 Min. vom Flughafen bis in Anconas Zentrum fährt. Er hält u. a. an den Bahnhöfen Ancona, Falconara und Torrette. Hin- und Rückfahrt 5,50 €/3,50 €.

Weitere Flughäfen: Alternativen sind u. U. der internationale Flughafen Federico Fellini in **Rimini** (www.riminiairport.com) und **Pescara** (www.abbruzzoairport.com) in den Abruzzen, der ebenfalls von Ryanair (Düsseldorf-Weeze, Frankfurt-Hahn) bedient wird.
Weiterreise in die Marken: Sowohl von Norden (Rimini) als auch von Süden (Pescara) geht's mit der Küsteneisenbahn auf den Linien Bologna–Ancona bzw. Ancona–Lecce weiter in die Marken.

Mietwagen: Wenn Sie an einem der oben genannten Flughäfen landen, finden Sie dort alle gängigen nationalen und internationalen Mietwagenanbieter wie Maggiore, Avis oder Europcar. Dass die fahrbaren Untersätze auch online bzw. von zu Hause aus gebucht werden können, versteht sich heutzutage fast von selbst.

... mit der Bahn

Der Schienenweg führt über Österreich oder die Schweiz nach Bologna, wo man in einen Zug nach Ancona umsteigt, der

S

STECKBRIEF

Lage: Die 9344 km² der Marken werden von der Emilia-Romagna, der Republik San Marino, der Toskana, Umbrien, knapp 180 km Adriaküste, den Abruzzen und Latium begrenzt.
Geografie: Die Region ist zu 68,8 % hügelig und zu 31,2 % mittel- bis hochgebirgig. Höchster Berg ist der Monte Vettore (2476 m), der knapp 20 weitere 2000er überragt. Ein Dutzend großer Flüsse bahnen sich ihren kurzen Weg zur Küste.
Einwohner: 1,48 Mio. Ew., mehrheitlich in Städten à 20 000–50 000 Ew.
Politik: Es gibt fünf Provinzen – Pesaro-Urbino, Macerata, Ancona, Fermo und Ascoli Piceno. Hauptstadt und Regionalparlamentssitz: Ancona, seit 2020 von einem rechten Bündnis unter Francesco Acquaroli (Fratelli d'Italia) regiert.
Amts- und Umgangssprache: Italienisch, verschiedene Dialekte
Währung: Euro
Vorwahl: 0039
Wirtschaft und Tourismus: Dem Wirtschaftswunder der 1970/80er-Jahre folgte der Einbruch der regionalen Schuh-, Möbel- und Tourismusbranche infolge von Finanzkrise Erdbeben, Pandemie, Überschwemmungen und Ukrainekrieg.

unterwegs in den großen Badeorten nördlich der Regionalmetropole Station macht. Auf der Eisenbahnlinie Ancona–Otranto (Apulien) erreicht man die südlichen Küstenorte und über die Verbindungen Ancona–Rom, Civitanova Marche–Fabriano und San Benedetto del Tronto–Ascoli Piceno das Landesinnere. Die deutsche, die österreichische, die Schweizer und die italienische Bahn informieren über aktuelle Fahrpläne und Spartarife sowie die Mitnahme von Fahrrädern in ausgewählten Zügen (www.bahn.de, www.oebb.at, www.sbb.ch, www.trenitalia.com).

... mit dem Bus

Von mehreren deutschen Städten starten Fernbusse zu recht günstigen Preisen u. a. nach Porto San Giorgio, Porto D'Ascoli oder Rimini (z. B. www.flixbus.de, www.checkmybus.de).

... mit dem Auto

Via Österreich und die Brennerautobahn oder die Schweiz und den Gotthardtunnel in Italien angekommen, geht es über Mailand nach Bologna und von dort auf die A14, die entlang der Adriaküste bis Bari in Apulien führt. Sowohl in Österreich als auch in der Schweiz ist die Nutzung der Autobahnen gebührenpflichtig, sodass man sich spätestens an der Grenze mit einer **Vignette** ausstatten muss.

Die Bildung von **Rettungsgassen** ist Pflicht auf Österreichs Autobahnen und Schnellstraßen (überall dort, wo die Autobahnvignette benötigt wird) bei stockendem Verkehr oder Stau, auch dann, wenn sich noch kein Einsatzfahrzeug nähert. Bei Behinderung von Einsatzfahrzeugen sind Geldstrafen bis zu 2180 € möglich (Infos: www.rettungsgasse.com).

In Italien sind die **Autobahngebühren** bar, per Kreditkarte oder auch Viacard an den Mautstellen der Autobahnen zu entrichten. Die **Viacard** kann man beim heimischen Automobilclub, an Grenzstationen und Raststätten kaufen.

Bewegen und Entschleunigen

Radfahren

Gemütlich radeln kann man in den zu fast 70 % hügeligen und 30 % mittel- bis hochgebirgigen Marken allenfalls auf den kilometerlangen **Strandpromenaden.** Dagegen ist die Region ein wahres **Mountainbiker- und Rennradlerparadies,** zumal sie dieser Touristenklientel nahezu flächendeckend attraktive Tourvorschläge und Serviceleistungen offeriert. Auf der Website **www.piste-ciclabili.com** stehen für die Marken 237 detailliert beschriebene Tourenvorschläge zum Download bereit. In den Hotels rund um die Trainingsstrecke der italienischen Radsportlegende Marco Pantani im Montefeltro werden Rad fahrende Gäste besonders umsorgt (www.cicloturismo.com) und die Parkverwaltungen von Monte Conero, Monte San Bartolo und der Monti Sibillini engagieren sich vorbildlich für Radtouristen. Außer den in den Ortskapiteln genannten Websites lohnt es sich z. B. www.marchebikelife.com oder www.outdooractive.com anzuklicken, um sich über Radverleih und Reparaturservice sowie organisierte Touren in der Provinz Macerata bzw. Ascoli Piceno zu informieren.

Paragliding

Die Hochebene **Piano Grande** im marchigianisch-umbrischen Grenzgebiet gehört zum Nationalpark Sibillinische Berge und gilt als Mekka für Gleitschirmflieger (www.prodelta.it).

Wandern

Mit zwei National- und vier regionalen Naturparks sowie drei Naturschutzreservaten empfehlen sich die Marken als ideales Wanderurlaubsziel. Durch die meisten Parks verlaufen markierte oder zumindest gut kartografierte **Wanderwege** für alle Konditionsniveaus. Die Parkverwaltungen dienen in Print und online mit entsprechendem Kartenmaterial und vermitteln erfahrene Guides, deren Begleitung bei alpinen Gipfelstürmen in den **Sibillinischen Bergen** wärmstens empfohlen sei, zumal dort viele Berghütten *(rifugi)* infolge der Erdbebenschäden von 2016 noch geschlossen sind. **Wandersaison** ist April bis Oktober, wobei man in den manchmal bis in den Mai hinein schneebedeckten Sibillinischen Bergen die Periode zwischen Juni und September wählen sollte.

Wassersport

Die Seebäder der Marken bieten knapp 180 **Strandkilometer,** über denen als Zeichen einer guten Wasser- und Badequalität fast überall die **blaue Fahne** weht. Die meisten Badeorte betreiben einen Touristenhafen mit Liegeplätzen für **Segel- und Motorboote,** und bieten **Surf- und Tauchkurse** und/oder den Verleih entsprechenden Equipments an. Die felsigen Ufer am Fuße des **Monte Conero** sind eine erste Adresse für passionierte Taucher. In manchen Orten kann man **Wasserski fahren, segeln** und **angeln** lernen oder mit örtlichen Fischern die Netze einholen *(pescaturismo).* Wer seinen Bewegungsdrang und seine Abenteuerlust beim **Rafting** auf wilden Flusswassern befriedigen möchte, findet im Nationalpark Sibillinische Berge, wo es mit Kanu, Kajak und Schlauchboot über die Flüsse Corno und Nera geht, ideale Bedingungen und kompetente Ansprechpartner (www.raftingumbria.com).

Wellness

In den Marken sprudeln mehrere, meist schwefelhaltige **Thermalquellen,** deren gesundheitsförderliche Wirkung schon von den alten Römern geschätzt wurde. Die meisten Kurorte (s. S. 268) bieten sowohl Trink- als auch Badekuren an.

Wintersport

Skipisten und Langlaufloipen befinden sich nahe Carpegna im regionalen Naturpark Sasso Simone e Simoncello im Nordwesten und am Rande der Naturparks Monti Sibillini (z. B bei Sarnano und Castelsantangelo sul Nera) sowie Gran Sasso e Monti della Laga (bei Acquasanta Terme) im Süden der Region. Die bestausgestattete skitouristische Infrastruktur bietet Sarnano, die Wintersportsaison dauert etwa von Anfang Dezember bis Ende März.

Einreisebestimmungen

EU-Bürger und Schweizer brauchen einen gültigen Personalausweis oder Reisepass; auch jedes Kind, das ins Ausland reist, benötigt unabhängig vom Alter ein eigenes Reisedokument. Die Ein- und Ausfuhrbeschränkungen für Tabakwaren, Wein und Spirituosen sind allenfalls für Schweizer von Interesse, die sich im Gegensatz zu EU-Angehörigen (maximal 90 l Wein, 10 l Spirituosen und 800 Zigaretten) mit der Mitnahme von 200 Zigaretten, 1 l Spirituosen und 2 l Wein begnügen müssen.

Essen und Trinken

Was, wann, wo

Wie alle Italiener beginnen die Marchigiani ihren Tag mit einem flotten und frugalen Frühstück *(colazione)* mit *caffè, cappuccino, cornetto* oder anderem süßen Gebäck, das gern im Stehen in der Bar an der Ecke verputzt wird. *Pranzo* und *cena* (Mittag- und Abendessen) fallen dagegen üppig aus und bestehen aus *antipasto* (Vorspeise), *primo* und *secondo* (erster und zweiter Gang) nebst *contorno* (Beilage), Wasser und Wein. Es folgen *frutta* (Obst) oder *dolce* (Süßspeisen), *digestivo* (Digestif) und *caffè.*

Als Vorspeise werden Wurst, Schinken, Käse und Gemüse, an der Küste auch Meeresfrüchte gegessen. Der erste Gang *(primo)* ist ein Nudel- oder Reis-,

Q

DIMMI QUANDO?

Öffnungszeiten: Mittagessen gibt's in den meisten Restaurants zwischen 13 und 15 Uhr, Abendessen zwischen 19 und 23 Uhr, wobei Pizza, Pasta und Pollo zum schnellen Verzehr oder Mitnehmen u. U. zwischendurch zu haben sind.

der zweite *(secondo)* ein Fleisch- oder Fischgericht, zu dem als Beilage *(contorno)* Gemüse, Kartoffeln oder Salat gereicht werden. Ein bis zwei Stunden vor dem Mittag- oder Abendessen wird gern ein *aperitivo,* z. B. ein Gläschen Prosecco, Aperol Spritz oder Weißwein, genossen, das durch kleine herzhafte Häppchen *(stuzzichini)* bekömmlicher wird.

Der *aperitivo* wird in der *bar,* im *caffè* oder in der *enoteca* (Weinverkauf und -ausschank), das komplette Menü im *ristorante,* in der *trattoria* oder *osteria* serviert. Viele *ristoranti* fungieren gleichzeitig als Pizzeria. Die Pizza ist eine Art Fast Food all'italiana, das es ebenso wie vorgekochte Nudel-, Fleisch- oder Gemüsegerichte in der *rosticceria* gibt – auf Wunsch auch zum Mitnehmen *(d'asporto).*

Fleisch

In den Marken isst man gern rotes Fleisch. Es gibt Rind, geliefert von den weißen Rassen *chianina* und *romagnola* und deren Kreuzung *marchigiana,* und Lamm, wobei das aus Fabriano besonders gut sein soll. Weit verbreitet ist Schwein, aus dem im Montefeltro z. B. der **Prosciutto di Carpegna** und in den Sibillinischen Bergen die weiche Wurst **Ciauscolo di Visso** gemacht wird. In waldreichen Gegenden kommen Wildbret, an erster Stelle Wildschwein *(cinghiale),* und überall in der Region Ente, meist im Aggregatzustand der deftigen Nudelsoße **Sugo dell'anatra,** auf den Tisch. Ein weiterer fleischiger Klassiker ist das **Coniglio in porchetta,** für den man das Kaninchen genauso würzt wie Spanferkel *(porchetta)* und mit Fenchelsamen, Rosmarin und Knoblauch aromatisiert. Gegessen wird auch Huhn, seltener Gans *(oca),* Perlhuhn *(faraona),* Taube *(piccione),* Fasan *(fagiano),* Drossel *(trachea)* und Wachtel *(quaglia),* die nicht nur *in porchetta,* sondern auch *in potacchio* serviert werden.

Fisch und Meeresfrüchte

Bestellt man etwas *in potacchio,* liegt es in einer reduzierten Soße aus Weißwein, Rosmarin, Petersilie, Knoblauch und schwarzem Pfeffer, in der bisweilen auch **Baccalà** getränkt wird. Der aus Norwegen importierte, getrocknete und/oder in Salz konservierte Kabeljau ist eine Spezialität der Hafenstadt Ancona, in der natürlich ansonsten wie anderswo an der Küste frische Fische und Meeresfrüchte die Speisekarten dominieren. Die Marken sind bekannt für Fischsuppe, im Lokalsprech **Brodetto** (s. S. 147), dessen Rezeptur von Küstenstadt zu Küstenstadt variiert.

In der sehr salzreichen Adria schwimmen u. a. Thunfisch *(tonno),* Steinbutt *(rombo),* Meerbarbe und -äsche *(triglia, cefalo),* Brasse *(orata)* oder Wolfsbarsch *(branzino),* Tintenfisch *(seppia, calamaro),* Sardellen *(acciuga, alice)* Muscheln und Schalentiere, z. B. *cozze* (Miesmuscheln) und *vongole* (Venusmuscheln), wobei die wilden *moscioli di Portonovo* besonders delikat sind. Sie alle werden mit Öl und Knoblauch gegrillt, gebraten, gebacken und frittiert, mit Gemüse und

P

PREISE IN DIESEM BUCH

€	bis 20 Euro
€€	20 bis 40 Euro
€€€	über 40 Euro

Preise für ein Menü oder Hauptgericht

sogar Fleisch (z. B. *pol e poll* = Huhn und Krake) kombiniert, was kulinarhistorisch aus dem Tauschhandel von Bauern und Fischern resultiert.

Getreide und Gemüse

In der Region gedeihen großflächig Getreide, Gemüse und Hülsenfrüchte und bilden die Basis für die traditionell eher **fleischlose Arme-Leute-Küche** *(cucina povera),* die heutzutage auch die Spitzenköche inspiriert. Aus Weizen *(frumento, grano duro)* und Dinkel *(farro),* übrigens das kulinarische Aushängeschild von **San Lorenzo in Campo,** macht man *pane* und *pasta,* z. B. die **Maccheroncini di Campofilone** oder den gehaltvollen Nudelauflauf **Vincisgrassi,** für den sowohl Macerata als auch Ancona die Urheberrechte reklamieren. Sie liefern das Mehl für Pizza und *piadina,* ein dünner Teigfladen, erfunden in der benachbarten Emilia-Romagna, der auch in den nördlichen Marken gern gebacken wird, wo ihm in Urbino die **Crescia sfogliata** Konkurrenz macht.

Auf die Nudeln und in die Suppe kommen die feinen **Lenticchie di Castelluccio** (Linsen), **Cicerchie di Serra de Conti** (Platterbsen) oder Artischocken und Oliven aus **Cartoceto** und der Provinz **Ascoli Piceno,** berühmt für ihre *Olive all'ascolana,* die mit Gemüse, Fleisch oder Käse gefüllt, paniert und frittiert werden. Seltsamerweise frittiert man hier auch süßen Pudding, der in Gestalt kleiner Bällchen namens **Cremini** als Vorspeise gereicht wird. Wälder und Wiesen steuern wilden Spargel und Fenchel, aromatische Kräuter und Pilze bei, unter denen die **Tartufi di Sant'Angelo in Vado** und **Acqualagna** überregionales Renommee genießen.

Käse

Wo Kühe, Schafe, und Ziegen weiden, gibt's selbstverständlich auch Käse, z. B. den kräftigen **Formaggio di fossa,** der etwa in Cartoceto ein großer Hit ist. Er wird aus 70 % Schafs- und 30 % Kuhmilch gemacht, reift in Erdhöhlen, ist mit einer goldbraunen Kruste überzogen. Auf der regionalen Käseplatte liegen ferner **Casciotta del Montefeltro, Casciotta di Urbino** und **Pecorino alle foglie di noce** (Schafskäse in Nussblättern).

Süß und süffig

Die Marken zünden als regionaltypische Kalorienbomben *salame di fichi* (Feigensalami), *ravioli di castagne* (Gebäck mit Kastanien und Schokolade) oder *fritelle all'anice* (Gebäck mit Wein, Früchten und Anis) und offerieren ansonsten die nationalen Süßspeisenklassiker *tiramisu, crostata* (Mürbeteigkuchen mit Früchten), *sorbetto* oder *semifreddo* (Sorbet und Halbgefrorenes).

Sie produzieren international renommierte Weine wie den **Verdicchio dei Castelli di Jesi** oder **Rosso Piceno** (s. S. 272) und kredenzen zum Kaffee oder als Digestif die **Anisschnäpse** der überregional bekannten Spirituosenfabriken Varnelli und Meletti. Fast jedes Weingut hat einen hauseigenen Grappa und natürlich gibt es auch *amaro* (Kräuterschnaps) und *limoncello* (Zitronenlikör), manchmal nur für die Familie oder das eigene Restaurant destilliert.

Feiertage

1. Jan.: Capodanno (Neujahr)
6. Jan.: Epifania (Dreikönigstag)
25. April: Giorno della Liberazione (Befreiungstag)
1. Mai: Giorno del Lavoro (Tag der Arbeit)
2. Juni: Festa della Repubblica (Tag der Republikgründung)
15. Aug.: Ferragosto (Mariä Himmelfahrt)
1. Nov.: Tutti Santi (Allerheiligen)
8. Dez.: Immaculata (Unbefleckte Empfängnis)
25./26. Dez.: Natale (Weihnachten)
Ostern und **Pfingsten** werden in Italien nur am Sonntag gefeiert, der **Karfreitag**

ist kein gesetzlicher Feier-, aber vielerorts Prozessionstag.

Informationsquellen

Fremdenverkehrsämter

Die **Italienische Zentrale für Tourismus ENIT** (Ente Nazionale Italiano per il Turismo) hat die Website www.enit.de bzw. www.enit.at geschaltet und unterhält Informationsbüros in Deutschland und Österreich (Adressen s. Websites). Sie liefert allgemeine Infos für die Reise nach Italien und spezielle über einzelne Regionen.

Im Internet

https://letsmarche.it
Das Touristeninformationsportal der Region Marken dient mit thematisch breit gefächerten Reiseinformationen und entsprechenden Links.

www.lemarche.com
Ausführliche Informationen über alle Provinzen, kulinarische und Unterkunftsadressen aller Art, mit Verlinkung und Buchungsmöglichkeit.

https://sonoitalia.de
Online-Reisejournal von Reisejournalisten für alle Italophilen, die hier Reportagen, Interviews und Tipps zu mehreren italienischen Regionen, u. a. auch den Marken, finden.

www.museionline.info
Nach Regionen geordneter Überblick über Exponate, Adressen, Öffnungszeiten und Eintrittspreise von Museen, archäologischen Parks sowie aktuellen Sonderausstellungen in ganz Italien.

www.wein-plus.eu
Das Portal informiert über Weine und Winzer der wichtigsten europäischen Anbaugebiete und bereitet fachkompetent auf eine Weinreise in die Marken vor.

www.italienwandern.de
Infos für jene, die eine Wanderreise in die alpinen Marken planen.

www.parks.it
Überblick (u. a. dt.) über die Attraktionen, Wander- und Ausflugsmöglichkeiten in den italienischen National- und Regionalparks oder Naturreservaten.

www.in-outlet.it
Diese Website (ital./engl.) liefert einen Überblick über die zahlreichen Outlet Stores in den Marken, verrät, wo man was günstig kaufen, wie man die Konsumtempel am schnellsten erreichen und wo man nach der Shoppingtour essen und übernachten kann.

Internetzugang

Alle Hotels sind online und die meisten eröffnen freien (WLAN-)Zugang ins Netz. Das Passwort erfragt man in der Regel an der Rezeption.

Kinder

An den kilometerlangen Sandstränden der Region können selbst die Allerkleinsten baden und Burgen bauen. Touristisch gut erschlossene Gegenden und Orte wie die Riviera del Conero, die Palmenriviera im Süden der Region oder Senigallia haben Spiel- und Sportplätze im Angebot. Spannend sind sicher auch die vielen Burgen, die man in der Region besichtigen kann, und ein in den Marken vielerorts möglicher Urlaub auf dem Bauernhof ist für Kinder besonders interessant.

Klima

Das Wetter der Marken wird grundsätzlich vom maritim-mediterranen Klima bestimmt, das das kontinental-mitteleuropäische etwa auf der Höhe Norditaliens ablöst. Es wechselt entsprechend den topografischen Gegebenheiten der

Region, sodass die Durchschnittstemperaturen im hügeligen bis hochgebirgigen Landesinneren im Vergleich zur Küste deutlich absinken. Die jährlichen Niederschlagsmengen steigen dagegen an. Insgesamt ist es in den Marken bis in den Juni hinein und schon ab Mitte September etwas kühler und regenreicher als in anderen mittelitalienischen Gefilden.

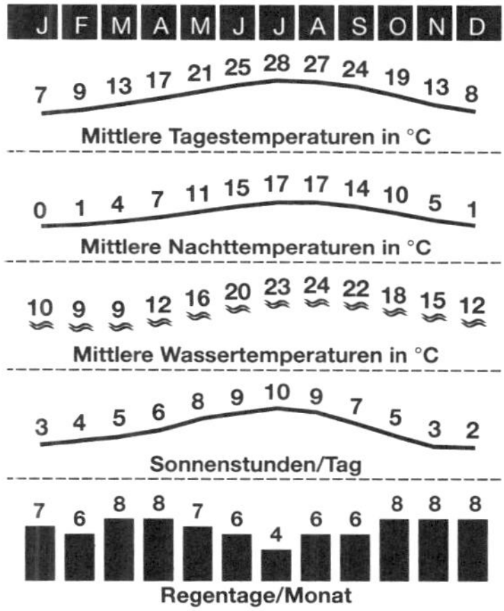

So ist das Wetter in Ancona.

Lesetipps

Die große Liebe, Hanns-Josef Ortheil: Der Roman spielt zu Beginn unseres Jahrtausends und erzählt die Liebesgeschichte zwischen einem deutschen Journalisten und einer Marchigiana, die als Meeresbiologin in San Benedetto del Tronto arbeitet. Schauplätze sind neben San Benedetto del Tronto, Ascoli Piceno und die Sibillinischen Berge, seine Themen neben der großen Liebe die Landschaft, Natur, Kultur und Küche der *terra marchigiana.*

Die Nase Italiens – Federico da Montefeltro, Herzog von Urbino, Bernd Roeck, Andreas Tönnesmann: Biografie von Federico da Montefeltro als Paradebeispiel für Macht und Mäzenatentum in der Epoche der Renaissance.

Der Poliziotto ermittelt/Der Poliziotto tappt im Dunkeln, Uli T. Swidler: Unterhaltsame, von der ARD verfilmte Kriminalromane, die in Urbino spielen. Dort ermittelt der Verkehrspolizist Roberto Rossi, der im ersten Band einen Leichenfund im Keller des Palazzo Ducale und im zweiten einen Mordfall im ehemaligen jüdischen Ghetto der Renaissancestadt aufklären muss.

Reisen mit Handicap

Die Region Marken will den barrierefreien Tourismus *(turismo accessibile)* besonders fördern und perspektivisch flächendeckend entsprechende Informationen vorhalten. Mit speziellen Tipps dient z. B. die Website des Conero-Parks (www.rivieradelconero.info), auf der man erfährt, welche Museen, Hotels und Agriturismi mit entsprechend breiten Türen, Rampen oder Aufzügen und behindertengerecht eingerichteten Zimmern und Bädern auf die besonderen Bedürfnisse von Rollstuhlfahrern eingestellt sind und welche Strände auch für Reisende mit Handicap zugänglich sind.

In Ancona gibt es das staatliche Tastmuseum Museo Omero (s. S. 145), in dem blinde und sehbehinderte Besucher die regionale Kunst- und Kulturgeschichte im wahrsten Sinne des Wortes begreifen können. Auf Initiative dieses Museums realisierte man in Kollaboration mit der Region Marken das Projekt »Il museo di tutti e per tutti«, das darauf abzielte, zumindest einzelne Abteilungen von Museen barrierefrei zu gestalten, und 2022 startete die Initiative »Marche for all«, die das (Urlaubs-)Leben für Menschen mit Behinderungen regionsweit erleichtern will (www.welfareculturalemarche.it, www.disabili.com).

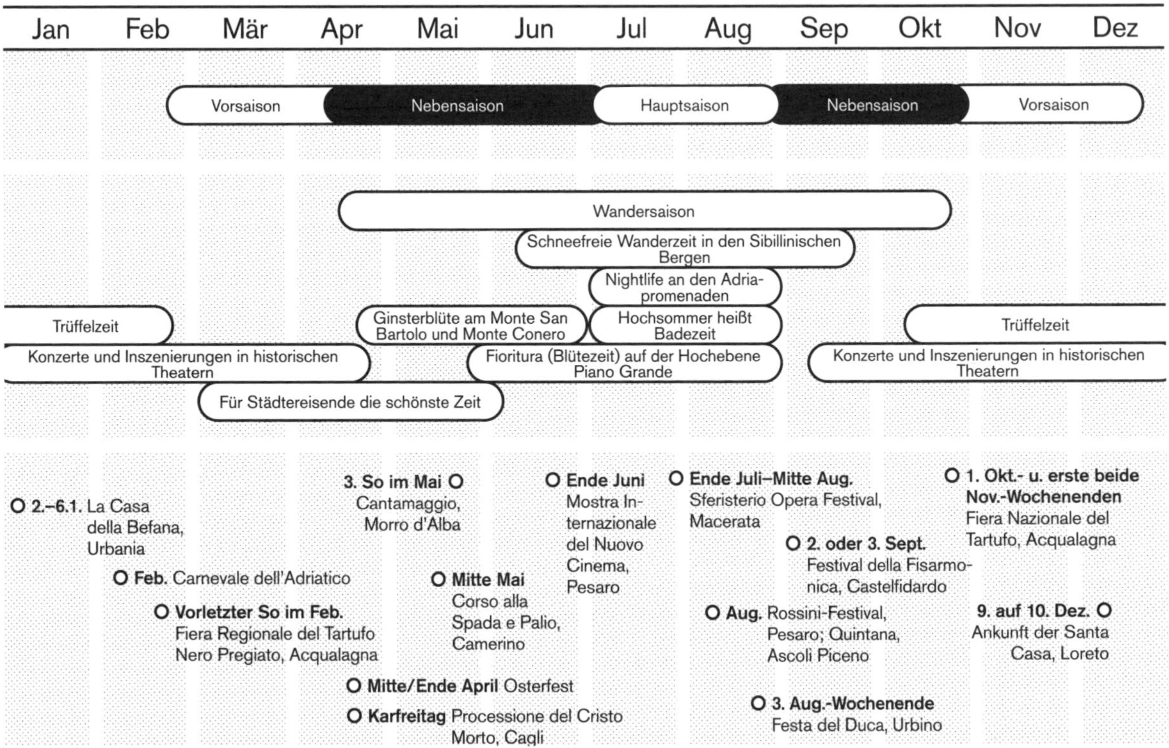
Jan
Feb
Mär
Apr
Mai
Jun
Jul
Aug
Sep
Okt
Nov
Dez
Vorsaison
Nebensaison
Hauptsaison
Nebensaison
Vorsaison
Wandersaison
Schneefreie Wanderzeit in den Sibillinischen Bergen
Nightlife an den Adria-promenaden
Trüffelzeit
Ginsterblüte am Monte San Bartolo und Monte Conero
Hochsommer heißt Badezeit
Trüffelzeit
Konzerte und Inszenierungen in historischen Theatern
Fioritura (Blütezeit) auf der Hochebene Piano Grande
Konzerte und Inszenierungen in historischen Theatern
Für Städtereisende die schönste Zeit
2.–6.1. La Casa della Befana, Urbania
Feb. Carnevale dell'Adriatico
Vorletzter So im Feb. Fiera Regionale del Tartufo Nero Pregiato, Acqualagna
3. So im Mai Cantamaggio, Morro d'Alba
Mitte Mai Corso alla Spada e Palio, Camerino
Mitte/Ende April Osterfest
Karfreitag Processione del Cristo Morto, Cagli
Ende Juni Mostra Internazionale del Nuovo Cinema, Pesaro
Ende Juli–Mitte Aug. Sferisterio Opera Festival, Macerata
2. oder 3. Sept. Festival della Fisarmonica, Castelfidardo
Aug. Rossini-Festival, Pesaro; Quintana, Ascoli Piceno
3. Aug.-Wochenende Festa del Duca, Urbino
1. Okt.- u. erste beide Nov.-Wochenenden Fiera Nazionale del Tartufo, Acqualagna
9. auf 10. Dez. Ankunft der Santa Casa, Loreto

Reiseplanung

Die beste Reisezeit

Badefreudige und sonnenhungrige Markenurlauber können sich in der Regel darauf verlassen, dass die Luft- und Wassertemperaturen im Juli und August regionsweit bei ca. 26–30 bzw. 20–26 °C liegen. Kälteunempfindliche Urlauber dürfen auch schon im Juni und noch im September die Badesachen einpacken. In dieser Periode finden Sie an der Adria mit Sicherheit Tisch und Bett, Sonnenschirm und Liegestuhl. Weil das Gros der Hotels, Strandbäder und Campingplätze nur von Mitte Mai bis Mitte September geöffnet ist, ist das Angebot an der Küste ansonsten eingeschränkt. In den Sibillinischen Bergen kann noch bis Mai Schnee liegen und ab Oktober beginnt die »Regenzeit«, sodass die Zeit von Juni bis September auch die beste Wanderzeit ist. Häufige Frühjahrs- und Herbstregen in den Monaten April, Oktober und November können die Urlaubsfreude in der gesamten Region trüben. Da man selbst in der heißen Jahreszeit auf gelegentliche Schauer oder Gewitter (im Sommer gibt es durchschnittlich ca. sechs nasse Tage) eingestellt sein muss, gehören Schirm und Regenmantel ebenso wie Jacke und Pullover rund ums Jahr ins Reisegepäck.

Saisonale Highlights

Im Spätfrühling tauchen blühende Ginsterbüsche die Küstenhänge am Monte San Bartolo und Monte Conero in ein sattes Gelb. Mit Einzug des Sommers leuchten überall im Landesinneren großflächige Sonnenblumenfelder und erblühen die Linsenfelder auf dem Piano Grande in den Sibillinischen Bergen in allen Regenbogenfarben *(fioritura)*. Im Oktober und November beeindrucken die Erdbeerbäume *(corbezzolo)* am Monte Conero mit italienisch-nationaler Farbenpracht, weil die immergrünen Pflanzen dann gleichzeitig weiße Blüten und rote Früchte tragen. Während am Monte Conero die Erdbeerbäume blühen, ist in Sant'Angelo in Vado und Acqualagna (weiße) Trüffelsaison, die sich bis in den Februar hinein zieht, wenn in Fano, San Benedetto del Tronto, Ascoli Piceno und Offida bunte Karnevalsumzüge und maskierte Menschen durch die Straßen und in den pittoresk verschneiten Sibillinischen Bergen Wintersportler ihre Kufenspuren ziehen.

K

KURZURLAUB ZUM KENNENLERNEN

Wer nur wenig Zeit hat, sowohl baden als auch wandern, hin und wieder einen kulturell erbaulichen Ausflug einschieben und mediterrane Hafenstadtluft schnuppern möchte, ist an der verkehrstechnisch gut vernetzten **Riviera del Conero** gut aufgehoben. Der wohl schönste Küstenstreifen der Marken beginnt mit Ancona, öffnet sich mit steil abfallenden Kreidefelsen zum Meer, punktet mit attraktiven Stränden und Badeorten wie Portonovo, Sirolo und Numana und (rad-) wandertouristisch erschlossenen Wäldern, Wiesen und Weinbergen. Im Hinterland liegen der Marienwallfahrtsort Loreto, die grottenunterhöhlten Altstädte von Camerano und Osimo und das freundliche Recanati, Heimat von Nationaldichter Giacomo Leopardi und Startenor Beniamino Gigli.

Gibt es überlaufene Touristenhochburgen?

Größere Touristenströme fließen allenfalls in Urbino und im Hochsommer an der Adriaküste, sodass man in den Marken noch vielerorts ins authentische Alltagsleben eintauchen kann.

Klassiker und Eskapaden

Besonders spannend finde ich die Orte, in denen industriell weiterentwickelte alte Handwerkstraditionen bis heute prägend sind. Dabei denke ich z. B. an das Akkordeonmekka Castelfidardo, das Hutmacherdörfchen Montappone oder Sant'Elpidio a Mare, seit gut 150 Jahren ein Synonym für schicke Schuhe.

Sicherheit und Notfälle

Unterwegs in den Marken gelten die üblichen Vorsichtsmaßnahmen: Keine Wertgegenstände im Auto liegen lassen und dieselben in größeren Menschenansammlungen und Großstadtquartieren diebstahlsicher verstauen. Zuständig für gemeine Vergehen und Verbrechen sind die **Carabinieri,** für den Verkehr die **Polizia Stradale** und für die Stadt die **Vigili Urbani.** Ums Finanzielle, z. B. die theoretisch mögliche Kontrolle der deshalb stets eine Weile aufzubewahrenden Quittung übers gerade Gekaufte oder Konsumierte, kümmert sich die grau gewandete **Guardia di Financia.**

Im Krankheitsfall hilft Mitgliedern der gesetzlichen Krankenkassen das Mitführen der **European Health Insurance Card (EHIC),** nach deren Vorlage man im Rahmen der landesüblichen Standards, außer bei Privatärzten, kostenlos kuriert wird (www.evz.de). Da die nicht immer den heimischen entsprechen, sollte man sich stets eine detaillierte Rechnung ausstellen lassen, um eventuell geleistete Zuzahlungen später erstattet zu bekommen. Bei Bagatellen helfen der **Pronto Soccorso** der Krankenhäuser und die örtliche **Guardia Medica Turistica** gratis.

Notrufnummern

Carabinieri und Notfall: 112
Polizei: 113
Pannenhilfe des ACI: 803 116
Feuerwehr: 115
Ambulanz: 118
Sperrnotruf für Bank-/Kreditkarten/Mobiltelefon: 0049 116 116
ADAC: 0049 89 22 22 22
Diplomatische Vertretungen: Deutsche Botschaft Rom, T 06 49 21 31, https://italien.diplo.de; Österreichische Botschaft Rom, T 06 088 01 41, www.bmeia.gv.at/oeb-rom; Schweizer Botschaft Rom: T 06 80 95 71, www.eda.admin.ch/roma

Übernachten

Die Marken verfügen über eine gut ausgebaute touristische Infrastruktur und haben regionsweit nahezu alle Unterkunftsvarianten in petto. Das Preisniveau ist an der Küste, vor allem an der Riviera del Conero, höher als im Landesinneren, liegt aber immer noch unter dem der benachbarten Toskana. Dadurch ist das Preis-Leistungs-Verhältnis hier – sieht man vom italienischen Hauptferienmonat August einmal ab – durchaus erfreulich und akzeptabel.

Hotels

Die Adriaküste ist von zahllosen Hotels aller Standards, die mehrheitlich der Drei-Sterne-Kategorie angehören, gesäumt. Die Preise steigen und sinken mit dem Stand der Sonne, wobei es abgesehen vom eventuell langen Wochenende rund um den italienischen Nationalfeiertag am 2. Juni in der Vor- und Nachsaison keiner langfristigen Voranmeldung bedarf. Dagegen ist im Juli und August eine rechtzeitige Buchung dringend an-

PREISE IN DIESEM BUCH P

€	bis 100 Euro
€€	100 bis 175 Euro
€€€	über 175 Euro

Für eine Übernachtung im Doppelzimmer (i. d. R. inkl. Frühstück)

geraten und mit einem vorgeschriebenen Mindestaufenthalt von einer Woche und Halbpensionspflicht zu rechnen.

Während viele Hotels in den Badeorten von Oktober bis April geschlossen bleiben, sind die im Landesinneren meist das ganze Jahr über geöffnet. Die Auswahl ist dort wesentlich kleiner, was aber nicht für Touristenmagneten wie Urbino und die anderen Provinzhauptstädte gilt, wo man in der Regel auf allen Niveaus logieren kann.

Agriturismi und Country Houses

Als Alternativen zu klassischen Hotels finden Sie regionsweit Agriturismi oder Country Houses, die in der Regel von April bis Oktober Saison haben und oft einen Mindestaufenthalt von drei Tagen verlangen. Beide sind in luxusrenovierten Bauernhäusern und Mühlen, adeligen Landsitzen, manchmal auch Schlössern oder Klöstern untergebracht, meist von Wäldern, Wiesen, Weinbergen und Olivenhainen umgeben und haben oft einen Swimmingpool.

Agriturismi sind meist direkt auf oder in der Nähe von Bauernhöfen angesiedelt, sodass dort Gemüse, Wein und Öl, Fleisch oder Eier aus eigener Produktion auf den Tisch kommen (müssen). Letzterer wird in manchen Häusern nur zum Frühstück, in anderen auch mittags und abends gedeckt, wobei die Gäste der Country Houses in der Regel nicht mit Zutaten von der eigenen Scholle bekocht werden. Zu mieten sind einzelne Zimmer und/oder Apartments für mehrere Personen, meist mit Kochgelegenheit. Die Preise richten sich nach Saison und Standard, der bisweilen mit dem gediegener Luxushotels konkurrieren kann.

Albergo diffuso und Ferienwohnungen

Wie anderswo im Belpaese wurden auch in den Marken hier und da infolge von Emigration oder Landflucht verwaiste Weiler in ein *albergo diffuso* umgewandelt, sodass dort in renovierten historischen Häusern eingerichtete Apartments und Zimmer zu beziehen sind. Die Gäste werden von einer Rezeption betreut und manchmal auch im »dorfeigenen« Restaurant beköstigt.

Wer sich gänzlich selbst versorgen möchte, kann sowohl an der Küste als auch im Landesinneren Ferienhäuser und -wohnungen mieten. Das Angebot reicht auch hier von pragmatisch-praktischen Neubauwohnungen bis hin zu gediegenen Villen.

Bed & Breakfast und Affitacamera

Weil sie vor einigen Jahren öffentlich gefördert wurden, sind B&Bs auch in den Marken wie Pilze aus dem Boden geschossen. Eine besonders preisgünstige Unterbringung mit Familienanschluss ist dabei allerdings eher selten zu erwarten, weil die Anbieter oft nicht einmal im selben Haus wohnen. Kommt man spontan, muss man die meist an der Tür angebrachte Telefonnummer wählen und unter Umständen etwas länger auf den Gastgeber warten.

Die Preise richten sich nach Lage und Ausstattung der Zimmer, die ebenso wie bei den anderen Unterkunftsvarianten von luxuriös bis spartanisch variieren. B&B

SUCHEN UND BUCHEN

Hotels: www.alberghi-in-italia.it sowie die gängigen Seiten www.hrs.de, www.booking.com, www.tripadvisor.de
Agriturismi und Country Houses: www.agriturismo-marche.it, www.countryhouses.it
B&Bs: www.bed-and-breakfast.it
Ferienhäuser und -wohnungen: www.casamundo.de, www.fewo-marken.de, www.ferienwohnungen.de
Camping- und Wohnmobilstellplätze: www.camperonline.it, www.wohnmobil-stellplaetze.net, www.campercontact.com

U

DER UMWELT ZULIEBE – NACHHALTIG REISEN

Nachhaltiger Tourismus setzt zunächst auf eine möglichst schadstoffarme Anreise, sodass die Anfahrt mit der Bahn, dem Bus oder idealerweise dem voll besetzten Auto der Nutzung des Flugzeugs vorzuziehen ist. Ähnliches gilt für die Fortbewegung vor (Urlaubs-)Ort, die mit Öffis oder dem Rad natürlich umweltschonender, in den Marken aber nicht überall und für jede(n) möglich ist. Dagegen ist der Genuss regional, ökologisch und sozial verträglich produzierter Lebensmittel auch in den Marken en vogue und weit verbreitet. In jüngster Vergangenheit haben immer mehr landwirtschaftliche Betriebe auf Bio umgestellt, reifen Oliven und Trauben hier immer öfter ohne den Einfluss von giftigem Dünger und gibt's inzwischen vielerorts Bioöl und -wein.

bedeutet inklusive Frühstück, das entweder in einem Frühstücksraum oder in der nächsten Bar serviert wird, wohingegen beim klassischen Affitacamera nur ein Zimmer zur Verfügung gestellt wird.

Klöster

Im ehemaligen Kirchenstaat gibt es bis heute bewirtschaftete und ›bebetete‹ Klöster, von denen einige zu besinnlichen Aufenthalten in ihren Gästehäusern einladen. Dies ist z. B. in den landschaftlich gut situierten Einsiedeleien Monte San Giove in der Nähe von Fano oder dem Eremo Fonte Avellana am Fuße des Monte Catria der Fall.

Camping

Campingplätze bieten von Mai/Juni bis September/Oktober Stellplätze für Zelt und Camper und oft auch kleine Bungalows und Ferienhäuschen an. An der Küste ist die Auswahl erwartungsgemäß größer, die Saison kürzer, die Infrastruktur besser und der Preis höher. Allerdings darf oder muss man bei mehr Komfort hochsommerliche Animation und Lärm erwarten, während die meist schlichter ausgestatteten Wald- und Wiesencampings eher ruhig und oft sogar allzu beschaulich sind.

Wohnmobilisten finden am Rande vieler Orte eine sogenannte *area sosta,* die mit Strom- oder Wasseranschlüssen versehen und oft gratis sind.

Umgangsformen

Dass man, vorzugsweise auf Italienisch, freundlich grüßt und um etwas bittet oder dankt, versteht sich ebenso von selbst wie das Bedecken nackter Frauenschultern und Männerbeine in Kirchen und Klöstern. Ist man mit Kost, Logis und Service zufrieden, bedankt man sich landesüblicherweise mit einem Trinkgeld von 5–10 %, die nach Begleichen der Rechnung auf dem Tisch oder Rechnungsteller hinterlegt werden.

Verkehrsmittel

Wer in erster Linie einen Badeurlaub verbringen möchte und sich mit dem einen oder anderen Ausflug in die benachbarten Seebäder, Provinzhauptstädte oder andere touristisch attraktive Orte im küstennahen Hinterland begnügt, kommt mit Bus und Bahn oder einem Roller ganz gut zurecht. Für eine stressfreie Erkundung der landschaftlichen und kulturellen Reize der gesamten Region ist man allerdings auf einen fahrbaren Untersatz angewiesen, wobei es bei viel Zeit und guter Kondition auch ein Fahrrad tut. Es gibt zwar selten abgetrennte Fahrradwege, aber genügend verkehrsarme Landstraßen und für die meisten Gegenden recht gutes Karten- und Infomaterial.
http://orari.trasporti.marche.it

Individualverkehr

Von der Küstenautobahn A14, die eine flotte Nord-Süd-Verbindung schafft, kann man auf drei gut ausgebauten Schnellstraßen durch die Flusstäler von Metauro, Esino und Tronto ins Landesinnere ausscheren. Parallel dazu verlaufen ebenfalls passable Ost-West-Verbindungen von Pesaro nach Urbino, Civitanova Marche nach Tolentino oder Porto San Giorgio über Fermo nach Amándola. Dazwischen spannt sich ein Netz mehr oder minder gut gepflegter Provinzstraßen, die gen Westen größere Höhenunterschiede zu überwinden und entsprechend viele Kurven haben. Es versteht sich von selbst, dass man dort entsprechend langsamer vorankommt, zumal die Beschilderung mitunter fehlt oder verwirrt. Innerhalb der Ortschaften und in der Nähe hochsaisonal viel frequentierter Strände ist die Parkplatzsuche das größte Problem. Dabei ist zu beachten, dass allein weiß markierte Parkstreifen kostenfrei zu nutzen, gelb eingefasste tabu und blau umrandete grundsätzlich gebührenpflichtig sind. Gezahlt wird meist an Parkautomaten und ist ein solcher nicht vorhanden, im nächsten Tabakgeschäft oder in der Bar.

Öffentliche Verkehrsmittel

Dass die wichtigsten **Eisenbahnstrecken** der Küstenlinie folgen (Bologna–Ancona und Ancona–Otranto) und man auf den Bahnstrecken Ancona–Rom, Civitanova Marche–Fabriano und San Benedetto del Tronto–Ascoli Piceno ins Landesinnere vordringen kann, ist oben bereits erwähnt. Bleibt deshalb nur noch zu ergänzen, dass sich viele Inlandsbahnhöfe weit außerhalb des jeweiligen Stadtzentrums befinden, was die Fortbewegung mit der Eisenbahn manchmal schwierig und den Umstieg in Bus oder Taxi nötig macht. Fahrkarten sind an vielen Bahnhöfen nur noch im Automaten erhältlich, müssen mancherorts in Reisebüros oder Tabakläden gekauft und vor Antritt der Fahrt in den Stempelautomaten auf Bahnhöfen entwertet werden.

Busse fahren grundsätzlich in alle Städte und Dörfer, wobei viele Strecken fern der Küste nur mit niedriger Frequenz, andere nur an Werktagen oder saisonal befahren werden. Die Fahrpläne, sofern an den Haltestellen überhaupt ausgehängt, sind bisweilen schwer durchschaubar, was mancherorts auch für den Erwerb der Tickets gilt, die in größeren Städten an den Fahrkartenschaltern und -automaten der zentralen Busbahnhöfe, in kleineren Orten im Tabakladen oder Reisebüro und/oder direkt an Bord des Busses (in der Regel an Automaten) zu lösen sind.

Die Fortbewegungsmöglichkeiten auf dem Wasser beschränken sich auf saisonale **Ausflugsfahrten und Bootsshuttles** zu Badebuchten an der Riviera del Conero, wobei man seinen Markenurlaub dank des regen Fährbetriebs von Ancona mit Abstechern nach Griechenland oder Kroatien verbinden kann.

Schließlich stehen nach dem Vorbild der benachbarten Emilia-Romagna und unter dem Motto »centro in bici« in einigen marchigianischen Gemeinden **Stadtfahrräder** bereit.
www.centroinbici.it

V

VERKEHRSREGELN FÜR AUTOFAHRER

Die Höchstgeschwindigkeit auf Autobahnen beträgt 130 km/h, auf Schnellstraßen 110 km/h, auf Landstraßen 90 km/h und innerhalb geschlossener Ortschaften 50 km/h, die Promillegrenze liegt bei 0,5. Die Sicherheitsweste muss in Reichweite, der Gurt angelegt und das Abblendlicht auf Autobahnen und Schnellstraßen auch tagsüber eingeschaltet sein.

Sprachführer Italienisch

A

AUSSPRACHE

Allgemeines

In der Regel wird Italienisch so ausgesprochen wie geschrieben. Treffen zwei Vokale aufeinander, so werden beide einzeln gesprochen (z. B. E-uropa). Die Betonung liegt bei den meisten Wörtern auf der vorletzten Silbe. Liegt sie auf der letzten Silbe, wird ein Akzent verwendet (z. B. città, caffè).

Konsonanten

c vor a, o, u wie k, z. B. conto; vor e, i wie tsch, z. B. cinque
ch wie k, z. B. chiuso
ci vor a, o, u wie tsch, z. B. doccia
g vor e, i wie dsch, z. B. Germania
gi vor a, o, u wie dsch, z. B. spiaggia
gl wie ll in Brillant, z. B. taglia
gn wie gn in Kognak, z. B. bagno
h wird nicht gesprochen
s teils stimmhaft wie in Saal, z. B. museo; teils stimmlos wie in Haus, z. B. sinistra
sc vor a, o, u wie sk, z. B. scusi; vor e, i wie sch, z. B. scelta
sch wie sk, z. B. schiena
sci vor a, o, u wie sch, z. B. scienza
v wie w, z. B. venerdì
z teils wie ds, z. B. zero; teils wie ts, z. B. zitto

Allgemeines

Guten Morgen/Tag	Buon giorno
Guten Abend	Buona sera
Gute Nacht	Buona notte
auf Wiedersehen	arrivederci
entschuldige(n Sie)	scusa (scusi)
hallo/grüß dich	salve/ciao
bitte	prego/per favore
danke	grazie
ja/nein	sì/no
Wie bitte?	come?/prego?

Unterwegs

Haltestelle	fermata
Bus/Auto	autobus/macchina
Ausfahrt/-gang	uscita
Tankstelle	stazione di servizio
rechts/links	a destra/a sinistra
geradeaus	diritto
Auskunft	informazione
Bahnhof/Flughafen	stazione/aeroporto
alle Richtungen	tutte le direzioni
Einbahnstraße	senso unico
Eingang	entrata
geöffnet	aperto/-a
geschlossen	chiuso/-a
Kirche/Museum	chiesa/museo
Strand/Brücke	spiaggia/ponte
Platz	piazza/posto

Zeit

Stunde/Tag	ora/giorno
Woche/ Monat	settimana/mese
Jahr	anno
heute/gestern	oggi/ieri
morgen	domani
Montag	lunedì
Dienstag	martedì
Mittwoch	mercoledì
Donnerstag	giovedì
Freitag	venerdì
Samstag	sàbato
Sonntag	doménica

Notfall

Hilfe!	Soccorso!/Aiuto!
Polizei	polizia
Arzt/Zahnarzt	medico/dentista
Apotheke	farmacia
Krankenhaus	ospedale
Unfall	incidente

Schmerzen	dolori
Fieber	febbre
Panne	guasto

Übernachten

Hotel	albergo
Pension	pensione
Einzelzimmer	camera singola
Doppelzimmer	camera doppia
mit/ohne Bad	con/senza bagno
Toilette	bagno, gabinetto
Dusche	doccia
mit Frühstück	con prima colazione
Halbpension	mezza pensione
Gepäck	bagagli

Einkaufen

Geschäft/Markt	negozio/mercato
Bäckerei	panificio
Kreditkarte	carta di credito
Geld	soldi
Geldautomat	bancomat
Lebensmittel	alimentari
Größe	taglia
bezahlen	pagare

Zahlen

1	uno	18	diciotto
2	due	19	diciannove
3	tre	20	venti
4	quattro	21	ventuno
5	cinque	30	trenta
6	sei	40	quaranta
7	sette	50	cinquanta
8	otto	60	sessanta
9	nove	70	settanta
10	dieci	80	ottanta
11	undici	90	novanta
12	dodici	100	cento
13	tredici	101	centuno
14	quattordici	150	cento-cinquanta
15	quindici		
16	sedici	200	duecento
17	diciassette	1000	mille

W

WICHTIGE SÄTZE

Allgemeines

Sprechen Sie … Deutsch/Englisch?	Parla … tedesco/inglese?
Ich verstehe nicht.	Non capisco.
Ich spreche kein Italienisch.	Non parlo italiano.
Ich heiße …	Mi chiamo …
Wie heißt Du/ heißen Sie?	Come ti chiami/ si chiama?
Wie geht es Dir/Ihnen?	Come stai/sta?
Danke, gut.	Grazie, bene.

Unterwegs

Wo ist bitte …?	Scusi, dov'è …?
Könnten Sie mir bitte … zeigen?	Mi potrebbe indicare …, per favore?

Notfall

Können Sie mir bitte helfen?	Mi può aiutare, per favore?
Ich brauche einen Arzt.	Ho bisogno di un medico.
Hier tut es weh.	Mi fa male qui.

Übernachten

Haben Sie ein freies Zimmer?	C'è una camera libera?
Wie viel kostet das Zimmer pro Nacht?	Quanto costa la camera per notte?
Ich habe ein Zimmer bestellt.	Ho prenotato una camera.

Einkaufen

Wie viel kostet …?	Quanto costa …?
Wann öffnet/ schließt …?	Quando apre/ chiude …?

Im Restaurant

Die Speisekarte, bitte.	Il menu, per favore.
Die Rechnung, bitte.	Il conto, per favore.

Kulinarisches Lexikon

Allgemeines

antipasto/ primo piatto	Vorspeise
contorno	Beilagen
dessert/dolce	Nachspeise
lista dei vini	Weinkarte
menù del giorno	Tagesgericht
minestra/zuppa	Suppe
pepe	Pfeffer
piatto principale	Hauptgericht
sale	Salz
zucchero/saccarina	Zucker/Süßstoff

Zubereitung

al forno	aus dem Backofen
alla griglia	gegrillt
allo spiedo	am Spieß
amabile/dolce	süß
arrostato/-a	geröstet
arrosto/-a	gebraten
bollito/-a	gekocht
caldo/-a	warm
con/senza	mit/ohne
freddo/-a	kalt
fritto/-a	gebacken
gratinato/-a	überbacken
stufato/-a	gedünstet

Vorspeisen und Suppen

alici	sauer eingelegte Sardinen
antipasti del mare	Vorspeisenplatte mit Fisch/ Meeresfrüchten
antipasti misti	gemischte Vorspeisen
bruschetta	geröstetes Weißbrot mit Knoblauch und Öl
cannellini	weiße längliche Bohnen, ungewürzt
carciofi	Artischocken
cozze ripiene	gefüllte Muscheln
fagiolini bianchi	weiße Bohnen
insalata di polpo	Tintenfischsalat
melanzane alla griglia	gegrillte Auberginen
minestrone	Gemüsesuppe
peperonata	gemischtes geschmortes Gemüse
prosciutto	Schinken
salame di cinghiale	Wildschweinsalami
vitello tonnato	Kalbsbraten mit Thunfischpaste
zucchine alla griglia	gegrillte Zucchini
zuppa di pesce	Fischsuppe

Pasta und Co.

cannelloni	gefüllte Nudelröhren
fettuccine/tagliatelle	Bandnudeln
formaggio	Käse
gnocchi	Kartoffelklößchen
lasagne	Nudelauflauf mit Hackfleisch, Tomaten, Bechamelsoße
paglia e fieno	gelbe und grüne Bandnudeln
pasta fresca (fatta in casa)	frische (hausgemachte) Pasta
pasta ripiena	gefüllte Pasta, meist mit Spinat und Ricotta
polenta	Maisbrei
risotto ai funghi	Pilzrisotto
risotto alla marinara	Risotto mit Meeresfrüchten

Fisch und Meeresfrüchte

anguilla	Aal
aragosta	Languste
aringa	Hering
cozza	Miesmuschel
frutti di mare	Meeresfrüchte

gamberetto	Garnele
gambero	Hummer
orata	Dorade/ Goldbrasse
ostrica	Auster
pesce persico	Barsch
salmone	Lachs
seppia	Tintenfisch
sogliola	Seezunge
tonno	Thunfisch
trota	Forelle

Fleisch und Geflügel

agnello	Lamm
anatra	Ente
arrosto	Braten
brasato	Rinderschmor-braten
capra/capretto	Ziege/Zicklein
carne	Fleisch
cinghiale	Wildschwein
coniglio	Kaninchen
coscia/cosciotto	Keule
faraona	Perlhuhn
lepre	Hase
maiale/porco	Schwein
manzo	Rind
oca	Gans
pernice	Rebhuhn
pollo	Hähnchen
quaglia	Wachtel
salumi	Wurstwaren
spezzatino	Gulasch
tacchino	Pute
vitello	Kalb

Gemüse und Beilagen

bietola	Mangold
carota	Möhre
cavolfiore	Blumenkohl
cavolo	Kohl
cipolla	Zwiebel
fagioli/fave	Bohnen
finocchio	Fenchel
fungo porcino	Steinpilz
insalata mista	gemischter Salat
melanzana	Aubergine
pane	Brot
patata	Kartoffel
pisello	Erbse
polenta	Maisbrei
pomodoro	Tomate
porro	Lauch
riso	Reis
sedano	Sellerie
spinaci	Spinat
zucca	Kürbis

Nachspeisen und Obst

albicocca	Aprikose
anguria	Wassermelone
cantuccino	Mandelgebäck
cassata	Eisschnitte mit kandierten Früchten
fico	Feige
fragola	Erdbeere
frutta	Obst
gelato	Eiscreme
lampone	Himbeere
macedonia	frischer Obstsalat
mela	Apfel
melone	Honigmelone
panna cotta	gekochte Sahnecreme
tiramisù	Löffelbiskuit mit Mascarponecreme
torta (di frutta)	(Obst-)Torte
zabaione	Eierschaumcreme

Getränke

acqua (minerale)	(Mineral-)Wasser
… con gas/gassata	… mit Kohlensäure
… senza gas/liscia	… ohne Kohlensäure
birra (alla spina)	(Fass-)Bier
caffè (corretto)	Kaffee (mit Grappa)
ghiaccio	Eis
granita di caffè	Eiskaffee
grappa	Branntwein
latte	Milch
liquore	Likör
spumante	Sekt
succo	Saft
tè	Tee
vino bianco	Weißwein
vino rosso	Rotwein

Das

Magazin

Action, Baden, Chillen – das ABC der Adriastrände der Markenküste lässt sich aber spielend erweitern. Hier in Porto Recanati steht das B zum Beispiel für: Beachvolleyball.

Verzweiflung und Hoffnung

Das Erdbeben von 2016 hat Land und Leute im italienischen Dreiländereck Umbrien, Latium und Marken schwer getroffen. Die Risse im Asphalt sind inzwischen vielerorts geschlossen, die Wunden in den Seelen der Menschen sind aber noch lange nicht verheilt.

Eine Reise durchs Katastrophengebiet — Das Erdbeben von 2016 ist Geschichte, seine Folgen bleiben jedoch auch Jahre danach ein drängendes Problem.

Als ich auf meiner Recherchetour 2019 durch die von der Erdbebenserie im August und Oktober 2016 mehr oder minder ruinierten Dörfer und Städte in den Sibillinischen Bergen reiste, wurde ich überall geradezu enthusiastisch begrüßt und regelrecht beschworen, die alten (Rad-)Wandergäste zur Rückkehr und potenzielle neue zu einer Reise in die faszinierende Gebirgslandschaft im Süden der Marken zu animieren. Denn die Hoffnung auf einen Neuanfang war groß und hat sich inzwischen bei dem einen oder der anderen erfüllt.

Eine Geisterstadt

Meine erste Station war damals und auch bei meiner Tour im Oktober 2023 Camerino, dessen Centro storico nach den Erdstößen vom 26. Oktober 2016 komplett evakuiert worden war. Der Weg auf den Altstadthügel führte nach wie vor vorbei an gleichförmigen Notunterkunftssiedlungen, im technischen Jargon wie im Volksmund der *terremotati* (Erdbebenopfer) kurz *s. a. e. (soluzioni abitative in emergenza)* genannt. Er endete an der Piazza Cavour, die von Dom, Bischofs- und Herzogspalast flankiert ist und einmal der stadtgesellschaftliche und touristische Hotspot der geschichtsträchtigen Universitätsstadt war.

Während ich hier vor dem Beben in der schönen alten Bar Centrale bei *caffè* und *dolci* die quicklebendige Platzatmosphäre genossen hatte, sah ich drei Jahre danach nur zwei Soldaten, die hier rund um die Uhr Wache schoben, um Passanten und Plünderer fernzuhalten. Die Altstadt war nur eingeschränkt ›agibile‹ (zugänglich) und vielerorts als ›zona rossa‹ abgesperrt. Dort, wo einmal quirliges Kleinstadt- und Studentenleben pulsierte, herrschte Totenstille. Hier und da stapelten sich noch Trümmer und markierten rot-weiße Bänder die ›roten Zonen‹, deren Betreten streng verboten war. Die meisten Häuser, von ihren Bewohnern an jenem Schicksalstag Hals über Kopf verlassen, wirkten äußerlich weitgehend heil. Sie werden aber wegen der latenten Einsturzgefahr und des immensen Kosten- und Zeitaufwands für eine erdbebensichere Sanierung noch lange unbewohnbar bleiben. Meine Wege durchs Centro storico, in das bislang nur wenige Bewohner zurückkehren konnten, waren auch sieben Jahre nach der Katastrophe von Trümmern und abgestützten Fassaden gesäumt. Ich passierte jetzt aber auch viele ›Wiederaufbaustellen‹, deren Lärm in den Ohren der Einheimischen wie Musik klingt, wie eine Lokalzeitung 2021 schrieb, als die oft wegen bürokratischer Hürden stockenden Instandsetzungsarbeiten endlich in Gang kamen.

Rückkehr zur Normalität

Gegen die bis heute spürbare Verzweiflung kämpft bereits seit November 2016 der Verein »Io non crollo« (›Ich breche nicht zusammen‹), der seither unermüdlich für den physischen, sozialen, ökonomischen und kulturellen Wiederaufbau von Camerino aktiv und kreativ ist (www.iononcrollo.org). Damit sich die *terremotati* in den beengten *s.a.e.* nicht voneinander isolieren, baute man das zu Weihnachten 2018 eingeweihte Sottocorte Village am Fuße der Altstadt, wo sich 69 Läden und Lokale um eine für Italiener quasi sozial überlebenswichtige Piazza gruppieren und inzwischen tatsächlich wieder ein Hauch von Normalität weht.

Das gilt auch für die erst im September 2022 eingeweihte neue Piazza Maria Cappa und das ein Jahr zuvor bezogene Hauptquartier des Nationalparks in Visso oder das nagelneue Hotelrestaurant der Familie Valentini in Castelsantangelo sul Nera. Beide Orte liegen nahe am Epizentrum des Erdbebens vom Oktober 2016. Ihre einst gefälligen und nun gebrochenen Altstadtkerne waren damals quasi komplett als ›zona rossa‹ deklariert und sind noch immer arg lädiert. In der Zentrale des Nationalparks Sibillinische Berge, die bei meiner Stippvisite 2019 in einem Container untergebracht war, erfuhr ich, dass das Straßen- und (Rad-) Wanderwegenetz sowie die touristische Infrastruktur des Nationalparks mit wenigen Ausnahmen wieder intakt seien und Wanderern keinerlei Gefahr drohe.

Bei der Familie Valentini, in deren ›verloren gegangenem‹ Landhotel ich mehrfach gut und gern logiert hatte, bezog ich auch dieses Mal Quartier. Signora Laura begrüßte mich herzlich und verkündete freudestrahlend, dass Bewohner und Besucher das neue »Navigante« gut angenommen hätten und inzwischen Enkelin Maria Sole geboren worden sei. Giorgio Calabrò, der mich vor Jahren in seinem schönen alten Laden mitten in Visso mit der Wurstspezialität *ciauscolo* bekannt gemacht hatte, führte mich 2019 stolz durch seine gerade eröffnete Metzgerei im damals nagelneuen Ladenzentrum am Ortsrand. Er konnte das zusammen mit Sohn Samuele geführte Geschäft dank der Spende einer Modefirma fünf Jahre mietfrei betreiben. Er wohnt noch immer, traurig über den Verlust von Haus und Hof, aber glücklich über seine zweite Chance, in der *s.a.e.* direkt vis-à-vis.

D

DIE BEBEN

Die drei Hauptbeben einer ganzen Serie im Jahr 2016 ereigneten sich am 24. August rund um Accumoli, Norcia und Arquata del Tronto, am 26. Oktober in Castelsantangelo sul Nera und Ussita sowie am 30. Oktober wieder bei Norcia. Insgesamt kamen 299 Menschen ums Leben.

Tiefe Trauer

Da die landschaftlich reizvolle Strecke von Castelsantangelo sul Nera auf die Hochebene von Castelluccio damals noch gesperrt war, fuhr ich erst bei meiner zweiten Reise durchs Katastrophengebiet ins einst bilderbuchreife Dorf Castelluccio, das wohl niemals mehr aus den Ruinen auferstehen wird. Das trübt, verdirbt aber nicht die Freude an der fantastischen frühsommerlichen Blüte der Linsenfelder drum herum, zumal die Menschen auch hier mit nach und und nach wieder aufgebauter touristischer Infrastruktur auf Gäste eingestellt sind. Wieder einigermaßen gut gelaunt begegnete mir dieses Mal Oreste Curi, den ich seit meiner ersten Marken-Reise kenne. Er ist der gute Geist des B & B Villa delle Rose in Amandola, das er in seinem Privathaus eröffnet hatte, nachdem sein erfolgreiches Traditionshotel Paradiso direkt daneben aus Sicherheitsgründen geschlossen worden war. Als Oreste damals realisierte, dass das von ihm fortgeführte Lebenswerk seiner Vorfahren innerhalb von 40 Sekunden

Das alte Leben ein Trümmerhaufen – viele junge Menschen fangen fern der Heimat von vorne an. Aber auch im Epizentrum des Bebens baut man mit den Häusern die Zuversicht in die Zukunft allmählich wieder auf.

Geschichte geworden war, verlor er von einem Tag auf den anderen alle Haare. Mit der Zuversicht in eine bessere Zukunft wuchsen sie wieder, sodass er jetzt mit einer ihn erfüllenden neuen Arbeit und vollen grauen Haaren der Dinge harrt, die da kommen.

Von Amandola, dem man die Folgen des Erdbebens auf den ersten Blick ansonsten kaum noch ansieht, ging's wie schon vier Jahre zuvor via Montefortino und Montemonaco dem Epizentrum des Bebens vom August 2016 entgegen. Die beiden Bergdörfer zeigen nach wie vor allerhand Gebäudeschäden, wobei ihre Landgasthöfe weitgehend heil geblieben oder wieder renoviert sind. Der weitere Weg nach Arquata del Tronto, der noch drei Jahre nach der Katastrophe gleichsam von Trümmern gepflastert gewesen war, stimmte nach wie vor traurig, auch wenn – oder vielleicht sogar gerade weil – hier inzwischen überall provisorische Wohnsiedlungen aus den Ruinen auferstanden waren. In Arquata del Tronto, wo schon nach dem Beben vom 24. August quasi kein Stein mehr auf dem anderen stand und 53 Todesopfer zu beklagen waren, packt man den Wiederaufbau des Centro storico erst seit der Jahreswende 2023/24 systematisch an.

Urlaubsziel Solidarität

Der Schock über meine ›Katastrophentouren‹ sitzt bis heute tief. Und dennoch oder gerade deswegen lege ich Ihnen einen Urlaub in den Sibillinischen Bergen einmal mehr wärmstens ans Reiseherz. Trotz der längst nicht vernarbten Erdbebenwunden hat dieser hohen Naturerlebniswert, überzeugt kulinarisch wie eh und je und wird von den leidgeprüften Menschen vor Ort nicht als Katastrophentourismus geschmäht, sondern als ein Zeichen der Solidarität geschätzt. ■

Linsenfeldforschung

Biokost — Die ebenso schmackhaften wie gesunden Linsen aus Castelluccio sind in unseren Breiten nur in Feinkost- und Bioläden zu haben. Sie wachsen auf den Hochebenen Piano Grande und Piano Perduto am Fuße der Monti Sibillini.

Es ist eine sozusagen grenzüberwindende Arbeit: Die Linsenfelder werden von Bauern aus dem umbrischen Dorf Castelluccio und den marchigianischen Gemeinden Castelsantangelo sul Nera und Visso bewirtschaftet. Alle Orte lagen im Epizentrum des Erdbebens von 2016, weshalb Castelluccio, direkt auf dem Piano Grande, komplett zerstört und die anderen beiden Orte stark beschädigt wurden. Der Schönheit der Natur und natürlichen Faszination des Anbaugebiets konnte die Katastrophe nichts anhaben. Und da die Bauern hier gerade jetzt auf Kundschaft angewiesen sind, ist die Beschäftigung mit den Linsen von Castelluccio wie eh und je ein Vergnügen und ihr Kauf zugleich ein Akt der Solidarität.

Aller Anfang …

Nach der Schneeschmelze kann man die Linsenbauern ihre Felder auf dem Piano Grande und Piano Perduto pflügen sehen, womit der erste Arbeitsschritt zum Anbau der *lenticchie di Castelluccio* getan ist. Die sind seit 1997 mit dem Gütesiegel Indicazione Geografica Protetta, IGP, geschützt und ein interregionales Produkt, weil auch die in den Marken geernteten unter dem Markennamen ›Linsen von Castelluccio‹ firmieren. Die feinen Hülsenfrüchte, die man wegen ihrer weichen Schale vor dem Kochen nicht einmal einweichen muss, werden ab Ende März gesät. Für eine gute Ernte braucht die Saat viel Regen, weshalb die Linsenbauern alljährlich Ende Juni zur Kirche der heiligen Scholastika nach Norcia pilgern, um für im Idealfall ergiebig gefallene Frühjahrsregen zu danken und neuen Wassersegen fürs kommende Linsenjahr zu erflehen.

Ein Blütenmeer

Nach der Saat entfalten sich die etwa 30 Zentimeter hohen Linsenpflanzen wetterabhängig etwas früher oder später ab Ende Mai zu zarter weiß-bläulicher

Gerade jetzt sind die Bauern auf dem Piano Grande auf Kundschaft angewiesen. Der Linsenkauf wird zum Akt der Solidarität.

Delikat und gesund: Die Linsen von Castelluccio gedeihen auf den andengleichen Hochebenen der Sibillinischen Berge im umbrisch-marchigianischen Grenzgebiet.

Blüte. Dass die Linsenfelder aus der Ferne betrachtet dann bis Ende Juni in allen Regenbogenfarben leuchten, hier sattgelb und tiefrot und dort meerblau erblühen, ist u. a. Hahnenfuß, Mohn, Veilchen oder Kornblume geschuldet. Diese und noch viele andere Wiesenkräuter und Wiesenblumen gesellen sich nämlich gern zu den Linsen und wachsen und blühen, wenn die Sonne höher steigt, hoch über sie hinaus. Auf jeden Fall ist dieses grandiose Naturschauspiel namens *fioritura* im wahrsten Sinne des Wortes eine Augenweide und den Einwohnern von Castelluccio und Castelsantangelo sul Nera ein Festgelage wert.

Feinkost all'italiana

Ab Mitte Juli geht's an die Ernte der Hülsenfrüchte, die noch bis in die 1960er-Jahre hinein gänzlich von Hand erledigt wurde. Bis dahin rückten zur Linsenernte ›Gastarbeiterinnen‹ *(carpirine)* aus der gesamten Provinz Ascoli Piceno zu Fuß und mit Sack und Pack auf der Hochebene an und schlugen in den Ställen der Bauern ihr Lager auf. Später benutzte man eine Sichel und inzwischen kommen bei den meisten Bauern sogar Mähdrescher aufs Linsenfeld. Das Linsenstroh wird im Anschluss in einem komplizierten Verfahren gedroschen und getrocknet. Wissenswert ist noch, dass jede einzelne kleine Linse eine eigene Schote bzw. Hülle hat.

Am Ende eines durchschnittlichen Linsenjahres haben die Bauern der Sibillinischen Hochebenen gerade einmal etwa acht Zentner pro Hektar und alle zusammen nur einige Hundert Zentner im Sack. Die Linsen, die sie nicht selber essen – z. B. in der Suppe, auf der Pasta oder zu Süßigkeiten veredelt – werden verpackt und versiegelt und als Feinkost *all'italiana* in die halbe Welt verschickt. ■

»Ich bin quasi im Restaurant geboren«

Der Mann mit dem Gastronomen-Gen — heißt Massimiliano Nespeca, ist schätzungsweise Anfang 50 und Geschäftsführer des Wein-Restaurants Osteria Cantina di Offida an der Zentralpiazza seiner Heimatstadt Offida, die wie viele zentrale Plätze im Belpaese Piazza del Popolo heißt.

Ich lernte ihn schon vor einigen Jahren kennen, als ich das erste Mal in der Osteria Cantina di Offida im historischen Rathaus von Offida einkehrte und sofort sowohl vom Essen und Trinken als auch von der freundlichen Atmosphäre begeistert war. Man sitzt bei schlechtem Wetter in einem großen Saal, der im Shabby-Chic-Stil möbliert und von großen Kronleuchtern illuminiert ist, und bei gutem unter Arkaden an einem der schönsten Stadtplätze der Marken. Den Wein, den man dort auch kaufen kann, liefert die Cantina di Offida. Weil mir das Lokal so gut gefiel, interessierte ich mich auch für dessen Geschichte und fragte den Chef der Osteria, Massimiliano Nespeca, nach ihr. Bei meinem letzten Besuch im Oktober 2023 konnte ich ihn für ein kleines Interview gewinnen.

Massimiliano, bist du Besitzer oder Geschäftsführer dieses schönen Restaurants?

Ich habe für das Weingut Ciù Ciù die Geschäftsführung der Osteria übernommen. Das Lokal wurde 2016 eröffnet, vorher war in diesen Räumlichkeiten so ein Feierabendtreffpunkt für Bedienstete der Eisenbahn.

Jetzt bin ich etwas irritiert. Wieso für das Weingut Ciù Ciù, ich dachte das Lokal gehört zur Cantina di Offida?

Ja, die Cantina di Offida, die aus der Cantina Sociale hervorgegangen ist, wurde vom Weingut Ciù Ciù übernommen, als sie [2010] in wirtschaftliche Schwierigkeiten geraten war. Das Produktionsprinzip der Cantina Sociale wurde aber beibehalten. Wie eh und je liefern mehrere kleine Bauern die Trauben und die Cantina arbeitet unabhängig. Der Wein wird unter dem alten Label Cantina di Offida abgefüllt und von den Eigentümern der Firma Ciù Ciù vermarktet, die auch anderswo in Italien, ich glaube insgesamt elf, Weingüter hat.

»Cibo e vino« (Essen und Wein) sind Massimiliano Nespecas Lebenselexiere.

Bevor meine Eltern das Restaurant eröffneten, waren sie wie viele hier in der Weinlese tätig gewesen.

Nun zu dir, Massimiliano, hast du schon immer in der Gastronomie gearbeitet?

Ich bin quasi im Restaurant geboren. Mein Vater hatte ein Restaurant hier in Offida, in dem ich schon als Kind und Jugendlicher geholfen habe. Wir haben Hochzeiten und Bankette organisiert. Das Restaurant, das noch immer in Familienbesitz ist, heißt La Fonte. Ich hatte es zuerst übernommen, dann gab es familiäre Streitigkeiten, wir haben geteilt, ich bin gegangen und habe dann unter anderem ein Catering für große Events aufgezogen. Bevor meine Eltern das Restaurant eröffneten, waren sie wie viele hier in der Weinlese tätig gewesen. Sie pflückten die Trauben für die großen Weingüter wie zum Beispiel Cocci Grifoni. Damals – ich spreche von den späten 1970er-Jahren –

gab es übrigens weder Pecorino noch Passerina. Es war Guido Cocci Grifoni, der diese Rebsorten als Erster angebaut hat. Er hat schon maßgeblich dazu beigetragen, dass auch die anderen Weingüter in Offida so erfolgreich sind und ihren Wein inzwischen in die ganze Welt exportieren.

Jetzt sind wir schon wieder beim Wein gelandet, ich wüsste aber gern noch etwas mehr über dich. Hast du eine Ausbildung als Koch oder Sommelier gemacht?

Später habe ich alle möglichen Kurse gemacht, Kochlehrgänge, Seminare über Wein. Aber meine Ausbildung nach der Schule war eine ganz andere. Ich habe an der Universität in Macerata Literaturwissenschaften studiert. Unter der Woche war ich in Macerata und Samstag und Sonntag habe ich im Restaurant meiner Eltern geholfen. Ich dachte immer, wenn sich übers Studium beruflich nichts Spannendes ergibt, bleibe ich in der Gastronomie, bleibe ich in Offida …

Apropos Offida, du bist ja offensichtlich ein Offidano D.O.C. Wie siehst du deine Heimatstadt?

Offida ist ein schönes Städtchen, eine Besonderheit in der Provinz Ascoli Piceno. Hier wird immer etwas gefeiert, ganz groß und mit speziellen Bräuchen zum Beispiel der Karneval, im Dialekt »Lu Bov Fint« (der gefakte Ochse). Irgendwie sind die Menschen hier sympathischer als anderswo, direkter, gastfreundlicher …

Dabei fällt mir ein, dass mir eine Frau hier in Offida einmal erzählt hat, dass die südlichen Provinzen der Marken auch »Marche Sporche« (Schmutzige Marken) genannt werden, kennst du den Ausdruck auch?

Ja, klar, wir sagen aber »le Marche zozze« (ein anderes, gröberes Wort für schmutzig). Das liegt an unserer Nähe zu den Abruzzen, zu Süditalien.

Zum Schluss noch einmal zurück zu dir persönlich. Hast du irgendwelche Hobbys, was machst du, wenn du nicht arbeiten musst?

Viel Freizeit habe ich nicht. Früher bin ich gern Motorrad gefahren und ich male manchmal. Allerdings bin ich kein Künstler, ich mach das nur, um Spaß zu haben. Vor ein paar Jahren hatten wir hier dann auch eine Ausstellung mit dem Titel »Joy«, da wurden auch ein paar von meinen Bildern – alle abstrakt – gezeigt. Eines davon hängt hier in der Osteria.

Grazie, Massimiliano! ■

C

KLINGT GUT, SCHMECKT GUT: CIÙ CIÙ

»Ciù Ciù« klingt irgendwie nett und niedlich. Es stammt wohl aus dem neapolitanischen Dialekt, bedeutet ›flüstern‹ und war der Spitzname von Natalino Bartolomei, der das **Weingut Ciù Ciù** gemeinsam mit seiner Ehefrau Anna 1970 gegründet hat. Heute führen ihre Söhne Massimiliano und Walter recht erfolgreich die Geschäfte. Sie produzieren rote und weiße Bioweine, darunter einen hervorragenden Pecorino namens Le Merlettaie (›Die Spitzenklöpplerinnen‹). Natalino Bartolomei hat seine Lebenserinnerungen aufgeschrieben und 2022 als Buch veröffentlicht, das »Ciù Ciù. Una storia di vino nelle Marche« heißt.

Nah am Wasser gebaut

Stadt, Land, Fluss — Die meisten Marchigiani haben nah am Wasser gebaut, was angesichts von 180 Küstenkilometern und gut 50 Flüssen durchaus wörtlich gemeint ist.

Auch wenn die allermeisten Flüsse kürzer als 100 km sind und nicht alle rund ums Jahr Wasser führen, bestimmen sie von jeher das Leben in den Marken. Sie schütteten Wasser auf Getreide- und Papiermühlen, speisen Stauseen und malen spektakuläre Landschaftsbilder. Die Flüsse fördern die Kommunikation zwischen West und Ost, weil parallel zu ihnen wichtige Verkehrswege gespurt sind, und die Gesundheit, da in ihrer felsigen Umgebung vielerorts Heilwasseradern pulsieren.

Mehr als 50 Flüsse zählen die Marken – für Fans malerischer Brücken gibt es hier einiges zu sehen.

Diese Schluchten könnten Geschichten erzählen

Durch die Täler von Metauro und Tronto bauten schon die Römer Via Flaminia und Via Salaria, die die Adriaküste bis heute mit der antiken Metropole und Hauptstadt Italiens verbinden. Parallel zu diesen mit 110 bzw. 115 km längsten Flüssen der Region bahnen sich noch viele andere, ebenfalls von wichtigen regionalen Verkehrsadern flankierte Flüsse ihren Weg vom Apennin zur Adriamündung. Sie fließen, unterwegs von kleineren Bächen und Rinnsalen gespeist, gemächlich durch breite Flussbetten, durchtrennen wildromantische Felsformationen oder fallen dramatisch steile Abhänge hinab.

So gräbt etwa der Esino nach seinem Zusammenfluss mit dem Sentino bei Genga eine tiefe Schlucht namens Gola della Rossa, um sich dahinter – eskortiert von den Zügen der Bahnlinie Ancona–Rom und Blechkarawanen auf der Nationalstraße – wieder beruhigt gen Küste zu bewegen. Der Sentino, der in grauer Vorzeit die natürliche Grenze zwischen den Siedlungsräumen von Galliern und Picenern zog, frisst vor seiner Vereinigung mit dem Esino die Schlucht von Frasassi in die Felsen, in deren Innern er ein wahres Tropfsteinhöhlenwunder wirkte.

In den Sibillinischen Bergen tut sich die Gola di Fiastrone und am oberen Flusslauf des Potenza die Schlucht von Pióraco auf. Bei Cagli entfaltet der Burano markante landschaftsgestalterische Wirkung und selbst der kleine Candigliano treibt noch einmal wasserkraftvoll die Gola del Furlo ins Gebirge, bevor er bei Fossombrone vom größeren Metauro geschluckt wird.

Wilde Wasserfälle und heilende Quellen

Landschaftlich spektakulär präsentieren sich auch die Wasserfälle der Marken: Der Metauro stürzt sich bei Sant'Angelo in Vado 12,5 m tief über eine Felskante und verwandelt sich dabei in einen der zehn größten Wasserfälle Italiens (Cascata del Sasso). In den Sibillinischen Bergen fallen sechs Flüsse und Bäche mehr oder minder hohe Felsen und Abhänge hinunter, darunter Fiastrone, Ambro, Tenna und Nera, der sich übrigens ausnahmsweise nicht ins adriatische, sondern ins tyrrhenische Meer ergießt. Im marchigianischen Teil des Parco Nazionale Gran Sasso e Monti della Laga gebärden sich Rio di Prata und Rio di Volpara so ungestüm, dass auf dem Territorium von Acquasanta Terme gleich zwei imposante Wasserfälle rauschen.

Der Name Acquasanta Terme signalisiert schon, dass hier nicht nur wildes, sondern auch heiliges, sprich heilendes Wasser sprudelt. Es brodelt 38,6 °C heiß in der Orsini-Grotte, in deren natürlichem Thermalschwimmbad sich schon die alten Römer gesund schwitzten. Nachdem der schwefelhaltige, stinkende Schlamm seit vielen Jahren dort nur noch gesammelt worden war, um in modernen Thermalbadeanlagen seine therapeutische Kraft gegen Haut-, Knochen- oder Lungenleiden zu entfalten, sollen die alten Anlagen nun saniert und reaktiviert werden.

2023 wurden die Millionenmittel bewilligt, um das historische Thermalbad *alla grande* neu auf- und auszubauen und damit die Attraktivität des vom Erdbeben 2016 gepeinigten Kurortes am Fuße der Sibillinischen Berge zu steigern.

Ebenfalls schon von den Römern entdeckt wurde die Heilkraft der Schwefelquellen von Macerata Feltria, die unter Pitinum Thermae firmieren und 1920 einen Kurbetrieb begründeten. Neben diesen beiden Kurorten im äußersten Süden bzw. Norden, ist die

K

KURKONTAKTE

Macerata Feltria: Pitinum Thermae, www.terredibenessere.com
Petriano: Terme di Raffaello, www.termediraffaello.it
Genga: Terme di San Vittore delle Chiuse, www.termedifrasassi.it
Sarnano: www.termedisarnano.it
Tolentino: Terme Santa Lucia, www.termesantalucia.it
Acquasanta Terme: www.terme acquasanta.it

Region auch mittendrin mit Mineral- und Thermalquellen gesegnet, sodass man sich quasi überall badend, trinkend oder inhalierend mit Schwefel, Jod, Brom oder Salz kurieren kann. Selbstverständlich können Ihnen die Marchigiani das (Mineral-)Wasser auch in Flaschen reichen, die u. a. mit Fonte Preistorica (Montefortino), Elisa und Gaia (Genga), Nerea (Castelsantangelo sul Nera) oder Fonte di Palme (Torre di Palme) etikettiert sind.

Stille Wasser sind tief

Schließlich wurden gut ein Dutzend Flüsse und Bäche zwecks Erzeugung elektrischer Energie zu Seen gestaut, darunter Lago di Mercatale, Lago di Polverino, Lago di Andreuccio oder Lago di Ruffino. Wegen ihrer landschaftlich reizvollen Lage und ihres Fischreichtums sind einige von ihnen geschätzte Ausflugsziele von Spaziergängern, Anglern oder Wassersportlern. Besonderer Beliebtheit erfreut sich der Lago di Fiastra im nördlichen Parco Nazionale dei Monti Sibillini, der die Restaurants der ufersäumenden Dörfer mit schmackhaften Forellen versorgt. Ebenfalls in den Sibillinischen Bergen ruht still und starr der einzige natürliche See der Marken. Der Lago di Pilato wurde einst vom Schmelzwasser eiszeitlicher Gletscher gefüllt und birgt der Legende nach die sterblichen Überreste von Pontius Pilatus (s. S. 229). ■

Wer bei den Marken nur an sanfte Hügel und flache Adriagestade denkt, kennt noch nicht die Gola del Furlo, wo die Fluten durch eine wildromantische Schlucht Richtung Meer drängen.

Von der Muse geküsst

Vorhang auf — Die Marken sind eine vielseitig bespielte Theaterlandschaft, die schon unter den alten Römern florierte und seit der vorletzten Jahrhundertwende besonders viele Blüten treibt. Leider gingen 16 von ihnen 2022 im Zuge eines italienweiten Theatersterbens ein.

In keiner anderen europäischen Region gibt es so viele historische Theater wie in den Marken, wo jede noch so kleine Stadt mit einem nostalgisch anrührenden Musentempel überrascht. Mehrheitlich entstanden sie im 18. und 19. Jh. und so inszenierte sich die ›Theaterregion‹ zu Beginn des vorigen Jahrhunderts auf weit über 100 Bühnen, von denen gut 50 erhalten geblieben sind und noch oder wieder bespielt werden. Die meisten sind kommunale Häuser ohne eigenes Ensemble mit einem spartenübergreifenden Gastspielprogramm. Viele werden von Laienspiel- und Schultheatergruppen, manche als Kino- oder Ballsaal und für Kulturveranstaltungen aller Art genutzt.

Teatro Ventidio Basso in Ascoli Piceno

Zu den meist neoklassizistischen Theaterbauten der vorletzten Jahrhundertwende gesellen sich die steinernen Überreste einer Handvoll römisch-antiker Theater, ausgegraben in Castelleone di Suasa, Ancona oder Ascoli Piceno. Das recht gut erhaltene römische Theater von Falerone ist sogar wieder Schauplatz für stimmungsvolle sommerliche Theaterspektakel aller Art.

Von der Antike in die Neuzeit

Mit den menschlichen Tragödien und Komödien auf den Freilichtbühnen der Römer begann die italienische Theatergeschichte, die mit der Aufführung ausschließlich biblischer Sujets in dunklen mittelalterlichen Tagen ihren Lauf nahm. Abgesehen von possenreißenden Gauklern erlebte die profane Theatertradition erst in der Renaissance ein Comeback. Seit Mitte des 16. Jh. produzierten sich auf den Marktplätzen, in Mimik und Wortwahl frei improvisiert, Harlekin und Columbina, die typischen Figuren der sogenannten Commedia dell'Arte. 200 Jahre später ›erfand‹ der venezianische Theaterdichter Carlo Goldoni (1707–93) das *melodramma,* worunter mehraktige Komödien, Zeit-, Milieu- und Charakterstudien zu verstehen sind. Die Inszenierung der neuen Stoffe verlangte nach aufwendigen Kulissen, Kostümen und Requisiten, kurzum stationären Theatern, mit deren Bau und Betrieb die urbanen Eliten bald ihren sozialen Geltungsdrang befriedigten und ökonomischen Wohlstand demonstrierten.

Feine Gesellschaft

Da die Marken mit vielen Städten dienen konnten, trieb die neue kulturelle Pflanze hier besonders viele Blüten. Familien aus dem städtischen Großbürgertum gründeten zwischen 1750 und 1900 in nahezu jeder marchigianischen Gemeinde einen sogenannten *condominio teatrale* (Eigentümergemeinschaft), der Baukosten und Geschäftsführung des lokalen Theaters übernahm. Die vornehmen Theatergesellschaften leisteten sich außen meist dezent neoklassizistische und innen opulent ausstaffierte Musentempel. Sie gönnten sich prunkvolle Kronleuchter, vergoldete Balustraden, auffällige Gemälde und ausgefeilte Bühnentechnik, wofür sie namhafte Architekten und Künstler engagierten.

Die lokale Hautevolee nahm entsprechend der Höhe ihrer Einlagen in mehr oder minder luxuriösen Logen mit weich gepolsterten Sesseln Platz. Sie ergötzte sich an berühmten Mimen und Musikern und nicht zuletzt rauschenden Festen, weil so manches Theater mittels absenkbarer Bühnen in einen Ballsaal zu verwandeln war. Krethi und Plethi mussten draußen bleiben oder wurden auf die hier und da eingeplanten billigen Plätze verwiesen, die sie abgeschirmt von der feinen Gesellschaft durch separate Eingänge erreichten.

R

REPERTOIRE UND SPIELPLAN

In den Marken wird nicht nur gern Theater konsumiert, sondern auch gemacht, z. B. von **Marche Teatro.** Die Vereinigung ging 2014 aus dem **Teatro Stabile delle Marche** hervor, residiert und inszeniert im Teatro delle Muse in Ancona und bekam 2015 vom italienischen Kulturministerium das Prädikat »Teatro di Rilevante Interesse Culturale« verliehen. Sie organisiert obendrein Gastspiele auswärtiger Bühnen (www.marcheteatro.it), was auch für die **Associazione Marchigiana per le Attività Teatrali** gilt. Die AMAT fungiert quasi als regionale Geschäftsführung für die lokalen Theater, plant und vermarktet ihr Programm (www.amatmarche.net).

Nostalgisches Flair unter kommunaler Regie

Erst nach der Erfindung des Cinematografen eroberte das einfache Volk seit Beginn des 20. Jh. allmählich den gesamten, vielerorts nun auch als Kino genutzten Theaterraum. Gut die Hälfte der einst exklusiven Musentempel ging mit der gesellschaftspolitischen Zeit und in kommunale Regie über. Andere traten mit der zunehmenden Demokratisierung von der regionalen Theaterbühne ab. Nach der Verschärfung der italienischen Brandschutzverordnungen zu Beginn der 1980er-Jahre musste so manches historische Theater schließen. Die meisten sind inzwischen sicherheitstechnisch überholt und bei der Gelegenheit gleich restauriert und renoviert worden, sodass sie nun gefällige Kulissen fürs lokale Kulturleben abgeben und obendrein als Touristenattraktionen faszinieren. ■

Wissen, wohin die Weinreise geht

Weinatlas der Marken — Obwohl in Sachen Wein weniger berühmt als die benachbarte Toskana, sind die Marken allemal (mehr als) eine Weinreise wert.

Die etwa zur Hälfte mit den Qualitätssiegeln D.O.C. oder D.O.C.G. zertifizierten ›Marken-Weine‹ gedeihen auf 12 000 ha Anbaufläche und sind seit der Jahrtausendwende im Aufwind. Obwohl Weiß- und Rotweintrinker in den Marken gleichermaßen auf den guten Geschmack kommen, sind die önologischen Aushängeschilder der Region quasi flächendeckend gekelterte Weiße, unter denen der Verdicchio dei Castelli di Jesi das meiste internationale Renommee genießt.

Nimm's leicht: Weißweine

Die Trauben für den Verdicchio dei Castelli di Jesi werden schon seit römischen Tagen im sanft hügeligen Küstenhinterland der Provinz Ancona kultiviert. Der qualitativ hochwertige Wein wird zu fast 100 % aus der autochthonen Verdicchio-Rebe gewonnen und ist von strohgelber Farbe mit grünen Reflexen. Das gilt auch für den Verdicchio di Matelica, der weiter landeinwärts in der Provinz Macerata ohne den Einfluss der frischen Meeresbrise reift und deshalb geschmacklich etwas variiert.

Der zweite große Weiße der Region heißt Bianchello del Metauro und erfreut den Gaumen mit säuerlicher Frische und Pfirsicharoma. Er wird aus Bianchello- oder Biancame-Trauben gepresst, die in der Provinz Pesaro-Urbino ihren Ursprung haben, wohingegen das zweite weiße ›Nordlicht‹ namens Colli Pesaresi aus importierten Trebbiano-Toscano-Reben gekeltert wird. Ebenfalls von den Hügeln rund um Macerata stammen die frischen Weißen mit dem Etikett Colli Maceratesi. Sie sind von leichtem Zitronenflair umweht und ähneln im Bouquet dem Verdicchio, weil die Maceratino- in

GLÜCK IM GLAS: CANTINE APERTE

C

Alljährlich am letzten Mai-Wochenende kann man zu einem einmalig bezahlten Degustationspreis von nur 10 € (2023) von Weingut zu Weingut ziehen, all diese guten Tropfen und dazu allerlei leckere Häppchen probieren. Als Eintrittskarte gibt's an der ersten ›Trinkstation‹ ein kleines Baumwollsäckchen inklusive Weinglas, das man sich bei jedem nächsten Halt mit meist großzügig eingeschenkten Kostproben füllen lassen kann (www.movimento turismovino.it).

der Antike aus der Verdicchio-Rebe hervorgegangen ist. Rund um Offida und Ripatransone wachsen Passerina- und Pecorinotrauben, die lange als minderwertig verkannt waren und jüngst Spitzenweine liefern, die sich mit hohem Säuregehalt, Aromen von Williamsbirne und rohem Apfel und leicht bitterem Abgang profilieren (s. Zugabe »Weinköniginnen« S. 237).

Kräftige Note: Rotweine

Die weißen Newcomer mehren das Ansehen der Winzer im Süden der Region, die sich traditionell mit dem kräftigen Rosso Piceno empfehlen. Der wird maßgeblich aus der autochthonen Montepulciano-Traube gewonnen, die im Grenzgebiet von Marken und Abruzzen zu Hause ist. Er versprüht Kirsch- und Bittermandelaroma, wobei sein fruchtiger Geschmack und bitterer Abgang durch die Beigabe von durchschnittlich 15 bis 30 % ›fremden‹ Sangiovese-Trauben akzentuiert wird.

Eine ähnliche Mischung charakterisiert den Rosso Conero, der rund um den gleichnamigen Küstenberg gekeltert wird. Die Hauptrolle (70 %) spielen die Sangiovese-Trauben dagegen beim Roten aus dem Norden, der unter Colli Pesaresi firmiert. Rote Raritäten sind Vernaccia di Serrapetrona und Lacrima di Morro d'Alba aus dem Umland von Macerata bzw. Ancona. Der Erste rinnt aus der Vernaccia-Nera-di-Serrapetrona-Rebe, die exklusiv rund um Serrapetrona auf einer winzigen Fläche von insgesamt 45 ha gedeiht, entweder moussierend und süß oder still und trocken und von relativ heller Farbe ist. Die ›Träne von Morro d'Alba‹ ›benetzt‹ etwa 40 ha Hügelland rund ums gleichnamige Dorf und ergibt einen leichten Rotwein, der nach Erika und Erdbeerbaum duftet und keineswegs traurig, sondern glücklich macht. ■

Da die Marken in unseren Breiten relativ unbekannt sind, wissen manche Weintrinker gar nicht, dass der Verdicchio dei Castelli di Jesi oder der Rosso Piceno, den sie so gern trinken, aus der Region zwischen Apennin und Adria kommt.

Das zählt

Zahlen sind schnell überlesen — aber sie können die Augen öffnen. Nehmen Sie sich Zeit für ein paar überraschende Einblicke. Und lesen Sie, was in den Marken zählt.

5

Mal waren die Marken im Laufe ihrer Geschichte Papst.

49,13

Prozent der Stimmen fuhr Francesco Acquaroli von den Fratelli d'Italia bei den Regionalwahlen im September 2020 in den traditionell eher links orientierten Marken ein, während der linksliberale PD (Partito Democratico) nur auf 37,29 Prozent kam.

43

Zentimeter Breite weisen eine Gasse im Weinbauernstädtchen Ripatransone als schmalste Straße Italiens aus. Den Weltrekord hält diesbezüglich übrigens die Spreuerhofstraße in Reutlingen, die nur 31 Zentimenter eng ist.

14

Grad kalt ist es in den Grotten von Frasassi, die zu den größten und faszinierendsten Tropfsteinhöhlen der Welt zählen.

99.241

Menschen lebten im Januar 2024 in der Regionalhauptstadt Ancona, 14 630 von ihnen ausländischer Herkunft.

948.457

Menschen stachen im Jahre 2023 auf Fähren und Schiffen von Anconas Hafen aus in See, die meisten von ihnen hatten Griechenland zum Ziel.

11

Michelin-Sterne leuchten über den Marken. Sie verteilen sich auf sechs Ein-Sterne-, ein Zwei-Sterne- und sogar ein Drei-Sterne-Restaurant, wobei die beiden höchstdekorierten ihre Spezialitäten nur wenige Kilometer voneinander entfernt in Senigallia auftischen.

180

Küstenkilometer zählen die Marken entlang der Adria. Die Region ist zudem von gut 50 Flüssen geädert, von denen der Metauro mit 121 Kilometern der längste ist.

53

der insgesamt 299 Todesopfer des Erdbebens von 2016 stammen aus den südlichen Marken, die meisten aus Arquata del Tronto, das bis heute größtenteils *zona rossa* (nicht zu betreten) ist.

13.576

Opernfans, davon 50 Prozent aus dem Ausland, besuchten 2023 das Rossini Opera Festival. Das ›Piccola Bayreuth sull'Adriatico‹ wurde 1980 gegründet und trug maßgeblich zum Ruf Pesaros als Musikstadt bei.

87.827

Kreuzfahrtpassagiere gingen anno 2023 zur Stadtbesichtigung im Hafen von Ancona von Bord der Ozeanriesen.

2.476

Meter misst der Monte Vettore und ist damit der höchste Gipfel der Region, die in den Sibillinschen Bergen allerdings noch mit knapp 20 weiteren 2000ern gen Himmel strebt.

16

historische Theater mussten in den Marken 2022 mangels finanzieller Förderung schließen. In ganz Italien machten im selben Jahr 412 weitere Musentempel zu.

62

Quadratkilometer klein ist die weltälteste Republik San Marino, die auf einem Felsen exterritorial hervorsticht.

5

Prozent betrug die regionale Arbeitslosenquote im dritten Quartal 2023 und lag damit unter der von Italien insgesamt, die 7,66 Prozent betrug.

12.000

ha Fläche der Marken sind von reifenden Reben bedeckt, wobei die meisten Weinstöcke (85 Prozent) auf hügeligem Terrain wachsen und sich der Rest auf die Berge (5 Prozent) und Ebenen der Region (10 Prozent) verteilen.

70

Wölfe heulen in den Sibillinischen Bergen. Insgesamt leben in Italien schätzungsweise 3000 Wölfe.

Auch antike Götter und Engel können sinnlich sein – zumindest wenn ein Renaissancegenie wie Raffael zum Pinsel greift.

Sponsoring à la Renaissance

Macht und Mäzene — Die Renaissance war eine friedliche Revolution von oben. Bücher, Bilder und Bauten kehrten den Mief des Mittelalters aus und läuteten eine neue Zeit ein.

Nicht nur, weil Raffaello Sanzio, in deutschsprachigen Landen unter Raffael bekannt, hier 1486 seinen ersten Atemzug tat, mangelt es Urbino nicht an Verehrern. Denn der Geburtsort des weltberühmten Malers gilt als besterhaltenes städtebauliches Ensemble der italienischen Renaissance, die mit Büchern, Bildern und Bauten die klerikalen Geister des Mittelalters vertrieb und die Wende zur weltlich orientierten Neuzeit einläutete. Der kulturrevolutionäre Funke zündete in Mittelitalien, wo reiche Herzogtümer und die Crème de la Crème der Stadtstaaten als Auftraggeber und Abnehmer für Kunst und Architektur auftraten und die weltanschauliche und ästhetische Wiedergeburt der Antike einleiteten. Allerdings huldigte die Kunst nicht allein dem Guten, Wahren und Schönen, sondern mehrte auch Macht und Marktwert ihrer Mäzene, was sich in Urbino besonders sinnfällig offenbart.

Der Mensch ist das Maß aller Dinge

Der fließende Übergang von der Gotik (12.–14. Jh.) zur Renaissance ging mit der Wiederentdeckung des unverhüllten menschlichen Körpers als Motiv sowie Proportion und Perspektive als Methode der Darstellung einher. Die Bildhauer und Maler zogen die in der sakralen Kunst des Mittelalters züchtig bekleideten, körperkonturlosen Heiligen und Herrscher gleichsam wieder aus und zeigten sie in ihrer realen Anatomie. Die Architekten erinnerten sich an die symmetrischen Formen und Grundrisse der Antike und der Architekturtheorie ihres römischen Vorfahren Vitruv (84–27 v. Chr., »De architectura libri decrem«), und auch in Wissenschaft, Literatur und Theater standen die Werke großer griechischer Philosophen und antike Gattungen wie Epos oder Tragödie Modell.

Die erneute Hinwendung zum Menschen als Maß aller Dinge setzte im späten 14. Jh. ein, nahm im aufziehenden 15. Jh. in Florenz erstmals gebaute, gemeißelte und gemalte Gestalt an, bestimmte bald die ›Kulturszene‹ der mittelitalienischen Stadtstaaten *(signorie)* und Herzogtümer und wurde schließlich auch nördlich der Alpen manifest. Die Baumeister, Bildhauer, Maler und Gelehrten, die im Auftrag der Medici in Florenz, der Sforza in Mailand, der Malatesta in Rimini, der Päpste in Rom oder der Montefeltro in Urbino die Formen, Motive und Gedanken der Antike zitierten, hießen Mantegna, Signorelli, Raffael, Bellini,

Crivelli, Piero della Francesca, Leonardo da Vinci, Michelangelo und Tizian.

Macht und Mäzenatentum

So manche Lichtgestalt der europäischen Kunst- und Kulturgeschichte entdeckte ihr Talent in Urbino. Die quirlige Universitätsstadt schärfte ihr einzigartiges architektonisches Profil unter der Ägide von Federico da Montefeltro (1422–82), der als kriegerisch erfolgreicher und damals bestdotierter mittelitalienischer *condottiere* (Söldnerführer) reich und berühmt geworden war. Er investierte sein immenses Vermögen in den Ausbau von Stadt und Palast und inszenierte sich als glühender Verehrer und großzügiger Förderer von Wissenschaft, Kunst und Kultur. Der schöngeistige und bibliophile Fürst versammelte an seinem opulent geführten Hof humanistisch gesinnte Maler, Architekten, Dichter, Philosophen und Mathematiker, die dort über das geistige Erbe der Antike diskutierten, ästhetische Kriterien für eine ideale Stadt *(città ideale)* formulierten und visualisierten und vieles gleich vor Ort ausprobierten.

Zu den Baumeistern, die sich um die Erweiterung und den Innenausbau seines Palazzo Ducale verdient machten, gehörten Luciano Laurana, der spätere Architekt des Petersdoms Donato Bramante und Francesco di Giorgio Martini, der mit seinen wuchtigen Festungen auch anderswo in den Marken seine architektonischen Fußabdrücke hinterließ. Unter den Malern brillierten Paolo Uccello, Pedro Berruguete und Piero della Francesca, der dort in den 1460er-Jahren einige seiner wichtigsten Werke und das wohl bekannteste Porträt seines Auftraggebers schuf. Das krummnasige Konterfei von Federico da Montefeltro illustriert übrigens nahezu jede Publikation über die Renaissance, weil er die ästhetisch fruchtbare Verbindung von Macht und Mäzenatentum geradezu idealtypisch repräsentiert, als Paradebeispiel des kunst- und kulturbeflissenen Feldherrn und Fürsten und zugleich Pionier des ›multimedialen Politmarketings‹ in die Geschichte eingegangen ist. ■

E

EITEL

Federico da Montefeltro, der bei einem Turnier ein Auge verloren und sich den Nasenrücken arg lädiert hatte, ließ sich sowohl von Piero della Francesca als auch allen anderen Künstlern nur im Profil malen.

Sinnbild der ›idealen Stadt‹: Urbino

»Made in Italy since 1264«

Qualitätspapier aus den Marken — Fabriano gilt als ›Wiege der Papierkunst in Europa‹. Bis heute wird hier Papier geschöpft und steht die kleine Stadt für hochwertige Spezialprodukte aus dem Material.

Schüler, Studenten, Künstler, Designer und (Geld-)Drucker schätzen die Produkte der Marke Fabriano, die in Gestalt von Heften, Zeichenblöcken, Mappen und Schachteln, als Aquarell- und Skizzenpapier, Medium für Kunst-, Digital-, Dokumenten-, Banknoten- und Briefmarkendruck auf dem internationalen Markt sind. Gemacht werden sie in den 1782 gegründeten Cartiere Miliani, die 2002 von der Veroneser Firma Fedrigoni übernommen wurde, in die 2017 der Investmentfonds Bain Capital und nach dessen Rückzug BC Partners London einstieg (www.fabriano.com).

Die Papierpioniere von Fabriano …

Papier aus Fabriano war schon lange vor Eröffnung der Cartiere Miliani ein Renner, sodass der europäische Branchenführer in Sachen Spezialpapier mit dem Slogan »La Bella Carta Dal 1264« wirbt. Nachdem in China schon seit dem 2. Jh. v. Chr. Papier aus Tee- und Reisblättern, Bambus- und Hanffasern hergestellt worden war, gelangte das papierkünstlerische Know-how via Nordafrika und Spanien nach Italien und 1264 nach Fabriano, wo die Verfahren zur Papiergewinnung bald perfektioniert wurden.

Dass die Fabrianesi ein Händchen dafür hatten, lag nicht zuletzt am schon angesiedelten Textilhandwerk. Die wasserbetriebenen Walkvorrichtungen zum Verfilzen der Wolle standen gleichsam Modell für die vor Ort entwickelten hydraulischen Pressen, die gewaschene und per Hand zerschnittene Leinen- und Baumwolllumpen mittels gleichzeitig schlagender Hämmer in einen Faserbrei verwandelten. Der ›Papierteig‹ wurde in großen Bottichen gewässert und mit Kupfersieben in der gewünschten Bogengröße abgeschöpft. Das mit einer dünnen Schicht der Papierrohmasse belegte Sieb kam auf eine Filzunterlage, auf der sich der Inhalt von der Form löste. Die Rohbögen wurden stapelweise gepresst, zum Trocknen aufgehängt und dann imprägniert, wofür man hier ab 1292 nicht wie anderswo Getreidestärke, sondern erstmals Gelatine benutzte, weil sie das Produkt wesentlich länger frisch hielt.

… setzten (Wasser-) Zeichen

Die Papierpioniere von Fabriano profilierten sich obendrein mit der Anfertigung von Wasserzeichen, die zwar schon 1282 in Bologna erfunden worden waren, aber erst unter ihren geschickten Händen zur Serienreife gelangten. Sie brachten ein Muster auf dem Schöpfsieb an, auf dem sich weniger Fasern ablagerten, sodass es nicht auf den ersten Blick, sondern nur im Gegenlicht zu erkennen war. Die eingewirkten Buchstaben, Bilder und Symbole dienten zuerst als Markenzeichen der Papiermacher, signierten später das Korrespondenzpapier wichtiger Persönlichkeiten, um schließlich und bis heute als Sicherheitsmerkmale für Pässe und Schecks, Banknoten und Briefmarken zu fungieren.

Konjunktur, Konkurrenz und Krise

Fabriano, seit dem 12. Jh. freie Kommune, 1378 vom noblen Chiavelli-Clan und Mitte des 15. von der Kirche regiert, hatte bis zum 16. Jh. nicht nur technologisch, sondern auch kommerziell die (Papp-) Nase vorn. Den lokalen Papiermeistern war es qua Kommunalstatut verboten, ihre Betriebsgeheimnisse auszuplaudern und Papiermühlen außerhalb der Stadtgrenzen zu errichten. Die Familie Chiavelli profitierte von dieser Monopolstellung, kaufte und fusionierte kleinere Manufakturen und investierte in die Gründung von Handelsgesellschaften, die die begehrten Waren in ganz Italien und alle per Schiff erreichbaren europäischen Märkte vertrieb. Während es in anderen Wirtschaftszweigen nach der Reintegration in den Kirchenstaat kriselte, blieb die Papierbranche zunächst stabil. 1585 waren 20 Papiermühlen registriert, darunter der ›Großbetrieb‹ der Adelsfamilie Vallemani, die später die Keimzelle der Industrialisierung werden sollte.

Weil die Kirche ihren Tribut auf jedes Blatt exportiertes Papier forderte, war es an der Jahrhundertwende mit der Papierherrlichkeit dann doch vorerst vorbei, zumal die Fabrianesi ins technologische Hintertreffen gegenüber anderen europäischen Ländern gerieten: Die Holländer erfanden 1670 eine Kombination aus Schneide- und Stampfmaschine namens »Holländer«, die die Zerkleinerung der Lumpen per Hand ersparte. In Sachsen arbeitete man seit 1798 mit der Papiersieblangmaschine, die das Papierschöpfen erstmals maschinell erledigte, während man zur selben Zeit in Frankreich auf die Idee kam, die Lumpen durch Holz zu ersetzen, was dank der 1843 ebenfalls in Deutschland entwickelten Holzschliffmaschine im großen Stil möglich war.

Neustart und Industrialisierung

Unter Einsatz dieser modernen Produktionsmittel erlebte die europäische Papierhauptstadt des Mittelalters im 19. Jh. eine Renaissance. Eingeleitet wurde die Wiedergeburt von einem ehemaligen Papierarbeiter namens Pietro Miliani (1744–1817), der 1782 die Papiermühle der Familie Vallemani pachtete und bis 1796 fünf weitere Betriebe andockte. Milianis Nachfahren konzentrierten sich auf die Herstellung von qualitativ hochwertigem Spezialpapier. Aufgrund der hohen Nachfrage expandierte die Fabrik und wurde die Produktivität enorm gesteigert, was freilich mit der Ausbeutung der zur Hälfte weiblichen und minderjährigen Belegschaft verbunden war. Die Papierarbeiter streikten deshalb bereits seit den 1860er-Jahren für kürzere Arbeitszeiten und höhere Löhne und waren früh gewerkschaftlich organisiert. Sie erkämpften eine betriebliche Krankenversicherung und 1920 Tarifverträge mit nationaler Wirksamkeit und gingen damit als Pioniere der italienischen Arbeiterbewegung in die Geschichte ein. ■

Museumsreif: Das Papier- und Wasserzeichenmuseum Museo della Carta e della Filigrana (Foto unten) im ehemaligen Kloster San Domenico erzählt die Geschichte des lokalen Papierhandwerks im anschaulichen Detail, aktiviert die Rekonstruktion einer mittelalterlichen Papiermühle und bietet seinen Besuchern die Gelegenheit, selbst papierschöpferisch tätig zu werden (s. S. 133).

Wertvolle Bodenschätze

Gaumenkitzel — Zu den kulinarischen Aushängeschildern der Marken gehören schwarze und weiße Trüffeln, eine je nach Sorte und Saison sündhaft teure Delikatesse, die auch als Aphrodisiakum wirken soll.

Verführerisch klettert der Trüffelduft in die Nase, man öffnet den Mund und: sitzt möglicherweise einem künstlichen Aroma auf. Die Lebensmittelindustrie ist bekanntlich um keinen ›Fake‹ verlegen, weshalb man die nicht leicht aufzuspürenden Trüffeln, auf Italienisch *tartufi*, vorzugsweise frisch oder allenfalls in Gänze konserviert kosten und kaufen sollte. In Cremes und Pasten sind nämlich oft nur kleine Mengen und in Ölen in der Regel gar keine Trüffeln enthalten. Dass diese ›Fake-Produkte‹ so täuschend echt duften, liegt am Zusatz von Bismethylthiomethan, das neben anderen Stoffen tatsächlich an der Komposition des typischen Trüffelaromas mitwirkt, in großer Quantität aber aus Flüssiggas gewonnen wird. Der Zungenbrecher firmiert auf den Etiketten der Gläschen und Fläschchen schlicht und harmlos unter *aromi (artificali)*, ist zwar nicht nachgewiesenermaßen gesundheitsschädlich, für den ökologisch bewussten Trüffelhändler und Gourmetkoch aber tabu.

Trüffelbiotope

Wie's mit rechten Trüffeldingen zugeht, erfährt man im spannenden Museo del Tartufo di Acqualagna (s. S. 93), neben Sant'Angelo in Vado und Amandola eine der Trüffelhochburgen der Region. Es vermarktet sich zu Recht als »Truffle Experience« – ›Trüffeln-Erlebnis‹ – und informiert unterhaltsam und multimedial über die wertvollen Bodenschätze, die allesamt den botanischen Vornamen *Tuber* tragen. Sie gehören zur Gattung der Schlauchpilze, die ausschließlich unterirdisch und mangels eigenen Chlorophylls in Symbiose mit anderen Pflanzen- bzw. Baumarten wachsen.

Für's Trüffelgeschäft braucht man einen gut ausgebildeten Hund, aber auch selbst ein feines Näschen.

H

AUF DEN HUND GEKOMMEN

Wer Trüffeln ernten will, muss vorher auf den Hund (und in Frankreich auch aufs Schwein) kommen. Welche Hunderasse der *tartufaio* (Trüffelhändler) ins Schnüffelrennen schickt, bleibt dem einzelnen Trüffelsucher überlassen. Besonders bewährt hat sich ein pudelartiger Mischling, der 1991 unter dem Namen Lagotto Romagnolo als 13. italienische Hunderasse anerkannt und mit dem Prädikat »Cane da tartufi« (Trüffelhund) versehen wurde.

Trüffeln bevorzugen Eichen, Pappeln, Buchen und Kastanien, deren Wurzelwerk die Pilze mit lebensnotwendiger Glukose versorgt, wofür sich Letztere mit ihrer Funktion als Wasserspeicher und Mineralsalzspender beim ›Gastgeber‹ revanchieren. Für die Fortpflanzung brauchen die reifen Trüffeln wiederum tierische Verbündete, sodass sie mit ihrem Duft (Wild-)Schweine, Insekten, Schnecken, Nagetiere oder geschulte Trüffelhunde anlocken. Die verteilen ihre Sporen beim Aufwühlen und Auffressen im umliegenden Erdreich, worauf derselbe Baum später wieder neue unterirdische Trüffelfrüchte trägt.

Im Wissen um diese natürlichen Abläufe werden in Sant'Angelo in Vado und Acqualagna inzwischen sogar Trüffeln gezüchtet. Dafür reichert man das Wurzelwerk junger Waldbäume mit Trüffelsporen an und transferiert sie später in offene (Trüffelbaum-)Felder, was beim schwarzen Wintertrüffel schon recht gut und ertragreich klappt. Der in Sachen Qualität und Preislage am höchsten bewertete weiße Trüffel ist hinsichtlich der Kombination von Boden, Klima, Wirtspflanze und benachbarter Vegetation weitaus kapriziöser und muss nach wie vor gesucht und gefunden werden.

Trüffelernte

Da man keine Besitzansprüche auf potenziell ›trüffeltragende‹ Bäume oder Landstriche anmelden kann, ist die Trüffelsuche grundsätzlich frei. Zwingend vorgeschrieben ist freilich ein staatlich abgelegtes ›Trüffelsucherexamen‹ und der Einsatz eines ausgebildeten Trüffelhundes. Reglementiert sind auch die Sammelperioden für die einzelnen Sorten: Der astronomisch teure, 200–400 g schwere *Tuber magnatum* oder *Tartufo bianco pregiato* darf vom 1. Oktober bis zum 31. Dezember erschnüffelt werden. Er ist weitaus aromatischer als der von Mitte November bis Mitte März ausgegrabene *Tuber melanosporum* oder *Tartufo nero pregiato,* auch *Tartufo nero dolce* (süßer schwarzer Trüffel) und jenseits der Alpen »diamant noir« genannt. Bereits am 1. September bläst man zur Jagd auf den *Tartufo nero liscio* (glatter schwarzer Trüffel), wissenschaftlich *Tuber macrosporum,* der in Geschmack und Geruch seinem edlen weißen Artgenossen ähnelt und deshalb qualitativ und preislich an dritter Stelle rangiert. Die übrigen Herbst- und Wintertrüffelsorten sowie der von Mai bis November geerntete *Tuber aestivum* (Sommertrüffel) können zwar nicht mit den feinen Gaumenschmeichlern konkurrieren, sind aber trotzdem lecker und quasi für alle erschwinglich.

Trüffelküche

Die bis zu 4000 Euro pro Kilo teure Delikatesse wird sowohl roh als auch gegart, z. B. klassisch mit zerlassener Butter auf Tagliatelle, serviert. Sie werden gehobelt, in Olivenöl mariniert oder püriert, veredeln Pastasoßen und -füllungen, Fleischgerichte, Salate und Brotaufstriche, regionale Käse- und Wurstsorten und sogar süße Desserts. Bei kühler Lagerung in feuchten Tüchern sind sie zwei (weißer Trüffel) bis vier Wochen (schwarzer Trüffel) haltbar. Sie kommen in ihrer jeweiligen Saison frisch auf den Teller, werden in der Gefriertruhe oder hermetisch abgeschlossenen Einmachgläsern konserviert, weshalb man sich in den Restaurants der regionalen Trüffelhochburgen rund ums Jahr an den edlen Pilzen laben kann. ■

T

TRÜFFELREISEN UND -MÄRKTE

Wer selbst Trüffeln suchen und zubereiten möchte, kann z. B. im Antico Furlo in Acqualagna entsprechende Arrangements buchen (s. S. 93) oder mit einheimischen Veranstaltern auf Trüffelreise gehen (z. B. www.trueffel-reisen.de). In Acqualagna kreisen Kommerz, Kultur und Küche gleich dreimal im Jahr um die feinen Knollen: bei der »Fiera Nazionale del Tartufo« (Bianco) im Oktober und November, der »Fiera Regionale del Tartufo Nero Pregiato« im Februar und der »Fiera Regionale del Tartufo Nero Estivo« im August (www.acqualagna.com). Sant'Angelo in Vado veranstaltet im Spätherbst (Okt./Nov.) die »Mostra Nazionale del Tartufo Bianco Pregiato delle Marche e Fiera Nazionale Cani da Tartufo« (www.mostratartufo.it) und das Bergstädtchen Amandola lädt unter dem Motto »Diamanti a tavola« (Okt./Nov.) zum Kosten und Kaufen des weißen Wintertrüffels ein (http://comune.amandola.fm.it).

Weltmusik mit Markeninstrumenten

Swinging Castelfidardo — Akkordeons sind nicht nur wirtschaftliches, sondern auch kulturelles Lebenselixier der kleinen Stadt im weinhügeligen Hinterland der Riviera del Conero.

Akkordeons aus Castelfidardo bürgen schon seit mehr als 100 Jahren für Qualität.

Als Bruno Ganz im Februar 2019 starb, dachte so manche(r) an den Film »Brot und Tulpen« (2000), in dem der geniale Schweizer Schauspieler eine seiner schönsten Rollen spielt. In der poetischen Liebeskomödie geht es um die zärtliche Liaison des isländischen Kellners Fernando (Bruno Ganz) und der italienischen Hausfrau Rosalba (Licia Maglietta), die nicht nur die Seele des sympathisch-verschrobenen Wahlvenezianers, sondern auch ein Akkordeon zum Klingen bringt. Nach den Dreharbeiten kehrte das gute alte Stück, präzise eine rote »Rita Livio«, Baujahr 1949, drapiert mit Filmszenenfotos zurück in eine Vitrine im Museo Internazionale della Fisarmonica in Castelfidardo, das sowohl wirtschaftlich als auch musikalisch seit mehr als 160 Jahren von Kopf bis Fuß aufs Akkordeon, italienisch *fisarmonica,* eingestellt ist.

Handwerk hat goldenen Boden

Das Museum erzählt die weltweite Erfolgsgeschichte des Akkordeons, an der die kleine Stadt in den Marken maßgeblich mitgeschrieben hat. Angefangen hat sie freilich in der Werkstatt des Wiener Orgel- und Klavierbauers Cyrill Demian, dem man anno 1829 die Erfindung des *accordeon* patentierte. Sein Akkordeon – damals noch mit Knöpfen zu bedienen – war kleiner und preisgünstiger als alle anderen bis dahin gebräuchlichen Handzuginstrumente und inspirierte Instrumentenbauer in ganz Europa. Ein österreichischer Pilger brachte es wahrscheinlich in den Marienwallfahrtsort Loreto, wo es Paolo Soprani aus dem benachbarten Castelfidardo in die Hände bekam. Der junge Bauer modifizierte und optimierte

V

CHINESISCHER VORFAHRE

Der Urahn des Akkordeons und aller anderen Aerophone (Handzuginstrumente), darunter Harmonium, Mundharmonika, Konzertina und Bandoneon, ist Chinese. Er heißt »Sheng« und brachte schon im 3. Jh. v. Chr. mittels der ›Belüftung‹ frei schwingender Zungen ohrschmeichelnde Töne hervor.

Demians Modell und gründete zusammen mit seinen Brüdern 1863 die erste italienische Akkordeonwerkstatt. Da der emotional anrührende Klang des Akkordeons offenbar den musikalischen Lebensnerv des einfachen italienischen Volkes traf, wurde das Instrument bald auch anderswo im jungen Nationalstaat gebaut und von einem gewissen Mariano Dallapé aus der Lombardei 1876 erstmals mit einer Klaviertastatur versehen.

In Castelfidardo registrierte man zu Beginn des 20. Jh. 14 Werkstätten mit insgesamt 500 Beschäftigten, darunter die von Paolo Soprani, der im Jahre 1905 mit nur 30 festangestellten Arbeitern 1200 Akkordeons pro Monat auf den Markt brachte, und auch in den Nachbarorten Loreto, Numana, Recanati und Macerata setzte man auf den Akkordeonbau.

Emigration und Export

Da die meisten Instrumente damals in konjunkturell und vertraglich flexibler Heim- und Handarbeit montiert wurden, waren die Arbeitsverhältnisse in der

In Castelfidardo hat sich das Akkordeonhandwerk als kleine, feine Nischenindustrie erhalten. Musiker aus aller Welt kaufen hier seit jeher ihre Instrumente.

Akkordeonbranche allerdings prekär, sodass viele Akkordeonbauer und -spieler nach Nord- und Südamerika auswanderten. Die Emigranten erfreuten die neue Welt mit ihren ebenso wohlklingenden wie schönen Akkordeons, die sich dort bald gegen die ästhetisch weniger gefälligen Varianten aus deutscher oder französischer Herstellung durchsetzten. Mit der amerikanischen Nachfrage nach Akkordeons *made in Italy* brummten die Geschäfte in der alten Heimat. Die Produktionsabläufe wurden mechanisiert, nahmen industrielle Dimensionen an und schon 1913 wurden 14 365 Instrumente aus dem Belpaese mit Destination Amerika verschifft.

Seit der Weltwirtschaftskrise sanken die Exportzahlen wieder, worauf sich Mussolini höchstpersönlich des krisengeschüttelten Industriezweigs annahm. Er pries und protegierte das Akkordeon als nationale Errungenschaft und schickte im Zweiten Weltkrieg 1000 Exemplare zum wehrkrafterhaltenden Einsatz an die Front. Wiedererwachte Lebensfreude diesseits und jenseits des Atlantiks belebte die Konjunktur der Akkordeonbauer in den ersten Nachkriegsjahren. Allein in Castelfidardo gingen 19 neue Fabriken an den Start, und in den 1950er-Jahren arbeiteten 10 000 Menschen in der lokalen Akkordeonindustrie. Der Enkel von Settimio Soprani, der bald genau wie Paolo Sopranis andere Brüder eine eigene Firma gegründet hatte, fusionierte nach Ende des Krieges mit den Gebrüdern Scandalli in Camerano und der Akkordeonfabrik von Nazzareno Frontalini in Numana und hob damit den Branchengiganten Farfisa *(Fabbriche Riunite di Fisarmoniche)* aus der Taufe.

Rock und Revival

Auch die Nachfahren der Akkordeonpioniere von Castelfidardo produzierten in den späten 1940er- und frühen 1950er-Jahren in erster Linie für den amerikanischen Markt, bis es mit dem Siegeszug der eher rhythmischen denn melodischen Rockmusik zu drastischen Umsatzeinbrüchen kam und zwischen 1960 und 1963 in Castelfidardo 17 Traditionsbetriebe in Konkurs gingen. Die Farfisa reagierte mit der Erweiterung ihrer Produktpalette um elektrische Gitarren und Orgeln, belieferte weltberühmte Bands und brachte obendrein ein rockmusikkompatibles Akkordeon namens Cordofox auf den Markt.

Jüngst erlebt das Akkordeon ein Revival. Es erfreut sich im klassischen wie populären Musiksegment wieder neuer Beliebtheit und wird mehr denn je als Soloinstrument geschätzt. Die gut 20 Akkordeonbauer von Castelfidardo und Umgebung betreiben heute eine kleine, aber feine Nischenindustrie. Sie verkaufen ihre nach wie vor renommierten Produkte an eine internationale Klientel, die ›Weltmusik auf Marken-Instrumenten‹ intoniert. Besonders leidenschaftlich spielt man natürlich in Castelfidardo, dessen Akkordeonmuseum sich Bruno Ganz übrigens besonders verbunden fühlte und ihm einen herzlichen Nachruf gewidmet hat. ■

M MUSIK VOR ORT

In Castelfidardo sind Akkordeonvirtuosen aller Altersklassen und musikalischen Niveaus unterwegs, gibt's im September das Akkordeonfestival **»Concorso e Premio Internazionale per Solisti e Complessi di Fisarmonica«** mit internationaler Ausstrahlung und das 2004 gegründete **»Fisorchestra Marchigiana – Città di Castelfidardo«**, in dem junge Musiker aus der ganzen Region aufspielen (www.pifcastelfidardo.it).

Denkmal für Kaiser Augustus in Fano: Sinnfälliger als jede andere Stadt der Marken dokumentiert Fano die römische Vergangenheit der Region. Unter Augustus wurde sie mit einer Stadtmauer inklusive dem bis heute gut erhaltenen Arco d'Augusto bedacht.

Reise durch Zeit & Raum

Fluch und Segen — Die Konkurrenz von Klerus und Adel hat den Marken viele schöne alte Kirchen und so manches wehrhafte Kastell beschert.

Indigene und Invasoren

10. Jh. v. Chr.–3. Jh. v. Chr.

Nachdem schon Steinzeitmenschen in den Höhlen rund um den Monte Conero gehaust hatten, besiedelten ums 10. Jh. v. Chr. Umbrer den Norden und Picener den Süden der Region. Die Picener standen seit dem 7. Jh. v. Chr. in voller zivilisatorischer Blüte, bis sie seit dem 4. Jh. v. Chr. von Galliern bedrängt wurden und griechische Eroberer gleichzeitig (um 390 v. Chr.) den natürlichen Hafen von Ancona befestigten. Um die Gallier zu vertreiben, verbündeten sie sich mit den Römern, an deren Seite sie 295 v. Chr. siegreich aus der Schlacht von Sentium (Sassoferrato) hervorgingen, um bald von ihren ehemaligen Waffenbrüdern assimiliert zu werden.

Zum Anschauen:
Museo Archeologico Ancona, S. 146

Römische Kolonisatoren

3. Jh. v. Chr.– 4. Jh. n. Chr.

Die Römer gründeten eine Kolonie nach der anderen und banden das eroberte Gebiet mittels Via Flaminia (220 v. Chr.) und Via Salaria an die antike Metropole und heutige italienische Hauptstadt an. Sie besiegten 207 v. Chr. im Metaurotal die Karthager (Zweiter Punischer Krieg) und duldeten die Griechen, bis auch Ancona um 100 v. Chr. von der römischen Republik absorbiert war. Als sich die Republik bis 27 v. Chr. zur Monarchie unter Kaiser Augustus verwandelt hatte, gingen die Marken als 5. (Umbria) und 6. Provinz (Piceno) bis zum 5. Jh. im römischen Kaiserreich auf, wobei Ancona in der Ägide von Trajan (53–117 n. Chr.) zu dessen wichtigstem Osthafen avancierte.

Zum Anschauen:
Fano, S. 81

Von der Antike ins Mittelalter

5. Jh.–10. Jh.

Als die antike Weltmacht Ende des 4. Jh. in ein west- und oströmisches Reich mit den Kapitalen Mailand und Byzanz zerfallen war, zog die weströmische Regierung 402 nach Ravenna, wo sie 476 vom Germanen Odoaker kassiert wurde, der seinerseits 493 vom Gotenkönig Theoderich ermordet und ersetzt wurde. Nach dessen Tod 526 installierten die oströmischen Kaiser dort einen byzantinischen ›Satellitenstaat‹ inklusive der nördlichen Marken, die seinerzeit in den zwei Fünfstädtebünden *pentapoli annonaria* (Cagli, Fossombrone, Gubbio, Jesi, Urbino) und *pentapoli marittima* (Ancona, Fano, Pesaro, Rimini, Senigallia) assoziiert waren. Das Exarchat Ravenna trotzte bis 751 den Langobarden, die schon 568 den Süden der Region

›eingesackt‹ hatten, wurde 756 von den Franken befreit und deren König Pippin III. dem Papst übergeben, womit der Kirchenstaat aus der Taufe gehoben war. Karl der Große vertrieb die Invasoren bis zu den 770er-Jahren aus ganz Mittelitalien und bestätigte die Pippinische Schenkung seines Vaters, wofür ihm der Papst die Kaiserkrone des Heiligen Römischen Reiches aufsetzte (800).

Zum Anschauen:
Altstadt von Ancona, S. 141

Für Kaiser oder Papst

10.–14. Jh.

Deutsch-Römisches Reich und Kirchenstaat, dem neben den von den Karolingern erstmals so genannten Marken auch die Romagna, Umbrien und Latium angehörten, existierten einvernehmlich, bis es im 11. Jh. wiederholt zu Zerwürfnissen zwischen Kaiser und Papst kam. Wenn zwei sich streiten, freuen sich bekanntlich die Dritten, in diesem Fall die mittelitalienischen Städte, die sich für die Parteinahme für die eine oder andere Seite mit kommunaler Autonomie belohnen ließen, sodass sich Fano, Pesaro, Ancona und Jesi im 12. Jh. zu voller wirtschaftlicher und kultureller Blüte entfalteten. Im 13. und 14. Jh. sicherten große Adelsdynastien wie die Montefeltro oder Malatesta ebenfalls mittels kluger Bündnisse mit Kaiser (Ghibellinen) oder Papst (Guelfen) ihre Pfründe. Sie bekriegten sich untereinander, eroberten, kauften und verkauften Städte und Ländereien. Derweil versuchte der Papst, die Mittelitaliener mit zahlreichen Kirchen- und Klostergründungen zur Räson zur bringen und schickte ihnen 1353 Kardinal Egidio Albornoz, der mit harter Hand und den *constitutiones aegidianae* (1357) die Restauration des Kirchenstaates einläutete.

Zum Anschauen:
Museo Federico II – Stupor Mundi, S. 115

Kunst- und Kulturblüte in der Renaissance

15.–18. Jh.

Das 15. und 16. Jh. waren von der Konsolidierung des Kirchenstaates und dem kriegerisch wie kulturell ausgetragenen Konkurrenzkampf derer von Montefeltro und Malatesta bestimmt. An deren Höfen werkten und wirkten Baumeister, Maler und Wissenschaftler, die sich von der Architektur und Kunst der Antike inspirieren ließen und als ›Stars‹ der italienischen Renaissance in die Kulturgeschichte eingingen. Fabriano, Jesi und Macerata kehrten schon Mitte des 15. Jh., Ancona, Camerino und Fermo 100 Jahre später heim in den Schoß der Kirche. Allein das Herzogtum Urbino, das sich unter Federico da Montefeltro (1420–82) als kreatives Zentrum der Frührenaissance profiliert hatte, gehorchte erst 1631 wieder dem Papst.

Zum Anschauen:
Palazzo Ducale in Urbino, S. 36

Restauration und Risorgimento

18.–19. Jh.

Unter der Knute des Kirchenstaates ging es wirtschaftlich und kulturell bergab. Eine Entwicklung, die abgesehen von den zukunftsweisenden Hafenausbauten von Papst Clemens XII. in Ancona auch das 18. Jh. lähmte. Erst mit dem Einzug Napoleons wehte wieder frischer, freiheitlicher Wind durchs marchigianische Land, das im Arrangement mit Papst Pius VI. (Frieden von Tolentino, 1797) gebiets- und zeitweise als »Republik von Ancona« firmierte. Qua Konkordat von Napoleon und Papst Pius VII. wieder der klerikalen Bürokratie zugeschlagen (1801), gehörten die Marken seit 1808 zum napoleonischen Königreich Italien und wurden nach französischem Vorbild reformiert. Obwohl oder gerade weil nach Napoleons Niederlage (1815) die alten Herren, sprich die

Kirche, zurück waren, engagierte man sich seit den 1830er-Jahren auch in den Marken für die italienische Einheitsbewegung *(Risorgimento)*, die im Mai 1860 ihre entscheidende Offensive startete. Am 18. September 1860 besiegten die Piemonteser just in Castelfidardo die Truppen des Kirchenstaates, worauf die Marchigiani für den Anschluss ans Königreich Italien votierten.

Zum Anschauen:
Monumento Nazionale delle Marche in Castelfidardo, S. 164

Unter italienischer Flagge

1861–1945

Obwohl seit den 1870er-Jahren eine Küsteneisenbahn verkehrte und die ersten Seebäder an der Adria eröffneten, blieb die sozioökonomische Lage der Marken prekär. Das mittelalterliche Halbpachtsystem *mezzadria,* bei dem sich Grundbesitzer und kleine Bauern den Ertrag zahlloser kleiner Höfe teilten, bremste eine moderne Entwicklung von Landwirtschaft und Handwerk, sodass die Marchigiani genauso wie Kalabresen und Sizilianer massenhaft nach Amerika auswanderten. Soziale Unruhen überzogen Stadt und Land und mobilisierten Kommunisten und Faschisten. Letztere übernahmen 1922 die Regierung in Rom und zogen 1940 mit dem nationalsozialistischen Deutschland in den Krieg. Nachdem Mussolini 1943 verhaftet und der italienische Süden einer Militärregierung unterstellt worden war, befreiten die Deutschen den Duce und besetzten Nord- und Mittelitalien, was die Alliierten mit Bombenangriffen quittierten. An der sogenannten Gotenlinie kämpften mutige Partisanen gegen die deutsche Okkupation der Marken, die mit der Ankunft von britischen und polnischen Truppen im September 1944 vorbei war.

Zum Anschauen
Museo Storico della Linea Gotica in Auditore-Casinia, S. 34

Verspätetes Wirtschaftswunder

1946–2008

In der 1946 gegründeten italienischen Republik ging es den Marken wirtschaftlich schlecht, bis mit der Abschaffung der *mezzadria* 1964 bessere Zeiten anbrachen. In den 1970er- und 1980er-Jahren kam es zur quasi flächendeckenden Industrialisierung. Dabei setzte man nicht auf Schwerindustrie, sondern auf hochspezialisierte Klein- und Mittelbetriebe, die anknüpfend an alte Handwerkstraditionen v. a. Schuhe und Papier, Möbel und Musikinstrumente produzierten. Das verspätete Wirtschaftswunder katapultierte die bis dahin arme Region ins nationale Mittelfeld *(terza italia)* und wirkte bis zur internationalen Finanzkrise (2008), die u. a. in der Schuh- und Möbelindustrie Umsatzeinbrüche, Entlassungen und Schließungen nach sich zog.

Zum Anschauen
Museo della Carta e della Filigrana, S. 281

Freud und Leid in jüngster Zeit

2008 bis heute

Der ökonomische Höhenflug stürzte ab und die Erdbeben 2016 im Süden der Region bremsten den seit 2015 spürbaren Aufwärtstrend. Acht Jahre nach der Katastrophe, die in den Marken gut 50 Todesopfer forderte und viele Menschen obdach- und arbeitslos machte, liegt noch vieles im Argen. Der Absatz von Agrarprodukten und der Tourismus haben sich aber erholt. 2019 feierte man das neue Rossini-Museum in Pesaro, ein Jahr später Raffaels 500. Todesjahr. Auch Corona und ein Regionalregierungswechsel von links nach rechts prägten 2020. 2021 wechselten zwei Gemeinden in die Emilia-Romagna, 2022 bebte ohne große Folgen die Adriaküste, 2023 richteten Überschwemmungen Schaden an. 2024 präsentiert sich Pesaro als italienische Kulturhauptstadt.

Zum Anschauen
Museo Nazionale Rossini, S. 68

Adriastrandperlen am Fuße des Monte Conero

Life is a beach — Südlich von Ancona zeigt sich die italienische Adria von ihrer Schokoladenseite. Per Strandhopping entdeckt man die schönsten Ecken.

Anders als an der romagnolischen Küste, wo breite und brettflache Strände das Meer säumen und die schöne blaue Adria sommertags vor lauter Buden und Sonnenschirmen gar nicht mehr zu sehen ist, reihen sich am Fuße des Monte Conero ähnlich wie am apulischen Gargano fotogene Felsenbuchten auf. Die Strandperlen glänzen auf dem Boden der Hafen- und Regionalhauptstadt Ancona, wo der sogenannte Passetto und die Bucht von Portonovo das Herz hüpfen lassen, und vor den küstenlandschaftlich gut situierten Städtchen Sirolo und Numana, die Italiens Ruf als Badeparadies alle Ehre machen.

R

RAUCHFREIES SONNENBAD

An der **Spiaggia Le Due Sorelle** und **Spiaggia dei Gabbiani** ist das Rauchen seit Sommer 2017 strengstens verboten und werden renitente Nikotinjunkies mit saftigen Strafen bis zu 500 € belegt. Damit gehören Sirolos schönste Meeresgestade zu den ersten rauchfreien Stränden des Belpaese. Mit gutem und gesundem Beispiel voran gingen kurz zuvor der ligurische Badeort Savona und Bibione im Veneto.

Alltagscharmant, wild oder mondän: Anconas Hausstrände

Der Passetto ist nur eine Spaziergangslänge vom Stadtzentrum entfernt und mit einem gläsernen Aufzug oder per Panoramatreppe zu erreichen, streckenweise betoniert und vornehmlich von Einheimischen frequentiert. Südlich vom alltagscharmanten Hausstrand der Anconetani wird's wildromantisch, weil die feinkieselige Spiaggia Mezzavalle nur per Pedes oder Boot zu erreichen ist und von jeglicher badetouristischer Infrastruktur verschont blieb. In der wunderschönen, vergleichsweise mondänen Bucht von Portonovo bedecken Kies und Gestein die von sattem Grün, gediegenen Hotels, schicken Bars und Restaurants gesäumten Strände und weht meist eine fürs Windsurfing ideale Brise.

Traumhaft: Baden in Sirolo

Als wahres Strandjuwel brilliert die Spiaggia Le Due Sorelle, die ihren Namen zwei aus dem Meer aufragenden schneeweißen Felsspornen verdankt. Der von grobkörnigem weißem Sand ausgelegte, naturbelassene Traumstrand gehört wie die Spiaggia dei Gabbiani (›Strand der Möwen‹) gleich nebenan zu Sirolo. Beide sind nur vom Meer aus anzusteuern. Weil in der Sommersaison vom Hafen in Numana eine kleine Fähre verkehrt, kommen aber auch Urlauber ohne eigenes Boot in den Genuss eines (Sonnen-)Bades unter der Obhut der ›beiden Schwestern‹, bei dem fast karibische Gefühle aufkommen.

In Sirolo geht's mit den Stränden Sassi Neri und San Michele badeparadiesisch weiter. Während die feinkieselige Spiaggia Sassi Neri nur zu Fuß zu erreichen und nicht ›möbliert‹ ist, fährt zur abschnittweise badetouristisch erschlossenen Spiaggia San Michele sommertags ein Shuttle-Bus. Rundumversorgt ist man auch an der weißsandigen Spiaggia Urbani direkt unterhalb von Sirolo, die man auch mit dem Auto anfahren kann. Sirolos Gestade sind nicht nur eine küstenlandschaftliche Augenweide, sondern auch besonders sauber. Seit 1994 weht über ihnen die alljährlich neu vergebene blaue Fahne *(Bandiera Blu)*, die (gesundheitlich) ungetrübte Badefreuden garantiert.

Felsig oder flach: Numana

Numanas attraktivster, allerdings im Sommer recht gefragter Strand heißt Numana Alta und zeigt sich an seiner von Kreidefelsen eingefassten Nordflanke namens Spiaggia del Frate von seiner schönsten und fürs Schnorcheln angesagten Seite. Er ist großflächig mit gebührenpflichtigen Strandbädern besiedelt, bietet aber auch frei zugängliche Zonen, ebenso wie die Spiaggia Numana Bassa vor den Toren des Hafens. Mit ihr beginnt ein relativ breites, vornehmlich feinkieseliges, intensiv badetouristisch bewirtschaftetes Strandband, das sich südwärts bis Porto Recanati zieht. Es ist im Vergleich zu den davor aufgefädelten Strandperlen vor der Kulisse weiß-grüner Küstenberge eher unspektakulär, hebt sich aber – wie die gesamte regionale Adriaküstenlinie – wohltuend vom Massebadebetrieb zwischen Rimini und Riccione ab. ■

Ich will keine Schokolade, ich will lieber an den Strand: An der Riviera del Conero zeigt sich die italienische Adria von ihrer Schokoladenseite.

Ein Glückstag – Cantamaggio in Morro d'Alba

Musik, Gesang, gutes Essen und vor allem Gemeinschaft machen den Cantamaggio von Morro d'Alba aus.

La vita è bella — Tolle Musik, fröhliche Menschen, leckeres Essen, guter Wein … Das Leben ist schön, jedenfalls am dritten Maisonntag in Morro d'Alba!

Am 19. Mai 2019 war ich so fröhlich und ausgelassen wie lange nicht mehr. Ja, ich würde sogar sagen, es war ein Glückstag. Und nein, ich habe an jenem Tag nicht meine große Liebe gefunden, nicht geheiratet, kein Kind geboren, im Lotto gewonnen oder geerbt, sondern in Morro d'Alba den Cantamaggio gefeiert!

Alter Brauch

Damals ahnte noch niemand, dass Covid kommen würde und in den beiden Jahren darauf gar nicht, 2022 in kleinerer Version und erst 2023 wieder mit voller Sangesfreude gefeiert werden sollte. Ich konnte leider nicht dabei sein und schwelge deshalb noch einmal in Erinnerungen: Um den anderswo in den Marken längst ausgestorbenen und hier vor 44 Jahren revitalisierten archaischen Festbrauch kennenzulernen, reiste ich schon morgens um neun in der 2000-Seelen-Gemeinde in der Provinz Ancona an. Auf der Piazza Tarsetti unterhalb ihres mittelalterlichen Mauergürtels hatten sich bereits Männer und Frauen mit allerlei Instrumenten versammelt. Hinter einem Tisch saß das Festkomitee, bestehend aus Vertretern der Gemeinde und des »Centro Tradizioni Popolari La Macina«, das auch bei anderen volkskulturellen Events der Region Regie führt.

Die Organisatoren, allen voran Morro d'Albas Kulturbeauftragte Alessandra Boldreghini und Gastone Pietrucci, graue Gründereminenz der Kulturvereinigung »La Macina«, registrierten die *maggianti.* Die ›Maisänger‹ waren früher einmal ausschließlich Männer und intonierten traditionell nur *organetto* (Knopfakkordeon), *triangolo* (Triangel) und *cembalo* (Zimbel). Inzwischen sind bei der Pflege des alten Brauchtums auch Frauen, Tastenakkordeon, Trommel und Tamborin, Gitarre oder Geige mit von der Partie.

Jedenfalls stimmten an diesem Maimorgen alte Herren und junge Damen, Frauen und Männer in den besten Jahren, Jugendliche und vereinzelt auch Kinder aus Morro d'Alba und anderen Orten der Marken sich selbst und ihre Instrumente auf den bevorstehenden Zug durch die Gemeinde ein. Gegen 10 Uhr schwärmten die Musiker dann formiert zu Gruppen, zu Fuß oder mit dem Auto ins Dorf und auf die umliegenden Bauernhöfe aus, um deren Bewohner den *augurio di maggio* (›Maiglückwunsch‹) zu überbringen.

Pure Lebensfreude

Wir warteten im Dorf, bis zwei Stunden später auf der Piazza Romagnoli eine Dorfetage höher ab 12 Uhr zum *concerto di mezzogiorno* aufgespielt wurde und die Maisänger frohgemut und weinselig allmählich wieder im Centro storico eintrudelten. Für das Mittagskonzert hatten sich ein österreichisches und ein friulanisches Folktrio zum Sextett »Aniada a Noar & Altrioh« vereint. Die fünf netten ›Jungs‹ im fortgeschrittenen Alter an Gitarre und Geige, Mandoline und Akkordeon, Flöte und Nasenpfeife (!) und ein ›Mädel‹ Anfang 60 rockten innerhalb von Minuten die Piazza. Frontfrau Emma Montanari spielte Bass und sprühte über vor Sanges- und Lebensfreude, begeisterte und bewegte das Publikum, das bald deutlich an- und zu einer fröhlichen Gemeinschaft zusammengewachsen war. Im Strom von lauter gut gelaunten Menschen schwammen wir gegen 13 Uhr zum *pranzo comunitario,* der in einem großen Zelt an der nahen Piazza Barcaroli serviert wurde.

Das gemeinsame Mittagessen von *maggianti,* Dorfbewohnern und Gästen ist ein integrales Festelement des Cantamaggio von Morro d'Alba. Als wir das Zelt betraten, hatten dort schon Hunderte weinseliger Maimusiker Platz genommen. Unsere Tischnachbarn nahmen uns sofort mit offenen Armen und schnell gefüllten Weingläsern auf. Während wir aufs Essen warteten, rührte hier einer die Trommel und haute dort einer in die Akkordeontasten, wurde aus voller Kehle gesungen und erfüllte das rhythmische Gerassel zahlreicher Tamburins und Zimbeln den Raum. War das Lied allgemein bekannt, fielen viele andere mit ein, und als einer der Maisän-

R

DAS RITUAL

Das heidnische Frühlingsritual, das traditionell in der Nacht zum ersten Mai gefeiert und in Morro d'Alba auf den dritten Maisonntag verlegt wurde, beginnt mit der Bitte um Erlaubnis zum Singen *(permesso di cantare),* die nur im Trauerfall verwehrt wird. Es folgt die *questua di cantamaggio,* mit der in humorvollen, bisweilen derben Worten die Fruchtbarkeit von Boden, Mensch und Tier besungen, die Schönheit und Güte der Gastgeber gepriesen und um milde Gaben gebeten wird. Letztere waren und sind Naturalien, heutzutage meist leckere Häppchen und ein Gläschen Wein. Zum Abschied tanzen die *maggianti* mit den Gastgebern den *saltarello finale di richiesta.*

ger »Bella Ciao« anstimmte, vereinten sich Hunderte von Menschen zu einem herzergreifenden gemischten Chor. Als unsere neuen Freunde dann einen spontan gedichteten *augurio di maggio* für uns sangen, war ich den Freudentränen nah. Für gute Stimmung sorgten nicht zuletzt die Frauen von Morro d'Alba, die uns ein vorzügliches Menü auftischten. Es gab Bohnensuppe, Tagliatelle mit Rinderragout, Kaninchen, Huhn, Lamm und Schwein aus dem Backofen, Obstkuchen. Dass dazu reichlich guter Wein floss, versteht sich in der Heimat der (roten) Lacrima di Morro d'Alba eigentlich von selbst.

Feuchtfröhliches Finale

Nach dem Essen ging's zurück zur Piazza Tarsetti, wo die einzige große Bar des Dorfes das Geschäft des Jahres machte und die lokalen Winzer ihre besten Tropfen kredenzten. An einer Ecke des Platzes lag der zuvor von Grundschulkindern des Dorfes mit bunten Blumen und Girlanden geschmückte *albero del maggio* und harrte seiner feierlichen Aufrichtung. Bis das gegen 17 Uhr soweit war, wurde weiter Musik gemacht, gesungen, getrunken und getanzt. Eine Gruppe junger Musikanten, die ich schon am Morgen kennengelernt hatte, beglückte mich mit dem zweiten exklusiv für mich intonierten Mailied des Tages und überhaupt hatte ich den Eindruck, dass mir alle Menschen freundlich zulächelten. Die Stimmung erreichte ihren Höhepunkt, als starke junge Männer, begleitet von rituellen Rhythmen und Gesängen den Maibaum aufstellten, was nach Gelingen des kollektiven Kraftakts mit frenetischem Applaus belohnt wurde. Danach tanzten wir, schon längst voll integriert in die Dorfgemeinschaft und von dieser geduldig in die richtigen Schrittfolgen eingewiesen, um das Symbol für Fruchtbarkeit und Wohlstand, bis sich die Festgemeinde allmählich zerstreute.

Emma Montanari und ihre Jungs von Aniada a Noar & Altrioh spielten beim Cantamaggio 2019 auf.

Um 19 Uhr stand nämlich der Auftritt einer regionalen Folk-Virtuosin namens Silvia Spuri Fornarini in einer nahen Kirche auf dem Programm des Cantamaggio 2019, der damit sein vorläufiges Ende fand. Ganz vorbei war's freilich erst eine Woche später beim »Rogo dell'Albero del Maggio«, als der Maibaum in einem feierlichen Umzug durch die Gänge der alten Stadtmauer zur Piazza Barcaroli getragen und dort, abermals begleitet von uralten Weisen, unter dem Jubel des Publikums verbrannt wurde. Das weiß ich allerdings nur vom Hörensagen. Nach dem Reigen um den Maibaum fuhr ich – chauffiert von meinem nüchtern gebliebenen Gatten – beseelt, beschwingt und beschwipst in unser Hotel in Senigallia, wo wir mit einem spritzigen Glas Verdicchio auf den Glückstag in Morro d'Alba anstießen. ■

A

DAS KLIMA IM BLICK

Reisen bereichert und verbindet Menschen und Kulturen. Wer reist, erzeugt auch CO_2. Der Flugverkehr trägt in erheblichem Maße zur globalen Erwärmung bei. Wer das Klima schützen will, sollte sich für eine schonendere Reiseform (z. B. die Bahn) entscheiden – oder die Projekte von atmosfair unterstützen. Atmosfair ist eine gemeinnützige Klimaschutzorganisation. Die Idee: Flugpassagiere spenden einen kilometerabhängigen Beitrag für die von ihnen verursachten Emissionen und finanzieren damit Projekte in Entwicklungsländern, die dort den Ausstoß von Klimagasen verringern helfen. Dazu berechnet man mit dem Emissionsrechner auf www.atmosfair.de, wie viel CO_2 der Flug produziert und was es kostet, eine vergleichbare Menge Klimagase einzusparen (z. B. Berlin – London – Berlin 14 €). Atmosfair garantiert die sorgfältige Verwendung Ihres Beitrags.

atmosfair

FSC
www.fsc.org
MIX
Papier | Fördert gute Waldnutzung
FSC® C018236

Annette Krus-Bonazza Die studierte Historikerin ist seit über 40 Jahren regelmäßig im Belpaese unterwegs. An den Marken gefällt ihr, dass sie sowohl landschaftlich als auch hinsichtlich der Mentalität ihrer Bewohner zwischen Nord und Süd rangieren. Es gibt dort Meer, Wein und Oliven, die für sie der Inbegriff vom Süden sind, und in jeder noch so kleinen Stadt ein vielfältig pulsierendes kulturelles Leben, das oft weit über die nächste Hügelkuppe hinausweist.

Abbildungsnachweis
Andrea Federici, Montelabbate (IT): S. 113 **Angela Medi,** Numana (IT): S. 137 M., 169 **Annette Krus-Bonazza,** Bochum: S. 6, 149, 157, 237, 264, 288, 294/295, 297, 303 **DuMont Bildarchiv,** Ostfildern: S. 58 li., 65 (Wilkin Spitta) **Huber-Images,** Garmisch-Partenkirchen: S. 167, 231 (Francesco Russo); 170 re., 273 o. (Franco Cogoli); 129 (Gabriele Croppi); 2/3, 136 li., 137 re. (Giorgio Filippini); 98 (Guido Baviera); 17 (Luca Da Ros); 139 (Massimo Borchi); 205 (Massimo Ripani); 14 re., 37, 61, 281 u. (Matteo Carassale); 108, 136 re., 160, 178, 256/257 (Maurizio Rellini); 81 (Paolo Giocoso); 125, 145, 184, 278 (Sandra Raccanello); 7 li. o., 203 M. (Stefano Scatà); 120, 173, 188 (Susy Mezzanotte) **iStock.com,** Calgary (CA): S. 238 (alessandro0770); 10, 293 (eddygaleotti); 202 re. (ilbusca); 7 li. u. (JazzIRT); 104 re. (MATTHIASRABBIONE); 111 (Rimbalzino); 47, 55 (Roberto Lo Savio) **laif,** Köln: S. 258, 261 o., 261 u. (Christian Jungeblodt); 19 (contrasto/Eligio Paoni); 132, 281 o. (contrasto/Ignacio Maria Coccia); 12/13, 135, 152 (contrasto/Lorenzo Cicconi Massi); Titelbild, 7 re., 8, 220, 222, 267, 270 (Dagmar Schwelle); 227 (Dorothea Schmid); 276 (Frank Heuer); 202 li., 263 (Frieder Blickle); 171 M., 201 (Günter Standl); 170 li., 199 (Le Figaro Magazine/Emanuele Scorcelletti); 14 li., 23 (Martin Kirchner); 285, 286 (NYT/Redux/Stefano Schirato); 50, 59 M., 87 (Peter Rigaud); 104 li., 107 (Polaris/Antonello Nusca); 282 (Rebecca Marshall); 90 (robertharding/Lorenzo Mattei); Umschlagklappe vorn (robertharding/Roberto Moiola) **Manuel Hauptmannl,** Frankfurt a. M.: S. 89, 273 u. **Mario Gallerani,** Macerata Feltria (IT): S. 15 M., 28 **Mauritius Images,** Mittenwald: S. 209, 211 (AGF/Vittorio Valletta); 76 (Alamy/Chiara Cattaruzzi); 15 re., 105 M. (Alamy/MARKA); 95 (Alamy/Norma Joseph); 269 (Alamy/Travelbild-Italy); 116 (ClickAlps); 171 re., 193, 196 (CuboImages/Claudio Marcozzi); 105 re. (CuboImages/Mauro Flamini); 203 re. (Johannes Pistorius); 40 (robertharding/ProCip) **picture-alliance,** Frankfurt a. M.: S. 214 (Udo Bernhart) **Riccardo Marongiu,** Pesaro (IT): S. 103 **Shutterstock.com,** Amsterdam (NL): S. 32 (Claudio Giovanni Colombo); 59 re. (ermess); 58 re. (tommybarba) **Società Agricola Poggio Rosso S.S.,** Monte Cerignone (IT): S. 57 **Wikimedia Commons:** 75 (CC BY-SA 4.0/Vid Pogacnik); 69 (CC PD/Etienne Carjat)

Umschlagfotos
Titelbild: Piazza del Popolo in Ascoli Piceno
Umschlagklappe vorn: Spiaggia La Vela, Portonovo

Kartografie
© KOMPASS-Karten GmbH, A-6020 Innsbruck; DuMont Reiseverlag, D-73751 Ostfildern

Autorin: Annette Krus-Bonazza **Redaktion/Lektorat:** Doreen Reeck, Erika E. Schmitz **Bildredaktion:** Susanne Troll, Titelbild: Carmen Brunner **Grafisches Konzept und Umschlaggestaltung:** zmyk, Oliver Griep und Jan Spading, Hamburg

Hinweis: Autorin und Verlag haben alle Informationen mit größtmöglicher Sorgfalt geprüft. Gleichwohl erfolgen alle Angaben ohne Gewähr. Bitte schreiben Sie uns! Über Ihre Rückmeldung und Ihre Verbesserungsvorschläge freuen wir uns: DuMont Reiseverlag, Postfach 3151, 73751 Ostfildern, info@dumontreise.de, www.dumontreise.de

2., aktualisierte Auflage 2025

Printed in Poland

Offene Fragen*

Mit welcher Fluggesellschaft flog das Haus der Muttergottes von Nazareth nach Loreto?

Seite 164

Wer war die ›Nase Italiens‹?

Seite 15

Welcher Fisch muss unbedingt in der Fischsuppe Brodetto schwimmen?

Seite 147

Wo hängt die ›Schwester‹ von Leonardo da Vincis Mona Lisa?

Seite 40

Wie viele Michelin-Sterne leuchten über den Marken?

Seite 135

Warum heißt ein Strand am Fuße des Monte Conero ›Die zwei Schwestern‹?

Seite 292

Welcher US-Schauspieler ist Ehrenbürger von Ascoli Piceno?

Seite 224

Schmecken schwarze oder weiße Trüffeln besser?

Welche weltberühmte Pädagogin kam aus den Marken?

Seite 114

Welche Stadt verleiht einen Narrenschein?

Seite 189

Welcher Startenor wurde in den Marken geboren und begraben?

Seite 167

Kann ein italienischer Markenschuh auch drücken?

** Fragen über Fragen – aber Ihre ist nicht dabei? Dann schreiben Sie an info@dumontreise.de. Über Anregungen für die nächste Ausgabe freuen wir uns.*